高等院校经管类精品课程系列教材

中级宏观经济学

季小立　梁东黎　编著

中国财富出版社

图书在版编目（CIP）数据

中级宏观经济学／季小立，梁东黎编著．—北京：中国财富出版社，2017.12
（高等院校经管类精品课程系列教材）
ISBN 978-7-5047-4898-0

Ⅰ.①中…　Ⅱ.①季…②梁…　Ⅲ.①宏观经济学—高等学校—教材　Ⅳ.①F015

中国版本图书馆 CIP 数据核字（2018）第 001137 号

策划编辑　赵　翠　　责任编辑　赵　翠
责任印制　石　雷　　责任校对　孙丽丽　　责任发行　王新业

出版发行　中国财富出版社
社　　址　北京市丰台区南四环西路 188 号 5 区 20 楼　　邮政编码　100070
电　　话　010-52227588 转 2048/2028（发行部）　　010-52227588 转 321（总编室）
　　　　　010-68589540（读者服务部）　　010-52227588 转 305（质检部）
网　　址　http://www.cfpress.com.cn
经　　销　新华书店
印　　刷　中国农业出版社印刷厂
书　　号　ISBN 978-7-5047-4898-0/F·2851
开　　本　787mm×1092mm　1/16　　版　　次　2018 年 5 月第 1 版
印　　张　21.75　　印　　次　2018 年 5 月第 1 次印刷
字　　数　489 千字　　定　　价　59.00 元

高等院校经管类精品课程系列教材

总　序

当今时代，经济全球化进程日益加快，中国经济与世界经济的联系日趋密切。中国已经成为世界统一大市场的重要组成部分，中国企业的国际化程度相应提高，国际化人才需求愈发迫切。《国家中长期人才发展规划纲要(2010—2020年)》指出，当前我国人才培育的总体水平同世界先进国家相比仍存在较大差距，其目标要求包括突出培养创新型人才、注重培养应用型人才等。据社会科学文献出版社出版的《人才蓝皮书》预测，至2020年，我国专业技术人才需求高达8127万人。高层次国际商务人才缺乏现象尤为严重。为了适应这一需求，天津外国语大学国际商学院设计和编写了这套系列教材，以期对经济全球化时代高层次国际商务人才的培养做出一定的贡献。

2008年年度诺贝尔经济学奖获得者，美国经济学家保罗·克鲁格曼认为："通往世界繁荣的唯一重要的结构性障碍，正是那些盘踞在人们头脑中的过时的教条。真正短缺的不是资源，也不是美德，而是对现实的理解和把握。"经济学作为济世之学，理应关注现实经济问题。

得益于外语类院校在国际交流与合作方面的优势，该系列教材的参编人员多具有海外留学或研修经历，学术视野开阔，熟悉国内外研究动态，也使得这套教材的设计和编写理念与国际接轨，极具全球视野，同时借鉴和吸收了国内外最新的教学与科研成果，具有一定的前沿性和前瞻性。

这套教材在经典经济学理论研究成果的基础上，借鉴吸收了21世纪经济学理论范式的革新及分析方法和工具的改进，是一套比较系统的、兼顾理论分析与实践检验的教科书，适合经济类、管理类等相关专业的本科生、研究生作为教材或参考书，同时，由于其鲜明的实践性特色，亦对企事业单位、政府部门的科技工作者、管理干部及相关从业人员具有较高的参考价值。

该套教材由既有联系又相互独立的10余本教材组成，在策划和编写的过程中，坚持编写高水平精品教材的指导思想，从而具有以下特点：

第一，在"企业实习计划"的支持下，编写者可以有针对性地进行教材编写工作，而不是闭门造车、纸上谈兵，因而，使用教材的读者可以将所学专业知识运用到实践工作中去，从而使教材具有鲜明的实践性意义。

第二，充分发挥了外语类院校的“外向型”优势，大量学习和借鉴国外经典教材和优秀论文，并纳入一线教师们自身的教学心得，使之具有国际性、前沿性、创新性视角。

毋庸讳言，在编写的过程中，一定还存在着一些疏漏和不足，也请广大读者不吝赐教，以利于该系列教材的进一步提升和完善。

佟家栋

2015 年 1 月

前 言

本教材对宏观经济运行的理论说明，重点是阐述总需求形成的“五环节”构成：“总需求的形成需要五个环节：购买意愿—有效需求—交易货币需求—交易货币可得性—价格—总需求。消费需求、投资需求只构成总需求形成的第一环节即形成购买意愿；在确定的收入的基础上购买意愿成为有效需求；有效需求会提出交易货币需求；交易货币需求通过交易货币可得性才能得到满足；总需求还要受到价格的影响。经过这五个环节，才能够最终形成总需求。”通过这一线索，宏观经济学关于封闭经济的三大模型——简单凯恩斯模型、*IS*－*LM* 模型、*AS*－*AD* 模型之间密切的逻辑联系得到清晰的说明。

鉴于总需求形成的“五环节”说，根据绝对收入假说，消费需求受居民可支配收入的影响；在简单凯恩斯模型中，收入等于产出，这样，需求转变为有效需求；有效需求还要受到利率—货币的影响，这样，在 *IS*－*LM* 模型中，有效需求转变为总需求；总需求还要受到价格的影响，这样，在 *AS*－*AD* 模型中，以 *IS*－*LM* 模型为基础，推导出作为价格减函数的总需求曲线。这就是三大模型之间的逻辑联系。

本教材的基本结构如下：

第一部分：总需求的形成。根据现有的理论，可以分别从三个方面阐述：①收入和利率对总需求的影响；②货币对总需求的影响；③价格对总需求的影响。

第二部分：总供给的形成。这一部分不考虑经济周期和经济增长，所以相对简单，不是本书宏观经济学研究的重点。

第三部分：产出（收入）和价格的决定。根据现有的理论，分三种情况：①价格固定，不考虑货币因素，即简单凯恩斯模型；②价格固定，考虑货币因素，即 *IS*－*LM* 模型；③价格可变，即 *AS*－*AD* 模型。

编著者

2017 年 12 月

目 录

第一章　导论

导入案例

宏观经济学研究的内容是讨论经济社会中总体经济的运行规律，一国经济运行主要包括三大问题：经济增长问题、经济波动问题和经济政策问题。经济的增长主要是指社会中劳动力收入的增加、创造就业机会。经济的波动问题主要是指存在的工人失业问题和物价上涨的通货膨胀问题。经济政策问题主要是指政府能否对经济出现的波动进行干预，通过制定相关的财政政策和货币政策，熨平经济的波动，从而改善经济的运行。

微观经济学和宏观经济学相互联系，互为补充。微观经济学的研究对象是个体经济活动的参与者所采取的经济行为以及造成的后果，主要是对市场机制作用下各种资源有效配置的问题。微观经济学是基于价格理论，通过观察商品价格的波动，利用个量分析的方法对个体经济行为的研究。宏观经济学主要研究社会总体的经济行为以及后果，侧重讨论社会资源充分利用的问题。宏观经济学主要依靠的理论是国民收入决定理论，研究的方法是总量分析。

宏观经济学主要包括三种经济模型，即经济增长的模型、反映经济波动的长期总供给—总需求模型和短期总供给—总需求模型。经济增长模型研究的核心内容主要包括经济社会中资本的历史性积累和技术进步，经济增长的源泉和各国增长率差异造成的问题，以及分析要素投入的积累和技术进步对提高生活水平所产生的影响。总供给—总需求模型主要研究经济社会中物价波动对产出所造成的影响，总供给水平是指经济社会在资源和技术条件不变的情况下，能生产出商品的产出量。总需求水平是经济社会对商品消费、政府投资、政府采购以及商品出口的需求水平。长期总供给曲线是垂直的，与社会价格水平无关，取决于生产能力的提高，其中价格水平取决于总供给曲线和总需求曲线的相互作用。短期总供给曲线是垂直的，是指在一定的技术条件下，就业机会充裕，不存在失业，经济社会提供的商品数量保持不变。

第一节　宏观经济学的研究对象

一、宏观经济的波动现象

宏观经济学是研究和整个国家有关系的大的经济问题。这个所谓“大”的经济问题，并不是无边无界，可以随便说说的，相反它有严格的界定，是指一国的经济总量和价格水平在不同年份所表现出来的变化或波动。如是，和微观经济学相比，它距离我们的生活似乎更远了。但是，这是一个误解，通过学习，我们会发现，宏观经济学其实就在我们身边——通货膨胀时，我们钱袋的购买力不知不觉“蒸发”了；通货紧缩时，我们要找令人满意的工作的难度不知不觉提高了。我们急于知道为什么会这样？我们怎么应对？对于这些问题，宏观经济学会给我们一些答案。因此，我们对宏观经济学的学习，就从对通货膨胀、通货紧缩这些宏观经济波动现象的观察入手吧。

若经过一段较长时期的观察，我们就会发现，一国经济（总产出）的增长不是直线式的，而是起伏不定的。有的年份总产出和上一年相比增加了；而有的年份总产出则是下降了。有的年份总产出的增长率和上年相比提高了；而有的年份总产出的增长率则是下降了。与总产出的变化相对应，就业的规模呈现出扩张和收缩的变化，物价总水平也呈现出上涨和下跌的变化。这就是宏观经济的波动现象。由于宏观经济的这种波动是周期性的，所以，我们也称之为经济周期。

下面看一看改革开放之前我国的宏观经济波动情况。

我国在1949年新中国成立以后，逐步建立了计划经济体制。从文本上说，这种经济体制的主要特点是：①生产资料由国家和集体占有；②政府按照计划组织全国的生产；③在分配上实行按劳分配的分配制度。

图1-1中，经济增长表示一国总产出在上一年的基础上的增加或减少，经济增长率大于零表示产量增加，小于零表示产量减少。价格指数表示价格总水平在上一年的基础上的变化，大于零表示物价上涨，小于零表示物价下跌。

由图1-1可见，在计划经济时期，我国经济增长波动的幅度非常大，这不仅表现为经济在增长的时候增长率差别非常大，如1958年经济增长率高达21.3%，1974年经济增长率仅为2.3%，而且表现为经济增长和经济下降的交替，如1961年总产出下降27.3%。与经济增长的表现相反，除了1961年物价大幅度提高，在整个计划经济时期，价格水平表现出相当稳定的特点。价格水平的这种稳定并不表示市场供求均衡，因为在计划经济背景下，决定价格的主导力量是政府，而非市场供求。

在20世纪80年代初，我国开始了由计划经济转向市场经济的经济体制改革。伴随着市场化的改革，我国宏观经济的波动也发生了很大的变化。

由图1-2可见，经过改革开放，我国经济增长的波动大幅度减小，经济增长率最

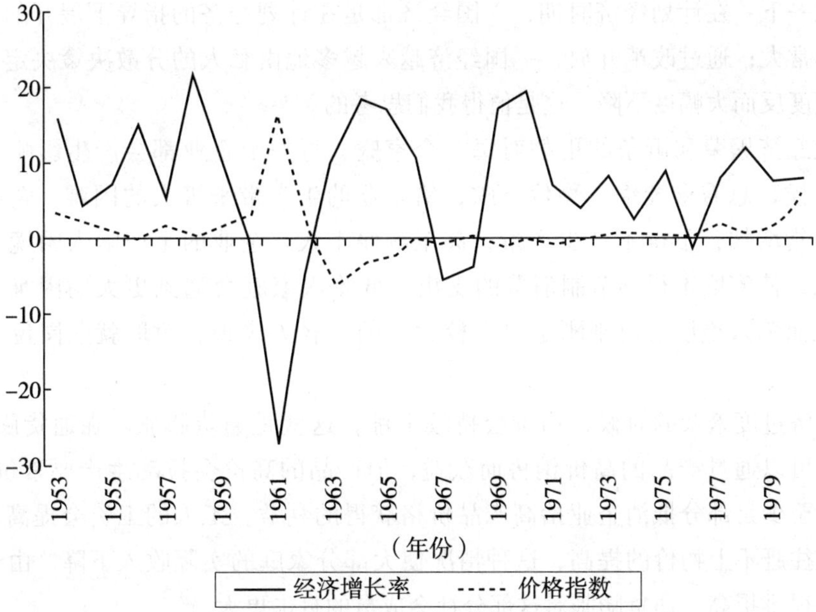

图1－1 我国计划经济时期的宏观经济波动

资料来源：《新中国六十年统计资料汇编》并计算。

高的年份是1984年，达到15.2%，经济增长率最低的年份是1990年，为3.8%。不仅如此，经济增长的波动不再表现为正增长和负增长的交替，而仅仅表现为增长率高低的交替。与经济增长率较为稳定的表现相反，改革开放以后，和计划经济时期相比，价格波动的幅度大大提高。在20世纪80年代和20世纪90年代大部分时期，频繁爆发通货膨胀（即物价上涨），对宏观经济造成严重干扰。通过市场化改革的深入，2000年以后，价格波动的幅度大为下降，表现出较好的稳定性。

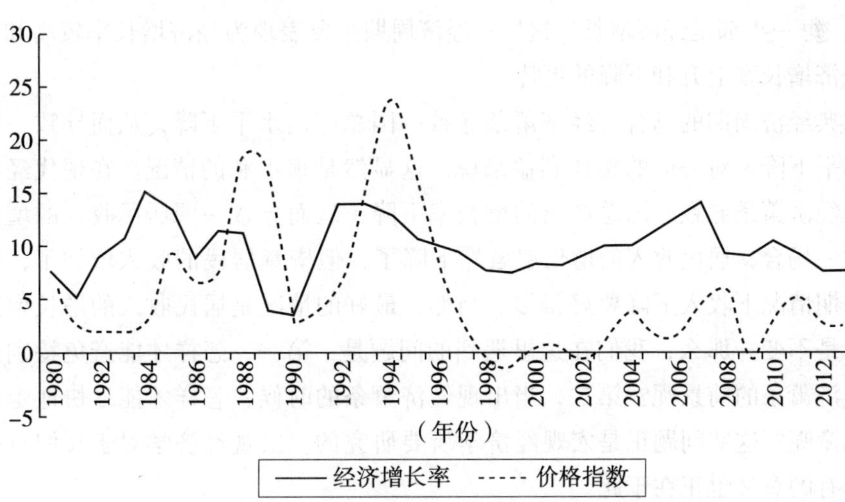

图1－2 我国改革开放以后的宏观经济波动

资料来源：《中国统计年鉴》。

对比一下：在计划经济时期，一国经济都是在计划经济的指导下展开的，但经济的波动非常大；通过改革开放，一国经济越来越多地由私人的分散决策决定，但经济波动的幅度反而大幅度下降。这是值得我们思考的。

宏观经济繁荣和萧条的更替对每一个家庭、每一个企业都会产生影响。在经济萧条的时候，总需求萎缩、物价下跌，给企业的生产带来极大的困难。企业的产品滞销、存货增加，不得不减少产量，甚至解雇工人。企业的生产陷入困境会减少家庭的收入，使家庭不得不节制消费的支出。低收入家庭会遇到更大的困难，有的甚至会因此而陷入绝境。对刚刚走出学校大门的年轻人来说，争取就业岗位会遇到较大的困难。

在经济过度繁荣的时候，物价会持续上涨，这就是通货膨胀。在通货膨胀时期，企业固然可以通过产品的高价销售而获益，但产品的高价会拉动生产要素价格提高，从而抵消至少是部分抵消企业抬高产品价格获得的利益。工人的工资会提高，但工资的提高往往赶不上物价的提高，这种情况使大部分家庭的实际收入下降。由于退休人员的收入很难提高，通货膨胀对这部分社会成员的打击更大。

经济波动虽然是非常普遍的现象，但是，经济波动的幅度可以有很大的不同。在有的情况下，经济波动的幅度非常大，经济的繁荣表现为产量的增加，而经济的萧条则表现为产量的下降，这被称为古典的经济周期，其典型形态是美国20世纪30年代的大萧条（大恐慌）。当时，美国的经济产量倒退50年。在1997年的亚洲经济危机和2008年的全球经济危机中，有不少国家，如日本、美国等，都出现了产量下降的情况。而在有的情况下，经济波动的幅度不太大，每年的产量都在增加，换句话说，都实现了经济增长，只是经济的繁荣表现为经济增长率的提高，经济的萧条表现为经济增长率的下降，这被称为现代的经济周期。我国改革开放以来，从未有过经济负增长（产量下降），每一年都是经济增长，这样，经济周期主要表现为经济增长率较高和较低的更替、经济增长率上升和下降的更替。

在古典经济周期的场合，经济萧条导致一国总产出水平下降，从而导致一国居民的收入水平下降。对一国的整体利益来说，这显然是很不利的情况。在现代经济周期的场合，经济萧条导致一国总产出的增长率下降，从而导致一国居民收入的增长率下降。在这一场合，居民收入的增长率虽然下降了，但毕竟居民的收入增加了，比起古典经济周期情况下收入下降要好得多。当然，最好的情况是居民收入的增长率逐年提高，至少是不变。那么，我们在这里遇到的问题是：第一，怎样才能避免特别是产量下降的经济萧条的前景呢？第二，当出现经济萧条的时候，怎样才能尽快地走出经济萧条的泥潭呢？这些问题正是宏观经济学所要研究的。宏观经济学对于我们每一个普通人所具有的意义也正在于此。

在资本主义发展的早期，资本主义经济面临的主要问题是经济萧条，所以，宏观经济学主要研究怎样克服经济萧条。第二次世界大战以后，西方主要资本主义国家经济逐渐恢复。20世纪50年代和60年代，各国宏观经济的运行较为平稳。到了70年代，“风向”变了，新的问题——通货膨胀——冒了出来，通货膨胀就是物价总水平的持续上涨。难以遏制的通货膨胀从另外一个方面严重干扰了资本主义宏观经济的运行。这样，宏观经济学又把研究怎样克服通货膨胀作为头等大事，而经济萧条似乎已经成为过去式。

但是，“树欲静而风不止”，1997 年，亚洲爆发了经济危机。经济危机从泰国开始，然后蔓延到整个亚洲。在经济危机中，经济萧条“死灰复燃”。这种情况使经济学家们认识到：克服经济萧条的任务远未结束。美国著名经济学家克鲁格曼仔细研究了亚洲经济危机这一经济萧条的新案例，其研究成果转化为《萧条经济学的回归》一书。所谓萧条经济学，就是研究经济萧条怎样发生以及如何克服经济萧条的经济学理论。这次亚洲经济危机对我国的宏观经济形成一定的冲击，但程度较轻，其原因主要是我国对资本项目实行管制的制度安排所形成的“屏障”，基本上把外国规模惊人的游资挡在了国门之外。

2008 年，爆发了全球经济危机。这次全球经济危机自美国始，美国的经济危机自“次级贷”危机始。“次级贷”是指向不符合（住房）按揭贷款条件的客户提供按揭贷款，这种贷款的风险较大。如果房价步步高升，那么，围绕“次级贷”各方面的当事人不仅相安无事，而且会获益丰厚。然而，房价的“泡沫”总会破灭。到了 2007 年，美国的房价终于下跌，由此导致一系列恶性的连锁反应。

2007 年 4 月 2 日，美国第二大次级抵押贷款公司新世纪金融申请破产保护，次级按揭贷款危机由此爆发。此后，在短短四个月时间内，它席卷了全球的金融市场，几乎波及美国金融市场所有的参与主体，上百家金融企业破产或被兼并。[①] 伴随着大量金融企业倒闭破产，失业工人增加，需求下降。这又导致制造业企业产品积压、库存上升、生产能力过剩、利润下降，生产陷入困境。支撑不下去的制造业企业也加入到倒闭破产企业的行列中。于是，失业工人进一步增加，收入进一步下降，需求进一步减少，产品、服务的生产进一步收缩。按照某种标准，生产、收入连续下降两个季度（6 个月）即判定经济陷入衰退。按此标准，美国从 2007 年 12 月进入衰退，一直到 2009 年 6 月才走出衰退。

这次全球经济危机对世界经济的影响可以通过下表进行粗略的观察：

由下表可见，2008 年全球经济危机对世界经济最大的影响是使经济增长率放慢，从 2007 年的 5.2% 下降到 2008 年的 3.0%。在这次经济危机中，作为整体的发达国家和发展中国家，都没有出现经济负增长，而只是增长率下降，这是不幸中的大幸。其中，发达国家所受的影响较大，经济增长率下降了 77.8%。日本等发达国家出现了负增长，而作为资本主义经济的超级大国——美国——虽然仅维持了很低水平的正增长，但是，毕竟是“正”的增长，而非“负”的增长，这对世界经济的影响仍然具有非常积极的方面。发展中国家所受的影响较小，经济增长率仅下降了 27.7%。

① 曾芳琴. 次级债危机的蔓延机制及影响［J］. 中国货币市场，2007（8）.

2008 年全球经济危机对若干国家宏观经济的影响

范围	经济增长率（%）		失业率（%）		价格缩减指数 2005 年 = 100	
	2007 年	2008 年	2007 年	2008 年	2007 年	2008 年
世界	5.2	3.0				
发达国家	2.7	0.6				
新兴和发展中国家	8.3	6.0				
中国	13.0	9.0	4.0	4.2	111.3	119.3
丹麦	1.7	-1.2	4.0	3.4		
法国	2.3	0.3	8.0	7.4	105.0	107.6
德国	2.5	1.3	8.6	7.5	102.5	104.0
爱尔兰	6.0	-3.0	4.6	5.2		
日本	2.3	-0.7	3.9	4.0	98.5	97.6
俄罗斯联邦	8.1	5.6	6.1	6.3	130.2	156.8
英国	2.6	0.7	5.3	5.3	105.8	108.3
美国	2.1	0.4	4.6	5.8	106.2	108.5
乌克兰	7.9	2.1	6.4	6.4		
缅甸	11.9	4.0				
巴西	5.7	5.1	8.2		110.1	116.6
泰国	4.9	2.6	1.2	1.2	107.9	112.7
韩国	5.1	2.2	3.2	3.2	101.9	104.7
印度	9.4	7.4			110.0	117.7

资料来源：《2010 年国际统计年鉴》。

在就业方面，2008 年的全球经济危机似乎未造成失业率迅猛的升高。在上表的已知数据中，有五个国家的失业率升高，三个国家的失业率下降，四个国家的失业率保持不变。

在物价方面，2008 年全球经济危机并没有造成普遍的物价下降，即通货紧缩。在上表中，日本出现了通货紧缩，其余国家均为物价上涨，即通货膨胀。

据称，美联储前主席沃克尔认为这次危机的扩散速度，已经超过了 20 世纪 30 年代的世界经济大萧条，这一看法现已得到了定量实证分析的证实。美国诺贝尔经济学奖获得者克鲁格曼进行了一项研究，比较当前国际金融危机与 1929 年大萧条对国际贸易的影响，结果表明当前国际贸易的下滑速度远远超过 1929 年大萧条，从 2008 年 4 月到

2009年2月的十个月间国际贸易下降的幅度，超过了从1929年6月以后二十五个月的国际贸易下降幅度。①

至少就2008年的数据看，美国仍然保持了正增长，全世界仍然保持了正增长，所以，把2008年全球经济危机和20世纪30年代的世界经济大萧条相提并论，笔者认为是言过其实、耸人听闻。从主观方面看，自20世纪30年代的世界经济大萧条以来，经过凯恩斯经济学的学习和传播，以及其后不断的研究、实践、再研究、再实践……时至今日，和90年前相比，人们对宏观经济现象的认识，包括各国政府对宏观经济政策的运用，已经有了非常大的进步。

二、凯恩斯革命

（一）凯恩斯革命的主要表现

凯恩斯（1883—1946年）是著名的英国经济学家。凯恩斯在1936年出版的《就业、利息与货币通论》，使其成为现代宏观经济学的奠基人。凯恩斯的宏观经济学理论从许多方面突破了传统经济学的思想束缚，拓宽了经济学的视角，运用一些新的概念、理论等分析工具对资本主义经济的运行重新进行解释，得出了一些与传统经济学对立的政策结论，从而在很大程度上改变了现代经济学的面貌，这被称为“凯恩斯革命”。凯恩斯革命主要表现在以下几个方面。

1. 经济学研究的中心

传统经济学研究的中心是资源配置。资源的稀缺和需要的无限的矛盾产生了如何最优利用稀缺资源的经济问题。资源配置问题可以利用生产可能性曲线示意。

图1-3中，生产可能性曲线表示利用给定的资源和技术生产最大产量的X、Y产品组合的各种可能性。在传统经济学看来，资源的稀缺性产生了任何经济体系都必须解决的两个问题：第一，如何迫使企业按最节约的方式利用稀缺资源；第二，如何迫使企业利用稀缺资源生产最受社会欢迎的产品。竞争性的市场经济正是解决这两个问题最好的制度安排。换言之，在传统经济学看来，经济问题就是在生产可能性曲线上是选择A产品组合还是选择B产品组合的问题。如果把这一问题交给竞争性的市场经济去解决，那么，结果总是圆满的。就是说，如果竞争性市场选择了A产品组合，那么可以肯定这一选择是有效率的；如果竞争性市场选择了B产品组合，那么可以肯定这一选择也是有效率的。至于竞争性市场选择的产品组合为什么必定在生产可能性曲线上，而不在生产可能性曲线内，在传统经济学看来，这根本是不成问题的问题。

在凯恩斯看来，问题恰恰出在这里。就是说，问题并不在于在生产可能性曲线上对产品组合的选择，而在于产品组合经常落在生产可能性曲线之内，如产品组合C。在

① 杨斌．金融危机与全球经济衰退［J］．读书，2009（8）．

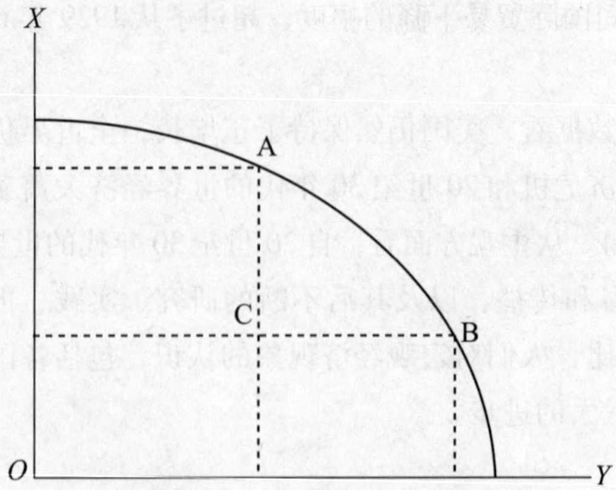

图1-3 生产可能性曲线

竞争性的市场经济中，微观效率通常是得到保证的。这就是说，生产组合点落在生产可能性曲线之内，并不意味着资源的浪费，而是意味着资源的闲置。资源闲置的现实形态就是工人失业、企业开工不足或倒闭等。资源的闲置说明有一部分资源未能投入生产，从而未能转化为产出。反过来说，如果能将这部分闲置资源投入生产，本来可以转化为更多的产出。从这个意义上看，资源的闲置也是一种资源的浪费（只是不是通常意义上的那种资源的浪费）。凯恩斯认为，怎样克服资源的闲置，怎样提高资源的利用程度，是使资本主义经济能够正常运转必须解决的最为急迫的经济问题，它理所应当成为经济学研究的中心。

由资源稀缺、需要无限的矛盾引出的经济问题实际包含两个方面：一个是资源的使用效率问题；一个是资源的利用程度问题。传统经济学抓住了第一个方面的问题，却未考虑第二个方面的问题。凯恩斯认为在资本主义市场经济中，资源的利用程度不高是一个普遍存在的问题。因此，对这一问题的研究不仅不应忽视，而且应把它置于经济学研究的中心位置。经济学应全力研究如何能使落在生产可能性曲线之内的产品组合变为处于生产可能性曲线之上的产品组合。这样，原先不被传统经济学——新古典经济学——所关注的就业、产出等问题，现在进入研究的视野，不仅如此，而且上升为主题，而这就是宏观经济学的研究重心。

2. 资本主义经济运行的常态

如果把经济看成一架机器，或一个活体，那么，对此有好奇心的人就很想知道：这架机器是怎样运转的？这个活体的生命是怎样维持的？这就是所谓经济运行问题。资本主义经济的运行决定于市场经济的两极——需求和供给——之间的相互关系。这两极经常处于何种关系？是供求平衡还是不平衡？若是不平衡，是供大于求还是求大于供？这就是资本主义经济运行的常态问题。对此，显然有不同的判断。我们首先要来谈一谈“萨伊定律”。

萨伊（1767—1832 年）是著名法国经济学家。萨伊的市场销售理论具有很重要的宏观经济学含义，被称为“萨伊定律”。萨伊定律的基本内容是：一种产品的供给产生了对另一种产品的需求。这样，有多大的供给就会有多大的需求，整个社会的总供给与总需求必定相等。因此，他得出一条重要的宏观经济理论认识：普遍的生产过剩现象是不可能出现的。

对此简要说明如下：生产者甲生产斧子在市场上销售得到货款100元货币。生产者甲生产斧子的目的不是为了货币，而是为了消费。因此生产者甲会支出100元货币购买其他商品（例如羊），即产生对其他商品100元的需求。可见，个别人的供给必定等于他的需求。把所有个别人的供给相加得到总供给，把所有个别人的需求相加得到总需求。由于个别人的供给必定等于需求，总和的供给也必定等于总和的需求，即总供给必定等于总需求。另外，萨伊认为，个别产品的供给和需求可能产生不一致。在这种情况下，价格机制将发挥作用。某种产品供大于求，会导致价格下降、资源退出、产量下降，结果与需求逐渐适应。某种产品供小于求，会导致价格提高、资源进入、产量增加，从而使较大的需求逐渐得到满足。

因此，萨伊的结论是：一方面，个别商品的供求不一致可以由价格进行调节；另一方面，商品总量的供给与需求的一致始终得到满足，这样，普遍的生产过剩是不可能发生的。因此，资本主义经济经常处于充分就业的状态。

凯恩斯得出与之相反的结论：资本主义经济经常处于小于充分就业的状态。利用“均衡”一词所具有的“保持不变、维持原有状态”的含义，凯恩斯的上述结论可以表述为：资本主义经济运行的常态是小于充分就业的均衡。凯恩斯的论证简述如下：

资本主义经济运行的特点是不稳定，就是说，在有的情况下它处于充分就业的状态，在有的情况下则处于经济萧条即小于充分就业的状态。因此，充分就业不是资本主义经济运行的一般形态，而是一个特例。相反，资本主义经济运行的一般形态是经济萧条即小于充分就业的均衡。经济萧条即小于充分就业的基本原因是有效需求不足。

有效需求是指有支付能力的需求。有效需求不足将导致企业的生产面临极大的困难。有效需求不足使企业产品的销售量减少。随着产品销量的减少，企业的库存逐渐增加。这样，企业不得不减少工时、减低产量，尽力维持生产的状况，以期渡过难关。如果销售困难的局面不能扭转，那么，企业终将解雇工人，导致失业工人增加。同时，企业倒闭的数量大大增加。随着失业的增加和企业倒闭的增加，社会总产量大为下降。简言之，把资本主义经济拖入萧条泥潭的罪魁祸首正是有效需求不足。

问题的严重性在于：有效需求不足存在着某种必然性。这种必然性的根源在于所谓的三大心理规律，即消费倾向递减规律、资本边际效率递减规律和流动偏好规律。下面对此进行一些简单的介绍，在以后的章节还会有更为详细的说明。

消费倾向包括平均消费倾向和边际消费倾向。平均消费倾向是指消费需求占居民收入的比例，边际消费倾向是指在增加的收入中所增加的消费占的比例。消费倾向基本心理规律是指随着收入的增加，消费需求在增加，但是（平均意义和边际意义上的）消费倾向在逐步下降。由于消费倾向递减规律起作用，在收入中将有一个越来越大的部分不能转化为需求，从而将对产品的销售造成越来越大的困难。因此，消费倾向基本心理规律是导致有效需求不足的重要原因。

资本边际效率反映企业投资预期收益率的高低。投资的预期收益率充满着不确定性，企业家很难对投资进行理性的决策。正因为如此，在企业的投资决策中，非理性的因素发挥着更大的作用。资本边际效率规律是指在某种情况下，由于非理性的因素起作用，企业家对投资收益的预期会突然完全丧失信心，即资本边际效率递减乃至“突然崩溃”。这种情况会导致投资需求骤减。所以，资本边际效率递减规律也是导致有效需求不足的重要原因。

投资需求不仅受到资本边际效率的影响，还受到市场利率的影响。如果说资本边际效率反映了投资的收益，那么，市场利率则反映了投资的成本。市场利率的变化会对投资需求产生重要的影响，就是说，市场利率下降会导致投资需求增加。市场利率的水平受到货币供给和货币需求的影响。如果货币供给大于货币需求，那么，市场利率将趋于下降；反之，市场利率将趋于上升。货币需求受到家庭和企业对货币的流动性（意指货币作为购买手段被普遍接受）偏好的影响。在利率很低的情况下，家庭和企业对货币的流动性偏好无限大（第五章有详细的说明）。在这种情况下，即使货币供给量增加，也不能形成货币供给大于货币需求的形势，因此，利率也不会下降。这就是流动偏好规律。由于流动偏好规律起作用，利率难以下降，从而投资需求难以增加。因此，流动偏好规律也是导致有效需求不足的重要原因。

有效需求不足的原因是消费支出不足和投资支出不足造成的。一般而言，随着收入提高，消费支出也提高。但是由于心理因素的作用，随着收入的提高，消费支出占收入的比例却不断下降，这就是消费倾向递减。抽象地看，由消费倾向递减造成的需求缺口可以通过投资支出弥补。企业投资支出一方面取决于资本边际效率，另一方面取决于市场利率。只有当资本边际效率高于市场利率的时候，企业才会进行投资。但是，一方面，随着投资的增加，资本边际效率是不断下降的；另一方面，利率的下降又由于流动偏好规律受到一定的阻碍，因此，企业的投资支出在对由消费不足造成的需求缺口的弥补远未完成之前就已经停止了。

总的来看，消费不足和投资不足使总需求价格曲线[①]处于较低的位置上，这就造成了有效需求不足，从而使资本主义经济经常处于小于充分就业的状态。和传统经济学的乐观态度不同，凯恩斯的宏观经济学对资本主义经济的失业、经济危机等严重的经济问题绝不回避，而是非常正视这些问题。

3. 政府的作用

在“古典”经济学看来，既然竞争性的市场制度足以保证充分就业的实现，那么，政府的任务就是保护这个竞争性的市场、维持其正常运转。其核心就是维持公平竞争的市场秩序，制止不正当竞争和对市场的垄断等。至于其他方面的事情，政府一概不

---

① 在第九章中的45°线模型中，它的几何表达是总需求曲线 AD。

问，放任自流，任凭市场“裁决”。从“古典”宏观经济学的基本观点来看，得出这一政策结论是非常自然的。

而在凯恩斯看来，既然竞争的市场没有力量把有效需求推至充分就业水平，那么，实现充分就业的任务责无旁贷地应由政府承担。政府应当采取积极的需求管理政策，强有力地影响总需求水平，促使充分就业的实现。凯恩斯就是这样得出了政府应当积极干预经济的政策结论。这一政策结论是凯恩斯宏观经济学理论分析的产物。

从一般的意义上看，政府对经济的干预有下列若干方式。

①对市场秩序的管理。这是“古典”经济学所赞成的。

②需求管理。这是凯恩斯所极力主张的。

③供给管理。这是指政府利用间接的方式引导分散的投资以实现预期的产业结构。如日本政府执行的产业政策。

④局部管制。这是指政府对个别产品或要素、投入或产出、价格或数量进行直接控制。如对农产品的价格扶持、通货膨胀时期的工资管制等。

⑤全面管制。其极端形态是指政府对全部产品和要素、投入和产出、价格和数量均进行直接控制。前苏联的集中计划体制比较接近于这里的描述。

由此可见，在政府作用问题上，“古典”学派和凯恩斯的分歧主要表现在政府对经济的干预应单纯地采取第①种形式，还是应同时采取第②种形式。

（二）凯恩斯经济学中的“古典”经济学传统

凯恩斯经济学在若干非常重要的方面，突破了传统经济学的束缚，提出了一系列新概念、新理论、新对策，这被称为“凯恩斯革命”的确当之无愧。但是，凯恩斯革命并未使凯恩斯经济学与“古典”经济学截然对立、“井水不犯河水”，也是显而易见的。凯恩斯经济学中包含着“古典”经济学传统，其主要表现如下：

（1）“古典”经济学推崇竞争性的市场制度。凯恩斯革命并未革这个“竞争性市场制度”的命。凯恩斯只是认为这个市场制度有缺陷，需要改善。凯恩斯考虑的是在资本主义制度框架下如何摆脱危机对经济运行的威胁。就以资本主义制度框架为基础讨论经济问题而论，凯恩斯经济学和“古典”经济学完全是“同一战壕的战友”。

（2）凯恩斯经济学采用的逻辑实证的研究方法与“古典”经济学是一致的。“古典”经济学的结论是经济均衡。在“古典”经济学中，均衡分析具有十分重要的意义。凯恩斯经济学的结论是经济的非均衡，但凯恩斯对经济非均衡的研究仍然采用了均衡的分析方法。

（3）“古典”经济学的一些概念、理论被凯恩斯经济学直接采用。如短期总量生产函数、劳动供给曲线、劳动需求曲线、投资曲线、交易货币需求等。

（4）凯恩斯经济学虽然以批判作为“古典”经济学基本立论的萨伊定律为己任，但并没有把萨伊定律“一棍子打死”，而是把它置于自己创立的经济学通则中的“特例”位置上，这应该说是一种理论的发展。

三、宏观经济学研究的主要问题

1. 总产出

凯恩斯正视资本主义经济的失业现象、经济萧条现象，也就是资源闲置问题，从而奠定了现代宏观经济学的基础。在这里，我们还需要把宏观经济学的研究对象更加全面地说一说，使读者对宏观经济学研究的“边界”有一个较为清楚的认识。概括地说，宏观经济学主要研究四个方面的问题：总产出、就业、物价水平以及开放经济背景下的宏观经济问题。下面分别叙述。

宏观经济学为什么要研究总产出？其原因大概出自严重的经济危机导致一国总产出水平大幅度下降，以及随之而来的失业率提高和居民收入水平下降、生活水平下降。为了避免或减少这类坏事的出现，需要做许多工作，而科学的任务就是首先要找到事物的“真相”。因此，在这里，经济学要研究：总产出为什么会下降。用不那么好听的话来说，这还只是一种“就事论事”的研究。如果站在更高的层次、更一般的层次，那么，经济学就要研究和回答：总产出是怎样决定的。其实，在对这个一般性问题的回答中，自然也包含了对“总产出为什么会下降”这一更为具体的问题的解释。因此，对总产出水平的决定的研究是宏观经济学的中心。

对总产出的研究可以按照三个视角进行：

第一个视角是静态的，或称为短期的，即研究一国的年总产出水平是如何决定的。在一个较短时期内，技术水平、资源数量可视为不变。在这种情况下的最大总产出称为潜在总产出（或充分就业产出）。在一个经济体系中，如果实际总产出经常小于潜在总产出，那么，经济资源就是经常处于未被充分利用的状况之中。这样就产生了一个重要的宏观经济问题，即如何提高实际总产出水平，使之接近或达到潜在总产出水平。从静态的、短期的视角研究总产出，相对来说比较简单，但同时也是最为基本的。本书作为初、中级水准的教材，其绝大部分都是从静态或短期的视角进行研究的。

第二个视角是动态的，即研究一国总产出水平在一个经济周期内的波动是怎样形成的。在现代市场经济国家中，经济的周期波动是一个非常普遍的现象。一个完整的经济周期包括危机、复苏、繁荣、衰退四个阶段。经济周期的重要特征是总产出水平的波动。从静态的角度看，繁荣时总产出水平较高，危机时总产出水平较低。从动态的角度看，繁荣时总产出是增长的，危机时总产出是下降的；也可能是这种情况：繁荣时总产出的增长率在提高，危机时总产出的增长率在下降。在不同国家或同一国家的不同时期，经济周期波动的波幅是不一样的，有的是剧烈的波动，有的是相对弱一些的波动。前面所言总产出从增长到下降就是较剧烈的波动、总产出的增长率由提高转为下降就是一种相对弱一些的波动。经济的剧烈波动，俗称“大起大落”，对经济效率的损害非常严重。宏观经济学需要研究：怎样使经济尽可能地避免剧烈的波动，而沿着较为平稳的路线向前发展。由于篇幅的限制，本教材没有设专章研究经济周期。

第三个视角也是动态的，即研究一国经济在一个较长时期内是怎样增长的。这一部分理论称为经济增长理论。经济增长是指总产出水平在前期基础上的增加。经济增长面对的时期包括数个经济周期，因此是一个更长的时期。对经济增长的研究包括经济增长的量即经济增长率、经济增长中的结构变化、经济增长的实际效果等。经济增长理论需要研究：怎样使经济能够按一个较高的增长率稳定地增长、怎样通过产业结构的优化等提高经济效率的途径来促进经济增长，等等。本书设一章研究经济增长，主要研究关于经济增长率方面带有规律性的现象。

2. 就业

就业也是宏观经济学关注的重要问题。宏观经济学主要研究一国总就业量或就业水平问题。这一研究的背景是在现代市场经济国家中失业问题存在的普遍性。对市场经济而言，一个较小比率（失业人数比具有劳动能力总人数）的失业或许是必要的。但是，实际失业超过这一比率就会给经济带来损害。大量失业意味着大量经济资源未加利用而闲置，这对一国总产出会产生巨大的负面影响。对应于这一较小比率失业的就业称为充分就业。怎样使劳动力实现充分就业是宏观经济学研究的重要问题。

由于就业和产出之间存在显而易见的密切关系，宏观经济理论往往把二者当作一回事：就业问题解决了，产出问题自然得到解决；反过来，产出问题解决了，就业问题也自然得到解决。本教材也是这样做的。这样处理，能够使理论的叙述较为简单，而且也有一定的事实依据。但实际情况毕竟更加复杂，例如，通过量化宽松的货币政策，美国经济由衰退转为增长，而失业率却依然居高不下；再如，由于出口受阻，我国经济增长率趋于下降，但失业率却没有因此而显著提高。

3. 价格水平

宏观经济学研究的价格水平不是单个产品或单个要素的价格，而是一国物价总水平。对它的测度在第二章给出。在市场经济中，价格水平的波动是很平常的现象。从较长时期看，价格水平呈上升的趋势。价格水平的上升对经济有何影响是一个比较复杂的问题。无论如何，价格水平大幅度提高即通货膨胀对经济非常有害。这又给宏观经济学提出一个课题，即怎样通过避免通货膨胀来发展经济。

4. 国际收支和汇率

宏观经济学所要研究的以上三个问题是就封闭经济而言的。如果是一个开放经济，那么，宏观经济学还要研究关于国际收支和汇率方面的问题。简单地说，国际收支是指国家之间在贸易和资本流动方面发生的货币往来，汇率是指两国货币的兑换比例。国际收支和汇率本来是国际经济学所要研究的对象。宏观经济学对它们的研究侧重于这个角度，即国际收支的变化或汇率的变化怎样影响一国总产出水平、就业水平和价格水平。在宏观经济学中，对一些国际经济问题的研究，最终还是要落脚到前三个问题上去。在开放经济条件下，一国宏观经济，不仅受国内各种经济因素的影响，还要受到国外各种经济因素的影响。这样一来，宏观经济问题的复杂性大大提高。本教材仅在最后一章对开放条件下的宏观经济学进行非常简略的研究。

四、宏观经济学的微观经济基础

无论是宏观经济学，还是微观经济学，研究的基础都是经济行为，都是按照经济理性主义假设研究经济行为。这种经济行为，对宏观经济学来说，就被称为其微观经济基础。关于这个问题，实际上前面已经有所涉及，在这里给予进一步的论述。

前面说过，宏观经济学研究的是“总的行为”。一国“总的行为”只能是千千万万个别微观主体行为的总和。微观主体行为在很大程度上决定了“总体行为”。因此，我们可以很自然地推出这样一个结论：宏观经济学的总量研究是以一定的微观主体行为研究为基础的。例如，在宏观经济学中有一个重要的命题：市场利率的变动会在很大程度上影响一国总的投资水平。这一命题是否“放之四海而皆准”？回答是否定的。这一命题的成立以千千万万企业的投资对市场利率的变化有很强烈的反应为条件，而后者又以利率表现为企业投资的成本因素以及企业投资以赢利为目标等为条件。因此，如果利率不表现为企业投资的成本因素，如果企业在亏损的情况下仍然具有亢奋的投资意愿，那么，市场利率就不会具有在很大程度上影响一国投资总水平这样如此重要的宏观经济学意义。

宏观经济学的微观基础问题还包括市场结构问题。市场结构主要指市场是完全竞争类型的，还是不完全竞争类型的。假设千千万万的企业都会对市场的价格信号和数量信号作出积极的反应，显然，市场的类型不同，企业作出的反应类型就会不同。在完全竞争的场合，价格信号起显著的作用，微观主体主要依据价格信号作出反应。在不完全竞争的场合，数量信号的作用变得显著起来，微观主体主要依据数量信号作出反应。不同的市场结构、不同的市场调节信号、不同的微观主体反应等对宏观经济运行常态有非常大的影响。因此，宏观经济研究须以给定的市场结构为基础。本教材以比较简单的完全竞争市场类型作为基本的假定。

五、宏观经济学和微观经济学的关系

现代西方理论经济学由宏观经济学和微观经济学这两大部分组成。微观经济学研究单个消费者的行为和单个厂商的行为，研究单个产品和要素的价格和数量的决定。微观经济学的主题是资源配置问题，具体包括：资源的数量给定，怎样安排对有限资源的使用，能够使资源的使用效率达到最优。微观经济学认为在市场经济中，价格“指挥”全社会的资源配置。价格是微观经济学的中心范畴。为了解决个别产品（或要素）的价格决定问题，首先要解决个别产品（或要素）的市场需求和市场供给问题，这些又以对微观主体行为的研究为前提。因此，微观经济学研究的范畴或变量主要包括：效用、消费者收入、消费者均衡、个别产品需求、生产函数、个别产品的成本、收益、利润、个别产品供给、均衡价格、完全竞争、垄断、个别要素的需求、个别要素的供给等。

宏观经济学主要研究一国总产出水平和一般物价水平的决定问题。宏观经济学研究的一个基本出发点是认为在一国范围内存在资源闲置的现象。因此，宏观经济学的主题是提高一国资源的利用程度，把闲置资源动员到生产中去，从而达到更高的产出水平。在提高一国资源的利用程度的过程中，有可能引起物价总水平的波动。因此，宏观经济学的第二主题就是维护物价总水平的稳定。资源闲置等现象应被看作人的经济行为所产生的后果。因此，宏观经济学也离不开对人的经济行为的研究。和微观经济学研究单个人的行为不同，宏观经济学研究的是"一国总的行为"，如总消费行为、总储蓄行为、总投资行为、总货币需求行为等。因此，宏观经济学研究的是带有总量意义的范畴或变量，如一国的总产出、总收入、总支出、总消费支出、总投资支出、总劳动供给、总劳动需求、总货币需求、总量生产函数等。

一般而言，由个量加总可以得到总量。例如，单个家庭工资加总可以得到一国总工资水平，单个企业投资加总可以得到一国总投资支出。在一些场合，经济总量和经济个量具有相同的规律性。例如，对单个家庭而言，收入提高了，消费支出会随之增加。对一国而言，也有类似的现象：一国总的收入水平提高了，消费支出会随之增加。但是，在有些场合，二者呈现出不同的规律性。

例如，对单个家庭来说，当收入较低时，储蓄往往较少；当收入逐渐提高时，储蓄也就逐渐增加了。储蓄增加是收入提高的反映，二者是同方向变化的。但是，对一国来说，处于某种经济形势之下，居民普遍增加储蓄往往会降低收入水平，并可能进一步降低储蓄水平。在这一场合，二者变化方向相反。这就说明：对单个家庭而言，增加储蓄可以提高效用，是一种最优的选择；而对一个国家而言，在某种情况下，普遍增加储蓄可能导致总产出水平的下降，从而不是一种最优的选择。

再如，对单个企业来说，降低工资可以使利润增加，从而获得增加产出的刺激。而对一国来说，工资普遍降低有可能会导致总需求的萎缩。总需求的萎缩迫使产出水平降低。在这两个场合，工资降低的效应正好相反。

再举一个企业投资的例子。对一个企业来说，只要成本收益的分析表明投资是有利可图的，企业就会购买投资品，进行扩大再生产。对一国来说，企业普遍增加投资支出，可能会导致投资品供给的短缺，从而引起投资品价格上涨。投资品价格上涨会抑制一部分企业的投资支出。在这两个场合，企业都有投资意愿，但投资意愿的实现却有不同。

这些例子说明宏观经济变量之间的联系具有特殊性，不能从微观经济变量之间的联系简单地推之。正因为如此，研究经济问题，不仅需要微观经济学，而且需要宏观经济学。

第二节　宏观经济学的研究方法

一、实证分析方法

如果要对宏观经济学的理论有比较深入的理解，那么，前提是对宏观经济学的研究方法有一定的了解。我们学习过微观经济学，微观经济学的一些研究方法同样适用于宏观经济学，但宏观经济学也使用一些独特的研究方法。

现代西方经济学，无论是微观经济学，还是宏观经济学，最基本的研究方法就是实证分析方法。经济学实证分析方法的精神实质就是揭示经济现象之间的因果联系。揭示现象之间的因果联系、揭示客观存在的规律性现象，这是现代科学的一般任务，经济科学也不例外。

例如，就通货膨胀问题来说吧，实证分析首先要解决的问题是当前通货膨胀的程度如何，即按某一种规定对通货膨胀的程度加以测度。其次要解决的问题是通货膨胀是怎样产生的。这里已经出现宏观经济现象之间的因果联系了。果是通货膨胀，因是实证分析所要寻找的引起通货膨胀现象的原因即另一些经济现象。再次要研究通货膨胀对经济有何影响。这里又出现了因果联系，通货膨胀是因，受到通货膨胀影响的其他经济现象是果。最后要实证分析还需要研究采取哪些政策措施可以降低通货膨胀率。在这里，政策措施是因，通货膨胀率的降低是果。依研究目的不同，实证分析有时抓住因果联系中的因，有时抓住其中的果。

具体地看，实证分析对客观经济现象因果联系的把握有两种不同的方法。一种称为经验实证，另一种称为逻辑实证。

经验实证就是把对个别经济现象因果联系的认识上升到理论的高度，即从中挖掘出一般性的规律性认识。例如，通过对某企业生产的调查研究，来寻找某地区或某行业生产发展的一般经验、教训。经验实证方法就是归纳的方法、调查研究的方法、“解剖麻雀”的方法。其认识路线是从个别上升到一般。经验实证的基本短处是：由经验实证所得到的具有普遍意义的因果联系是对个别因果联系的推广，这就必然存在认识逻辑上的中断。就是说，由经验实证所得到的认识很可能具有一定的片面性。例如，你在一个企业调查研究所发现的问题，或许真是抓住了该企业的“牛鼻子”，一旦解决了该问题，该企业其他问题就迎刃而解，但是，它未必就是该地区或该行业所有企业存在的问题，更不用说是该国经济发展中存在的重大问题。

作为理论经济学，宏观经济学主要采用逻辑实证的研究方法。逻辑实证的方法也被称为演绎的方法，或抽象分析的方法。和经验实证相反，逻辑实证的认识路线是从一般到个别。逻辑实证对因果联系的把握是从建立假设开始的。逻辑实证建立假设就好像自然科学建立实验室，借此排除一切无关和次要的因素，保留少数有关的重要因素，从而能够在一种“纯粹”的环境中观察现象之间的因果联系。当然，经济学中的这一“实验室”是在思维中建立的。逻辑实证分析中的假设也好像作为理论自然科学体系发端的公理。这些公理是不能被证明的，但只要人们接受这些公理，就能一步一步地推演出整个理论大厦来，逻辑实证分析中假设的重要性可见一斑。在宏观经济学中，有两类假设。一类假设纯粹是为了讨论的方便，对立论不会发生根本的影响。例如一个只包含企业和家庭的简单经济的假设就是如此。在这一假设中得到的一些基本结论不会因为在经济系统中增加一个政府部门而发生根本的改变。另一类假设则不同，例如假设经济是完全竞争市场还是假设经济是不完全竞争市场，假设不同，推导的结论就不同。显然，在宏观经济学中，这一类假设具有更加重要的理论意义。

逻辑实证的第二步是在建立假设的基础上，通过对追求利益最大化的总体经济行为及其相互作用的研究，得出宏观经济现象之间的因果联系。高级教材由于充分利用较高级的数学手段，如微分方程、动态规划等，可以合乎逻辑地推导出有关结论，以描述宏观经济现象之间的因果联系。而初、中级的宏观经济学则经常利用较初级的数学手段，如几何图形、函数、方程、极值的求解、初等微积分等。例如，根据若干假定，可以得到一条向右下方倾斜的货币需求曲线以及垂直的货币供给曲线。利用这两条曲线以及曲线的移动，就可以观察到货币供给量增加必然引起市场利率下降这种因果联系。本教材应归入初、中级程度。

逻辑实证也被称为数理经济学。数理经济学就是把经济理论用数学形式表达出来。一般来说，先有经济理论，后有数学表达。可见，一个经济理论的真理性，首先不是取决于数学的推导，而是取决于经济理论本身对经济现象的观察是否正确、是否深刻。数学的作用是使经济理论的表达条理化。所以，对经济理论来说，如果没有对经济现象的深入观察和透彻理解，那么，数学表达一钱不值。对宏观经济学的入门来说，特别重要的是对宏观经济现象的观察、对宏观经济思维、理论的掌握，而不必被宏观经济理论那些过于精细的、复杂的数学表达搅得昏头昏脑。

在逻辑实证研究中，最后的结论是在建立假设的基础上通过严格的数学推导得到的。因此，在假设前提和结论之间不存在任何认识逻辑的中断，这是无可怀疑的。但是，逻辑实证的命题仍然需要接受现实的检验。如果逻辑实证的命题与现实有较大的差距，那么，这一命题是值得怀疑的。由于结论是在假设前提的基础上经过严格推导得到的，因此，值得怀疑的不是结论，而是结论赖以存在的假设前提。这就需要改变假设前提，以改变了的假设前提为基础，重新进行逻辑实证研究。

问题是：逻辑实证的命题怎样接受现实的检验？由于经济学研究的对象是整个社会，难以将其“装入”实验室进行类似自然科学那样的检验，因此，只好退而求其次，利用计量经济学的方法进行“检验”。这种检验，是另外一种含义的经验实证。遗憾的是，计量经济学的检验方法往往包含较多的主观因素，因此，运用这种方法进行检验，始终存在一个检验的质量问题，即检验的可信度问题。所以，我们对运用这种方法检验的结果，应该抱有一种比较审慎的态度。但是，一方面，可以肯定地说，有检验比不检验、没检验要好得多；另一方面，我们也看到，这种检验缺陷的存在，逼迫计量经济学在其自身的方法上不断改进、不断进步，不断提高检验的质量。

实证研究着重描述客观经济现象之间的因果联系，而不涉及对这些因果联系进行“好或坏”“应该或不应该”之类的优劣评价。评价经济现象优劣的研究称为规范研究。但是，任何实证研究都至少包含某些最基本的规范含义，就是说，包含肯定什么、否定什么的一些基本价值判断。例如，西方宏观经济学进行的实证研究，显然是以对资本主义市场经济制度的基本肯定为其前提的。这方面可能是经济学实证分析方法和自然科学实证分析方法最大的区别。

二、经济理性主义的假定

经济理性主义的假定是现代西方经济学，包括微观经济学和宏观经济学，贯彻始终的最重要的假定之一。经济理性主义的假定是指在进行逻辑实证的研究过程中，总是假定当事人非常明确行为目标，在经济决策时，总是深思熟虑地进行权衡比较，选择最佳方案，以期获得尽可能大的利益。在微观经济学中，考察消费者的购买决策、企业的产出决策和投入决策等，都以理性主义的假定为其前提。宏观经济学对“总体行为”的考察，同样以理性主义的假定为其前提。在宏观经济学中，理性主义的假定表现为一系列“总体行为”函数，如劳动供给函数、劳动需求函数、消费函数、投资函数、货币需求函数等。例如，劳动供给函数表现总体工人利益最大化的劳动供给量是怎样决定的，劳动需求函数表现总体企业利益最大化的对劳动的需求量是怎样决定的，等等。

由于本教材属于初、中级程度，所以，给出的消费函数、投资函数并不是通过比较严格的数理方法，即不是通过对目标函数最大化的均衡条件的推导得出的，而是比较“武断”地把它摆出来就完事了。不过，在理论上，我们应该把这些消费函数、投资函数等看成是最大化行为，只不过由于叙述较为简单，对这些函数何以反映了最大化行为交代得不够严谨、有些马虎，仅此而已。当然，这样的叙述会对理论的逻辑性有所牺牲。对理论的逻辑性严谨有偏好的同学，以后通过高级宏观经济学教材的学习，就可以弥补缺憾了。

以经济理性主义为基本出发点是经济学研究人的行为从而研究经济现象独特的视角，这一独特的视角实际上隐含了经济学研究对当事人追求最大利益行为的肯定。从这一基本倾向出发，当个别行为甚至“总体行为”与社会最优相悖时，经济学不去简单地指责追求最大利益行为本身，而是探求使当事人选择这种追求最大利益行为的外部条件，如技术、资源、体制等。经济学研究的任务正是要着力描述技术、资源、体制等外部条件与追求最大利益行为之间的因果联系，并通过这种研究揭示通过改变技术、资源、体制等外部条件促使当事人追求利益最大化行为与社会最优趋于一致的一般规律。例如，宏观经济学的研究揭示了总体家庭最优消费计划和总体企业最优投资计划未必使总需求大到足以实现充分就业的程度。在这种情况下，经济学不去指责微观单位最优支出计划本身，而是试图解释微观单位最优支出计划（就社会最优而言的）不足的原因，并在解释的基础上提出通过改变影响微观单位最优支出计划的外部条件，以及通过微观单位最优支出计划的实施来扩大总需求实现充分就业的对策。

有一个问题需要提出来，就是上述经济学研究对当事人追求最大利益行为的肯定，绝不包含对损人利己行为的肯定。也就是说，经济学所肯定的当事人追求最大利益行为，是有底线的，这个底线就是不损害他人的利益。所以，在一般情况下，经济研究所采用的经济理性主义假设，暗含了当事人追求最大利益但不损害他人利益的预设。当然，经济学对一种特殊的当事人追求最大利益的行为——损人利己也进行研究，这是另外一回事。

三、均衡分析方法

现代西方经济学对经济现象的研究着重刻画经济现象的均衡状态。均衡概念是经济学从自然科学中借用来的。在力学中，均衡可以指在大小相同方向相反两个力的作用下，物体的位置保持不变。在经济中，均衡的这层意思基本上保留了下来。经济学中的均衡具体描述三种情况。

第一种情况是市场供给与需求的均衡。市场供求均衡正是均衡概念通常包含的意思。一般而言，供给反映了供给者的最大利益，是价格的增函数；需求反映了需求者的最大利益，是价格的减函数。意愿供给量和意愿需求量不一致就会引起价格的波动。价格的变动反过来会引起意愿供给量和意愿需求量的变化。当价格处于某一水平时，意愿供给量恰好等于意愿需求量，这样价格就不再变动了，交易量也就稳定下来。市场供求达到均衡。在这里，均衡仍然取“不再变动、稳定下来”的含义。当然，均衡也包含供给量和需求量“达到一致”的含义。

第二种情况是经济当事人利益最大化状态。在微观经济学中，使消费者效用最大化的商品购买方案称为消费者均衡，使厂商成本最小的要素购买方案称为生产者均衡。为什么经济当事人利益最大化状态称为均衡呢？这是因为若价格等因素不变，则这样的购买方案就维持不变。“维持不变”正好体现了均衡的含义。在宏观经济学中，利益最大化的总体行为用一系列总体行为函数刻画，如消费函数、投资函数等。这些总体行为函数虽然没有冠以均衡的名称，却已隐含了均衡的意义。例如，宏观经济学认为消费支出是可支配收入的函数，因此，如果可支配收入不变，那么，消费支出保持不变。这里的“保持不变”正是一种均衡。

第三种情况可能有些不好理解，它是指市场供给与需求的非均衡状态维持不变。这是在较后时期赋予均衡的含义。为什么把非均衡称为均衡呢？特别要注意，在这里，均衡已经不包含供给与需求一致的意思，但仍包含该状态“维持不变”这一均衡的基本含义。这种非均衡的均衡在宏观经济学中具有非常重要的意义。例如，一个经济体，产品供不应求、短缺，多少年都是如此，就可以称为短缺均衡；另外一个经济体，产品供大于求、过剩，多少年都是如此，就可以称为过剩均衡或失业均衡。

我们观察到的宏观经济现象通常处于变动之中。那么，研究经济现象“保持不变”的状态有何意义呢？对均衡状态的研究实际上就是对经济现象运动趋势的研究。这种研究对于揭示经济现象发生的前因后果是很有益的。

四、静态、比较静态和动态分析方法

现代经济学对经济均衡的研究有静态、比较静态和动态这三个角度。

静态分析方法是一种初步的从而比较简单的分析方法。它着重刻画均衡状态的特征以及形成均衡状态的条件。它假设经济变量从非均衡到均衡的调整是在一瞬间完成的，这就好像“眼睛一眨，老母鸡变成鸭”。在静态分析中，没有时间这一维度，这与现实显然相差甚远。但是，利用静态分析至少使我们初步地把握经济现象运动的规律，从而为更进一步的认识奠定了一个基础。在本教材中，静态均衡是基本的分析方法，主要用于研究总需求、总产出、物价水平等的市场决定。

比较静态分析是从静态分析发展而来的。它着重研究两个均衡状态之间的联系，揭示一个均衡状态必定沿着某个方向过渡到另一个均衡状态。至于这种“过渡”，比较静态分析沿袭静态的眼光，即仍然假定它是在一瞬间完成的。在本教材中，比较静态均衡分析方法主要用于研究宏观经济政策效应，即政策对总需求、总产出、物价水平等的影响程度。宏观经济学所揭示的一些重要的因果关系及政策结论，都是通过比较静态均衡分析方法得出的，所以，至少对初、中级宏观经济学而言，比较静态均衡分析是最有价值的部分。

动态分析把经济变量的调整放到时间这一维度中考察，比前两种方法更加前进了一步。在宏观经济学中，对通货膨胀、经济周期、经济增长等经济现象的研究都是按动态的视角展开的。本教材主要运用静态均衡分析和比较静态均衡分析，动态分析仅在经济增长一章有简单的运用。

五、总量分析与结构分析

总量分析是宏观经济学特有的分析方法。总量分析就是研究一国总需求、总产出、价格总水平等经济总量水平的决定及其变化规律。显然，宏观经济学采用总量分析方法，是与宏观经济学对资本主义市场经济运行的认识的基本倾向分不开的。这些总量分析能够较好地解释经济萧条、通货膨胀等一类宏观经济现象。对我们中国读者来说，经济结构或产业结构也是重要的宏观经济问题。但是，在宏观经济学中，一般不讨论这一类经济结构问题。就一个方面来说，经济结构问题就是生产结构适应需求结构的问题。在西方经济学看来，经济结构问题实际上就是资源配置问题。而资源配置是微观经济学研究的对象，其中隐含的观点是：价格机制足以解决结构问题。这就是宏观经济学一般不进行结构分析的原因。

六、需求分析与供给分析

研究市场经济离不开需求分析和供给分析，宏观经济学也不例外。需要注意的是，宏观经济学并不是在所有情况下都并列地使用这两种方法。例如对总产出的研究，在萧条经济场合，侧重于需求分析；在膨胀经济场合，侧重于供给分析；在短期，侧重于需求分析；在长期，侧重于供给分析。凯恩斯认为资本主义经济的问题主要出在需求上，即有效需求不足，所以侧重于需求分析。本教材主要介绍凯恩斯及凯恩斯学派的宏观经济理论，所以也是侧重于需求分析。

七、存量分析与流量分析

存量和流量是对经济变量的一种区分。在一定时点上取值的经济变量称为存量，在一定时期内取值的经济变量称为流量。例如，固定资产就是一个存量，它总是指在一定时点上（例如2014年12月31日）以前各年新增固定资产（尚未报废部分）累积的总和。固定资产亦称资本存量。投资则是一个流量，它是指在一定时期内（例如2014年内）新增固定资产总和。可见，资本存量和投资流量是两个不同的概念。但是，这两个概念又有着密切的联系。由于投资，资本存量增加了。投资就是资本存量的增加量。以 I_t 表示 t 期的投资，K_t 表示 t 期的资本存量，K_t-1 表示前一期资本存量，ΔK_t 表示 t 期资本存量的增量，则 $I_t=\Delta K_t=K_t-K_t-1$，其意为投资导致固定资产增加。再如，财产是存量，收入是流量，而收入又表现为财产的增加量。

宏观经济学侧重于流量分析。例如，宏观经济学不去研究一国总财富的决定，而着重研究一国一年新增财富即国民收入的决定。宏观经济学在研究上的这种侧重是由其基本的理论观点决定的。宏观经济学所要解决的主要经济问题都是与国民收入的水平相联系的。不过，要注意，上述研究的侧重有一个重要的例外，就是宏观经济学对货币的研究。货币供给量、货币需求量都是就一定的时点而言的，都是存量。宏观经济学对货币的研究是货币存量。

八、事前变量分析与事后变量分析

对事后变量进行分析称为统计分析，对事前变量进行分析称为经济分析。对一个经济变量可以从事后变量和事前变量这两个角度来把握。事后变量是指经济变量的实际取值。事后变量亦称实际量、统计量。事前变量是指经济变量在决策时的取值。事前变量亦称计划量、意愿量。

例如，对储蓄和投资就可以从事前事后这两个角度进行观察。从事后变量的意义上看，储蓄和投资永远相等。这种恒等只不过反映了对一国总产出的统计，只要遵循统计规则，则无论从总支出的角度统计，还是从总收入的角度统计，所得到的结果（即总产出量）总是一致的。但是，从事前变量的意义上看，储蓄和投资可能相等，也可能不相等。二者不相等，表示经济处于非均衡状态，在这种情况下，总产出水平倾向于变动；二者相等，表示经济处于均衡状态，在这种情况下，总产出倾向于维持原有水平。

读者必须学会从事前和事后这两个角度观察同一个经济变量。这里提到的这个例子，“掐头去尾”说得不太清楚，在以后的章节会有详细的论述。

在第二章出现的概念都是事后的统计概念。从第三章开始，对书中出现的经济变量都应该主要从事前的意义上去把握。如消费函数、投资函数、货币需求函数等，都反映了总体行为者的最优决策，都是事前经济变量。宏观经济学的主要功能之一是对宏观经济形势的认识和预测。因此，宏观经济学主要通过对事前经济变量的分析，揭示宏观经济现象之间错综复杂的因果联系。

第三节 宏观经济分析的基本框架

一、总需求分析

在19世纪出版的《资本论》中，马克思（1818—1883年）形象地把市场需求对企业生产的制约比喻为“惊险的跳越”。在市场经济国家，总需求不足也往往是干扰宏观经济的主要问题，因此，总需求分析是宏观经济学研究的重点。总需求分析就是要研究总需求是怎样形成的。按照本书的理解，总需求要经过四个环节才能够最终形成。这四个环节是：意愿购买、货币需求、货币供给、价格因素。总需求要经过这么多环节才能最后形成，因此，在本书中，总需求分析是属于相对比较困难的部分。总需求分析的结论是：总需求受到自发性支出、货币供给、物价等因素的影响。

二、总供给分析

总供给是影响宏观经济另一侧的力量。总供给分析就是要研究全体企业的生产具有怎样的规律性。总供给分析一般从生产的技术基础（技术基础用生产函数刻画）出发，利用经济理性主义假设揭示生产决策的经济根源。总供给分析的结论是：总供给受到技术、资本存量、物价、工资等因素的影响。

三、总产出和物价的决定

宏观经济政策的目标是实现充分就业产出和物价水平稳定。在理论上首先就是要回答：一国的总产出和物价水平是怎样决定的。在市场经济中，总产出和物价水平是由总需求和总供给的相互作用决定的。但是，有不同的情况。在有的情况下，总需求和总供给的力量基本平衡；在有的情况下，总需求起主导的作用；在有的情况下，总供给起主导的作用。

四、宏观经济政策的效应

当宏观经济没有实现充分就业产出和物价稳定的时候，政府就会运用宏观经济政策对其进行调节。本书主要考察需求管理政策。需求管理政策是指政府执行旨在影响总需求的政策，包括财政政策和货币政策。需求管理政策对宏观经济的影响要分两个环节进行考察。第一个环节是：需求管理政策对总需求有何影响；第二个环节是：总需求的变化对产出和物价分别有何影响。

五、总供求框架（*AS*－*AD*）

本书对于宏观经济理论的阐述，常常借助于简单的数学形式来表达。这些数学主要包括简单的代数和几何图形。代数表达比较精确，几何图形则比较直观。总供求模型（*AS*－*AD*）的几何表达最为基础，也最为重要，见图1－4。

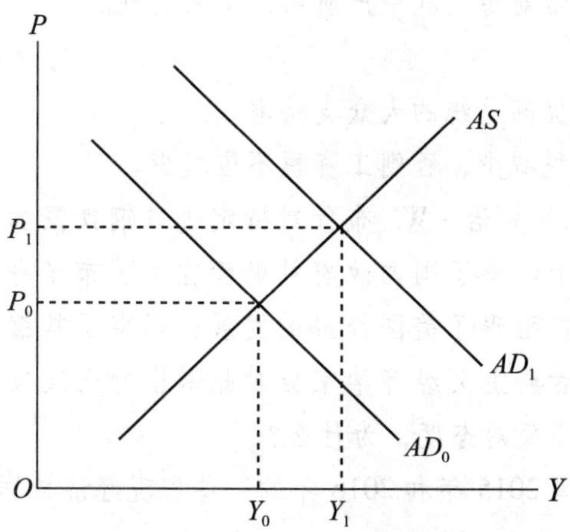

图1－4　总供求模型

在图1－4中，纵轴是物价 P，横轴是数量（包括总需求、总供给、总产出）。总需求曲线 AD_0 向右下方倾斜，反映总需求的变化规律：总需求随着物价的下降而增加；总供给曲线 AS 向右上方倾斜，反映总供给的变化规律：总供给随着物价的上升而增加。两条曲线的交点表示初始的物价为 P_0，产出为 Y_0，产出未实现充分就业水平。在这种情况下，政府采取扩张总需求的政策，使总需求曲线右移至 AD_1。扩张总需求的政策对宏观经济的影响是：①总产出增加至 Y_1；②物价上涨至 P_1。这个模型虽然简单，但却包括了宏观经济学的很多东西。

读者如果对以上说明不太理解，丝毫不必担心，刚“入门”嘛。

我国已故京剧表演艺术家梅兰芳对学习有这样的体会，认为学习有一个由“薄”到“厚”，再由“厚”到“薄”的过程。刚“入门”，“底子薄”，对“厚厚”的大书很恐惧，这是很自然的；通过学习的“滋养”，自己逐渐由“薄”到“厚”；通过更深入的学习，把“厚”消化成“薄”，这样终于把别人的“东西”变成了自己的“东西”。

有一句老话：自由不是别的，是对必然的认识。① 随着学习的深入，我们的这种“自由”一定会越来越多。

章节习题

1. 列举宏观经济学家基本的专业活动，在这些活动中，宏观经济研究的作用是什么？

2. 比较古典主义和凯恩斯主义在工资和价格调整速度上的不同观点，并分别说明其重要结论的差异。

3. 下面哪些叙述是实证分析，哪些是规范分析？

（1）减税将提高利率。

（2）工资税下降通常对穷人和中产阶级的工人有利。

（3）工资税太高。

（4）工资税下降会提高总统的大众支持率。

（5）除非资本利得税减少，否则工资税不应减少。

4. 2002 年，美国总统乔治 · W. 布什对特定进口钢铁强加了关税，他声称美国本土以外的钢铁生产商由于获得了国内政府补贴而在美国市场进行低价倾销。同时，布什政府声明，钢铁的进口阻碍了美国经济的发展，损害了其钢铁产业的生产，造成了钢铁工人的失业。那么古典主义经济学家会对此做出什么反应？凯恩斯主义经济学家对强加关税是持赞同还是反对态度，为什么？

5. 下面给出了 OZ 国 2015 年和 2016 年的一些宏观经济数据：

年份	2015	2016
产出（吨马铃薯）	12000	14300
就业人数（人）	1000	1100
失业人数（人）	100	50
总劳动力（人）	1100	1150
价格（谢克尔/吨马铃薯）	2	2.5

① 请注意：这里的“自由”显然不是自由的全部含义。

如上述数据，OZ 国只生产马铃薯，其货币单位为谢克尔，计算以下各宏观经济变量，请注意单位。

（1）2015 年和 2016 年的平均劳动生产率。

（2）2015 年和 2016 年间的平均劳动生产率增长率。

（3）2015 年和 2016 年的失业率。

（4）2015 年和 2016 年间的通货膨胀率。

第二章 国民收入核算

导入案例

2017 年 10 月 18 日，习近平总书记在十九大报告中提出，深化供给侧结构性改革，建设现代化经济体系，必须把发展经济的着力点放在实体经济上，把提高供给体系质量作为主攻方向，显著增强我国经济质量的优势。

供给侧结构性改革旨在调整经济结构，使要素实现最优配置，提升经济增长的质量和数量。需求侧改革主要有投资、消费、出口三驾马车，供给侧改革则依靠劳动力、土地、资本、制度创造、创新等要素。

供给侧结构性改革，就是用增量改革促存量调整，在增加投资过程中优化投资结构、产业结构开源节流，在经济可持续高速增长的基础上实现经济可持续发展与人民生活水平不断提高；就是优化产权结构，国进民进、政府宏观调控与民间活力相互促进；就是优化投融资结构，促进资源整合，实现资源优化配置与优化再生；就是优化产业结构、提高产业质量，优化产品结构、提升产品质量；就是优化分配结构，实现公平分配，使消费成为生产力；就是优化流通结构，节省交易成本，提高有效经济总量；就是优化消费结构，实现消费品不断升级，不断提高人民生活品质，实现创新—协调—绿色—开放—共享的发展。

深化供给侧结构性改革是中国社会经济发展进入新常态，为适应国内国际发展条件和环境的新变化形成的新机遇和新挑战，有效推动了发展方式的根本转变，切实贯彻新的发展理念所提出的一项具有长期性、根本性和战略性的举措。深入供给侧结构性改革，要求从发展理念、发展方式上发生根本性的全局性的转变，进而要求在企业竞争力及公平竞争的市场机制、产业组织以及产业结构、区域结构以及协调发展，宏观调控方式以及宏观政策机制等中观、微观和宏观方面做出深刻系统性的变革，为此要求必须坚持四个全面的战略布局，以在全面实现小康发展目标以及动力的转换，经济制度和机制的深化改革，政治制度以及依法治国的法制建设，党的坚强领导以及全面从严治党等方面切实保证深化供给侧改革的有效推进。

可以说，深化供给侧改革涉及社会发展的方方面面，其中，对完善国民收入宏观分配结构和分配关系，具有极其重要的意义。因为一是从宏观均衡目标克服失衡来说，总需求和总供给之间的失衡程度的控制和缓解，除在需求侧供给采取宏观总需求管理政策外，从总供给侧入手更具根本性，而总供给本质上是国民经济新创造的增加值，即国民生产总值（GNP）或称国民总收入（GNI）。就新创造的增加值和国民收入的角度看，总供给就等于劳动者报酬和各项剩余，剩余又可以分为企业盈余以及政府税收等，即所谓 $v+m$。从供给侧入手进行供给侧改革，首先面对的是国民收入和分配问题。二是从需求与供给的相互关系来说，总需求与总供给之间有着深刻复杂的内在联系，总需求侧出现疲软等状态由多种原因导致，其中重要的原因在于供给侧的国民收入分配结构失衡，特别是分配不合理和两极分化严重，必然导致需求疲软，进而出现马克思《资本论》中所阐述的资本主义周期性相对过剩的经济危机。我国新常态下出现的内需不足，虽然从本质上与资本主义经济有效需求不足有根本不同，但在相当大意义上与收入分配结构失衡扭曲直接相关，表象上是需求不足，深层次原因是供给侧的收入分配扭曲。因此，扩大内需除对总需求进入总量扩张刺激政策外，完善供给侧的国民收入分配结构具有重要意义。三是作为供给侧基本内容的国民收入以及分配结构直接关系到国民经济供给侧的其他一系列结构性矛盾，国民收入宏观分配上的部门结构、区域结构、城乡结构等格局的形成以及变化，微观分配上的居民之间的可支配收入差距的状况以及调整等，都会从根本上影响国民经济中的投资结构、产业结构、企业成本结构、消费者支出结构等一系列结构演变。深化供给侧改革，需要以完善国民收入结构为基础。

第一节 国民生产总值的含义

一、为什么要核算国民收入

著名经济学家熊彼特认为，学习经济学需要掌握三种知识，分别是：①统计数据；②经济理论；③经济史。在这一章，我们要学习关于国民经济的统计或核算的一些基础性的知识。

根据第一章的论述，我们知道，诸如就业问题、价格总水平问题、经济周期波动问题、经济增长问题等，并不是联系于个别产品市场或个别要素市场（如劳动市场）的个量经济现象问题，而是联系于一国总体经济水平的总量经济现象问题。因此，为了对这些总量经济现象进行解释、找出其发生变化的原因、预测其变化的后果以及制定适宜的政策对其进行宏观水平的调控，首先必须把握一国经济的总体水平。这样就产生了一个任务，即对一国经济总水平加以核算或统计的国民收入核算。

国民收入概念有广义与狭义之分。广义地说，国民收入是指在一个经济社会中用货币衡量的每年生产的最终产品和劳务的总量。它反映了一国国民经济在一定时期中生产的全部最终成果，从而表明一国整体经济水平。国民收入在广义上是一个总括性的概念，它包括国民生产总值等一系列总量指标。

国民收入核算就是对国民收入的记录、计量与分析。最初对国民收入进行核算研究的是英国经济学者威廉·配第（1623—1687 年），他在《政治算术》一书中，测算了当时英国全部国民的收入和开支，并由此分析英国的生产和盈余状况。在20世纪初，美国经济学者米契尔（1874—1948年）等人的研究工作使国民收入核算的理论和实践大为推进。20世纪30年代以后，由于凯恩斯经济学和统计计算实践的共同推进，国民收入核算工作逐渐成熟、更加完善。

对宏观经济学或宏观经济分析而言，国民收入核算的意义主要在于对各经济总量概念界定确切的统计学含义，从而为宏观经济分析提供一个可靠的基础。

二、总产量包含的项目

简单地说，国民收入核算就是对总产量的核算。那么，总产量包括哪些项目呢？如何加总才能得到总产量呢？从微观角度看是一个非常简单的问题，站在宏观的角度看并不那么一目了然。不过，我国经济学家茅于轼对此却有一个既简单明了又十分精当的说明，直接抄录于下：

经济学中的财富未必一定指物质财富，而且物质财富也并非指物质本身，因为稍具物理、化学常识的人都知道，物质既不能被生产也不能被消灭。所以生产物质财富只是改变物质的理化特性，移动其位置，改变其排列和组合。财富的差别只能用经济学中价值的观念来概括。如果再要问，价值是什么？答复是：有用而稀缺的东西具有价值，它的高低或大小在竞争性的买和卖中形成。为了满足喜欢“打破砂锅问到底”的人的要求，经济学建立了效用理论或价值理论，它经得起要求最严格的人和吹毛求疵的人挑毛病。但它的事实依据却极简单，即消费者按自己的价值判断承认共同形成的市场价格，因此价值可以用价格表示。生产财富就是生产有用而稀缺的东西，不论这东西具有物质形态或非物质形态。所谓富裕之国，其确切含义是该国人享受的这些有用而稀缺的东西比别国的多。

令人感兴趣的一点是，随着经济的发展和生活的提高，生产出来的财富中具有物质形态的部分占的比例在降低，而非物质形态的部分比例在增加。这个规律不但在发达国家的发展过程中得到证实，也在许多不同发展程度的国家中同样得到证实。从事非物质生产的部门包括交通运输、通信、金融和保险、商业、各种服务行业（旅游，政府提供的服务如治安、消防）、医疗和教育等。这些部门是独立地创造出了财富，还是靠创造物质财富部门的职工养活的，是一个长期以来有争议的问题。当物质部门的产值占绝对多数，非物质部门只占少数时，后一种看法曾经占有上风。但现在在发达国家里，非物质性的产值已超过了物质性产值。这就很难说前者创造的价值是从后者分出去的，因为部分不可能大于整体，从总体上看，少数人创造的价值不可能大于多数人创造的价值。现在经济学承认非物质生产部门也独立创造价值，它与第一产业（以自然资源为劳动对象的产业，如农、林、渔、矿业）、第二产业（即加工业）并列成为第三产业。当人们吃饱穿暖以后，更多的需要转向旅游、保健、教育、文艺欣赏等方面，而且第三产业可以提高前两类产业的效率，所以第三产业的比重在不断上升。

生产总值，是不是将市面上出售的商品的价值相加就能得到呢？没有那么简单。因为有些商品被买去作为原料用以制造别的商品，别的商品的价值中包括这些商品的价值，所以把它们的价值统统加起来，有些价值就被重复计算了。例如用电炉炼钢，钢的价值中包括了炼钢用电的价值，如果把这两者相加，电的价值就被重复计算。为避免这个毛病，计算国民生产总值时必须将最终产品和中间产品区分开来，只将最终产品的价值相加。最终产品是指价值即将被消耗的或消费掉的产品，包括消费品、基建投资用品和出口品。而中间产品则指将被买去作进一步加工，其价值还将继续增加的产品。服务业的特点是它的价值在创造的同时被消耗掉。它必定是最终产品，因为它不可能储存或转移，去作进一步加工。医生治病、出租车司机开车、消防队员灭火都具有这种性质。①

三、国民生产总值的含义

上一小节的讨论实际上已经触及国民生产总值概念的许多重要方面。国民生产总值现在也被称为国民总收入。下面给出国民生产总值的确切定义：国民生产总值是指一个国家的居民在一定时期内所生产的最终产品和劳务的市场价格总额。在这一定义中，应注意以下方面。

第一，应注意到，国民生产总值有一个“一定时期”的限制。在经济学中，把这一类在一定时期内取值的变量称为流量。国民生产总值是一个流量概念。

第二，应注意到，国民生产总值是对最终产品（包括劳务）的统计。为了避免重复计算，不再考虑中间产品的总价值。最终产品和中间产品的区别在前一小节已作说明。统计的这一做法是否抹杀了中间产品生产中各生产要素投入所作的贡献？完全没有。因为最终产品的价值就是各个生产环节（包括各个中间产品的生产）新创造的价值总和。通过下面一个假想例子的说明，就可以完全明了这一点。

最终产品的价值的各个生产环节

价格/价值	售价	中间产品价格	增值
小麦	100 元	0 元	100 元
面粉	150 元	100 元	50 元
面包	250 元	150 元	100 元
面包零售	300 元	250 元	50 元
总计	800 元	500 元	300 元

① 茅于轼．生活中的经济学［M］．上海：上海人民出版社，智慧出版有限公司，1993：128－131，引用时略有改动。

这里的生产有四个环节：第一环节是小麦生产，第二环节是面粉生产，第三环节是面包生产，第四环节是面包零售。假定小麦生产中未使用当年生产的中间产品。这样，在小麦价值100的售价中全部是增加的价值。小麦的售价成为面粉生产的中间产品价值。在这一基础上面粉生产又新增价值50。每一生产环节的售价，都成为下一生产环节的中间产品价值；每一生产环节都在中间产品价值的基础上增加新的价值。在本例中，作为最终产品的面包零售的价值为300，它恰好等于四个生产环节新增价值的总和，这种相等绝不是偶然的。通过这个例子，上述“最终产品的价值就是各生产环节新创价值总和”的命题得到印证。

第三，特别要注意，国民生产总值口径不仅包括物质产品的价值，而且包括劳务（也称服务）的价值。劳务也是一种劳动产品，只不过当劳动提供劳务产品的时候，劳动没有凝结在一种物质对象中，而是处于流动的状态之中。我们现在经常谈到的服务业或第三产业正是提供劳务（或服务）这种非物质产品的生产部门。服务业包括医疗保健、司法行政、国防治安、金融保险、教育宣传、科学研究、技术服务、文艺演出、竞技体育、电信交通、旅游餐饮、产品销售及售后服务等。服务被划分为消费性服务和生产性服务。服务于消费者的服务称为消费性服务，服务于生产者的服务称为生产性服务。

第四，国民生产总值口径核算全国的总产量是按照各种产品的市场价格计入的。核算的是总产量的价值。价值是什么？用最简单的话来说：一种产品有用性越好、数量越少，其价值就越高。一般来说，产品的市场价格能够相当准确地反映它的价值。根据微观经济学的知识可以知道，在一个竞争性的市场上，一种产品的价格提高有两个重要的原因：一个是当供给不变时消费者对这种产品更加偏爱；另一个是当需求不变时成本提高迫使企业减少这种产品的产量。在这两个场合，市场价格的提高都反映了其价值的增加。当然，在有的情况下，市场价格未必能够准确地反映其价值，例如公共产品。但是，无论如何，竞争性的市场经济的市场价格提供了衡量千千万万不同产品价值的一个良好的不可或缺的基础。

第五，核算一国的产量，还有一个问题，即按国民核算还是按国土核算？按国民核算的总产量称为国民生产总值，即核算包括海外的一国全体居民生产的总产量。按国土核算的总产量称为国内生产总值（GDP），即核算发生在一国境内的总产量。早先，世界各国多用国民生产总值口径核算；现在，多用国内生产总值核算。转变的原因可能是核算国内生产总值更方便、更容易。这两个口径的换算关系是：国内生产总值等于国民生产总值减去本国人在本国境外的产值，再加上外国人在本国境内的产值。如果本国人在本国境外的产值等于外国人在本国境内的产值，那么，按这两个口径核算的一国总产量就完全一样大；否则，按这两个口径核算的总产量就会有一定的偏差。许多年以来，我国的国内生产总值总是大于国民生产总值。2004 年以后，直至 2009 年，发生逆转：我国的国民生产总值（国民总收入）大于国内生产总值。这一转变反映了我国经济在经济全球化背景下的竞争力提高了。

第二节 从总支出统计国民生产总值

一、简单经济：家庭部门和企业部门

首先设想简单的经济运行流程情况，看一看，应该怎样统计国民生产总值？所谓简单经济是指一个只包括企业和家庭这两大部门的经济体系。企业和家庭这两大部门通过要素市场和产品市场的交易联系起来。我们只考察两大部门之间的交易，对部门内部的交易则忽略不计。家庭向企业提供各种生产要素，从而得到收入。在企业中，通过这些生产要素的组合生产出产品。总产出的价值等于成本加利润（即工资、租金、利息、利润之和），所以不多不少也等于总收入。家庭将其全部收入用于支出，所以总支出也等于总收入。

我们不应忘记，考察经济总量在两部门之间流动的目的是寻求统计总产出的方法。在本例中，总产出恒等于总收入且恒等于总支出。这种相等关系实际上指出了对国民生产总值的统计，既可以从总支出入手，也可以从总收入入手。

准确地统计国民生产总值绝非易事，这是一门大学问。概括地说，就是需要对各种收入、支出进行仔细的分类，确定其性质，然后决定是否计入以及按何种方式计入，这是一项非常具体、非常细致的工作。本书不打算深入到这些统计细节中去，仅用非常粗的线条介绍一点国民经济核算的基本知识，以把握经济总量的统计含义及其相互关系。

二、统计国民生产总值的支出法

国民生产总值就是一国新生产的最终产品和劳务的市场价格总额。因此，对一国新生产的最终产品和劳务的总购买或总支出的统计就可以得到 GNP。总支出可以分为以下几大项：

（1）家庭消费支出，计为 C。家庭消费支出具体可分为非耐用品支出、耐用品支出以及劳务支出。

在以后的宏观经济分析中，着重从整体考察一国总消费支出 C，对其内部的区别考虑较少。

（2）企业投资支出，计为 I。企业投资支出包括以下几项：①对投资品（如机器设备、运输工具等）的购买支出。②对建筑（包括住房和厂房等）的投资支出。③净存货。

投资中的净存货项目在 GNP 统计以及宏观经济分析中具有非常重要的意义，需要着重加以说明。

净存货亦称净库存，其意为年末存货减去年初存货的差。净存货大于零表明当年的存货在前一年存货的基础上有所增加，净存货等于零表明当年存货总量维持前一年的水平，净存货小于零表明当年存货在前一年存货的基础上有所下降。

特别值得注意的是和投资中的前两项相比乃至和总支出中的各项相比，净存货这一项具有的显著特征是它不涉及买卖双方的市场交易行为。把没有支出的行为归入“总支出”是耐人寻味的。事实上，这完全是一种人工的设定，是一种很巧妙的统计处理方法。我们很快就会体会到这一点。

净存货反映存货在一年中的变化：存货增加，则净存货大于零；存货减少，则净存货小于零。存货增加说明企业当年生产的一部分产品没有销售出去。国民生产总值或国内生产总值口径都是对产量的衡量，而不是对销量的衡量。因此，这部分未销售出去的产品应予计入。既然这部分产品不能通过家庭消费支出、企业固定投资支出等正常的支出口径计入，那么，只能通过大于零的净存货这个特殊的“支出”口径计入当年的总产量。这样，通过设定净存货这个核算口径，当运用支出法核算总产量时，当年生产而未销售的产品就不会漏掉了。

存货减少说明在家庭消费、企业投资等支出中有一部分是对往年产品的购买。这一部分支出显然不能计入当年的总产量。存货减少使净存货为负。负的净存货使当年支出中对往年产品的购买自动地予以剔除，从而保证了总支出是对当年产量的衡量。

所以，在对总产量核算的支出法中，净存货口径担当着十分重要的任务，它“一身二任”：一方面使当年生产而未销售的产品计入总产量；另一方面使对往年产品的购买被剔除。

最后，还需要指出一点，这里的企业投资支出 I 是指总投资。就是说，它既包括为补偿固定资产损耗的投资购买支出，又包括为扩大再生产进行的投资购买支出。前者称为更新投资（折旧），后者称为净投资。企业投资支出 I 是指更新投资（折旧）与净投资之和。

（3）政府购买支出，计为 G。政府购买支出包括对政府雇员的薪金支出以及通过市场购买最终产品和劳务的支出。对政府雇员的薪金支出虽然不是严格意义上的市场交易行为，但可以认为这些薪金支出是对政府雇员所提供的劳务所创造价值的一个恰当的评价，由此计入国民生产总值。

但是，并不是所有政府支出都计入国民生产总值，其界限在于政府支出是否对应当年生产的最终产品和劳务。当年最终产品和劳务对应的政府支出计入，否则不计入。政府支出中的转移支付不计入。转移支付包括失业救济金、退伍军人津贴、养老金等。政府支出的这些项目不是对当前最终产品和劳务的购买，因此不计入GNP。因此，我们应该注意到，政府购买 G 有其特定的含义，它已经排除了政府支出中的转移支付。

（4）净出口，计为 $X-M$。X 为出口，M 为进口，净出口即为出口减进口的差。出口这一项没有被前三项国内购买支出所覆盖。从总支出统计国民生产总值，不仅应统计国内购买最终产品和劳务的支出，还应统计国外购买最终产品和劳务的支出。因此，出口应通过国外对最终产品和劳务的支出计入GNP。

在国民生产总值的统计中，为什么要减去进口M呢？原因是国内消费支出、投资支出和政府购买中既包括本国最终产品和劳务，又包括进口品，这种笼统的支出口径，使统计更为简便，从而更为准确。因此，只有从这三项支出中剔除对进口品的购买支出，才能准确地衡量GNP。

按上述规定统计的总支出，即家庭消费支出、企业投资支出、政府购买支出、净出口之和就是对国民生产总值GNP的衡量。因此，存在下述恒等式

$$GNP \equiv C + I + G + (X - M)$$

如果查阅《中国统计年鉴》，就会发现：我国的支出法统计口径只有三项：消费、投资和净出口。这和上面所讲不一致，这是怎么回事？实际情况是：我国的支出法把政府购买分拆为政府消费和政府投资，从而使之分别归入消费和投资这两个支出统计口径中去了。

第三节　从总收入统计国民生产总值

一、统计国民生产总值的收入法

由于国民生产总值被定义为最终产品和劳务的总价值，通过对最终产品和劳务的总购买或总支出的统计就可以得到GNP。另外，我们知道，最终产品和劳务的总价值等于各生产环节增加值的总和，因此，通过对各生产环节增加值的统计也可以得到GNP。增加值为产品（包括中间产品和最终产品）售价减去中间消耗之差。

统计各企业的增加值，并把某行业各企业的增加值相加，就得到该行业的增加值；把各行业的增加值相加，就得到一国的增加值，即国民生产总值。这就是国民收入核算的生产法。

国民收入核算的收入法也是从增加值入手，与生产法不同的是，它核算对增加值的分割，即收入。增加值转化为各生产环节各有关行为主体的收入，如工资、租金、利息、利润等，对各种收入的统计与加总就可以得到国民生产总值。当然，并不是所有收入都可以计入GNP，计入GNP的收入有其核算上严格的界定：第一，该收入得自当期的生产；第二，该收入是指产品销售收入减去中间消耗之差，是净收入。计入国民生产总值的收入口径如下：

（1）雇员报酬。雇员报酬是指受雇于公共部门和私人部门的工作人员所获得的劳动报酬，即工资（含固定工资、奖金、补贴等）。注意：雇员报酬这个核算口径是含所得税的，就是说，它并不反映雇员实际可以支配的收入。

（2）净利息。行为主体通过提供资本获得利息收入有几种情况，并不是所有的利

息收入都要计入总产量。①政府向居民支付的国债利息不计入，因为政府所获得的资本主要不用于生产性支出。②工商企业向金融企业支付的利息不计入，因为金融企业所获得的利息收入还会被进一步分割为各种收入口径。③金融企业向居民支付的利息计入，因为金融企业所获得的资本主要用于生产性支出。在各种利息收入中，只有第③种即金融企业向居民支付的利息收入计入总产量，这就是该收入口径“净”的含义。

(3) 私人租金收入。私人租金收入是指家庭通过出租自有资源获得的租金收入。为了使收入的纵向比较更符合实际情况，家庭居住自有住房要虚拟地计算住房租金，以便计入总收入，并进一步计入总产量。

(4) 对固定资本损耗的补偿。对固定资本损耗的补偿，亦称折旧，就是企业为了对固定资本的损耗进行实际补偿而在其产品的销售收入中提取的相应部分。它是在产品的销售收入中归企业所有的部分，所以成为核算总产量的一个收入口径。

(5) 间接税净额。间接税净额是政府向企业征收的间接税减去政府对企业补贴之差。间接税包括增值税、销售税、消费税、关税等，这些税种的共同特点是：政府向有关企业征税，企业通过产品涨价，在一定程度上把税负转嫁给产品的买方。这就是间接税“间接”的含义。由于国民生产总值口径是按照市场价格核算的，政府收税所导致的产品涨价自然是要“算”产量的。要特别注意的是：在对总产量核算的收入法中，间接税和直接税所起的作用是完全不同的。

(6) 公司利润。公司制企业的销售收入减中间耗费，再减以上各项成本（对要素所有者来说是收入）的余额就是公司利润。公司利润会进一步分割为利润税、红利和企业未分配利润。但是，核算中的公司利润是指分割前的口径（即三部分之和）。

(7) 非公司业主收入。非公司企业包括单人业主制、合伙制等企业组织形式。它们的生产规模一般较小，其收入很难纳入上述收入口径如工资、利润等，所以必须专门设立一个收入口径“非公司业主收入”，对它们的产量进行核算。要注意的是：这里的“收入”不是指销售总收入，而是销售总收入中的增加值。

(8) 企业转移支付。企业转移支付是指企业对非营利单位无偿赠予的产品。企业生产的这部分产品没有获得收入，不能通过上述收入口径计入总产量，所以必须通过“企业转移支付”这个特设的不是收入的收入口径计入总产量。

从原则上说，按上述八个收入口径进行核算，再加总，就可以得到一国的总收入，而一国总收入就是对一国总产量的衡量。

在统计中，各项收入按什么口径计入 GNP 都有严格的规定。在这里，求其简化，把总收入看成是三大主体的收入，即家庭收入、企业收入、政府收入。

(1) 家庭收入。家庭收入包括工资、租金、利息、利润等。就最终用途而言，家庭收入可以分解为用于当期消费的收入 C 和不用于当期消费的收入即储蓄 S。

(2) 企业收入。企业收入包括提取的折旧金和未分配利润等。显然，企业收入也可以归入不用于当期消费的一类即储蓄 S。

(3) 政府收入。政府收入来源于间接税和直接税，但计入 GNP 的只是间接税，直接税（所得税）不计入 GNP。政府实际可以使用的收入要从税收中减去对企业的补贴得到。二者之差称为税收净额，它构成了政府收入，计为 *TA*。

按一定的规则进行统计，国民生产总值 GNP 可以归结为上述三大主体的收入之和，也可以归结为用于当期消费的收入加不用于当期消费的收入即储蓄再加政府税收净额之和，即：

$$GNP \equiv C + S + TA$$

特别要注意的是：上述的总收入，虽然名为“收入”，其实仍然是对一国总产量的衡量，仍然是一个产量的概念，在数量上它和进入我们“腰包”的收入有很大的不同。

和上述统计口径相比，我国国民收入核算的收入法统计口径只有四项：劳动者报酬、固定资产折旧、生产税净额、营业盈余。二者实质上并没有什么差别，上述口径与我国口径的对应关系大体是：“雇员报酬 + 非公司业主收入”对应“劳动者报酬”；“对固定资本损耗的补偿”对应“固定资产折旧”；“间接税净额”对应“生产税净额”；“净利息 + 私人租金收入 + 公司利润 + 企业转移支付”对应“营业盈余”。

二、五个总量指标

如前所述，广义的国民收入是一个总括性的概念，它包括一系列重要的总量指标。下面逐一介绍。

（1）国民生产总值。GNP 是一定时期一国生产的最终产品和劳务的市场价格总额。通过对总支出或对总收入的核算就可得到 GNP。

（2）国民生产净值（NNP）。国民生产总值减去折旧即得到国民生产净值。假设总产出为 100 个单位。在生产这 100 个单位总产出的过程中，固定资产的损耗是 2 个单位。因此，实际总产出应为总产出减去固定资产损耗即 98 个单位。这实际上正是国民生产净值的概念。显然，国民生产净值这一总量指标比国民生产总值更准确地衡量了一国在一定时期中新生产的价值。但是，折旧的估计相当困难，这使得国民生产净值较难统计。这样，经常使用的还是国民生产总值。

（3）国民收入（NI）。这里指的是狭义的国民收入。它是一国生产要素所有者在一定时期内从生产中所获得的全部收入，其量等于国民生产净值减去间接税。间接税由企业交纳给政府，不构成生产要素的收入，因此必须从国民生产净值中减去。

虽然国民收入和国民生产净值在量上是不同的，但二者却是对同一个净产出的统计。只不过国民生产净值是按市场价值即生产者价值统计的，国民收入是按要素价值统计的。

（4）个人收入（PI）。个人收入是经过再分配以后的国民收入。这里的“个人收入”仍然是一个宏观总量概念。从量上看，国民收入减去转移支出（如公司未分配利润、公司所得税、社会保险税等）再加上转移收入（如政府的养老金、失业救济金、退伍军人津贴等），就得到了个人收入。

(5) 个人可支配收入（DI）。个人收入扣除个人所得税即为个人可支配收入。个人收入和个人可支配收入都是重要的宏观经济总量，对消费水平乃至总支出水平产生重大的影响。

根据以上叙述，可能会造成这样一个印象：个人可支配收入是国民生产总值通过减一些项目、再加一些项目而得到的。但是，这是一个误解。至少在我国的国民收入核算中，个人可支配收入是通过抽样调查的方法得到的。而且，由于我国在较长时期内所形成的城乡经济发展水平的较大差距，我国核算的个人可支配收入实际上有两个，一个是城镇居民人均可支配收入，一个是农村居民人均纯收入。

第四节　宏观统计恒等式

由统计 GNP 的支出法可得：

$$GNP \equiv \text{总支出} \equiv C + I + G + (X - M)$$

由统计 GNP 的收入法可得：

$$GNP \equiv \text{总收入} \equiv C + S + TA$$

由此可得到宏观统计恒等式：

$$C + S + TA \equiv GNP \equiv C + I + G + (X - M)$$

该统计恒等式的意义在于：对国民生产总值的统计既可以从总收入入手，也可以从总支出入手，二者的结果是完全一致的。

若不考虑政府部门和对外部门，则上述恒等式变为：

$$C + S \equiv GNP \equiv C + I$$

也就是：

$$C + S \equiv C + I$$

恒等式左边的 C 是用于消费支出的收入，右边的 C 是消费支出。因此，恒等式两边的 C 是完全一样的，可以消去。于是得到：

$$S \equiv I$$

这个式子似乎是不可思议的。等式左边的储蓄是家庭收入中不用于当期消费的部分，它取决于千千万万分散家庭追求最优家庭目标的行为总和。等式右边的投资是企业对投资品等的购买支出，它取决于千千万万分散企业追求利润最大化的行为总和。既然两个变量分别取决于不同行为主体的不同目标追求，恒等的关系是怎么回事呢？其实，全部奥妙在于对投资 I 的特殊规定中，即净存货规定。下面对储蓄和投资的关系进行一些说明。①

① 以下说明虽然对于叙述的完整性来说是必要的，但在对核算的理解上意义并不大，不感兴趣的同学可以跳过。

先看储蓄。储蓄是未用于当期消费的总收入。站在个别行为主体的角度，可以简单地把储蓄看成是将未用于当期消费的收入存入银行，换取一张储蓄存款凭证。但是，在这一张薄薄的纸片背后，却隐藏着重要的客观物质内容。这就是说，与这一储蓄价值相对应的产品不必采取当期消费的实物形式即不必采取消费品形态。我们知道，有1元钱收入，就有价值1元的产品与之对应。我们还知道，就实物形态而言，产品可分为当期消费的产品和为了将来消费的产品两类。前者是消费品，后者是投资品。将资源用于生产投资品就意味着以压缩当期的消费换取将来更多的消费。这样看来，既然与储蓄对应的不是消费品，则必定是投资品。这种情况是对个别主体而言的，但对一国而言仍然成立。这就是说，一国的总储蓄意味着总产品中在价值上与之对应的一个部分采取投资品的实物形态。

因此，储蓄的意义不仅在于是对当期消费的限制，而且表现为当期投资品的供给。更准确地说，表现为当期投资品供给的最高限。为什么说是“最高限”呢？在总产品中，与用于当期消费的收入相对应的产品必定是消费品，这是没有疑问的。与未用于当期消费的收入即储蓄相对应的产品可能是投资品，但也可能是消费品。在市场经济中，全体居民总和的消费储蓄比例和消费品的总供给之间没有建立直接的必然的联系。由储蓄节约下来的资源可能用于投资品的生产，也可能用于消费品的生产。在储蓄资源的一部分用于消费品生产的场合，投资品的供给小于储蓄。在储蓄资源全部用于投资品生产的场合，投资品的供给恰好等于储蓄。储蓄资源的一部分用于消费品的生产，实际上意味着消费品生产的供给大于需求。从经济上看，在市场机制的作用下，消费品的生产会自动地收缩。而这意味着储蓄资源中的一个越来越大的部分是用于投资品生产的。因此，作为一种趋势，可以这样说，储蓄表现为投资品的供给。从统计上看，过剩的消费品通过净存货这个统计口径计入投资支出。这样，储蓄和投资完全对应。

再看投资。投资是企业的有形投资（对诸如机器设备、建筑物等投资品的购买支出）与存货投资（即存货的变动——净存货）之和。对经济学中的变量可以从两个角度把握，一个是实际量（或统计量、事后量）角度，一个是意愿量（或计划量、事前量）角度。储蓄的实际量就是它的意愿量，二者完全一致，没有任何矛盾。对投资就不能这么说了。投资的实际量决定于GNP统计的支出法中的投资所规定的口径，即：①对机器设备的实际购买；②对建筑物的实际购买；③实际净存货。企业的投资意愿量包括：①对机器设备的计划购买；②对建筑物的计划购买；③计划的存货变动。如果企业的生产是均衡的，如果没有发生生产组织结构方面的重大变化，企业的计划存货变动实际上是非常小的。设想一个运转正常的企业，每日将其库存的一定量投放市场，同时又将同一数量的产品充实库存，其结果是计划净库存为零。为求简化，假设计划投资中的净库存为零，这样计划投资只剩下前两项，可统称为对投资品的计划购买。

现在考察投资和储蓄的关系（$I \equiv S$）。假设储蓄为500元。按前面的说明，可知这意味着投资品供给为500元。企业的计划投资出于企业利润最大化的考虑。因此企业对投资品的计划购买可能大于500元，也可能小于500元。恰好等于500元是极其偶然的情况。假设企业对投资品的计划购买为600元，这样，企业对投资品的计划需求中尚有100元未能由当期生产的投资品供给满足。假设库存中还有100元的投资品，则企业对投资品的全部计划需求都得到满足。在这里，我们看到，计划投资为600元，储蓄为500元，$I>S$。但是，统计恒等式是就储蓄和投资的实际量而言的，即实际储蓄量恒等于实际投资量。现在检验一下上述的例子。实际储蓄量为500元，这没有问题。实际投资量等于投资品实际购买和净存货之和。前者为600元，后者为-100（存货减少100元），所以加起来仍然为500元。可见，宏观统计恒等式成立，即 $I \equiv S$。假设计划投资为400元。这样500元投资品供给有100元成为存货的增加。但实际投资量等于400元实际投资品购买加上100元净存货仍然等于500元，即仍然有 $I \equiv S$。

这样问题就清楚了：在实际量意义上，恒有投资等于储蓄；在意愿量意义上，二者可能相等，也可能不相等，但这完全是另外一码事了。

在实际量意义上，投资恒等于储蓄的关系或更复杂一些的恒等关系，表明对经济中的国民生产总值加以核算，无论是采用支出法，还是采用收入法，从理论上看，可以得到完全一致的结果。

之所以如此，是因为对总收入和总支出的统计有其特殊的规定，在这里回顾一下：在统计总收入方面，第一，从当期生产中获得的收入计入GNP，这样就排除了与当期生产无关的各种收入；第二，当期生产中的净收入计入GNP，这样就排除了中间消耗，避免了重复计算。在统计总支出方面，第一，对当期最终产品和劳务的购买支出计入GNP，这样可以避免重复计算并排除与此无关的购买；第二，净存货的规定使没有卖出的当期最终产品自动地计入GNP，并使总支出中对前期产品（存货）的支出部分自动地予以剔除；第三，出口一项将外国人对本国产品的购买也计入了GNP；第四，进口一项剔除了在消费支出、投资支出和政府购买中对外国产品的购买支出。

第五节　国民生产总值统计中的价格因素

一、名义国民生产总值

在前面对国民生产总值的定义中，GNP是按照当年市场价格统计的。按这样的方法得到的GNP称为名义GNP。以 P_t 表示 t 期某一种产品的市场价格，Q_t 表示 t 期该产品的数量，则 t 期名义GNP可以简洁地表示为：

$$名义\ GNP_t=\sum P_tQ_t$$

前面说过，一般而言，价格是对价值准确的衡量。因此，统计名义国民生产总值是有意义的。但是，在物价普遍上涨或普遍下跌的情况下，直接用名义国民生产总值指标比较各年的总产出，势必包含许多虚假的信息，因为总产出的变化可能是由物价总水平的变化引起的。为了准确地比较各年的总产出，特别是计算各年的经济增长，GNP 统计中必须剔除物价总水平变化的影响。

二、国民生产总值价格矫正指数

在市场经济中，产品价格的变化是相当频繁的。在同一时期，由于种种原因，有的产品价格在提高，有的产品价格却在下降。在通货膨胀时期，大部分产品价格在上涨。但是，价格上涨的幅度是不同的，有的产品价格大幅上涨，有的则是小幅上涨。而且，在这种情况下，也不排除有些产品价格在下降。在通货紧缩时期，大部分产品价格下跌，但与上述相类似，各种产品价格下跌的幅度也是各不相同的。简言之，产品价格变化的情况相当复杂。

对微观经济单位来说，把握产品相对价格的变化情况具有重要的意义。对国民收入核算来说，更为重要的是掌握所有产品价格的平均变化程度。国民生产总值价格矫正指数（以下简称价格指数）正是衡量了和某一基年相比，报告期各种产品价格的平均变化幅度。就是说，在价格指数上，各种产品价格相对变化的种种复杂情况都看不见了，我们只能看见各种产品价格变化的平均情况，即物价总水平的变化情况。

价格指数是怎样得到的？首先，我们必须确定若干种重要的产品，这些产品价格的变化对其他各种产品的价格都会产生重要的影响。其次，这若干种重要产品的价格变化对其他产品价格的影响程度显然是不一样的，我们必须掌握这种影响程度的差别性。影响程度的差别性在统计学上称为权数。最后，我们把每一种重要产品价格变化的分影响加总，就得到对一般物价水平总的影响，即价格指数。从数学上看，价格指数是基期价格水平加若干种重要产品价格变化程度的加权平均数之和。举例说明如下：

假定我们认为，石油、钢铁、粮食的价格变化对其他产品价格影响最大。其中，石油的价格变化占总影响的一半（即 0.5），钢铁价格、粮食价格的影响分别为 0.3 和 0.2。另外，石油价格上涨 20%，钢铁价格上涨 8%，粮食价格下跌 5%。这样，GNP 价格矫正指数：

$$\begin{aligned} P &= 1 + 0.5 \times 20\% + 0.3 \times 8\% + 0.2 \times (-5\%) \\ &= 1 + 10\% + 2.4\% - 1\% \\ &= 1 + 11.4\% \\ &= 111.4\% \end{aligned}$$

由计算可知，报告期 GNP 价格矫正指数为 111.4%。这一计算结果的统计含义是：在基年的基础上，各种产品的价格平均上涨了 11.4%。

一般来说，价格指数等于 1，表示价格水平不变；价格指数大于 1，表示价格水平上涨；价格指数小于 1，表示价格水平下跌。

三、实际国民生产总值

如前所述，按照当年市场价格核算的总产量称为名义国民生产总值。在通货膨胀或通货紧缩时期，特别是在较严重的通胀和通缩时期，按照市场价格核算得到的名义GNP，就会因为包含较多的虚假价格信息与生产的实际情况产生较大的偏差。我们只有把名义GNP中所包含的虚假价格信息加以剔除，再和上一年的产量进行比较，才能够比较准确地反映经济增长的实际情况。把物价总水平的变化对核算所产生的影响加以剔除，由此得到的总产量称为实际国民生产总值。

利用国民生产总值价格矫正指数，就可以把物价总水平的变化对总产量核算的影响加以剔除。用名义GNP除以GNP价格矫正指数，其商就是实际GNP，即：

$$实际\ GNP = 名义\ GNP \div 价格指数$$

由该公式可知：如果价格指数大于1，那么实际GNP小于名义GNP，这说明在总产量的核算中挤掉了由通货膨胀导致的价格“水分”；如果价格指数小于1，那么，实际GNP大于名义GNP，这说明在总产量的核算中补偿了由于物价下跌导致的产量低估。

经过GNP价格矫正指数的处理，名义GNP剔除了物价变动造成的影响，转变为实际GNP。既然摆脱了报告期物价变动造成的影响，所以，我们可以认为实际GNP是按照基期的价格核算的总产量。这样，我们就可以和基期的总产量进行比较，观察经济增长的情况。

例如，去年的名义GNP为100，今年的名义GNP为120，今年的GNP价格矫正指数为105%，则今年的实际GNP = 120 ÷ 105% ≈114。这样，经济增长率：

$$\frac{\Delta Y}{Y} = \frac{Y - Y_{-1}}{Y_{-1}} \times 100\% = \frac{114 - 100}{100} \times 100\% = 14\%$$

同学或许会问：为什么经济增长率是用今年的实际GNP除以去年的名义GNP呢？原因很简单：因为我们把去年作为基期，所以，去年按当年价格核算的名义GNP就是实际GNP。

四、通货膨胀率

国民生产总值GNP价格矫正指数显示了和某一基年相比价格总水平变化的幅度。至于基年选哪一年，则不一定。例如，可以选择10年前的一年作为基年，若此，价格矫正指数反映和10年前相比价格水平有何变化。但是，人们往往更加需要了解和前一年相比价格水平有何变化，这就需要运用通货膨胀率概念。通货膨胀率反映了和前一年相比价格总水平的变化幅度。以 P_t 表示 t 期GNP价格矫正指数、P_{t-1} 表示前一期GNP价格矫正指数，则通货膨胀率：

$$\pi = \frac{\Delta P}{P} = \frac{P_t - P_{t-1}}{P_{t-1}}$$

从公式中可以看出，通货膨胀率的计算实际上包含两个步骤：第一，将相邻两年的价格总水平按同一基年衡量，从而具有可比性；第二，计算相邻两年价格总水平的增长率。

假设 t 年的 GNP 价格矫正指数为 202%。这说明 t 年和某一基年例如 10 年前相比价格上涨了一倍多。假设 $t-1$ 年的 GNP 价格矫正指数为 200%。这说明 $t-1$ 和某一基年例如 10 年前相比价格恰好上涨一倍。但是，和前一年相比，t 年的价格水平上涨了多少呢？这就需要计算 t 年的通货膨胀率。t 年的通货膨胀率等于（202% - 200%）/200% = 1%。这说明和前一年相比，t 年的价格上涨是微乎其微的。

宏观经济的重要目标之一是保持价格总水平的稳定，其统计学含义就是通货膨胀率接近零。

第六节　国内生产总值：不能告诉我们什么

一、国内生产总值：最重要的宏观经济统计指标之一

国内生产总值是指一个国家（或地区）所有常住单位在一定时期内生产活动的最终成果。GDP 之所以备受关注，是因为它是最重要的宏观经济统计指标之一。

从生产角度看，国内生产总值不仅能够反映一个国家的生产规模，而且能够反映这个国家的产业结构。从使用角度看，GDP 不仅能够反映一个国家的需求规模，而且能够反映这个国家的需求结构，也就是最终消费、资本形成和净出口及其具体构成项目在总需求中所占的份额。从地域角度看，GDP 不仅能够反映各个地区的经济总量，而且能够反映各个地区的产业结构、需求结构。

通过不变价 GDP 能够计算经济增长率，它反映一个国家的经济增长和变动情况。通过 GDP 和人口数量能够计算出一个国家的人均 GDP，它反映一个国家的贫富状况和人民的平均生活水平。GDP 还在一定程度上决定一个国家承担的国际义务和享受的优惠待遇。例如，联合国根据连续 6 年的 GDP 和人均 GDP 来决定一个国家的会费；世界银行根据人均 GDP 来决定一个国家所能享受的硬贷款、软贷款等优惠待遇。

二、国内生产总值：四大局限应该认清

第一，国内生产总值不能反映经济发展对资源环境所造成的负面影响。比如，只要采伐树木，GDP 就会增加，但过量采伐后会造成森林资源的减少，GDP 却不考虑相应的代价。再比如，某些产品的生产会向空气或水中排放有害物质，GDP 会随着产品产量的增加而增加，却不考虑对环境造成的损害。显然，GDP 在反映经济增长的同时，

没有反映它所带来的资源耗减和环境损失的代价。

第二，国内生产总值不能准确地反映一个国家财富的变化。目前，经济学家们对一个国家的国民财富尽管有不同的解释，但都把固定资本存量作为它的重要组成部分。一个国家财富能否有效地增长，不仅取决于GDP中固定资本形成总额的大小，还取决于其质量。如果固定资本的质量不好，没有到使用期限就不得不报废，那么固定资本形成总额再多也许都不能有效地提高一国的国民财富。

比如，我们在2001年建造了一座桥梁，2002年由于工程质量问题拆除了这座桥梁，2003年又重新建造一座同样的桥梁。2001年建造的桥梁增加了2001年的GDP，2003年建造的桥梁又增加了2003年的GDP，从而GDP增加了两次。然而2003年年底的国民财富中只包括当年建造的那座桥梁，2001年建造的那座桥梁因被拆除，在2002年年底的国民财富统计中就已经被剔除了。同时，2003年在建造这座桥梁时又消耗了一次自然资源（如果2001年建造的那座桥梁不出现质量问题，这些资源就不会被消耗掉），所以，与2001年年底的国民财富相比，2003年年底的国民财富不仅没有增加，反而可能会减少。

第三，国内生产总值不能反映某些重要的非市场经济活动。有些非市场经济活动在人们的日常生活中占有很重要的位置，比如家庭妇女做饭、照顾老人、养育儿童等，这些活动不发生支付行为，按照国际标准GDP不反映这些活动。但是，如果这些工作由雇用的保姆来承担，雇主就要向保姆支付报酬，按照国际标准，相应的活动就必须反映在GDP中。可见，由于GDP不能反映某些非市场经济活动，使得它在某种程度上损失了客观性和可比性。

在发达的市场经济国家，家务劳动的市场化程度比较高，比如大多数家庭都把孩子送到幼儿园去育养，许多老人被送到养老院去照顾等。而发展中国家家务劳动市场化程度比较低，大部分家务劳动都由家庭成员自己来承担。同样的家务劳动，发达的市场经济国家市场化程度高，对国内生产总值的贡献就大；发展中国家市场化程度低，对GDP的贡献就小。因此，就这一点来说，发展中国家的GDP与发达国家的GDP并不完全可比。

第四，国内生产总值并不能全面地反映人们的福利状况。人均GDP的增加代表一个国家人民平均收入水平的增加，从而当一个国家的人均GDP增加时，这个国家的福利状况将得到改善。但是，由于收入分配的不平等，一小部分人得到了更多的收入，大多数人的收入水平没有增加，或增加得较少，因此他们的福利状况并没有得到改善，或没有得到明显的改善。从人均GDP中就看不出这种由于收入分配的差异状况而产生的福利的差异状况。

所以，我们不可能要求国内生产总值能够满足所有各方面的要求，世界上没有一个统计指标能够做到这一点。但是，我们应该知道GDP能够做什么，不能够做什么，以便于在它的适用范围内，正确地使用它。

章节习题

1. 中间产品和服务与最终产品和服务的区别是什么？资本品（如工厂和机器）属于其中的哪一类？为何二者对GDP的度量具有不同的重要性？

2. GDP和GNP有何不同？如果一国雇用了很多外国工人，GDP和GNP哪个会更高？

3. 列举总支出的四个组成部分，在用支出法计算GDP时为何要将进口扣除？

4. 什么是国民财富？其重要性何在？国民财富和国民储蓄有哪些联系？

5. 对于经济体的增长情况的估计，哪个统计量更为重要：是实际GDP还是名义GDP？为什么？

6. 经济学家曾试图测量世界各国的实际GDP，请考虑下列过程中出现的操作性问题：

（1）在东欧剧变和苏联解体前，苏联以及东欧的经济是中央计划经济。中央计划经济的一个特点是绝大多数价格由政府制定。当政府制定的价格过低时，在固定价格上，人们想要购买的产品比市场能够提供得多。而当价格制定的过高时，大量库存产品放在货架上不能销售出去。东欧和前苏联纷纷放弃计划经济的前几年时间里，政府价格制定并没有被彻底抛弃。政府价格控制给经济学家测量一国GDP带来什么样的问题？试提出一个方案解决该问题。

（2）在一个非常贫穷的农业国家，很多人自己生产粮食，缝制衣服，并在家庭内部或村落之间相互提供服务。这些国家官方估计的GDP通常很低，或者说人均GDP仅为几百美元。一些经济学家认为官方GDP数据低估了这些国家的实际GDP。这一情况产生的原因是什么？试提出一个方案解决该问题。

7. 在一条小船将所有人从岛上救出之后，由于害怕再次遭遇海难，教授和盖里甘留在了岛上。教授以种植椰子和捕鱼为生，并在去年收获了1000个椰子，捕获500条鱼。他的估价是1条鱼等于2个椰子。教授以200个椰子雇用盖里甘帮忙收获椰子，并用100条鱼雇用盖里甘收集用于捕鱼的蚯蚓，他还将100条鱼用作椰子树的肥料。而盖里甘将他所有的椰子和鱼都用于消费。以鱼为单位表示的该岛的GDP是多少？其中哪些是消费，哪些是投资？教授和盖里甘的收入各为多少？

8. 美国通常对其国民收入和产出的相关数据进行调整。下列各项调整对消费、投资、政府购买、净出口以及GDP有哪些影响？

（1）消费者购买的家具比原先估计得多出60亿美元，这些家具由美国北卡罗来纳州生产。

（2）消费者购买的家具比原先估计得多出60亿美元，这些家具由瑞典生产。

（3）企业购买的家具比原先估计得多出60亿美元，这些家具由美国北卡罗来纳州生产。

(4) 企业购买的家具比原先估计得多出60亿美元，这些家具由瑞典生产。

9. ABC计算机公司在硅谷拥有一家价值为20000000美元的工厂。ABC公司当年制造了价值为20000000美元的计算机部件，其成本为劳动力1000000美元，债务利息100000美元，税收200000美元。ABC公司将其产出全部卖给了XYZ巨型计算机公司。使用ABC公司的计算机部件，XYZ公司制造了四台单价为800000美元的巨型计算机，其中每台巨型计算机的成本为计算机部件500000美元，劳动力成本200000美元，税收100000美元/台。XYZ拥有一家价值30000000美元的工厂。XYZ以10000000美元/台的价格卖出3台巨型计算机。年末，未售出的第4台计算机作为存货，所增加的800000美元将计入XYZ的账簿。

(1) 分别用三种方法计算这些交易对GDP的贡献，并证明三种方法得出的结果相同。

(2) 现在，假定除其他成本外，ABC公司需要进口计算机芯片支付500000美元，重复(1)的计算。

10. 考察一个仅生产三种水果：苹果、橙子和香蕉的经济体，且基年（几年前）的产出和价格数据如下：

水果	基年产量	基年价格
苹果	3000袋	2元/袋
橙子	6000串	3元/串
香蕉	8000袋	4元/袋

当年的产出和价格数据如下：

水果	当年产量	当年价格
苹果	4000袋	3元/袋
橙子	14000串	2元/串
香蕉	32000袋	5元/袋

(1) 计算当年和基年的名义GDP，自基年起名义GDP增长了百分之几？

(2) 计算当年和基年的实际GDP，从基年至今实际GDP增长的百分比是多少？

(3) 计算当年和基年的GDP平减指数，价格水平从基年至今变化了百分之几？

(4) 试说明自基年起该经济体名义GDP增长的百分比主要是由价格的上升引起的还是由产量增加引起的？

11. 2014年1月1日，A国的GDP平减指数为200，该值于2015年1月1日上升到 242，2016 年 1 月 1 日上升到 266.2。

(1) 2014 年 1 月 1 日至 2015 年 1 月 1 日这两年间的通货膨胀率是多少？如果年通货膨胀率保持恒定，这两年所观测到的价格水平将上涨多少？

(2) 2014 年 1 月 1 日至 2016 年 1 月 1 日这三年间的年通过膨胀率是多少？

(3) 通常用 P_0 表示年份 n 期初的价格水平，P_n 表示期末的价格水平。证明年通货膨胀率 π 满足下面的等式：

$$(1+\pi)^n = P_n/P_0$$

第三章　消费需求

导入案例

收入分配、收入差距与消费需求

国民收入分配分为初次分配、再分配和最终分配。国民收入的初次分配指国民收入在物质生产领域内部进行的分配。国民收入的初次分配由两个部分组成：一部分是物质生产领域劳动者的个人收入，包括工资、奖金、福利费用和农民或其他劳动者的收入，它属于生产者及其家属个人消费所需的必要产品；另一部分是生产单位和社会的纯收入，包括上缴国家的税金和利润、支付的利息和企业税后利润、利润留成或公积金、公益金等，属于国民收入扣除必要产品后的剩余。再分配国民收入是在初次分配基础上的进一步分配，这种分配是在全社会范围内进行的。通过再分配所获得的收入称为派生收入，再分配的主要形式有：①财政支出。通过财政预算，一方面以利润和税金的形式集中一部分国民收入；另一方面又把集中起来的国民收入通过财政补贴、支付非生产部门劳动者工资等形式分配到各部门、各地区去，以满足社会生产，发展科学、文化、教育事业，进行行政管理和加强国防等方面的需要。②信贷。以偿还为条件，通过筹集社会闲散资金贷放给使用单位来实现再分配的过程。③价格。国家通过指令性价格、指导性价格和市场调节价等多种价格形式，建立合理的价格体系，实现国民收入的再分配。此外，各种劳务付费、居民之间的馈赠、生产单位直接举办的各种福利事业，也可影响国民收入再分配。国民收入的再分配，最后形成生产单位、非生产单位和居民的最终收入。最终分配国民收入经过初次分配和再分配以后，最终分配到积累和消费两个方面。主要是正确制定积累基金和消费基金的比例，使积累基金和消费基金的需求总额同国民收入供给总额相平衡，使积累和消费的价值形态和实物形态相适应，并安排好积累基金内部和消费基金内部的结构，以保证生产的不断扩大和群众生活水平的逐步提高。积累基金和消费基金的比例是国民经济中一个根本的分配比例，它体现全体社会成员的长远利益和目前利益、整体利益和个人利益的关系，同时，它与国民经济的其他重要比例（如生产资料生产和消费资料生产、工业与农业、必要产品与剩余产品等）有着密切的联系。

消费需求是指消费者对以商品和劳务形式存在的消费品的需求和欲望。当商品经济处于不发达阶段时，消费者的消费领域比较狭窄，内容很不丰富，满足程度也受到限制，处于一种压抑状态。在市场经济条件下，生产资料和生活资料都是商品，消费需求的满足离不开市场交换。随着社会生产力的不断发展，企业将向市场提供数量更多、质量更优的产品，以便更好地满足消费者的消费需求。随着人们物质文化生活水平的日益提高，消费需求也呈现出多样化、多层次，并由低层次向高层次逐步发展，消费领域不断扩展，消费内容日益丰富，消费质量不断提高的趋势。

改革开放至今，我国经济持续快速增长。居民整体生活水平不断提高，但同时收入分配不均等问题也越来越突出。收入差距主要包含城乡收入差距、行业间收入差距、所有制收入差距和地区收入差距。从我国整体的收入差距看，2010 年我国的基尼系数已经达到了 0.438。从城乡收入差距看，2015 年我国的城乡收入比达到了 2.73∶1，而国际上的最高标准是 2。我国居民收入差距作用于收入分配制度的同时也受到收入分配制度的影响，我国居民收入差距的扩大使得城乡居民消费差距扩大，抑制总消费，导致内需严重不足。我国拉动经济的三驾马车分别是消费需求、投资需求和出口，而消费需求占据主导位置，决定着一个国家的经济发展速度。

下表建立的动态耦合可衡量我国居民收入差距和消费需求之间的协调程度和匹配程度。

2011—2015 年动态耦合度

年份	耦合度				
	收入差距与消费需求的总耦合度	城乡收入差距与消费需求的耦合度	地区收入差距与消费需求的耦合度	所有制收入差距与消费需求的耦合度	行业间收入差距与消费需求的耦合度
2011	0.552358	0.545374	0.556328	0.559236	0.550745
2012	0.548178	0.529076	0.549265	0.555184	0.547973
2013	0.655949	0.672864	0.684989	0.662640	0.650530
2014	0.783228	0.809973	0.804411	0.795662	0.776281
2015	0.892627	0.888924	0.898924	0.898924	0.890638
平均值	0.686468	0.689242	0.698783	0.694329	0.683233

资料来源：《中国统计年鉴 2012—2016 年》。

根据相关数据统计，城乡居民收入同消费需求的协调程度相对偏低，造成这种结果的原因是我国将近一半的收入差距来源于城乡居民收入差距。由于城乡居民收入同消费需求的耦合程度低于其他各维度的耦合程度，因此为了增强居民收入同消费需求之间的匹配程度，促进经济的持续增长，应该将缩小城乡居民的收入差距作为重点，深化城乡收入分配制度来降低城乡之间的收入差距，抑制城乡之间的收入差距，以达到总消费水平的增长从而促进经济的增长。

第一节 绝对收入假说

一、为什么要研究消费需求函数

在许多情况下，市场体制中生产扩张的最大限制来自市场需求。在市场经济中，企业每天都碰到需要解决的许多问题，但是其中最基本的问题是企业产品的市场需求问题。产品有销路，企业的生产就能维持下去；否则就不能维持下去。市场检验是企业必须接受的“惊险的跳跃”，一个企业所面临的市场需求界限，对一国总产出而言照样存在。市场经济因之往往被称为“需求约束型经济”。

资本主义市场经济的这种受需求约束的性质被凯恩斯深切感受到。在凯恩斯看来，市场经济的运行并不是完美无缺的。在资本主义市场经济中，工人失业、工厂停工、资源闲置已经是很普遍的现象，这种需求约束的极端尖锐化形式就是经济危机。20 世纪 30 年代世界范围的经济大萧条肯定使凯恩斯刻骨铭心。那么，资本主义经济的毛病出在什么地方呢？对这一问题的答复是多种多样的。而在凯恩斯看来，毛病正在于总需求不足。由于总需求不足，企业的产品没有销路，只好压缩生产、解雇工人，这样造成失业增加，经济趋于萧条。

为了开出药方，给资本主义经济“治病”，首先必须对资本主义经济的这种“毛病”进行“病理学”的研究，即必须对总需求不足这一经济现象作出理论上的解释。从更一般的意义上说，就是需要解释总需求水平是如何决定的。这一问题又势必延伸到总需求水平受到哪些因素的影响？是如何被影响的？这就是说，我们需要建立总需求函数。在本书中，这一工作是逐步展开的，本章只是进行初步的研究。

由第二章可知，总需求（即总支出）包括四大项：消费、投资、政府购买和净出口。其实，建立总需求函数，最重要的就是要建立消费函数、投资函数、出口和进口函数。本章研究消费需求函数，第四章研究投资函数，第十六章研究出口和进口函数。

二、凯恩斯的消费函数——绝对收入假说

所谓建立消费函数就是找到影响一国总消费量的因素，并在这些因素和消费量之间建立数量关系即函数关系。和事后（为了得到国民生产总值）对消费支出进行统计不同，建立消费函数是为了对消费需求给出因果性的理论解释，并利用这一解释在事前对消费支出进行预测。就好像通过建立某种气象学的理论来指导天气预报一样，对消费支出进行事前的预测也需要通过理论来进行。所谓消费理论就是观察者对消费支出和影响消费支出诸因素之间带有规律性的因果关系的一种主观上的认识，而消费函数是这一理论认识的一种精确化（即数学）形式。

在凯恩斯看来，这种因果关系是什么呢？凯恩斯认为，在短期内消费支出与收入水平是密切相关的。就是说，消费支出主要取决于收入水平。这一观点毫不出奇，我们通过经验、直观完全可以得到。但是，凯恩斯借助于“消费倾向”概念具体表示二者之间的关系，而“消费倾向”就不那么直观了。

消费倾向包括平均消费倾向和边际消费倾向。平均消费倾向是指消费支出占收入的比例。以 APC 表示平均消费倾向，C 表示消费支出，Y 表示收入水平，则：

$$APC = \frac{C}{Y}$$

边际消费倾向是指在增加的收入中增加的消费支出占多大的比例。以 MPC 表示边际消费倾向，ΔC 表示消费支出的增加量，ΔY 表示收入的增加量，则：

$$MPC = \frac{\Delta C}{\Delta Y}$$

边际消费倾向 MPC 的数学意义是导数（或微商）。

凯恩斯的消费理论即绝对收入假说包含如下几个主要观点：

第一，实际消费支出是实际收入的稳定的增函数，即认为二者之间存在稳定的正相关的数量关系。在这里，“稳定”是很重要的。如果消费支出和实际收入是相关的，但这种关系却是不稳定的，那么掌握这两者之间的关系就没有什么意义了。如果这两者之间的关系是稳定的，那么掌握二者之间的关系就有意义了。因为可以从这种关系中得到有关消费需求以及总需求的信息。

第二，这里所说的收入是指现期绝对实际收入水平。所谓“现期”，是指本期的收入，即不考虑过去收入和未来收入；所谓“绝对”，是指收入的绝对水平，而不是收入的相对水平；所谓“实际”，是指剔除了价格水平变动所造成的影响的收入即实际收入，而不是指按货币量衡量的收入即名义收入。例如，居民收入为 10000 元，消费为 7000 元；后来发生 10% 的通货膨胀，这样使居民收入增加至 11000 元，消费增加至 7700 元；但是，消费函数表现的不是名义值，而是实际值，因此，消费函数中的居民收入仍然为 10000 元，消费需求仍然为 7000 元。

正因为凯恩斯认为消费支出决定于绝对收入水平，他的消费理论被称为绝对收入假说。

第三，消费支出随着收入的增加而增加，但是消费支出的增加少于收入的增加。换言之，在凯恩斯看来，边际消费倾向的值大于零，小于 1。

第四，随着收入的提高，在增加的收入中增加的消费支出所占比例逐渐下降，即边际消费倾向递减，这就是凯恩斯著名的“边际消费倾向递减规律”。凯恩斯认为，这一规律之所以起作用，是基于人类的基本心理法则。

第五，由边际消费倾向递减可以得到两个推论，即平均消费倾向递减，而且边际消费倾向小于平均消费倾向。

凯恩斯绝对收入假说的主要思想有两条：①消费需求随着绝对的实际收入的增加

而增加；②在收入增加、消费需求增加的同时，消费倾向趋于递减。

凯恩斯认为资本主义市场经济的主要问题在于总需求不足，而总需求不足的重要原因之一是消费倾向递减。由此可见，消费倾向递减在凯恩斯宏观经济学中具有重要的理论意义。

凯恩斯所说的"随着收入增加，一方面消费需求增加，一方面消费倾向递减"，这两个方面能够并行不悖吗？下面举一个假想的例子来说明：

从表 3－1 可见，凯恩斯所说的"随着收入增加，一方面消费需求增加，一方面消费倾向递减"，至少在数量关系上是可以存在的。至于这种数量关系在现实生活中是否存在，就需要实际材料的验证了。

表 3－1　　消费倾向递减

收入	消费	收入增加	消费增加	平均消费倾向	边际消费倾向
1500	1200	—	—	0.800	—
2000	1550	500	350	0.775	0.7
2500	1850	500	300	0.740	0.6
3000	2100	500	250	0.700	0.5
3500	2300	500	200	0.657	0.4

三、线性消费函数

在以后的宏观经济分析中，凯恩斯绝对收入假说的消费函数采取一种简化的形式即线性消费函数：

$$C = C_0 + c\ (Y_d)$$

其中，C 为消费支出，C_0为自发性消费，Y_d为可支配收入，c 为一个给定的参数。

现在对这一线性的消费函数进行一些解释。从数学上看，自发性消费 C_0是当可支配收入 Y_d为零时的消费支出。但是，应在更一般的意义上理解 C_0，即把 C_0理解为不管收入为何种水平时总要进行的消费支出。换言之，在收入的任何水平上消费支出中的这一部分（即 C_0）总是稳定的。因此，可把 C_0视为常数。显然，$C_0>0$。

参数 c 的经济意义是什么？计算该函数的边际消费倾向：

$$MPC = \frac{\Delta C}{\Delta Y_d} = c$$

可见参数正是该函数的边际消费倾向。根据凯恩斯的认识，边际消费倾向决定于人类基本的心理法则。因此，在短期中，边际消费倾向应该也是稳定的。这样看来，参数 c 也可视为一个常数。由于边际消费倾向是增加的消费占增加的收入的比例，参数 c 大于 0，小于 1。

线性消费函数 $C = C_0 + c\ (Y_d)$ 的主要性质如下：

（1）存在自发性消费 C_0，C_0为一给定的常数；

（2）边际消费倾向 $MPC = c$，$0 < c < 1$。c 为一给定的常数。此点没有反映凯恩斯边际消费倾向递减的理论观点，但并不影响以后的分析。

（3）可支配收入 Y_d为一最重要的变量——自变量。由于自发性支出 C_0和边际消费倾向 c 均为常数，消费支出主要取决于可支配收入。由于边际消费倾向大于零，消费支出随着可支配收入的增加而增加。

（4）平均消费倾向 $APC = C/Y_d =$ （C_0/Y_d） $+ c$。可见，随着可支配收入 Y_d的提高，平均消费倾向发生递减。而且，边际消费倾向小于平均消费倾向。

在宏观经济学中，图形分析是一种很重要的分析方法。图形可以使宏观经济现象之间复杂的因果关系取得一种直观的形式，从而便于理解。

由线性消费函数可以得到消费曲线，图 3－1 中，横轴为可支配收入 Y_d，纵轴为消费支出 C。

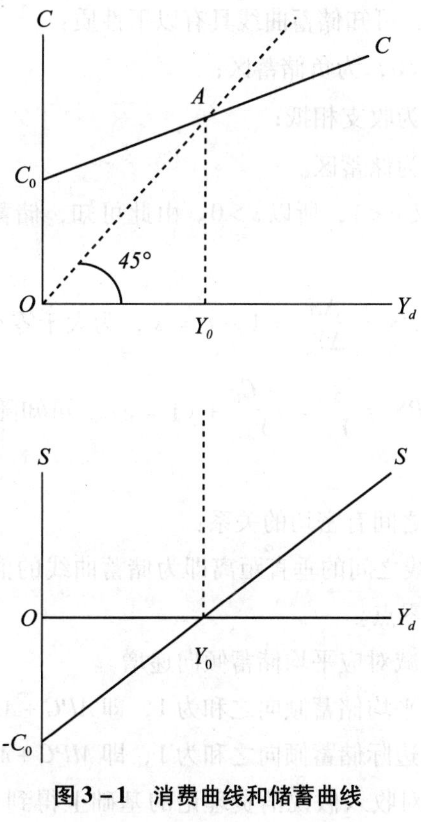

图 3－1　消费曲线和储蓄曲线

消费曲线 C 是一条向右上方倾斜的直线，其纵截距为自发性消费 C_0，斜率为边际消费倾向 c。由于自发性消费 C_0和边际消费倾向 c 被假定为不变的常数，这条向右上方倾斜的直线就表现了随着可支配收入水平的提高，消费支出不断增加，同时平均消费倾向递减这样一种因果联系。

由消费曲线可以推导出储蓄曲线。在图 3－1 中作一条 45°直线，45°辅助线与消费

曲线交于 A 点。与 A 点对应的收入为 Y_0（即 OY_0）。显然，$OY_0 = AY_0$。收入为 Y_0（即 AY_0）时的消费支出也为 AY_0。就是说，当收入为 Y_0时，消费支出等于收入。由此可以推知：收入为 Y_0时的储蓄为零，（因为全部收入均用于消费）。同时，由消费曲线可知，当收入为零时，消费支出为 C_0。可知这时是依靠负债来进行消费，负债额或负储蓄额为 C_0。这样，在收入储蓄平面上，可得：当 $Y_d = Y_0$时，$S=0$；当 $Y_d=0$ 时，$S=-C_0$。由此得到线性储蓄曲线，见图 3－1 中的下图。

储蓄恒等于可支配收入与消费支出之差，由此可从消费函数推出储蓄函数。

$$S \equiv Y_d - C = Y_d - (C_0 + cY_d)$$
$$S = -C_0 + (1-c)\ Y_d$$

令 $S_0 \equiv -C_0$，$s=1-c$，则：

$$S = S_0 + sY_d$$

其中，S 为储蓄，S_0为自发性储蓄，s 为边际储蓄倾向，Y_d为可支配收入。

结合图形和函数表达，可知储蓄曲线具有以下性质：

（1）当 $Y_d < Y_0$时，$S<0$，为负储蓄区；

当 $Y_d = Y_0$时，$S=0$，为收支相抵；

当 $Y_d > Y_0$时，$S>0$，为储蓄区。

（2）因为 $s=1-c$，又 $c<1$，所以 $s>0$。由此可知，储蓄随着收入的提高而增加，储蓄是收入的增函数。

（3）边际储蓄倾向 $MPS = \dfrac{\Delta S}{\Delta Y_d} = 1 - c = s$，为大于零小于 1 的常数。

（4）平均储蓄倾向 $APS = \dfrac{S}{Y_d} = \dfrac{-C_0}{Y_d} + (1-c)$。可知随着收入的提高，平均储蓄倾向递增。

储蓄曲线与消费曲线之间有密切的关系：

（1）消费曲线与 45°线之间的垂直距离即为储蓄曲线的值。例如，消费曲线与 45°线的交点对应储蓄曲线的零点。

（2）平均消费倾向递减对应平均储蓄倾向递增。

（3）平均消费倾向与平均储蓄倾向之和为 1，即 $APC + APS = 1$。

（4）边际消费倾向与边际储蓄倾向之和为 1，即 $MPC + MPS = 1$。

这样，就在凯恩斯绝对收入假说消费理论的基础上得到了线性消费函数（消费曲线）和线性储蓄函数（储蓄曲线）。它们都是总产出决定理论中很重要的分析工具。

由于消费和储蓄之间存在如此密切的关系，我们甚至可以把储蓄称为消费的“镜像”。二者其实讲的是同一件事：研究了消费，我们就连带地知道了储蓄是怎么一回事；研究了储蓄，我们就连带地知道了消费是怎么一回事。因此，对消费的研究，有的称为消费理论，有的则称为储蓄理论。

第二节 消费函数之谜

一、短期消费函数

在消费函数领域，凯恩斯的研究奠定了一个基础。本章第一节已经介绍了凯恩斯的消费理论——绝对收入假说。线性消费函数 $C = C_0 + cY_d$ 基本上反映了凯恩斯绝对收入假说的观点，即第一，消费支出主要受可支配收入的影响；第二，边际消费倾向大于零小于1；第三，随着可支配收入的增加，消费支出增加，但平均消费倾向却逐渐下降。

凯恩斯的绝对收入假说得到了一些短期经验消费函数的验证①。根据美国从1929年到1976年（略去1941—1946年6年的数据）各年可支配收入和消费支出的数据组合（单位：10亿，1972年美元），利用最小二乘法进行回归，得到一条符合1929—1940年和1947—1976年资料的线性消费曲线，其函数表达式为：$C = 15.9 + 0.89Y$。除了1941—1946年的数据，其余各年可支配收入和消费支出的数据组合点与经验线性消费曲线之间的垂直距离非常小，这说明消费支出和可支配收入之间具有显著的相关性。舍去1941—1946年的资料是因为一些非收入因素对消费支出产生了相当大的影响。显然，这是一种非正常情况。

在上述时期内，仍然舍弃掉1941—1946年的资料，将其余各年分为四个大约等长的时期：1929—1940年，1947—1956年，1957—1966年，1967—1976年，根据每个短时期的数据分别进行回归，得到四个短期的线性消费函数：

1929—1940年：$C = 33.9 + 0.80Y$ ①

1947—1956年：$C = 41.2 + 0.82Y$ ②

1957—1966年：$C = 15.3 + 0.89Y$ ③

1967—1976年：$C = 8.0 + 0.90Y$ ④

注意各个时期中可支配收入的变化范围。在第①时期中，收入 Y 在169.7到244.3之间；在第②时期中，收入 Y 在318.8到444.9之间；在第③时期中，收入 Y 在453.9到643.6之间；在第④时期，收入 Y 在669.8到890.3之间。可以看出，各个时期的消费水平都比前一时期提高了，只是第②时期提高得最为显著。

无论如何，按年度消费支出和可支配收入的资料得到的线性消费函数都验证了凯恩斯绝对收入假说包含的观点：随着收入的上升，平均消费倾向在减少，边际消费倾向是正数但小于1。

① 爱德华·夏皮罗．宏观经济分析［M］．北京：中国社会科学出版社，1985.

二、长期消费函数

尽管凯恩斯的消费理论得到一些短期经验消费函数的验证，但美国著名经济学家库兹涅茨（1901—1985 年）对长期消费函数的研究又掀起了波澜。

库兹涅茨研究了从 1869—1938 年长达 70 年的资料，以 10 年为一个时期，其中每相邻两个时期是交叉的，并以一个时期的数据求出每个时期的平均消费倾向（见表 3－2）。

表 3－2　　国民收入和消费支出 1869—1938 年　　单位：10 亿，1929 年美元

10 年期	国民收入	消费支出	平均消费倾向
1869—1878 年	9.3	8.1	0.86
1874—1883 年	13.6	11.6	0.86
1879—1888 年	17.9	15.3	0.85
1884—1893 年	21.0	17.7	0.84
1889—1898 年	24.2	20.2	0.84
1894—1903 年	29.8	25.4	0.85
1899—1908 年	37.3	32.3	0.86
1904—1913 年	45.0	39.1	0.87
1909—1918 年	50.6	44.0	0.87
1914—1923 年	57.3	50.7	0.89
1919—1928 年	69.0	62.0	0.89
1924—1933 年	73.3	68.9	0.94
1929—1938 年	72.0	71.0	0.99

资料来源：转引自夏皮罗《宏观经济分析》，第 191 页。原表中第一行数据分别为 93 和 81，疑为印刷错误，遂改之。

在表 3－2 中，我们看到，从 1869—1878 年到 1919—1928 年，国民收入增加了 6 倍多，但平均消费倾向仅在 0.84 到 0.89 这极狭窄的范围里变动。最后两个时期的平均消费倾向特别高，分别达到 0.94 和 0.99，比前面任何一个时期都高出许多，这是由于这两个时期都包含了大萧条。不论是否把最后两个时期包括在内，表 3－2 显示出一个明显的事实：即从长期看，随着收入的提高，平均消费倾向相当稳定。

不考虑最后两个时期，利用统计学中最小二乘法回归，可以得到一条直线，它对各个时期国民收入和消费支出的关系具有最好的概括性。这条直线通过原点，其函数表达式为 $C=0.86Y$。由此可见，在长期中，第一，自发性消费支出为零；第二，在任何收入水平上，边际消费倾向等于平均消费倾向，且保持不变。

库兹涅茨对长期消费函数的研究，拓宽了人们对消费函数的认识，使消费函数另外一方面的特征显现在人们面前。

三、消费函数之谜

在对消费函数的经验研究中，从短期和长期两个角度看到的是两幅不同的图景。为什么会有这种差异呢？这就是消费函数之谜。根据以上所介绍的对消费函数的经验研究，可以作出理论的长期消费曲线和短期消费曲线，前者主要反映库兹涅茨的研究，后者主要反映凯恩斯的研究。这样便于进行更加确切的讨论。几何表达放在下一节，这里只作文字说明。

长期消费曲线通过原点，短期消费曲线交在纵轴上。由此可以看出长期消费曲线和短期消费曲线有以下区别：

第一，短期消费曲线的自发性消费大于零，而长期消费曲线的自发性消费为零。对其的解释是，从长期看，消费支出只能来自收入，而不能依靠借债。

第二，长期收入变化对消费的影响要大于短期收入变化对消费的影响，即长期边际消费倾向大于短期边际消费倾向。

第三，短期消费曲线的平均消费倾向大于边际消费倾向，长期消费曲线的平均消费倾向等于边际消费倾向。

第四，短期平均消费倾向随着收入的提高而下降，长期平均消费倾向在收入的提高过程中保持不变。

在短期消费曲线和长期消费曲线上表现出来的这些差异就是所谓消费函数之谜问题。凯恩斯的绝对收入假说所揭示的消费和收入的依存关系得到短期经验研究的验证，但是却与长期经验研究相悖。这种理论与经验的不一致推动了对消费函数的进一步研究，试图对长期经验研究所揭示的消费支出和收入之间的关系予以理论上的解释。

四、绝对收入假说对消费之谜的解释

对消费函数进一步的研究，一类是坚持绝对收入假说的原有框架，但考虑一些新的因素，从而对短、长期消费函数的矛盾予以解释。另一类是抛弃绝对收入假说，寻找新的理论支点，从而形成了相对收入假说的消费函数、财产和终生收入的消费函数以及持久收入的消费函数，这三种新的消费理论将在以下各节分别予以介绍。这里先介绍坚持绝对收入假说原有框架对消费之谜的解释。

为什么从长期看平均消费倾向保持稳定呢？坚持绝对收入假说也可以对其提供解释。按照绝对收入假说的观点，随着收入的提高，平均消费倾向下降。但是，如果随着收入的提高，同时发生消费曲线向上移动，即在长期中自发性支出会提高，则平均消费倾向可能保持稳定。读者可以试着自己作图，看看是否会出现这种情况。

剩下来的问题是为什么在收入提高时自发性消费会增加？对此的解释是由于影响消费支出的其他因素在起作用。

①伴随在长时期内收入的提高，居民的财富也在积累。这样居民倾向在任一收入水平上进行较多的消费支出，从而使消费曲线向上移动。

②在一个长时期内，人口不断从农村向城市转移。由于城市工资收入者的消费倾向高于农村，因此城市化的过程倾向于提高消费曲线。

③老年人的收入呈下降趋势，但消费支出的下降相对较少，这样使老年人的平均消费倾向不变甚至提高。在长时期中老年人占总人口的比例逐渐提高，成为阻止全社会平均消费倾向减少的一股力量。

④在一个长时期内，新的消费品不断出现在市场上，而且被越来越多的居民认为是一种“必需”的消费，从而促使自发性支出的提高。

这样，绝对收入假说就在原有的框架之中考虑到影响消费支出的非收入因素，从而设想短期消费曲线向上移动，对长期中消费占收入的比例保持稳定的现象作出了自己的解释。

第三节　相对收入假说

一、消费的示范效应和攀比效应

美国经济学家杜森贝利（1918—2009 年）提出的相对收入假说，认为消费支出主要不是取决于绝对收入水平，而是取决于相对收入水平。

相对收入有两层含义。第一层含义是某家庭或某消费集团相对于其他家庭或其他消费集团而言，在总收入分配中所处的位置是否发生了变化。例如，A 消费集团收入的绝对水平未变，而 B 消费集团的收入水平提高了，这意味着 A 消费集团相对收入水平下降了。相对收入水平的下降会引起消费支出的变化。

相对收入假说强调收入水平相对提高的社会集团的消费支出所具有的示范效应。反过来，收入水平相对下降的社会集团的消费支出具有攀比性。消费的这种示范效应和攀比性所产生的结果是：

第一，如果随着收入水平的提高，各消费集团在总收入分配中所处的相对位置不变，即相对收入不变，那么，各消费集团会认为自己（相对的）富裕程度没有变化，于是倾向于按照过去的方式来安排生活，即把收入中一个同样的份额用于消费支出。就是说，在这种情况下，随着收入的提高，各消费集团的平均消费倾向保持不变。这种消费的几何表达是通过原点的长期消费曲线。

第二，如果随着收入水平的提高，某消费集团在总收入分配中所处的相对位置下降，即相对收入下降，那么，由于高消费集团的消费示范和低消费集团的消费攀比性，相对收入下降的集团会设法提高收入中的消费支出份额，即提高平均消费倾向。同时，相对收入上升的消费集团会降低收入中的消费支出份额，即降低平均消费倾向。这种消费的几何表达就是纵截距大于零的短期消费曲线。

据一些研究，美国的收入分配（工资收入占比和资本收入占比）在相当长的时期内几乎不变。在这种情况下，根据相对收入假说的观点，平均消费倾向在收入提高的过程中保持不变。这样，相对收入假说设想的消费曲线是通过原点的一条直线，即（见图3－2）长期消费曲线 C_1。

二、消费的棘轮效应

相对收入的第二层含义是过去收入，尤其是过去的高峰收入。这种过去收入也是相对收入，即相对于现期收入而言的。相对收入假说认为这种过去收入，尤其是过去的高峰收入，对当期消费有重大影响。其基本特征是当收入提高时，消费支出随之提高，平均消费倾向不变；当收入下降时，消费支出的下降却十分有限，即平均消费倾向提高。在消费支出上“能上不能下”的现象被称为棘轮效应。利用图3－2说明如下。

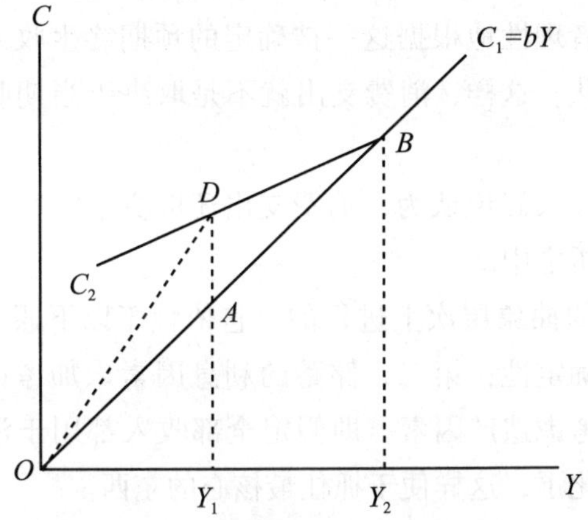

图3－2　具有棘轮效应的消费需求

在图3－2中，当收入为 Y_1 时，消费支出为 AY_1，平均消费倾向为 AY_1/OY_1。当收入提高至 Y_2 时，消费支出增为 BY_2，平均消费倾向为 BY_2/OY_2，保持不变。当收入由 Y_2 降至 Y_1 时，消费支出不是沿着长期消费曲线 $C_1=bY$ 向下运动至 A 点，而是沿着短期消费曲线 C_2 向下运动至 D 点，从而消费支出不是降为 AY_1，而是仅降为 DY_1。这样平均消费倾向提高为 DY_1/OY_1。

这样，相对收入假说就对长期消费函数和短期消费函数的差异作出了统一的解释，当收入提高时，消费沿长期消费曲线随之增加，平均消费倾向保持稳定；当收入下降时，消费沿短期消费曲线作有限的减少，从而使平均消费倾向增加。换言之，相对收入假说既解释了在长期消费占收入的比例保持不变，又解释了在短期这种比例的变动性。

但是，仅仅根据上述理论，还不能回答全社会的平均消费倾向会有怎样的变化。换言之，如果仅仅根据上述理论的论述，那么，全社会的平均消费倾向可能不变，也可能上升或下降。总而言之，没有肯定的答案。唯一可以肯定的是随着收入的提高，平均消费倾向不是必然下降。

第四节　财产—终生收入假说

一、财产—终生收入假说的基本观点

美国著名经济学家莫迪利安尼（1918—2003 年）的财产—终生收入假说认为，消费支出不是取决于当期收入，而是取决于预期的终生收入。莫迪利安尼的财产—终生收入假说对消费需求的研究具有深远的影响。

所谓终生收入是指消费者预期整个一生所能获得的全部收入。预期的终生收入取决于预期的工作年限和预期的年劳动收入这两个因素。若这两个因素给定，预期的终生收入就被确定。消费者理性地根据这一被确定的预期终生收入统筹安排一生的消费支出，使效用达到最大化。这样，消费支出就不是取决于当期收入，而是取决于预期的终生收入。

另外，财产—终生收入假说认为，消费支出还取决于家庭所获得的财产数量，并把这一因素纳入整个分析之中。

整个分析是在一定的抽象层次上进行的，它依赖于以下假设条件：第一，假设预期寿命和工作年限具有确定性；第二，储蓄的利息因素未加考虑；第三，未考虑价格的变动因素；第四，未考虑遗产因素，即假定全部收入都用于消费。有了这些假设条件，问题的讨论变得简化了，这样便于抓住最核心的东西。

莫迪利安尼按照经济理性主义的假设，建立家庭的效用函数，利用数学手段求出效用最大化的必要条件，从而揭示了消费需求的一般规律。但本教材只进行简化的介绍，主要介绍结论。

二、预期终生劳动收入不变情况

财产—终生收入假说的消费倾向函数分两种情况讨论。这一小节先考虑一种简单的情况，即预期终生劳动收入不变，后面再考虑更为贴近现实的情况，即预期终生劳动收入改变。

如果不考虑参加工作以前的未成年期，那么，人的一生可以分为工作时期和退休时期。二者之和即为生活时期，也就是从开始工作那一年算起的预期寿命。以 *WL* 表示

工作时期、NL 表示生活时期（即预期寿命），则（$NL-WL$）为退休时期。如果不考虑财产因素，人们只有依靠劳动收入进行消费，维持生活。纵观一生，劳动收入只能在工作时期获得。人们在这一段时期所获得的收入却要维持整个生活时期（即工作时期与退休时期之和）。

人们要对终生收入用于终生消费作出统筹安排。既然如此，人们倾向于采用哪一种消费方式呢？可以认为，为了使一生消费达到效用最大化，消费者倾向于将终生收入平均分配于各年，使各年的消费支出都相等。终生收入假说实际上认为，消费者具有这种“长期观点”是非常普遍的现象。

以 C 表示各年都相等的年消费支出。一生的总消费支出等于年消费支出乘以生活时期，即 $C \cdot NL$。在不考虑财产因素的情况下，消费支出全部来源于劳动收入。以 YL 表示预期年平均劳动收入，则一生总劳动收入为年平均劳动收入乘以工作时期，即 $YL \cdot WL$。在全部收入用于消费的情况下，一生的消费决定于一生的收入，即：

$$C \cdot NL = YL \cdot WL$$

方程两边同除以 NL，就得到年消费需求函数：

$$C = \frac{WL}{NL} \times YL \qquad (1)$$

式（1）就是预期终生劳动收入不变情况下的终生收入消费需求函数。由式（1）可见，消费是年平均劳动收入的函数。注意，式（1）中的 YL 不是当期年劳动收入，而是预期各年平均劳动收入，因此是一个终生收入概念。所以，式（1）实际表明消费支出不是取决于当期收入而是取决于终生收入。WL/NL 是边际消费倾向，即表示当预期各年平均劳动收入增加一点时消费支出增加多少。工作时期 WL 延长会使边际消费倾向提高，预期寿命 NL 延长会使边际消费倾向下降。由于 WL/NL 大于零，所以消费支出 C 是预期年平均劳动收入 YL 的增函数，即当 WL、NL 给定时，消费支出 C 随预期年平均劳动收入 YL 的增加而增加。

假设某人在 20 岁参加工作，预期工作到 60 岁，即工作时期 $WL=40$ 年；预期寿命为 80 岁，即 $NL=60$ 年。这样，边际消费倾向 $WL/NL=40/60=2/3$。因此，终生收入的消费函数为：

$$C = \frac{2}{3}YL$$

若预期平均年收入 YL 为 15000 元，则年消费支出 C 为 10000 元；若预期平均年收入 YL 提高至 18000 元，则年消费支出增至 12000 元。

如果工作时期 WL 延长至 45 年，这样边际消费倾向 $WL/NL=45/60=3/4$。终生收入的消费函数变为：

$$C = \frac{3}{4}YL$$

在这种情况下，若预期平均年收入 YL 为 15000 元，则年消费支出 C 为 11250 元；若预期平均年收入 YL 增至 18000 元，则年消费支出增为 13500 元。

三、储蓄与财产

财产—终生收入假说认为财产也是影响消费支出的因素之一。财产有两个来源：一个来源是过去的储蓄；另一个来源是从其他渠道如赠予得到的财产。以 W 表示财产，以 W_1 表示由储蓄转化而来的财产，以 W_2 表示其他财产，则 $W = W_1 + W_2$。

储蓄在财产终生收入假说中起着重要的作用。在前面的讨论中，储蓄虽然没有直接"露面"，但其实已经隐含在其中了。在前面给出的消费函数 $C = \frac{2}{3}YL$ 中，消费支出之所以只占年平均收入的2/3，是因为年平均收入的1/3已经用于储蓄。另外，正是因为工作时期收入的1/3用于储蓄，占收入2/3的消费支出水平才能维持于包括退休期在内的整个一生。

储蓄是收入与消费支出之差。以 S 表示工作时期每年的储蓄量，根据前面的消费函数，可以得到储蓄函数：

$$S = YL - C = YL - \frac{WL}{NL}YL$$

$$S = \left(\frac{NL - WL}{NL}\right)YL \qquad (2)$$

由式（2）可见，储蓄是年平均劳动收入 YL 的增函数，边际储蓄倾向或平均储蓄倾向为 $\frac{NL - WL}{NL}$，即退休时期与生活时期之比。$\frac{NL - WL}{NL}$ 就是 $\left(1 - \frac{WL}{NL}\right)$。由此可见，工作时期延长使储蓄倾向下降，生活时期（即预期寿命）延长使储蓄倾向提高。

储蓄的累积量与生活时期中的时点有关。储蓄量的消长变化可由图3－3直观地表示出来。

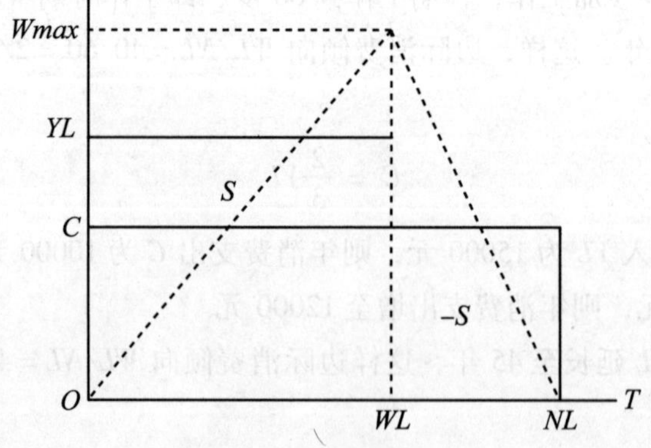

图3－3 储蓄的变化

在图3－3中，横轴 T 表示生活时期中的时点，纵轴表示消费 C、收入 YL、储蓄 S 等。工作期中得到的年收入为 YL。年收入中的一部分用作消费，其余的用作储蓄。每年的消费保持同一水平，储蓄也保持同一水平。这样，随着工作年数的增加，累积的储蓄量不断增加。这既表现为储蓄 S 区面积的增加，也表现为不断向右上方延伸的斜直线。在工作的最后一年，累积的储蓄量达到最大（储蓄区面积达到最大或斜直线升至最高点）。以后是生活中退休时期的开始，在退休时期，没有劳动收入，用工作时期的储蓄进行消费支出。消费支出保持工作时期的水平。在退休时期没有劳动收入而进行消费，因此是负储蓄（$-S$）时期。随着退休年数的增加，累积的储蓄逐渐减少（表现为面积逐渐减少的负储蓄 $-S$ 区或向下延伸的斜直线）。在生活的尽头（NL），储蓄正好用完。

四、预期终生劳动收入改变情况

如果不考虑非储蓄财产，那么，消费只有依赖劳动收入，而且一生中各年的消费支出是一样大的，这后一点似乎与消费水平日益提高的经验相悖。但是，式（1）$C=\frac{WL}{NL}\times YL$ 的成立是有条件的，即预期年平均劳动收入等于过去的年平均劳动收入。如果预期收入不等于过去收入，例如预期收入高于过去收入，那么情况就完全不同了。

假设 T 时点预期年平均劳动收入不等于过去年平均劳动收入 YL，则预期劳动总收入为（$WL-T$）$\cdot YL$。T 时点占有的储蓄和其他财产不再分开来讨论，而是简单地合在一起记为 W。这样，T 时点的预期总收入和财富记为（$WL-T$）$YL+W$。终生收入用于终生消费，所以：

$$C(NL-T)=(WL-T)YL+W$$

方程两边同除以 T 时点以后的年数（$NL-T$），得到 T 时点以后的年消费支出表达式：

$$C=\frac{WL-T}{NL-T}YL+\frac{1}{NL-T}W \tag{3}$$

式（3）就是预期终生劳动收入改变情况下反映财产—终生收入假说的消费需求函数。在式（3）中，$WL-T$ 表示 T 时点以后工作的年数，而 YL 是预期年平均劳动收入，所以二者相乘（$WL-T$）YL 表示 T 时点以后预期总劳动收入。$NL-T$ 表示 T 时点后的生活时期。$\frac{WL-T}{NL-T}YL$ 实际上就是 $[(WL-T)\cdot YL]\div(NL-T)$。由此可见，式（3）中的第一项 $\frac{WL-T}{NL-T}YL$ 表示 T 时点后的预期总劳动收入即终生收入要平均用于 T 时点以后各年的消费支出。式（3）中的第二项 $\frac{1}{NL-T}W$ 表示 T 时点占有的财产，包括由储蓄转化而来的财产和其他财产，要平均用于 T 时点以后各年的消费支出。在参加工作时期 WL、预期寿命 NL、时点 T 给定的情况下，年消费支出取决于 T 时点预期年平均劳动收入的水平和 T 时点占有的财产（包括储蓄）数量。

式（3）和式（1）的区别在于：由于预期年平均劳动收入有了变化，例如YL提高了，T时点以后预期总劳动收入分摊于各年的消费支出增加了。时点T出现在式（3）劳动收入的消费倾向中，正是表明劳动收入平均分配于各年的消费支出量在T时点前后已经起了变化。

五、影响消费需求的因素

根据莫迪利安尼的财产—终生收入假说，消费需求主要受哪些因素的影响？利用式（3）

$$C = \frac{WL - T}{NL - T}YL + \frac{1}{NL - T}W$$

讨论如下：

（1）财产W。由消费函数可知，若财产增加，则消费需求增加。把财产因素纳入消费函数，是莫迪利安尼的终生收入假说不同于凯恩斯绝对收入假说的一个重要方面。一般而言，财产是储蓄的累积量。在信用社会中，财产的很大一部分是处于证券投资和不动产投资的形式上。成功的证券投资和不动产投资将导致财产增加，并进一步导致消费需求增加。那么，当财产增加时，消费需求将增加多少？

（2）财产的边际消费倾向$1/(NL - T)$。当财产增加时，消费需求增加多少？这取决于财产的边际消费倾向$\frac{\Delta C}{\Delta W} = \frac{1}{NL - T}$。影响财产的边际消费倾向有两个因素，即预期寿命$NL$和时点$T$。从公式看，预期寿命增加或时点$T$变小，将使财产的边际消费倾向减小。这样，财产一定量的增加将引起消费需求较小的增加。

预期寿命增加所造成的影响是很明显的。若预期寿命增加，则增加的财产要分摊到更多的年份用于消费。这样，各年的消费只能增加较小的程度。

下面着重解释时点T的作用。如前所述，时点T实际上是指行为人调整消费决策的时点，例如，在工作10年之后（$T=10$），行为人一方面积累财产，另一方面认为预期年均收入将提高，这样就会重新安排每年的消费支出。假设行为人每年都要进行这样的调整，这样T实际上代表行为人的年龄，它随着行为人年龄的增长而增加。在同一时点上，行为人的年龄各不相同，有年轻人、有年长人。年轻人的T值较小，年长人的T值较大。上面说的"T变小将使财产的边际消费倾向减小"可以这样解释：和年长人相比，年轻人获得一笔财产将要分摊到更多的年份用于消费支出，因此，每一年消费支出只能少量增加。

把上述对T的解释进行拓展，就可以把社会的年龄结构因素纳入对消费需求的分析中来。社会的年龄结构是指年轻人和老年人的比例。年轻人所占比例较大，称为年轻化社会；老年人所占比例较大，称为老年化社会。年轻化社会的T取值较小，老年化社会的T取值较大。我们知道，财产的边际消费倾向是和T的取值同方向变化的，因此，年轻化社会的 T 值较小，所以财产的边际消费倾向较小；老年化社会的 T 值较大，所以财产的边际消费倾向较大。由此可知：财产的变化，对年轻化社会的消费影响较小，对老年化社会的消费影响较大。这一理论观点似乎与直观相悖，究竟是怎么一回事？请读者自己思考。

（3）预期年均收入 YL。在莫迪利安尼的消费理论中，预期年均收入（即终生收入）是影响消费需求最重要的因素。每年的消费需求水平基本上是由预期年均收入决定的。预期年均收入受多种因素的影响。例如，行为人通过学习、培训、“干中学”等方式增长了知识，就会提高对未来年均收入的预期。现在需要着重研究的问题是：预期年均收入增加会对消费需求产生怎样的影响？

（4）预期年均收入的边际消费倾向 $\frac{WL-T}{NL-T}$。预期年均收入增加对消费需求将产生怎样的影响？这要取决于预期年均收入的边际消费倾向，即：

$$\frac{\Delta C}{\Delta YL}=\frac{WL-T}{NL-T}$$

预期年均收入的边际消费倾向取决于预期寿命、工作期和年龄（社会的年龄结构）。

①预期寿命延长，意味着退休期拉长。这样，预期年均收入增加将分摊到更多的年份，所以年消费需求增加较少。

②工作期延长，在预期年均收入增加的情况下，意味着预期总收入有更大的增加，所以年消费需求增加较多。

③和年轻化社会相比，在老年化社会（T 值较大）中，虽然预期年均收入增加，但预期总收入增加较少，所以年消费需求增加较少。

六、财产终生收入假说对消费之谜的解释

如前述，短期消费函数和长期消费函数表现出不同的特征，这被称为消费之谜。在财产终生收入假说中，年消费支出取决于终生收入，或者更具体地说，取决于预期年平均劳动收入水平。可见，财产终生收入假说是侧重于长期消费的分析。但是，在对长期消费的分析中可以“剥离”出对短期消费的分析，即剥离出当期收入对消费支出的影响。下面就来做这件工作。

T 时点以后预期第一年劳动收入 Y_1 可视为短期收入或当期收入，T 时点第一年以后预期年平均劳动收入 YL 可视为长期收入。这样，可以从终生收入 YL 中“剥离”出短期收入或当期收入 Y_1，由此得到：

$$C=\frac{WL-T-1}{NL-T}YL+\frac{1}{NL-T}Y_1 \tag{4}$$

式（4）表示消费支出既受短期收入 Y_1 的影响，又受长期收入 YL 的影响。$1/(NL-T)$ 为短期收入的消费倾向，$(WL-T-1)/(NL-T)$ 为长期收入的消费倾

向。显然，一般而言，短期收入的消费倾向较小，长期收入的消费倾向较大。这种情况表明：消费支出主要受到长期收入的影响，而较少受到短期或当期收入的影响。若 $WL=40$、$NL=60$、$T=10$，则式（4）为：

$$C=\frac{40-10-1}{60-10}YL+\frac{1}{60-10}Y_1$$

就是

$$C=\frac{29}{50}YL+\frac{1}{50}Y_1$$

这表明若其他条件不变，仅当年收入增加 50 元，则消费支出仅可怜地增加 1 元；而若预期年平均收入增加 50 元，则消费支出大幅度增加 29 元。可见，长期收入对消费的影响非常显著。

为什么会出现长期消费倾向较大，短期消费倾向较小的差异？莫迪利安尼的解释是：这是终生收入终生消费的消费行为的必然后果。

第五节　持久收入假说

一、持久收入消费函数的主要内容

美国著名经济学家弗里德曼（1912—2006 年）提出的持久收入假说是对消费函数的一个重要研究。该理论假说的主要观点是：消费支出主要不是取决于短期收入，而是取决于长期收入的水平。在这一点上，该理论和莫迪利安尼的财产终生收入假说是非常类似的。

莫迪利安尼的理论虽然提出了消费支出取决于长期收入（终生收入），但是却没有解决如何估算长期收入的问题。而弗里德曼持久收入假说的一个很重要的内容就是提出了一个如何估算长期收入的方法，这种估算方法的提出是对消费函数研究的一个重要进展，使理论研究易于进入实际应用领域。

持久收入的消费理论认为短期收入是经常变动的，但该期的消费并不随着短期收入的波动而波动，相反，呈现出某种“惯性”。就是说，收入提高时，消费只有很小程度的提高；收入下降时，消费只有很小程度的下降。一个极端的例子是：人们在一周的某一天领到工资，但不可能在这一天把工资花完，而在一周的其余时间里分文不花。这个例子说明人们不是根据一天的收入决定一天的消费，而是根据在一个更长时期内（如这里的一周）的收入决定每一天的消费。我们把这个认识推广到年消费支出和年收入之间的关系上，就可以得到如下的结论：即年消费支出主要不是取决于当期收入水平，而是取决于一个更长时期内的收入水平。这就是说，当期收入水平变化，对当期消费支出只有较小的影响；只有当预期长时期内收入水平有所变化，当期消费支出才会受到显著的影响。

经过以上讨论，可以得到持久收入假说的消费函数：

$$C = c \cdot YP$$

其中 C 为消费支出，YP 为持久收入水平，c 为边际消费倾向。弗里德曼估计边际消费倾向 c 为0.88，这与库兹涅茨对长期边际消费倾向的经验考察基本一致。由于边际消费倾向大于零，消费支出随着持久收入的增加而增加，即消费是持久收入的增函数。

二、持久收入的估算方法

按照持久收入假定的观点，消费支出取决于持久收入。为了预测消费支出水平，就必须对持久收入加以估算。国民收入、个人收入或个人可支配收入等都是统计概念，可以直接通过统计的方法得到。持久收入不是统计概念，而是理论概念。按定义，持久收入是保持三年以上的稳定收入，它实际上是一个预期的未来收入概念。这样，持久收入不能直接通过统计的方法得到，这就需要设计出一种特殊的可操作的对持久收入的估算方法。

对个人而言，在有些场合，在实际收入中区分出持久收入部分和暂时收入部分还是比较容易的。例如，由于提职提级，工资标准的提高是较长时期内能够保持的收入，属于持久收入；由于加班加点，工资的提高就不是较长时期内能够保持的收入，因而属于暂时收入。在有些场合，要在实际收入中分出持久收入和暂时收入可能就不那么容易。即使是在能够作出这种区分的场合，当个人持久收入的估算转换为一国持久收入的估算的时候，还是出现了困难。就是说，要得到按标准工资、加班工资、奖金等这样一些口径区分的居民的各种收入的统计资料是非常困难的。

弗里德曼想到了一个非常巧妙的方法，其基本思路如下：首先，当期持久收入是在前一期持久收入的基础上形成的。因此，当期持久收入与前一期持久收入的水平密切相关。假设有如下定义：去年的持久收入为去、今、明三年能够稳定获得的实际收入水平，今年的持久收入为今、明、后三年能够稳定获得的实际收入水平。在不考虑预期不确定性的情况下，今年的持久收入水平实际上是在去年预期今、明两年稳定收入的基础上预期后年的实际收入能够达到这一稳定收入的水平。如果今年预期后年的实际收入能够达到这一稳定收入的水平，那么今年的持久收入至少维持了去年的水平；如果不能达到，则今年的持久收入水平下降了。今年对后年实际收入的预期只能建立在今年实际收入的基础之上。当期实际收入（即这里的今年实际收入）就是影响持久收入的第二个因素。如果当期实际收入高于前一期持久收入水平，即高于前一期对本期实际收入的预期，则有理由认为当期的持久收入水平要高于前一期持久收入水平，即本期预期今、明、后三年稳定收入的水平要高于前一期预期的去、今、明三年稳定收入的水平。如果当期实际收入水平低于前期持久收入水平，则有理由认为当期持久收入水平要低于前一期持久收入水平。

如前所述，如果当期实际收入高于前期持久收入，则当期持久收入要提高。现在的问题是：当期持久收入将要提高多少呢？在当期实际收入高于前期持久收入的差之中，可以想见，其中部分具有持久收入的性质，即预期明、后年仍然可以获得；其中部分具有暂时收入的性质，即预期明、后年未必能够获得。这就是说，当期实际收入与前期持久收入的差的一部分将进入当期持久收入的形成之中。这个“一部分”到底是多少，在实际研究中，可以通过计量经济学的方法去估计，但是，在这里，作为初步的介绍，我们只是主观地简单地假定它是多少。

以 YP_t 表示 t 期的持久收入、Y_t 表示 t 期的实际收入、YP_{t-1} 表示前一期的持久收入，假设当期实际收入与前期持久收入的差的 1/3 形成当期持久收入的增加量，则当期持久收入可表达如下：

$$YP_t = YP_{t-1} + \frac{1}{3}(Y_t - YP_{t-1}) \tag{5}$$

由式（5）可知：①如果 t 期的实际收入 Y_t 等于 $t-1$ 期的持久收入 YP_{t-1}，则有理由认为 t 期的持久收入水平将保持不变；②如果 t 期的实际收入 Y_t 大于 $t-1$ 期的持久收入 YP_{t-1}，则可认为若在增加的收入中有大约 1/3 具有持久收入的性质，那么 t 期的持久收入在 $t-1$ 期持久收入的基础上要增加这个差的 1/3；③如果 t 期的实际收入 Y_t 小于 $t-1$ 期的持久收入 YP_{t-1}，则可认为若在减少的收入中有大约 1/3 具有持久收入的性质，那么 t 期的持久收入在 $t-1$ 期持久收入的基础上要减少这个差的 1/3。若以 B 表示这个差的绝对值 $|Y_t - YP_{t-1}|$，则 t 期持久收入和 $t-1$ 期持久收入的关系可以表示如下：

若 $Y_t > YP_{t-1}$，则 $YP_t = YP_{t-1} + (1/3)\ B$ （持久收入提高）

若 $Y_t = YP_{t-1}$，则 $YP_t = YP_{t-1}$ （持久收入不变）

若 $Y_t < YP_{t-1}$，则 $YP_t = YP_{t-1} - (1/3)\ B$ （持久收入下降）

我们不应忘记：现在的任务是解决持久收入的估算问题。式（5）把 t 期的持久收入归结为 t 期的实际收入和 $t-1$ 期的持久收入，显然没有最终解决问题，因为其中的 $t-1$ 期的持久收入仍然有一个估算的问题。但是，仿照式（5），可以把 $t-1$ 期的持久收入归结为 $t-1$ 期的实际收入和 $t-2$ 期的持久收入，即：

$$YP_{t-1} = YP_{t-2} + \frac{1}{3}(Y_{t-1} - YP_{t-2})$$

这样，t 期的持久收入可以表达为：

$$\begin{aligned} YP_t &= YP_{t-1} + \frac{1}{3}(Y_t - YP_{t-1}) \\ &= \frac{1}{3}Y_t + \frac{2}{3}YP_{t-1} \\ &= \frac{1}{3}Y_t + \frac{2}{3}\left[YP_{t-2} + \frac{1}{3}(Y_{t-1} - YP_{t-2})\right] \end{aligned}$$

$$= \frac{1}{3}Y_t + \frac{2}{9}Y_{t-1} + \frac{4}{9}YP_{t-2}$$

这样 t 期的持久收入就被归结为 t 期的实际收入、$t-1$ 期的实际收入和 $t-2$ 期的持久收入。而 $t-2$ 期的持久收入又可以归结为 $t-2$ 期的实际收入和 $t-3$ 期的持久收入。一般地，各年的持久收入均可以归结为当年的实际收入和前一年的持久收入。这样逆时间方向逐年递推，就可以把 t 期的持久收入归结为 t 期的实际收入以及以前各年的实际收入之和，即：

$$YP_t = \frac{1}{3}Y_t + \frac{2}{9}Y_{t-1} + \frac{4}{27}Y_{t-2} + \cdots + \frac{1}{3}\left(\frac{2}{3}\right)^n Y_{t-n} \tag{6}$$

式（6）清楚地表现了持久收入是怎样估算的。持久收入被归结为各年的实际收入之和。实际收入，例如实际可支配收入，可以通过统计得到。这样，一个对未来收入的估算难题巧妙地通过对过去收入进行一定的技术处理而得到解决。在式（6）中，各年的实际收入对持久收入的影响是不同的。与当期的间隔越近，实际收入的影响越大；与当期的间隔越远，实际收入的影响越小。这完全在情理之中。

三、持久收入假定对消费之谜的解释

持久收入假定也可以对短期边际消费倾向较小、长期边际消费倾向较大的差异作出解释。持久收入假定的消费函数为：

$$C = 0.88YP \tag{7}$$

把持久收入展开即得到：

$$C_t = 0.88\left[\frac{1}{3}Y_t + \frac{2}{9}Y_{t-1} + \cdots + \frac{1}{3}\left(\frac{2}{3}\right)^n Y_{t-n}\right] \tag{8}$$

由式（7）可知，当持久收入增加 100 元的时候，消费支出增加 88 元。由式（8）可知，当期收入 Y_t 增加 100 元时，消费支出增加约 29 元（$0.88 \times 1/3 \times 100 \approx 29$）。持久收入可视为长期收入，当期收入可视为短期收入。因此，持久收入假说也成功地解释了短期边际消费倾向较小、长期边际消费倾向较大的差异。

章节习题

1. 收入给定时消费与储蓄之间具有怎样的关系？储蓄的基本动机是什么？

2. 当期收入、预期未来收入和财富增加是如何影响意愿储蓄和意愿消费的？

3. 某消费者要制订今年和明年的储蓄计划，他这两年的税后实际收入为 5000 元。今年的储蓄会在明年得到 10% 的利息。目前消费者的财富为 0，即他没有存款也没有其他金融资产和负债，并且未来充满不确定性。消费者希望今年进行储蓄以便做三件事：第一，在明年能支付以实际量表示的学费 12600 元；第二，明年的消费水平与今年相同，其中，学费不计入明年的消费中；第三，明年年底他的资产和负债为0。

（1）消费者今年的储蓄和消费各是多少？

（2）如下因素如何影响消费者的消费量和储蓄量？

①当期收入由50000元增加到54200元。

②明年的预期收入由50000元增加到54200元。

③今年他继承了1050元的遗产，假定继承的遗产使财富增加但未改变收入。

④预计明年的学费由12600元上涨到14700元。

第四章　投资需求

导入案例

雄安新区环保版图再落子：绿色需求规模投资或超万亿

在京津冀的环保版图上，雄安新区是非常重要的一环。随着水、大气等治理的逐步推进，雄安新区“绿色发展”路径日渐清晰。

近日，环保部发布的《京津冀及周边地区2017—2018年秋冬季大气污染综合治理攻坚行动方案》提出了《雄安新区2017—2018年秋冬季大气污染综合治理攻坚行动方案》（以下简称《行动方案》），第一次提出了雄安新区的大气污染治理阶段性目标，即PM2.5平均浓度同比下降22%，重污染天气数量同比下降20%。

在大气污染治理之外，雄安新区的水污染治理市场已经启动。此前的8月11日，河北省省长许勤表示，要切实加大白洋淀流域水环境保护和生态建设力度，高标准高质量规划建设雄安新区。

环保部部长李干杰透露，目前环保部正在抓紧编制《雄安新区生态环境保护规划》，这是今年下半年的重点工作之一。

北京大学环境学院E20联合研究院院长助理肖琼对《21世纪经济报道》记者分析，雄安新区是千年大计，雄安新区的绿色建设带来的新增环保市场空间巨大，相比烟气治理市场，水环境生态市场空间更大。

一、取缔关停4595家“散乱污”企业

根据《行动方案》，为了确保雄安新区PM2.5平均浓度同比下降比例22%的目标实现，国家提出了一揽子严格治霾的措施。

在产业结构调整上，雄安新区需要完成“散乱污”企业整治工作。到2017年9月底前，全区排查“散乱污”企业6839家，其中取缔关停4595家、整合搬迁5家、整治改造2239家。

在工业深度治理措施上，雄安新区需要在采暖季前，将完成水泥、火电、有色、化工、锅炉行业提标改造和无组织排放的专项治理。

10月底前，雄安新区还将完成全区50余家VOCs（挥发性有机物）企业治理任务，

其中，塑料制品14家，包装印刷13家，制鞋、橡胶、专业设备制造等其他行业27家。

在清洁取暖方面，全区禁止新建35蒸吨及以下燃煤锅炉。10月底之前，雄安新区需要淘汰10蒸吨及以下燃煤锅炉（331台594蒸吨），全区所有茶炉大灶、经营性小煤炉“清零”。12月底之前，集中供暖和清洁能源供暖率达到80%以上。

“雄安的大气污染排放源和保定市类似，主要是工业和燃煤排放源，因此雄安治霾的关键在于工业污染和燃煤污染的治理。”中国环境科学院研究员柴发合对21世纪经济报道记者分析。

根据《行动方案》，雄安新区需要加强治霾基础能力建设。2017年9月底前，完成基于2016年数据的大气污染源排放清单编制工作。2017年10月底前全区增设3个自动监测站点，每个县至少拥有2个自动监测点位。

二、绿色投融资需求巨大

而除了大气污染治理，雄安的水环境治理市场同样引人关注，尤其是白洋淀的治理和修复。

在雄安新区问世之前，针对白洋淀目前严重的水质和生态问题，河北省已经先后出台了《白洋淀环境综合整治与生态修复规划（2015—2020）》（以下简称《规划》）和《河北省白洋淀和衡水湖综合整治专项行动方案》。其中《规划》提出大力抓好河流整治、生态修复等方面的工作，共规划了10类156个项目，总投资近246亿元。

“在雄安新区上升为国家战略之后，白洋淀上升到一个更高的战略地位，意味着其治理和修复也将升级到一个更高的标准。”肖琼说道。

5月10日，河北省委书记赵克志明确表示，要将白洋淀整体纳入规划管理，实施白洋淀生态修复工程，加快恢复“华北之肾”功能，大规模植树造林，提高新区森林覆盖率和绿地率。

8月17日，北京市代市长陈吉宁与许勤签署《北京市人民政府河北省人民政府关于共同推进河北雄安新区规划建设战略合作协议》，开展生态环境联防联治成为七大战略合作之一，将共同推进大清河流域综合治理，促进白洋淀水资源保护和水环境改善。

肖琼分析，预计白洋淀的治理和修复投资需求可能会进一步，将远远超过两年之前预估的246亿元。

而根据中国金融学会绿色金融专业委员会主任马骏发布的《雄安新区绿色金融规划报告》，雄安新区绿色投融资需求主要源于三大方面：污染治理、生态修复及保护性开发；绿色智慧城市的基础设施建设和绿色建筑；清洁能源及资源节约利用。

马骏提出，上述投资需求总规模可能超过一万亿元，但是本地能够提供的资金比较有限，亟须外部的金融资源和政策支持。

第一节 由投资的成本收益分析导出的投资函数

一、为什么要研究投资函数

投资支出或投资需求是总需求的一个重要部分。在总需求中，消费需求所占的份额最大，通常占到总需求的2/3。投资需求在总需求中所占份额要小得多，但是，投资需求对总需求却有着非常重要的影响。消费在总需求中的份额虽然很大，但它却是相对稳定的；投资在总需求中的份额虽然较小，但却有很大的变化性。投资波动通过乘数作用，对总需求产生放大的影响。因此，从某种意义上甚至可以说，投资的水平决定了总需求的水平。对总需求水平的预测在很大程度上就是对投资水平的预测。

同时，投资的结果是增加了一国的机器、厂房、设备的数量，从而提高了一国潜在的生产能力，这就产生了增长的生产能力能否被充分利用的问题。

因此，从理论上来说，有必要对投资需求进行因果性的理论解释。换句话说，就是要研究投资水平受到哪些因素的影响，即建立投资需求函数。投资需求函数就是在投资需求水平和影响投资需求水平各变量之间建立起数量的联系。当这些变量的取值能够确定时，投资需求水平也就被确定了。

从宏观调控的角度来说，很有必要对增长的潜在生产能力加以预测，而这又回到对投资水平的预测问题。为了对投资水平进行预测，首先必须在理论上解决投资水平是怎样决定的。这种关于投资需求水平的理论研究，经过经济计量学的加工，就能够实际地预测未来的投资需求水平。当然，本书只是进行初步的理论研究。

二、投资需求问题的复杂性

前文讲到的绝对收入假说、相对收入假说、持久收入假说等不同的观点在把消费支出和可支配收入相连这一点上，却是毫无例外地一致。然而，类似于这种的一致性在本章就看不到了。

在对投资需求的理解上存在着很大的差异。有的研究认为投资需求主要取决于市场利息率水平，有的研究认为投资需求主要取决于产出水平，有的研究认为投资需求主要取决于利润动机，等等。对投资需求研究的这种状况，反映到本章中，就是形成了对多个带有并列性质的投资需求函数的研究。另外，这些研究应被看成是对投资需求的不同侧面的描述。

三、投资和资本的含义

在一般人眼里，投资和资本没有什么不同。但是，在学理上，二者有很大的不同。所以，研究的第一步是把投资和资本的含义搞清楚。

首先，我们应该注意的是要把宏观经济学中讨论的投资和证券投资区别开来。证券投资是指购买有价证券。有价证券的购买只涉及货币和有价证券的交易，并不涉及对实际物品的购买。宏观经济学中的投资是指企业为了维持原有的生产规模或扩大生产规模对投资物品的实际购买，具体说来，企业投资包括：①对机器设备等投资品的购买；②对厂房或住宅的建筑投资；③存货投资（这一项不涉及购买，是一个例外）。

我们可以把企业投资看成由两个步骤组成：第一步是企业通过发行债券、股票等方法筹集资金，这就是企业有价证券的交易；第二步是企业利用筹集到的资金购买投资品，新建厂房进行实际的资本积累、扩大再生产。企业投资的第二步，一方面对总需求有重要影响，另一方面对潜在生产能力有重要影响，总之对宏观经济的运行有重要影响，从而成为宏观经济学研究的一个重要的对象。企业投资的第一步即企业有价证券的交易对企业而言无疑具有非常重要的影响，但在宏观经济学中它是作为影响企业实际投资的一个要素即资金供给出现的。宏观经济学对另一类有价证券的交易即政府有价证券的交易予以足够的重视。这一部分内容放在货币需求的理论框架中（第五章）展开。

其次，要注意到这里讲投资是实际投资，是相对于证券投资而言的。宏观经济学中的投资是指企业实际的投资购买支出，而不是指证券投资。但是，这里的实际投资不是第二章“实际投资和意愿投资”对应关系中的实际投资。第二章中的实际投资是指事后按一定的规定对投资量的统计，而宏观经济学中的投资是指企业的意愿投资，即企业事前的计划投资。一国投资总水平就是指一国千千万万分散的企业计划的或意愿的投资购买支出总和，它是事后对投资水平包含因果性的理论解释，也是事前对投资水平的预测，而不是（在第二章中）事后对投资水平的统计。投资函数正是反映了意愿的企业实际购买支出受到哪些因素的影响。在第九章中，投资函数虽然只是一个很简单的常数（$I=I_0$），但同样具有意愿量或计划量的性质。

再次，从形成潜在生产能力的方面看，投资分为更新投资和净投资。更新投资和净投资之和称为总投资。更新投资是指企业为补偿机器厂房设备等的损耗而进行的投资品购买支出。净投资是指企业为扩大生产规模而进行的投资品购买支出。如果总投资的量正好等于更新投资的量，那么，企业通过投资仅仅维持了原有生产规模或潜在生产能力。如果总投资的量大于更新投资的量，即净投资大于零，那么，企业通过投资实现了生产规模的扩大或潜在生产能力的扩张。显然，只有净投资才是经济增长的源泉。

最后，投资总是就一定的时期而言的。例如净投资总是指一定时期内增加的机器设备厂房等。因此，投资是一个流量概念。与之相对应的存量是资本，一般称为资本存量。资本存量即为在一定时点上机器设备厂房等投资品的数量。经过一定时期的投资（净投资），资本存量增加了。因此，也可以把投资看成是资本存量的变化量。回顾第一章所述，若 K_{t-1} 表示前一期的资本存量，K_t 表示本期的资本存量，ΔK_t 表示本期资本存量的变化量，I_t 表示本期的投资，则：

$$I_t = K_t - K_{t-1} = \Delta K_t \tag{1}$$

该式表明，通过投资（净投资），资本存量增加了，而资本存量的增加量正好等于投资。

四、投资决策

投资是企业生产经营活动中的重要组成部分，是扩大再生产的必由之路。显然，投资服从利润最大化的目标。换言之，企业在进行投资决策的时候，必定要综合考虑投资的成本和投资的收益之间的对比关系。投资的成本主要就是对投资品的购买支出，这被称为投资品购价。

投资的收益是什么呢？企业通过投资，厂房的数量增加了，机器设备的数量增加了，从而企业潜在的生产能力扩大了。在企业的产品有市场需求的情况下，潜在生产能力的扩大会带来产量的扩大。在产品需求价格弹性较大的情况下，产量的扩大必定带来收益的增加。这个增加的收益是由投资活动的整体带来的。这就是说，这个增加的收益不仅仅是由于投资使投资品数量增加，而且是由于投入了更多的劳动和更多的原材料等。因此，这个增加的收益就不能仅仅看成是投资（购买投资品）的收益，而只能看成新增投资品、新增劳动力投入、新增原材料投入整体带来的收益。由此可见，只有从这个增加的总收益中减去由新增劳动投入带来的收益，再减去由新增原材料投入带来的收益等，剩下的才能看成是单纯由投资带来的收益。新增劳动投入带来的收益是新增劳动在投资和以后的生产中所获得的工资收入，这对企业而言构成劳动成本。新增原材料投入带来的收益就是新增原材料的所有者所获得的销售货款，这对企业而言构成原材料成本。因此，在增加的总收益中减去劳动成本、原材料成本以及投资品之外的其他一切要素成本，剩下的就是投资的收益。

特别要注意的是：在以上总收益对各种成本的扣除中，使用投资品的成本是不在其中的。正像使用劳动的成本构成劳动的收益（即工资收入）、使用原材料的成本构成原材料的收益（即其所有者的售货款），使用投资品的成本也构成投资的收益，即把总收益中与使用投资品成本相当的价值部分归之于投资对获得的总收益所作的贡献。但是，使用投资品的成本并不是投资收益的全部。如果总收益扣除包括使用投资品成本在内的一切成本之后仍有剩余，那么，这个剩余就是企业因投资所获得的经济利润或超额利润。这个经济利益也被归于投资对所获总收益而作的贡献，从而也被归于投资的收益。

概括以上所说，可知投资的收益是由投资带来的总收益对使用投资品成本以外各项成本的扣除，它由使用投资品的成本和所获经济利润（如果有的话）组成。这种由投资带来的经过扣除的总收益，称为投资的净收益，或简称净收益，它才是企业所要考虑的投资的收益。

例如，企业购买机器支出100万元，折旧率为10%，投产后预期销售总收益为200万元，工资支出为80万元，原材料支出为70万元，其他支出为35万元。在这种情况下：

$$\begin{aligned}\text{投资的预期净收益} &= \text{预期销售总收益} - \text{工资支出} - \text{原材料支出} - \text{其他支出}\\ &= 200 - 80 - 70 - 35 = 15\ (\text{万元})\end{aligned}$$

在这15万元中，包含使用机器的成本，即固定资产折旧10万元，剩余5万元是利润，也被归入投资的预期净收益。

一项投资在转化为企业新增的生产能力以后，往往会在许多年内为企业带来收益。例如新增机器设备的寿命为10年，投资就会在10年内为企业带来收益。但是，在企业进行投资决策的时候，这种未来的投资收益只能是预期的、计划书上的东西，而非现实。在10年内，产品能卖什么价格，产量能达到什么水平，都难以在投资决策时准确地加以预测。这就是说，投资的收益具有一种不确定性。在经济生活中，不确定性是一种非常普遍的现象。投资的收益是在一个较长时期内逐渐实现的，因此不确定性非常显著。一方面，不确定性在理论上进行处理是比较困难的；另一方面，不确定性主要是就投资的后果而言的。事实证明，有的投资成功了，有的投资失败了。这就是投资的不确定性。然而企业在进行投资决策的时候，只能将这种不确定性转化为一种可以把握的确定性，否则就不会有任何的投资行为。基于以上这两点理由，我们在对投资收益的讨论中对不确定因素不予考虑。这就是说，在以下的讨论中，假定企业对投资在未来各年带来的收益有一个确定性的把握，并在此基础上决定投资的水平。

五、资本边际效率

当企业进行投资决策，将投资成本与投资收益比较时，必须将投资的未来收益通过贴现程序转化为当期价值，然后才能与投资成本进行比较。不过，特别要注意的是：投资的未来收益不是通过市场利息率贴现为现值的，而是通过企业预期的投资利润率贴现为现值的。其中的道理是很简单的。贴现过程是增值过程的逆过程，因此，贴现率也就是倒过来的增值率。资金投入银行增值，那么未来收益就必须按照银行的增值率即利息率贴现。资金投入扩大再生产，那么未来收益就必须按照该投资项目的增值率即预期利润率贴现。若 r 表示投资预期利润率、R_i 表示预期各年的投资未来净收益、V 表示预期投资总收益（总的净收益）的贴现值，n 表示投资项目的使用年限，则：

$$V = \frac{R_1}{1+r} + \frac{R_2}{(1+r)^2} + \cdots + \frac{R_n}{(1+r)^n} \tag{2}$$

式（2）就是投资收益的贴现公式。

这里给出资本边际效率的定义。选择某一个贴现率，若恰使企业确定的预期投资各年收益的现值等于给定的投资品购价（以 P_k 表示投资品购价），即若使下式满足：

$$P_k = V = \frac{R_1}{1+r} + \frac{R_2}{(1+r)^2} + \cdots + \frac{R_n}{(1+r)^n} \quad (3)$$

则该贴现率 r 称为资本边际效率。

在资本边际效率概念中，使投资收益的现值等于投资成本似乎是难以理解的。这不是说明投资无利可图吗？其实，把投资的未来收益贴现为现值，然后与投资成本比较，正好反映了相反的过程即投资增值的过程以及增值的预期效果。这就是说，在资本边际效率概念中包含如下的经济含义：在投资品购价 P_k 给定的情况下，如果预期的投资利润率 r 能够实现，那么该项投资每年将流回 R_i 的收益。也可以这样看：在投资品购价 P_k 给定的情况下，如果该项投资每年能够带来 R_i 的收益，那么投资的利润率为 r。资本边际效率 r 实际上就是投资的预期利润率。

假设购买机器支出 100 万元，机器预期寿命为 2 年，第 1 年投资预期净收益为 70 万元，第 2 年投资预期净收益为 60 万元，则

$$100 = \frac{70}{1+r} + \frac{60}{(1+r)^2}$$

$$r = 0.2 = 20\%$$

即投资的预期利润率为 20%。

严格地说，资本边际效率是“毛”的投资预期利润率，它比投资预期利润率要大，因为在后者的形成中还要从前者中减去投资的利息成本。只要明确了这一点，将二者“直接同一”反而更便于理解。

由式（3）可知，资本边际效率即投资预期利润率 r 取决于两个因素：投资品购价 P_k 和投资净收益 R。在投资品购价不变的情况下，资本边际效率随投资净收益的增加而提高；在投资净收益不变的情况下，资本边际效率随投资品购价的增加而下降。换言之，资本边际效率是投资净收益的增函数，是投资品购价的减函数。

六、资本边际效率递减和投资曲线

一个企业在进行投资决策时，可以同时面临好几个可供选择的投资方案，各个投资方案的预期利润率不同。假设某企业面临 A、B、C、D 四个可供选择的投资方案，见下表。

某企业面临的四个可供选择的方案

方案	A 方案	B 方案	C 方案	D 方案
投资量	100	100	200	100
预期利润率	8%	7%	5%	4%

由于投资预期利润率的差别，该企业首先必定要考虑投资 A 方案。如果有余力，企业会考虑投资 B 方案，接下来才是 C 方案、D 方案。这就是说，在存在多个投资方案的情况下，企业以预期利润率从高到低的顺序考虑各个投资方案的实施。根据企业这样一种投资的顺序可以得到一条投资预期利润率曲线或资本边际效率曲线，如图 4－1所示。

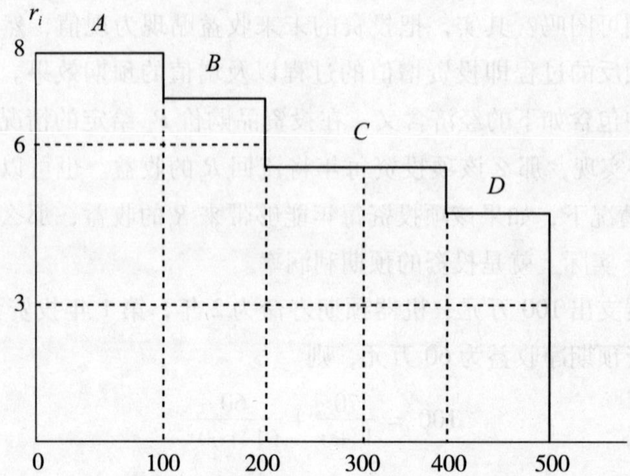

图 4－1　利息率和企业投资项目预期利润率

图 4－1 根据表 4－1 绘出。横轴为投资量，纵轴为投资预期利润率或资本边际效率。在这四个投资方案中，按预期利润率高低排列的顺序是：A、B、C、D，因此企业安排投资的顺序也是：A、B、C、D，这样就得到一条楼梯形的曲线，这就是投资预期利润率曲线或资本边际效率曲线。由图 4－1 可见，随着企业投资量的增加，预期利润率曲线逐渐下降。

对企业投资的分析可以推广到对一国投资水平的分析上。在一定时期一国范围内有许多投资机会（或方案），各个投资机会的预期利润率是不同的。由于预期利润率较高的投资更容易获得贷款等原因，可以设想，在一国范围内，也存在着以预期利润率由高到低为序的投资安排。

这当然不是指有一个全国统一的投资计划。在市场经济中，指令性的全国统一的投资计划是没有的，但是分散的企业投资计划是有的。众多的企业总是急于涌入预期利润率最高的投资领域。当这些领域的投资差不多饱和的时候，众多的企业才会考虑预期利润率次一些的其他投资领域……这样看来，在一国范围内也存在着随着投资量的增加投资预期利润率或资本边际效率递减的现象。换言之，在一国范围内也存在着向右下倾斜的投资曲线。

另外，由于在一国范围内，投资机会非常多，企业投资曲线明显的“楼梯状”性质在社会投资曲线上就不复存在了。这就是说，在理论上，可以得到一条向右下倾斜的线性的社会投资曲线，即社会的预期投资利润率曲线或社会资本边际效率曲线，如

图 4－2 所示。

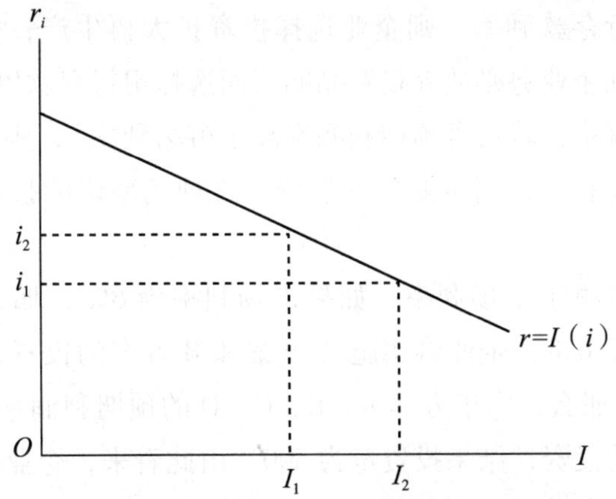

图 4－2 资本边际效率曲线转化为投资曲线

在图 4－2 中，横轴表示投资，纵轴表示投资利润率和市场利率。现在暂不考虑市场利率。这样，向右下倾斜的投资利润率曲线表示整个社会存在许许多多的投资项目，各个投资项目的利润率或者预期利润率不同；整个社会大体按照利润率由高到低的顺序进行分散决策的投资。

七、投资曲线和投资水平的决定

以上考察了影响投资决策的两个重要因素，即投资品购价和预期投资净收益。投资品购价主要是由投资品市场决定的。对企业而言，可以看成主要是由外部因素给定的。预期投资净收益是企业在进行投资决策时必须计划好的，也是确定的。在投资品购价和预期投资净收益给定或确定的情况下，资本边际效率即投资预期利润率就被确定了。

假设企业计划一项投资，该项目的寿命为 5 年，预期投资净收益每年均为 100 元，而若该项目的投资品购价为 445.18 元，则投资预期利润率为 4%；若投资品购价为 432.94 元，则投资预期利润率为 5%；若投资品购价为 421.24 元，则投资预期利润率为 6%。

一个较高的预期利润率（例如为 6%）是否意味着该项投资应该进行？一个较低的预期利润率（例如为 4%）是否意味着该项投资应该放弃？回答是否定的。诚然，一个较高的预期利润率肯定要比一个较低的预期利润率更容易被企业的投资决策所考虑，但是企业不会简单地以预期利润率水平作为投资决策的唯一要素，而是把投资预期利润率与市场利率进行比较，然后决定投资是否进行，这是至关重要的一点。

对此我们可以理解如下：

第 ，在企业通过贷款投资的场合，如果投资预期利润率高于贷款利率，那么，投资就是可行的，因为在这个场合，投资收益归还银行贷款尚有余额；如果投资预期利润率低于贷款利率，投资就不可行。

第二，在企业通过自有资金投资的场合，企业至少面临两个可供选择的投资机会：一个是购买投资品进行扩大再生产；另一个是将资金存入银行取得利息收入。如果投资预期利润率高于银行存款利率，则企业选择投资扩大再生产；如果投资预期利润率低于银行存款利率，则企业势必放弃投资品购买而选择银行存款以取得利息收入。

由此得到的结论就是：若投资预期利润率高于市场利率①，则企业选择投资；若投资预期利润率低于市场利率，则企业放弃投资。这种利率影响投资的关系是整个投资理论中的核心部分。

企业的投资水平取决于市场利率。如果市场利率为6%，那么，由于A方案和B方案的预期利润率高于6%，企业将实施A方案和B方案的投资，结果投资量为200。如果市场利率为3%，那么，由于方案A、B、C、D的预期利润率均高于3%，于是企业将实施这四个方案的投资，结果投资量为500。由此看来，企业的预期投资利润率曲线实际上就是企业的投资曲线。当预期投资利润率曲线给定时，企业的投资量就取决于市场利率水平，具体说，就是水平状的市场利率曲线与楼梯状预期投资利润率曲线的交点决定企业的投资量。

现在考虑市场利率因素。假设当市场利率为i_2时全社会实际资本存量恰好为I_1。这种情况表明：全社会投资利润率高于市场利率的投资项目的总价值为I_1。其余投资项目由于预期利润率低于市场利率而不具备商业利益，从而暂时不能进行。

假设市场利率从i_2降至i_1，这时情况就发生变化了。在这种情况下，处于投资需求量I_1边际位置上的投资项目的利润率高于利率。在市场利率为i_2时，该项目的预期利润率等于市场利率，因此该项目的投资不具有商业利益。而在变化了的情况下，该项目的预期利润率高于市场利率，这项投资就具有商业利益了。这说明在当前的情况下，全社会的投资需求量已经超过I_1了。在市场利率为i_1时，处于投资量I_2边际位置的投资项目的预期利润率等于市场利率，这说明全社会的投资需求量现在为I_2。

由此可以观察到市场利率、预期投资利润率、投资水平之间的一般关系：当预期投资利润率曲线给定时，市场利率决定了投资需求量；投资需求水平取决于预期投资利润率等于市场利率。

前面曾经说：预期投资利润率高于市场利率才会引起投资，现在又说：投资需求取决于预期投资利润率等于市场利率，是否前后矛盾？其实并没有矛盾。前一句话肯定是对的，这没有什么问题。至于后一句话，则完全是由理论上的假设产生的。理论上的假设是：全社会按预期投资利润率的高、低为序排列的投资项目是“连续”的（即每一个投资项目都非常小）。有一个投资项目的预期投资利润率恰好等于市场利率，预期投资利润率高于该投资项目的全部投资项目就构成了当前的投资需求。正是这个处于“边际”位置（即它的预期投资利润率等于市场利率）上的投资项目决定了全社

① 这里仍不考虑存款和贷款的利息率差别，而且不考虑各种有价证券的利息率差别。实际上是认定市场上仅存在一种单一的利息率。这当然是一种理论上的简化。

会的投资需求。这就是“预期投资利润率等于市场利率决定投资需求”的含义。

所以，向右下倾斜的投资利润率曲线就是投资曲线（见图4－3）。

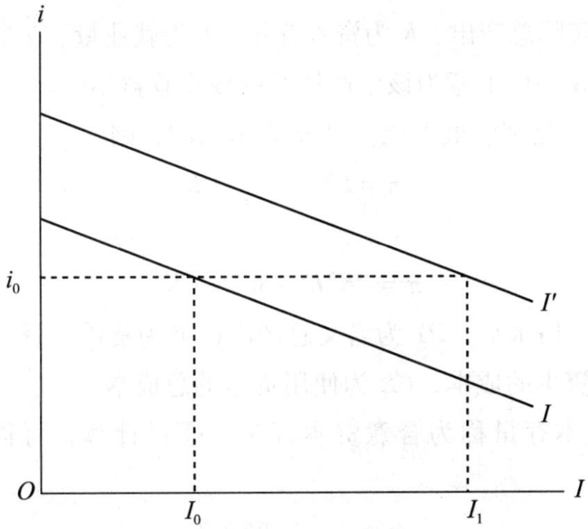

图4－3 利息率以外的因素对投资需求的影响

如果市场利率不变，而影响投资的其他因素发生变化，那么，投资需求也会发生变化。在几何图形上，这种情况表现为投资曲线的位置变动。

在图4－3中，初始情况是投资曲线为I、利率为i_0、投资需求为I_0。现在由于某种原因，投资预期利润率提高，投资曲线由I向上提高至I'，而利息率i_0不变。则现在投资需求为I_1。

这样，就从理论上解决了投资水平的决定问题，就是利用投资曲线来确定投资量的大小。在影响投资水平的众多因素中，市场利率最活跃，因此直接把利率表现在纵轴上；其他因素相对稳定，因此把其他因素综合处理成一条相对固定的投资曲线。在投资曲线给定（固定）的情况下，投资水平就取决于市场利率。影响投资水平的其他因素相对稳定，但不是永远不变。这些因素变动对投资水平的影响被处理成投资曲线本身位置的移动。这样一来，影响投资水平最重要的因素——利率被“抓住”了，而影响投资水平的其他因素也没有被“放过”。

对经济理论的这种几何处理，是初、中级教材常用的方法，在本教材中也会大量采用。我们应该举一反三，熟练掌握，这对于理论的学习很有好处。

第二节 从总量生产函数导出的投资函数

一、合意资本存量

本节从总量生产函数出发，研究投资水平的决定。首先从总量生产函数推导出合意资本存量的表达式。

假设存在一个刻画一国总的投入产出关系的生产函数即总量生产函数：

$$Y = K^{\alpha}L^{\beta} \quad \alpha + \beta = 1 \tag{4}$$

式（4）中 Y 为实际总产出、K 为资本存量、L 为就业量、α 是资本的产出弹性、β 是劳动的产出弹性、$\alpha + \beta = 1$ 意为该生产体系的规模收益不变。

该生产体系的目标是利润最大化。以 π 表示利润，则：

$$\pi = PY - WL - CK$$

就是

$$\pi = PK^{\alpha}L^{\beta} - WL - CK \tag{5}$$

式（5）中 P 为价格水平，PY 为名义总产出；W 为货币工资，WL 为使用劳动的总成本；C 为使用单位资本的成本，CK 为使用资本的总成本。

利润最大化的资本存量称为合意资本存量。通过计算，可得合意资本存量的表达式：

$$K^{*} = \left(\frac{\alpha W}{\beta C}\right)^{\beta} Y \tag{6}$$

式（6）即为合意资本存量（K^{*}）的表达式。由式（6）可知：合意资本存量的水平取决于资本产出弹性 α、劳动产出弹性 β、货币工资 W、资本的使用成本 C 以及产出水平 Y。

二、投资水平的决定

由于合意资本存量的表达式是从利润最大化的条件推导出来的，合意资本存量也就是利润最大化的资本存量。对利润最大化的追逐推动一国实际资本存量趋向合意资本存量。当达到合意资本存量时，如果其他条件不变，这个资本存量将稳定地维持下去。如果其他条件变化引起合意资本存量大于实际资本存量，净投资就发生了。从合意资本存量式（6）的表达来看，使合意资本存量增加，或者说，使合意资本存量大于实际资本存量的因素如下：

（1）资本产出弹性 α 提高说明资本的使用效率提高，劳动的使用效率相对降低，这会促使生产者用资本替代劳动，从而使合意资本存量增加。

（2）劳动产出弹性 β 下降说明劳动的使用效率下降，资本的使用效率相对提高，这会促使生产者用资本替代劳动，从而使合意资本存量增加。

（3）货币工资 W 提高使使用劳动的成本提高，使用资本的成本相对下降，这会促使生产者用资本替代劳动，从而使合意资本存量增加。

（4）资本的使用成本 C 下降，促使生产者用资本替代劳动，从而使合意资本存量增加。

（5）预期实际产出水平 Y 增加，促使生产者投入更多的资本和劳动，从而使合意资本存量增加。

以上影响合意资本存量从而影响投资水平的五个因素可以概括为三个因素：①技术因素；②要素相对价格；③产出水平。在技术因素相对固定的情况下，影响合意资本存量从而影响投资水平的主要因素是要素比价和产出水平。资本的使用成本 C 虽然不是资本品的购价，但是与资本品的购价密切相关。劳动的使用成本 W 直接就是劳动的价格。因此，要素的使用成本之比 W/C 可以看成是要素价格之比，即要素的相对价格。这样，当要素相对价格发生变化时，生产者就会进行要素的投入替代，改变合意资本存量，这就可能引起投资。当要素相对价格不变时，投资主要取决于产出水平。当预期产出的增加会超出当期最大生产能力时，净投资就会发生。

以 K^* 表示合意资本存量，K 表示实际资本存量，I 表示投资，以上内容可以简述如下：

$$K^* = f\left(\frac{W}{C}, Y\right)$$

若 $K = K^*$，则 $I = 0$；若 $K < K^*$，则 $I > 0$。意思是：只有当实际资本存量小于合意资本存量的时候，企业才会考虑投资。

以上两节分别讨论了从投资的成本收益分析引出的投资函数、从投入产出的市场关系引出的投资函数。显然，这两个投资函数在研究思路上有很大的区别，最终结论好像也差别很大，乍一看，好像“各吹各的调”：

第一个投资函数：$I = I(\underset{+}{r}, \underset{-}{i}) = I(\underset{+}{R}, \underset{-}{P_K}, \underset{-}{i})$

该投资函数表明：投资需求是投资预期利润率（资本边际效率）的增函数，利率的减函数。由于投资预期利润率（资本边际效率）随着投资预期净收益增加而增加、投资品购价提高而减少，所以投资需求函数又表现为投资预期净收益的增函数，投资品购价的减函数，利率的减函数。

第二个投资函数：$I = I(\underset{+}{W}, \underset{-}{C}, \underset{+}{Y})$

该投资函数表明：投资需求是劳动成本的增函数，资本成本的减函数，总产出的增函数。

但是，投资函数的差别在很大程度上是表面上的，为什么这样说呢？因为二者都是对投资这种经济和商业行为的刻画，尽管都是研究者对客观存在的经济现象的内部结构在主观上的揣摩，但是，只要不偏离经济学的一般逻辑，最后竟然得出完全对立的结论，那是不可想象的。

从实质来看，二者实际上有很大的一致性。我们来看第一个投资函数。该投资函数的第一项投资预期净收益，等于预期总收益（即总产出）减去生产的其他成本如劳动成本所得的差，即：

$$R = Y - WL$$

第一个投资函数中的第二项投资品购价和第三项利率，都是投资的成本，二者提高都会使投资成本增加，即：

$$C = C(\underset{+}{P_K}, \underset{+}{i})$$

通过这样的考虑，第一个投资函数可以改写如下：

第一个投资函数：$I = I(\underset{-}{W}, \underset{-}{C}, \underset{+}{Y})$

该投资函数表明：投资需求是劳动成本的减函数、资本成本的减函数、总产出的增函数。

经过这样的改造，在“投资是资本成本的减函数、总产出的增函数”这一基本点上，我们已经看到，这两个在表面上差别很大的投资函数竟然完全一致。

在劳动成本这一点上，二者确实是对立的。第一个投资函数的考虑是：劳动成本下降，则投资预期净收益增加，以及投资预期利润率提高，在利率不变的情况下，企业将会增加投资。第二个投资函数的考虑是：劳动成本下降，企业会进行要素的投入替代，即用相对便宜的劳动要素替代相对昂贵的资本要素，这样，合意资本存量减少，进而投资减少。

这里的矛盾反映了两个投资函数对企业行为不同的预设。面对劳动成本下降，第一个投资函数认为企业不会考虑用劳动替代资本，而只会通过增加投资获取更大的利润；而第二个投资函数则认为企业必然会用劳动替代资本，从而导致投资减少。这两个预设哪一个有更好的经济学依据呢？

要知道，要素价格改变导致企业进行要素的投入替代是微观经济学的基本原理。这样看来，似乎第二个投资函数更合理。不过，根据笔者的学习，发现微观经济学的这一基本原理的现实性是有问题的。

要素的投入替代实际上就是要素的投入结构问题。要素的投入结构是指在某件产品的生产中需要投入多少资本、投入多少劳动。从时间序列上看，伴随着技术进步，劳动生产率不断提高是基本的规律。劳动生产率不断提高的一个表现就是相同数量的劳动推动越来越多的资本，即马克思所说的资本有机构成提高。从较短时期看，技术水平大致固定，这样，要素的投入结构，即在某件产品的生产中需要投入多少资本、投入多少劳动，在很大程度上是固定的，从而要素的投入替代不太可能发生。这样看来，微观经济学所关注的要素价格改变导致企业进行要素的投入替代至少不是具有重要经济意义的经济现象。

这样看来，或许还是那个在数学表达上更初级、更粗糙的第一个投资函数的经济学依据更好一些。

第三节　投资的阶段性

一、什么是投资的阶段性

第二个投资需求函数强调：当合意资本存量大于实际资本存量时，投资就出现了，投资水平等于合意资本存量减去实际资本存量之差。

但是，由于某些原因，t 期的投资往往未能使 t 期的资本存量达到合意资本存量的水平，而是小于合意资本存量水平。换言之，合意资本存量在 t 期未实现。设经过 t 期的投资而未实现的合意资本存量，通过下一期即 $t+1$ 期的投资实现，这样，在 $t+1$ 期实际资本存量达到合意资本存量的水平，实际资本存量与合意资本存量之间的差额通过两期的投资才完全补齐，这就是所谓的投资阶段性问题。投资的阶段性主要由以下两方面的因素引起。第一，投资品购价之外其他的成本考虑可能引起投资的阶段性；第二，投资品购价本身的变化也可能引起投资的阶段性。下面分别论述。

二、非投资品购价的成本考虑对投资的影响

企业在进行投资的时候，除了考虑投资品购价，还要考虑以下两方面的投资成本（或损失、代价）。第一方面的考虑是：如果投资未能使实际资本存量达到合意资本存量的水平，那么就偏离了利润最大化的目标，从而必定丧失了一部分利润。这是投资不足带来的成本。第二方面的考虑是：投资会干扰企业的正常生产经营活动，这种干扰包括人、财、物各个方面，从而使正常的生产经营活动遭受一定的损失，投资规模越大则干扰越大，这是投资过度带来的成本。企业对投资成本的这两方面考虑可以用下式表达：

$$TC_t = a\ (K_t - K^*)^2 + b\ (K_t - K_{t-1})^2 \tag{7}$$

在式（7）中，K_{t-1}是前一期的资本存量，K_t是本期资本存量，K^* 是合意资本存量；a、b 为给定的参数，取决于其他的因素。为了避免正、负相抵，式（7）采取了平方的形式。

在式（7）中，假定 $K^* > K_{t-1}$，这说明实际资本存量小于合意资本存量，未实现利润最大化，这时企业会通过投资扩大资本存量。假如通过投资达到的资本存量为 K_t，而 $K_t < K^*$，这说明通过本期的投资，实际资本存量仍然小于合意资本存量。在这种情况下，本期投资量越大，从而本期实际资本存量越大，越是接近合意资本存量，则利润的损失越小。这就是式（7）中第一项的意思。

另外，如果前一期资本存量和合意资本存量之间的差额很大，那么，很大的投资规模才能使实际资本存量有很大的提高并接近合意资本存量。但是，本期的投资量越大，从而本期实际资本存量越大，则对企业正常的生产经营活动的干扰越大，即造成的损失越大。这就是式（7）中第二项的意思。

在第一项中，本期的投资量越大，从而 K_t越大，则投资成本越低；而在第二项中，本期的投资量越小，从而 K_t越小，则投资成本越低。由于在第一项和第二项中本期资本存量 K_t的大小对投资成本的影响是矛盾的，因此，必须选择一个恰当的本期投资量从而形成一个恰当的本期资本存量，使投资的成本最低。在理论上，这个问题可以通过数学方法解决，由此得到使总成本最小的 t 期投资需求量：

$$I_t = K_t - K_{t-1} = \frac{a}{a+b}(K^* - K_{t-1})$$

因为 $\frac{a}{a+b} < 0$

所以 $I_t < (K^* - K_t)$

这就表明在考虑投资的这两种成本的情况下，为使成本最小，一期的投资往往未能使实际资本存量等于合意资本存量，而是小于合意资本存量，而连续几个时期的投资才能使实际资本存量达到合意资本存量的水平。

以上是从企业的角度分析了这两种特定的成本对投资的影响。这种分析可以推广到更大的范围，我们可以设想，一国内的各个企业在进行投资时都要考虑这两种投资成本，这样，一国总的投资水平也会受到这两种投资成本的影响。这样一来，前两节提出的关于投资水平决定的理论必须进行一些修正。根据前两节的研究可知：投资水平主要受到利率和产出水平的影响。现在我们又知道，投资水平还受到这两种投资成本的影响，考虑到这个新的因素以后，可知一期的投资水平要小于在前两节揭示的主要由利息率和产出水平决定的投资水平，而连续几个时期的投资之和才会达到这一水平。

第四节 信贷配给对投资的影响

一、信贷配给问题

根据凯恩斯的投资理论，只有当资本边际效率（大约等于投资预期利润率）大于利息率时，企业才会考虑投资。因此，当资本边际效率确定时，投资需求就会随着利息率的下降而增加。但是，这个理论有一个暗含的假定，即在各个利息率水平上，企业因为投资而向金融部门提出的贷款需求可以全部得到满足。在这种情况下，很显然，利息率会对投资需求产生限制作用。

贷款需求全部得到满足的情况当然是可能存在的，但是，也存在相反的情况，即贷款需求未全部得到满足，只得到部分满足。这样就产生了信贷配给问题。在信贷配给情况下，凯恩斯的投资理论，即认为利息率会对投资需求有重要影响的观点就未必正确了。

在图4－4中，根据投资曲线 I 可知：当利率为 i_2 时，投资需求为 I_1；当利率下降为 i_1 时，投资需求增加为 I_2。但是，这种判断是以不存在信贷配给为前提的。如果存在信贷配给，例如银行信贷至多只能满足数量为 I_0 的投资，那么，“根据投资曲线 I，当利率下降为 i_1 时，投资需求增加为 I_2”的结论就偏离实际情况了，因为在信贷配给的情况下，当利率下降为 i_1 时，投资需求至多只能增加至 I_0，而不可能按照投资曲线所指示的那样增加为 I_2。

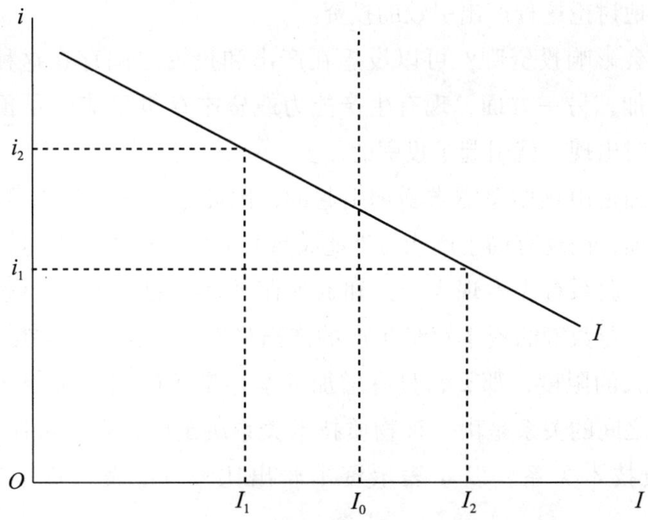

图 4－4 信贷配给对投资需求的影响

二、信贷配给条件下的投资需求①

根据凯恩斯的理论，投资需求决定于资本边际效率等于利息率。但是，在信贷配给的情况下，投资需求就不是由这个条件决定的。更具体地说，投资需求小于由这个条件决定的量。那么，在信贷配给的情况下，投资需求的决定有何规律可循？

在信贷配给的情况下，至少有两个因素会对投资需求产生重要的影响：第一，企业的留利水平。在贷款需求不能全部满足的情况下，企业的留利水平较高，动用这部分资金用于投资的购买支出，可以仍然保持投资需求的较高水平。第二，预期的企业现金流量。贷款者（金融部门）会对借款者的投资预期净收益进行考察，从而对借款者区别对待，对投资预期净收益较好的企业较多地放贷，对投资预期净收益较差的企业较少地放贷。因此，小企业比大企业更有可能受到信贷配给，权益资本较少的企业更容易受到信贷配给。

第五节 投资需求及其供给效应

一、资本—产出比率

在第二节研究的投资函数表明：投资量随着产出的增加而增加，这就是引致投资。

① 萨克斯，拉雷恩．全球视角的宏观经济学［M］．费方域，等，译．上海：上海三联书店，上海人民出版社，1997：202.

在本节更进一步地讨论这种产出引致的投资。

为什么产出会影响投资呢？可以设想在产出和投资之间存在这种关系：一方面，预期产出将要增加；另一方面，现有生产能力或资本存量不能满足预期产出的增加，两方面的情况同时出现，就引起了投资的需要。

预期产出增加是由预期总需求增加引起的，因此，上述关系也可以这样理解：预期总需求将要增加，而现有的生产能力不能满足其需要，这样就引起了投资。

产出和投资的关系首先表现为产出和资本存量之间的关系。这就是说，在一定技术条件下，利用一定数额的资本存量生产的产出量有一个最大的限度。如果预期的产出超过了这个最大的限度，那么，只有增加资本存量才能满足预期产出增加的需要。产出和资本存量之间的关系是由一种物质技术关系决定的，我们可以用资本产出比率来刻画这种物质技术关系。以 a 表示资本产出比率、K 表示资本存量、Y 表示产出，则：

$$a = \frac{K}{Y}$$

资本产出比率的经济含义是生产 1 元产出需要几元的资本存量。由经验可知：资本产出比率一般大于 1。这就是说，生产 1 元产出需要大于 1 元的资本存量。资本产出比率数值的大小反映了经济体系在一定时期的技术水平。资本产出比率数值较大表示生产 1 元产出需要较多的资本存量，即技术水平较低；其数值较小表示生产 1 元产出需要较少的资本存量，即技术水平较高。随着技术水平的提高，一定量的资本存量可以生产出更多的产出，即资本产出比率在变小。但是在以下的论述中，为求简化，假定资本产出比率保持不变。

二、加速数

把资本产出比率的概念拓展到增量上，资本产出比率就转化为加速数了。增加单位产出需要增加多少固定资本？这个比值就是加速数。在产出增加的时候，如果技术水平不变，那么，加速数在数值上和资本产出比率无异。我们仍然用 a 表示加速数，则：

$$a = \frac{\Delta K}{\Delta Y}$$

加速数同样反映技术关系。技术进步使加速数变小，即由于技术进步，增加同样的产出，所需的固定资本的增加量变小。

三、由加速数推导的投资需求函数

我们知道，资本存量的增加是由投资带来的，即 $\Delta K = I$。将这个关系式代入上式，可得一个投资需求函数：

$$I = a\Delta Y$$

该投资需求函数的含义是：如果预期总需求（ΔY）会增加，而原有生产能力已经充分利用，那么，企业就会进行投资。投资量是多少呢？这就要取决于当时的技术水平即加速数（a）。

和前两个投资函数相比，这个投资函数要简单得多。它的注意力全部在投资的必要性上，而对于投资的可能性，例如成本，则未加考虑。

四、投资需求的供给效应

尽管上述投资函数非常简单，但是，稍加调整，可以反过来表现投资需求的供给效应。调整上式，可得：

$$\Delta Y = \frac{1}{a}I$$

该式有何经济含义？投资首先表现为需求，是对投资品的购买支出。投资品购买完成以后，通过设备安装、调试、试生产、正式投产等步骤，企业的生产能力得以扩大，这就是投资需求的供给效应。

通过投资，企业的生产能力扩大多少？假设企业预期需求（ΔY）将扩大100，而企业的生产能力已经充分利用，这时企业就会考虑通过投资扩大生产能力。假设按当时的技术水平，增加1单位的产出，需要增加4单位的投资品（即加速数 $a=4$），企业就会投资400（$I=400$）。于是可知：企业投资400所扩大的生产能力就能够满足需求扩大100的需要。所以，企业投资400可以使生产能力扩大（ΔY）100。

这样，我们就可以明白，上式反映了投资使生产能力扩大多少的数量关系。

通过以上说明，我们对投资就有了一个更为全面的认识：投资不仅具有需求效应，而且具有供给效应。投资的这两重效应能否相互适应，就成为一个重要的宏观经济问题。

需要注意的是，从“时间”的视角来观察，投资的这两种效应具有不同的意义：短期，投资的供给效应基本不起作用，投资主要表现出需求效应；长期，投资的需求效应和供给效应都起作用。因此，在第十七章研究经济增长的时候，我们对投资的这二重效应都要考虑；而在之前，在对宏观经济的短期波动——总产出和价格的决定及变化——进行静态均衡和比较静态均衡研究的时候，我们不考虑投资的供给效应，仅考虑投资的需求效应。

第六节 托宾的投资需求理论

美国著名经济学家，1982年诺贝尔经济学奖金获得者托宾（1918—2002年）的投资需求理论非常有名，简称 q 理论。变量 q 定义为企业的股票市场价值除以企业资本的重置成本。企业资本的重置成本是指：在产品市场上购买该企业的厂房和设备需要支付的费用。企业的股票市场价值大于企业资本的重置成本，说明在众多的（股票）投资者看来，该企业具有良好的成长性及预期赢利能力。其进一步的含义是：企业的合意资本存量大于实际资本存量，即企业愿意通过投资扩大生产能力。简而言之，q 大于 1，意味着投资将要增加；q 小于 1，意味着投资将要减少。这样，可以通过 q 值的变化来观察及预测投资需求的变动趋势。

在最简单的理论框架中①，一家企业的 q 值等于该企业支付的企业每 1 单位的资本的未来红利的贴现值。假定资本存量固定不变，资本边际产量 MPK 也固定不变，而且折旧率为 d。在这种情况下，每 1 单位的资本在每一时期的红利等于 $MPK-d$，于是 q 值就等于：

$$q=\frac{(MPK-d)}{(1+r)}+\frac{(MPK-d)}{(1+r)^2}+\frac{(MPK-d)}{(1+r)^3}+\cdots$$

在每一个未来时期 MPK 都相同的这样一个简单的设定下，q 的表达式可以重新记作：

$$q=\frac{MKP-d}{r}$$

我们可以看出，在未来时期，如果 MPK 大于 $(r+d)$，那么，q 就大于1；如果 MPK 小于 $(r+d)$，那么，q 就小于 1。

在这个意义上，股票市场为企业所面临的投资激励提供了一个灵敏的而且容易获得的指标。当股票市场价格高的时候（相对于 1 单位新资本的成本而言），市场就是在表明，资本存量应该随着时间的推移而逐步提高到合意水平。当股票市场价格低的时候，市场就是在表明，有必要使企业实际资本存量回落到较低的合意水平。

托宾投资需求理论的意义何在？笔者认为，意义主要在于提供一种实际掌握投资需求数量的测度方法。凯恩斯投资需求理论认为投资需求主要取决于资本边际效率和利息率。利息率很清楚，资本边际效率则较难把握。而托宾方法的实质就是通过较易把握的股票市场价值间接地测度资本边际效率。这样，通过托宾的方法，投资需求理论就有了更大的应用空间。从这个方面看，托宾的方法体现了投资需求理论的进步。

当然，托宾的方法不是没有问题。从理论上看，关键问题在于投资需求理论研究实际投资需求，即企业固定资产投资，而股票市场是证券投资的场所。诚然，固定资产投资往往必须借助证券投资才能完成，但是，证券投资却可以在一定范围内脱离固定资产投资而孤立地获得发展。二者有联系，却不是一回事。宏观经济理论有“实体经济”和“虚拟经济”之说。之所以要区别二者，正是由于二者不一致。在金融过度发展的今天，二者之间的不一致愈加扩大。如果说证券投资属于“虚拟经济”、固定资

① 萨克斯，拉雷恩．全球视角的宏观经济学［M］．上海：上海三联书店，上海人民出版社，1997：199－201.

产投资属于“实体经济”，那么，寄希望于用“虚拟经济”的数据测度“实体经济”的数据，岂不是缘木求鱼？

章节习题

1. 资本使用成本由哪部分构成？它们为何是使用资本品的成本？

2. 什么是意愿资本存量？资本预期未来边际产量，资本使用成本和有效税率对其有怎样的影响？

3. 总投资和净投资有什么区别？净投资为负时总投资可能为正吗？

4. 请解释储蓄投资图中为何储蓄曲线向上倾斜而投资曲线向下倾斜？分别列举出两种使储蓄曲线以及投资曲线向右移动的因素。

5. 呼啦圈制造机每台价值100美元，Hi－Ho呼啦圈制造商（简称HHHHC公司）将决定购买多少台机器才能实现如下目标？该公司的资本存量水平对应的呼啦圈数量如下：

机器数（台）	呼啦圈的年产量（个）
0	0
1	100
2	150
3	180
4	195
5	205
6	210

每个呼啦圈价值1美元，除机器成本外HHHHC公司没有其他成本。

（1）每一资本水平下，以美元表示的资本预期边际产量是多少？例如第3台机器的MPK^f等于增加第3台机器所增加的额外产出的价值。

（2）实际年利率为12%，折旧率为每年20%时，资本使用成本为多少（用每年每台机器的美元数表示）？HHHHC公司应该购买多少台机器？利率为8%时情况又如何？

6. 一家围栏生产商要确定购买多少台围栏生产机？假设单位产出为单位长度的围栏，新机器的价格为60单位的产出，一年后的价格为51单位，且之后每年的减少量相同。机器的预期未来边际产量（用产出单位数衡量）为165－2K，K为机器的数量。假设不存在任何形式的税收且实际年利率为10%。

（1）什么是资本使用成本？在本题中其值为多少？

（2）使该公司利润最大化的机器数量是多少？

7. 一个经济体的充分就业产出为6000，政府购买 G 为2000。意愿储蓄和意愿投资分别为：

$$C^d = 3600 - 2000r + 0.1Y$$

$$I^d = 1200 - 4000r$$

其中 Y 为产出；r 为实际利率。

（1）写出意愿国民储蓄 S^d 的表达式，其为关于 r 和 Y 的函数。

（2）政府购买增加到1440时，意愿国民储蓄的表达式又是什么？请用图表说明政府购买增加时对意愿国民储蓄的影响。对市场出清时的实际利率又有怎样的影响？

8. 假设经济体中资本的预期未来边际产量 $MPK^f = 20 - 0.02K$，K 为未来资本存量。各时期的资本折旧率为20%，当期的资本存量为900单位，单位资本的价格等于单位产出，厂商产出的50%用于支付税收。经济体的消费函数为 $C = 100 + 0.5Y - 200r$，其中 C、Y、r 分别为消费、产出和实际利率。政府购买为200，充分就业产出为1000。

（1）假设实际利率为10%，税收调整后的资本使用成本，意愿未来资本存量和意愿投资水平分别为多少？

（2）实际利率由产品市场均衡确定，按照下列步骤计算实际利率。

①写出税收调整后的资本使用成本关于实际利率 r 的函数。然后，写出意愿未来资本存量和意愿投资关于 r 的函数。

②使用 I 中的投资函数以及消费函数和政府购买，计算产品市场出清时的实际利率。市场出清时消费、储蓄、投资分别是多少？税收调整后的资本使用成本和意愿资本存量分别为多少？

第五章　货币需求

导入案例

百科词典这样说货币需求

一定时期内，社会各部门对其既有的收入或财富能够而且愿意以货币形式持有的数量。它一般分为三种：交易性货币需求、预防性货币需求和投机性货币需求。交易性货币需求反映货币交易职能，而预防性和投机性货币需求则把货币看成一种资产。决定货币需求量大小的主要因素有利率水平、市场规模及交易方式、资产收益率和投资环境、通货膨胀预期和物价水平、收入水平、个人取得收入的形式和时间间隔、金融市场的效率和交易成本，以及其他经济和社会制度因素。根据选取的决定货币需求因素的差异，还可以分为名义货币需求和实际货币需求。前者表示在一定的价格、收入和利率水平下，人们希望持有的货币量；后者指考虑到所有的决定因素，人们希望持有的货币量。在理解货币需求时，需要把握以下几点：①货币需求是一个存量概念。它主要考察在特定的时点和空间范围内，社会各部门对其拥有的全部资产愿意以货币形式持有的数量和份额。尽管存量的多少与流量的大小及速度有关，但货币需求理论研究的主要是存量问题。②货币需求是有条件限制的，是一种能力与愿望的统一。它以收入和财富的存在为前提，是在具备获得和持有货币的能力范围之内愿意持有的货币量。因此，货币需求不是一种纯主观的或心理上的占有欲望，不是人们无条件地"想要"多少货币这一问题。人们对货币的欲望可以是无限的，但对货币的需求却是有限的。只有同时满足以下两个基本条件才能形成货币需求：一是必须有能力获得或持有货币，二是必须愿意以货币形式保有其资产。有能力而不愿意，不会形成对货币的需求；愿意而无能力，只是一种不现实的幻想。③现实中的货币需求不仅仅是指对现金的需求，而且包括了对存款货币的需求。④人们对货币的需求既包括了执行流通手段和支付手段职能的货币需求，也包括了执行价值贮藏手段职能的货币需求。前者是对货币作为交换媒介的需求，后者是对货币作为资产保存形式的需求，二者的差别只在于持有货币的动机不同或货币发挥的职能作用不同，但都在货币需求的范围之内。

——《现代经济词典》

货币需求是指人们对执行货币职能（流通手段、支付手段和价值贮藏手段等）的货币需要或要求。货币的基本职能是交换的媒介，经济和社会的发展离不开对货币的需求。它一般分为三种需求：交易性货币需求、预防性货币需求和投机性货币需求。交易性货币需求强调货币的交易职能，而预防性和投机性货币需求则把它看成一种资产。

决定货币需求量大小的一般因素有：①利率水平和融资条件；②市场规模及交易方式；③资产收益率和投资环境；④通货膨胀预期和物价水平；⑤收入水平和理财技术；⑥个人取得收入的形式和时间间隔；⑦金融市场的效率和交易成本；⑧其他经济和社会制度因素。

根据选取的决定货币需求因素的差异，还可以分为名义货币需求和实际货币需求。前者表示在一定的价格、收入和利率水平下人们希望持有的货币量；后者指考虑到所有的决定因素，人们希望持有的货币量。

——《中华金融辞库》

货币需求是指人们想持有的货币数量的总和。西方经济学家认为，人们对货币的需求取决于三方面的动机，即交换的动机、谨慎的动机和投机的动机，因而货币需求也相应地由三部分构成。第一部分是人们为了应付日常交易而想持有的货币，被称为交易需求。它是由于人们的日常交易（即支出）是经常不断的，而收入却是相对稳定的，在日常生活中人们不会在获得收入的同时就把所有用项完全支付出去，因而必须在手中经常备有一定数量的货币以供交易之用所形成的。第二部分是人们为了预防意外事件发生而想持有的货币，被称为谨慎需求。它是由于人们在谨慎动机的支配下，在日常生活中总要保留一定数量的货币，用来应付意外事故的发生，如伤亡、疾病、失业以及其他不确定的支出之用所形成的。第三部分是人们为了抓住有利的购买生息资产的机会而想持有的货币，被称为投机需求。它是由于那些超过交易的谨慎需求所需要的货币，可以换成生息资产，获取较高的收益所形成的。货币作为一种资产，如同债券、股票、耐用消费品、房屋这些资产一样，是持有财富的一种形式。拥有的财富主要是由持久性收入构成的，而持久性收入是比较稳定的，因而受它制约的货币需求也是比较稳定的。

货币需求中的交易需求和谨慎需求随收入的变化而变化，是收入的函数。投机需求随利率的变化而变化，是利率的函数。我们用 L 表示货币需求，用 L_1、L_2、L_3 分别表示交易需求、谨慎需求和投机需求，用 Y 表示收入，用 r 表示利率，那么货币需求可用公式表示：

$$L = L_1 - L_2 + L_3 = L_1(Y) - L_2(Y) + L_3(r)$$

——《新世纪企业家百科全书》

第一节 货币需求概念

一、为什么要研究货币需求

从投资需求函数的研究可知，市场利息率是影响投资水平的一个极其重要的因素。

在其他因素不变的情况下，投资水平决定于市场利息率。这样就很自然地引出一个问题：市场利息率是怎样决定的？不同的理论学派对这个问题的回答是不同的。古典学派认为市场利息率水平取决于实物经济。储蓄是未用于消费的收入，它是利息率的增函数；投资是对投资品等的购买支出，它是利息率的减函数。利息率调节储蓄量和投资量，而储蓄量和投资量趋于一致就决定了利息率水平即均衡利息率。

但是，在凯恩斯和凯恩斯学派看来，市场利息率不是取决于实物经济的储蓄与投资，而是取决于货币市场的货币需求与货币供给。货币需求和货币供给的均衡决定了市场利息率水平，这样就需要研究货币需求是由哪些因素决定的？货币供给是由哪些因素决定的？这些研究构成了凯恩斯宏观经济学非常重要的部分。本章研究货币需求是怎样决定的，下一章研究货币供给是怎样决定的。

货币需求问题的重要意义不仅在于它（和货币供给一起）通过利息率影响意愿购买（特别是投资需求），参与总需求形成第一环节的决定，而且在于它单独作为总需求形成的第二环节而存在。当总需求形成以后，购买主体就会对货币提出交易需求。一定数量的总需求需要多少货币用于交易，才能够使其顺利实现，就是一个重要的货币需求问题。

二、货币需求概念

货币需求就是指家庭、企业和政府愿以货币形式持有其拥有的财产的一种需要。把所有家庭、企业、政府的货币需求加总起来，就得到全社会的货币需求。

初学者或许会问货币需求难道还需要研究吗？货币需求难道不是多多益善吗？但是，这是一种误解。其实，货币需求是一个资产选择概念，讲得窄一些，是一个金融资产选择概念。

金融资产包括现金、活期存款、定期存款、企业债券、国库券、股票等。我们可以把金融资产归为两大类：一类包括现金和活期存款，其余的归为另一类。这两类金融资产各具特点。

现金和活期存款的显著特点有：第一，具有很好的流通性或流动性。简单说，流通性或流动性是指金融资产作为流通手段或购买手段被社会接受的程度。现金本身是一般等价物，作为流通手段或购买手段被社会普遍接受，不存在丝毫问题，因此具有最好的流通性。活期存款即支票，也能直接作为购买手段①，因此也具有良好的流通性。第二，不会带来利息收入，这一点对现金而言是很明显的。在西方一些国家，活期存款没有利息收入，或只有极少的利息收入。现金和活期存款合起来就称为货币。货币的特点是流通性好但不生利。

金融资产的其余部分统称为生息证券，其特点是流通性差但能带来利息收入。

① 注意，我国的活期存款还不能直接作为购买手段。

这样，我们可以把金融资产看成由两大部分构成：一部分是货币；另一部分是生息证券。而货币需求就是对金融资产中的货币需要持有多少的问题。

首先，这里实际谈的是金融资产的结构问题。任何一个金融资产的拥有者，在金融资产总量既定的情况下，为使其利益最大化，都面临一个金融资产结构的选择问题：货币和生息证券的比例应该如何？人们应该多持有货币还是多持有生息证券？其实，人们到银行购买生息证券或者从银行取出现金，从理论上看，都可以认为是在进行这种金融资产结构的选择。使金融资产主体利益最大化的或满意的货币持有量就是货币需求的概念了。换言之，从全社会看，货币需求就是一定时点上整个社会对货币的意愿持有量。

其次，货币需求属于存量范畴。存量是指对时点有意义的变量。宏观经济学研究的重点是流量，如收入、产量、消费、储蓄、投资、总需求等，对货币的研究是一个重要的例外。无论是本章的货币需求，还是下一章的货币供给，都是在存量意义上把握的，从而都表现为“一定时点”上。正因为是存量概念，在本章后面对平方根定律的研究中，才需要把货币需求更为贴切地定义为平均货币持有量。

再次，货币需求其实是从经济行为角度研究的货币流通速度问题。在货币数量方程的交易方程形式上，货币流通速度等于名义产出与货币量之比，即：

$$V = PY/M$$

在这个形式上，货币流通速度反映了客观存在的两个经济总量（名义产出和货币存量）之间的对比关系。而在剑桥方程的形式上，令 $K = 1/V$，则可得到：

$$L \equiv M/P = KY$$

上式中，把货币需求除以物价水平的商定义为 L，称为实际货币需求，其含义是：剔除物价变化的影响，和去年相比，货币需求的实际价值是多少。按式中的表达，实际货币需求取决于收入水平 Y 和参数 K，而 K 是货币流通速度的倒数。由此可见，在剑桥方程的形式上，货币流通速度转变为影响经济行为（货币需求）的一个因素（参数 K）。经过这样的转换，对货币流通速度就可以纳入现代经济学的一般范式即“最大化行为”进行研究。通过后面对平方根定律的学习，可以更清楚地了解这一点。

最后，货币需求是指公众对货币的意愿持有，这个量和公众实际上持有的货币量不一定总是一致的。二者不一致，说明公众在持币上的利益未达到最大。在这种情况下，公众就会进行金融结构的调整。若对货币的意愿持有量大于实际持有的数量，则公众会抛售有价证券，使货币的实际持有增加；若对货币的意愿持有小于实际持有的数量，则公众会买进有价证券，使货币的实际持有减少。

注意：这里讲的货币的实际持有，从全社会的范围看，取决于下一章将要研究的货币供给。

三、持有货币的三个动机

可以把上述持有货币的三个主体即家庭、企业、地方政府简单地统称为公众。对持有货币的公众来说，既然货币不生利，公众为什么还要持有货币呢？凯恩斯认为公众持有货币是出于三种动机。

第一，交易动机。交易动机是指公众为应付正常的交易（即购买支出）而持有的货币。对一个家庭来说，在得到月收入以后，为了交纳水、电费、房租以及饮食的支出，要把月收入的一部分保持在货币形式上。这就是交易动机的货币需求。严格地说，交易动机产生于收入和支出在时间上的间隔。收入和支出的间隔越长则交易动机的货币需求量越大。在收入和支出的间隔为零（即获得收入随即花掉）的极端情况下，就没有必要持有货币，即交易动机的货币需求量为零。

凯恩斯认为交易动机的货币需求主要取决于收入水平。更具体地说，它是收入水平的增函数（交易动机的货币需求随着收入水平的提高而增加）。从微观的角度，即从各持币主体的角度看，这是很明显的。例如一个家庭，收入较高则消费等正常的计划支出较大，从而持币的动机就较强烈，即交易动机的货币需求量较大。从宏观的角度看，也是容易理解的。从一国来看，收入较高（即产出较高）意味着一个较大的产出量需要通过以货币为媒介的交易进入使用领域，因此需要一个较大的货币量。当然，凯恩斯经济学是侧重从微观动机的角度来观察货币需求问题的。

第二，预防动机。预防动机是指公众为应付非正常情况的交易（即购买支出）而持有的货币。预防动机产生于收入和支出特别是支出的不确定性。例如，家庭的医疗支出、企业对新一代机器设备的购买、政府的救灾支出等，不可能完全列入计划，于是产生了持有货币的动机即预防动机。

凯恩斯认为，和交易动机类似，预防动机的货币需求量也是收入的增函数。收入较高，用于意外支出的规模较大，从而预防动机货币持有量较大。

把交易动机和预防动机的货币需求量合记为 L_1，Y 是收入，则：

$$L_1 = L_1(\underset{+}{Y})$$

该式表示交易动机和预防动机的货币需求量是收入水平的（增）函数。

第三，投机动机。关于交易动机和预防动机，前人已有论述，而投机动机则为凯恩斯首创。投机动机是指公众为了进行证券投资而持有货币。作为交易动机和预防动机的货币持有是为了购买产品和劳务，是执行流通手段或购买手段的职能。而作为投机动机的货币持有不是为了购买产品和劳务而是为了购买生息证券，是执行资本的职能。公众持有金融资产分为货币持有和生息证券持有。生息证券持有带来利息收入，货币持有的交易预防动机应付正常或非正常的购买支出，货币持有的第三个部分——投机动机，是为了准备购买收益率高于当期的生息证券。

这部分货币为什么不在当期购买生息证券呢？这是因为持有者认为当期生息证券

收益率较低，这时候购买证券是不合算的。理解货币需求的投机动机需要特别注意的是：投机动机是指公众尚未购买而将要购买生息证券的货币持有。完成这一转化的货币已经不是货币了，当然也不是投机动机的货币持有了。它已经从货币“阵营”跳到了生息证券的“阵营”。

凯恩斯认为投机动机的货币需求量主要决定于市场利率水平。投机动机的货币需求是利率的减函数（投机动机的货币需求随利率的下降而增加）。其中的道理可以讲得很复杂，但是，在这里，只要把存款利率看成是持币的成本，投机动机的货币需求是利率的减函数这种关系，就已经基本上可以理解了。以 L_2 表示投机动机的货币需求，i 表示利率，则：

$$L_2 = L_2(\underset{-}{i})$$

货币需求是交易、预防货币需求与投机货币需求之和。货币需求 L 是收入的增函数、利率的减函数，可以表达为：

$$L = L_1 + L_2 = L_1(\underset{+}{Y}) + L_2(\underset{-}{i}) \tag{1}$$

这样，对货币持有的三种动机以及货币需求已经有了初步的概念。在第三节将从货币持有的成本出发，推导出货币需求函数。

四、货币需求和总需求的关系

就封闭经济的私人部门而言，总需求等于消费、投资二者之和。无论消费还是投资，都是购买主体利益最大化的行为，所以称为意愿购买。由于消费主要受收入的影响、投资主要受利率的影响，所以，在研究这一阶段时，总需求表现为在收入等因素的基础上形成的意愿购买。

在市场经济中，交易是以货币为媒介进行的。在意愿购买形成以后，购买主体就会提出对交易货币的需求。由于存在货币流通速度因素，在数量上，意愿购买和交易货币需求并不相等。例如，意愿购买为50万亿元，交易货币需求可能仅为25万亿元。意愿购买形成以后，购买主体究竟需要多少交易货币，正是货币需求理论所要研究的。

凯恩斯的货币需求理论认为货币需求是收入的增函数，即：

$$L_1 = L_1(\underset{+}{Y})$$

按照本书的框架，这里的“收入”完全可以理解为意愿购买。更仔细地想一想就会明白：虽然收入是影响交易货币需求的重要因素，然而，并不是收入本身影响交易货币需求，而是收入中的意愿购买部分影响交易货币需求，收入只是成为意愿购买的上限。因此，凯恩斯的货币需求理论也可以表述成：货币需求是意愿购买的增函数。至于意愿购买增加会导致货币需求增加多少，在第二节和第三节会进行更为具体的研究。

总之，货币需求是总需求形成的必要环节。至此为止，总需求的形成经过了两个环节：第一个环节是意愿购买，第二个环节是（交易）货币需求。

第二节 货币需求曲线

一、简化的货币需求函数

以上分别讨论了交易动机、预防动机、投机动机货币需求量的决定。综合来看，我们可以认为，影响货币需求量最重要的因素是收入和利率水平，并由此可以得到简化的货币需求函数。以 L 表示货币需求、Y 表示收入、i 表示利率，则货币需求函数可以表达为：

$$L=L\ (Y,\ i)$$

总收入 Y 增加，意味着要通过以货币为媒介的商品交易总量增加，从而引起货币需求量的增加。市场利率 i 实际上可以理解为持有货币的成本，因此，随着利率上升，持有货币的成本增加，公众倾向于减少货币需求量。因此，货币需求是收入的增函数、利率的减函数。在理论上，可以假设货币需求函数的具体形式如下：

$$L=KY-hi,\ K>0,\ h>0$$

其中 $K=L_1/Y$，用以表示交易货币占收入的比例；$h=-\Delta L_2/\Delta i$，用以刻画利率变化以多大程度影响货币需求量，我们将 h 称为货币需求对利率的反应程度。

和收入 Y 相比，利率 i 更具有易变性，因此在理论上可以考虑把收入 Y 视为常数，这样可以得到反映货币需求量随利率变动而变动的货币需求曲线。而收入对货币需求的影响则表现为货币需求曲线空间位置的移动。例如，收入增加使货币需求曲线向右移动。假定 $Y=Y_1$，K、h 给定，在图 5－1 中 $i-L$ 平面上可以得到货币需求曲线 L_1。假设其他不变，收入由 Y_1 增至 Y_2，$Y_2-Y_1=\Delta Y$，则货币需求曲线向右平移为 L_2。其经济含义是：由于收入增加，交易货币需求增加，即使利率不变，货币需求也增加了。

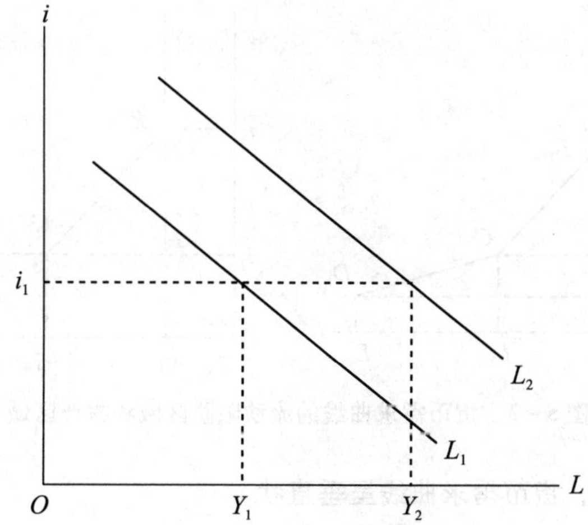

图 5－1 货币需求曲线及其移动

二、货币需求曲线的斜率

货币需求曲线的斜率取决于货币需求对利率的反应程度 h。h 越大，则曲线越平缓；h 越小，则曲线越陡峭。有两种极端的情况：

1. 参数 h 无限大，货币需求曲线呈水平状

这就是货币需求曲线的凯恩斯陷阱区。在一般情况下，利率下降，货币需求量有限地增加。当利率降至某一水平时，对一部分证券投机者来说，是有利可图的机会，于是抛售持有的证券，使货币需求量增加。但是，对另一部分证券投机者来说，仍然无利可图，于是继续持有证券，这样货币需求量不变。总体来看就出现了这样的情况：利率下降使货币需求量有限的增加。换言之，h 的值大于零，但不是无限大。

凯恩斯陷阱区是指这种情况：利率从一个很低的水平降低一点时，货币需求量的增加无限大。这时 h 的值无限大，货币需求曲线呈水平状。对此我们可以解释如下：当利率从一个很低的水平降低一点时，全体证券投机者均认为市场利率达到最低点，从而有价证券的价格上升到最高点，于是希望卖掉持有的所有证券，使其转化为货币。这样，货币需求量无限大。

如果觉得水平状态的货币需求曲线难于理解，可以设想一条稍微向下倾斜的货币需求曲线。

图 5－2 左图中货币需求曲线 CD 段是凯恩斯陷阱区：利率从 i_2 降至 i_1，货币需求量由 L_3 增至 L_4，投机货币需求对利息率变化的敏感性非常大。CD 段稍微下倾。右图货币需求曲线 L 的 CD 段呈水平状，只是理论上的极端情况的凯恩斯陷阱区，表示当利率为 i_2 时，货币需求无限大，或者说，投机货币需求对利息率变化的敏感性无限大。

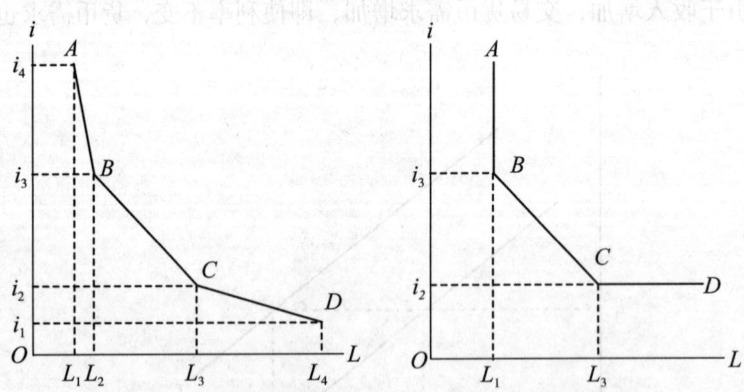

图 5－2　货币需求曲线的流动陷阱区域和古典区域

2. 参数 h 等于零，货币需求曲线呈垂直状

由于 $h=0$，货币需求 $L=L_1=KY$。这样，无论利率如何变化，货币需求量不变。

如图 5－2 右图的货币需求曲线 AB 段，无论利率如何变化，货币需求量始终等于 L_1。古典学派认为货币需求与利率无关，仅与收入有关，即 $L = KY$。因此，货币需求曲线的垂直段 AB 称为古典区域。

观察左图货币需求曲线 L 的 AB 段。AB 段非常陡峭，因此，利率下降很多，才使货币需求量有很少的增加，货币需求对利率变化的敏感性非常小。这说明在这种情况下，利率对货币需求量的影响非常小。其极端情况就是右图中完全垂直的货币需求曲线（AB 段）。

如果利率极高，那么，从理论上看，货币需求曲线的古典区就会出现。投机货币需求是利率的减函数。利率极高，导致投机货币需求趋于零。因此，货币需求仅仅为交易货币需求。

图 5－2 右图中的货币需求曲线可以称之为理论货币需求曲线。它的三段：垂直段、下倾段、水平段，可以概括利率对货币需求量影响的所有不同情况。

应注意到，货币需求曲线是以收入既定为前提的。收入变化会引起货币需求曲线空间位置的变化。随着收入的提高，在各个利率水平上货币需求量都增加了，即货币需求曲线向右平移。但是，无论收入水平如何不同，利率降至（右图）i_2 都使货币需求无限大。这样，当利率降至 i_2（凯恩斯陷阱区）时，各条货币需求曲线（部分地）重合了。

在本章我们主要利用货币需求曲线来把握各种因素对货币需求量的影响。小结如下：

①货币需求主要受利率和收入的影响。②在收入给定时，我们可以得到货币需求曲线，以表示利率对货币需求量的影响。③在一般情况下，利率下降使货币需求量有限地增加，即货币需求曲线向右下方倾斜。④当利率非常低时，货币需求量无限大，货币需求曲线呈水平状态。⑤在利率极高时，利率的变化可能对货币需求量不产生任何影响，这时货币需求曲线呈垂直状态。⑥当收入提高时，货币需求曲线向右边平移，说明在各个利率水平上，货币需求量都增加了。

第三节　货币需求模型

一、平均货币持有量

根据上述凯恩斯的货币需求理论，货币需求是收入的增函数、利率的减函数。通过如上的经济学论证，这一结论基本上是言之有理的，从而是完全可以理解的。不过，如果按照现代新古典经济学的眼光看，那么，上述论证就比较粗糙了，就不那么令人信服了。现代新古典经济学认为，对经济行为的研究，必须以经济理性主义假设即最大化行为为基础，通过建立反映经济行为的目标函数，推导出反映最大化行为的一般规律。本教材属于初、中级水平，对经济行为的论证一般都是比较粗糙的。但是在本节，则要介绍一个以经济理性主义假设即最大化行为为基础对货币需求行为的比较规范的论证，这就是由美国经济学家鲍莫尔（1922—2017 年）和托宾（1918—2002 年）建立的货币需求模型，即平方根定律。

鲍莫尔－托宾模型首先赋予货币需求一个更易于观察的定义即平均货币持有量，然后通过对持币成本的研究建立持币的成本函数，最后通过数学方法求出成本最小的货币需求函数，由此可知有哪些因素会影响以及以何种程度影响货币需求。

货币需求的含义，即行为人愿以货币形式持有其拥有的财产的一种需要，我们已经很清楚了，但是，对货币需求具体怎样观察、怎样测定？仅仅依赖于对货币需求含义的把握是远远不够的，下面通过一个假想的例子来说明。

假定某人从银行取款 500 元准备用于 10 天的支出。每天的支出都为 50 元。这样，第 1 天开始的时候，还没有进行任何支出，货币持有量为 500 元。由于第 1 天的支出，第 2 天开始时货币持有量下降为 450 元。第 3 天开始时货币持有量下降为 400 元。随着时间的推移，货币持有量逐渐下降。第 10 天开始时货币持有量下降为 50 元，第 10 天结束即第 11 天开始时货币持有量为零。

如果我们要实际地计算这个人的货币需求量，那么，这个人在这 10 天内的货币持有量到底是多少呢？用第 1 天的货币持有量“500 元”表现行不行？不行，“500 元”高估了这人在这 10 天的货币持有量。用最后一天的货币持有量“零”行不行？也不行，“零”低估了这人在这 10 天的货币持有量。这真是一个令人头疼的问题！看来，只有取其中庸，即第 5 天末第 6 天开始的货币持有量“250 元”方是相对最适宜的。“250 元”就是这人在这 10 天的平均货币持有量，也就是我们对这个人这 10 天的货币需求的观察或测定。

由上例可知：平均货币持有量恰好等于取款额的一半。以 L 表示平均货币持有量，Z 表示取款额，则：

$$L = Z/2$$

假设这人的收入为 Y，取款次数为 n，则取款额：

$$Z = Y/n$$

所以平均货币持有量等于收入除以取款次数的两倍所得到的商，即：

$$L = Z/2 = Y/2n \tag{2}$$

由式（2）可知，当取款次数 n 不变时，平均货币持有量 L 随着收入 Y 的增加而增加；当收入不变时，平均货币持有量随着取款次数的增加而减少。假设 Y 为月工资水平，在月工资支付制度的场合，月工资 1 次付清，即 $n=1$。这样，平均货币持有量 $L=Y/2$。在周工资支付制度的场合，月工资大致分 4 次付清，即 $n=4$。这样，平均货币持有量 $L=Y/(2\times4)=Y/8$。在这里，取款次数 n 取决于支付制度。假设 $Y=3000$ 元，若 $n=1$，则平均货币持有量 $L=3000/2=1500$（元）；若 $n=4$，则平均货币持有量 $L=3000/8=375$（元）。

平均货币持有量就是本章所要讨论的货币需求，但是，通过平均货币持有量概念，货币需求获得了更为确切从而便于观察的定义。

在以上例子中，货币需求为什么会和收入联系在一起？看得很清楚：在一段时期内，收入要花完，这就是说，这里的收入就是意愿购买，而意愿购买自然要提出交易货币需求。货币需求为什么又会和取款额联系在一起呢？相类似，取款额要在更短的时期内花完，所以，取款额也是意愿购买，从而也和交易货币需求联系在一起。

虽然货币需求和取款额、收入都有密切的关系，但是，在数量上，货币需求并不直接等于取款额，更不直接等于收入。其中的道理很简单：收入和取款额都意味着一定数额的意愿购买，这是一回事，但是，实现一定数额的意愿购买，在各个时点上需要持有多少货币，则完全是另外一回事。

上述的“取款额”和“收入”，看上去很直白，但要注意有一些内容并未在字面上表现出来。知晓这些内容，对于理解平均货币持有量概念非常有益。例如，取款额 =500 元,其中具体包含哪些隐含的内容呢？第一，行为人持有货币 500 元；第二，货币持有要持续一定的时期，如一周，一个月，等等；第三，这 500 元要全部用于商品或服务的购买支出，即货币支出 =500 元；第四，这 500 元的货币支出在货币持有的一定时期，如一周，一个月等，是匀速进行的。

只有在这些背景全部存在的情况下，上述“货币需求 - 平均货币持有量等于取款额的一半”才可以理解。例如，行为人通过取款持有货币 500 元，要在一周内匀速地支出，且在周末花完，那么，该行为人在这一周中的货币需求 - 平均货币持有量等于取款额的一半即 250 元。

上述的“收入”也有隐含的特殊含义：第一，这一收入在一段时期内将全部用于购买支出，没有储蓄；第二，行为人将此收入作为存款存入金融机构；第三，行为人按相同的时间间隔取出存款（变现），每次的取款额相同。

只有在这些背景全部存在的情况下，取款额等于收入除以取款次数所得的商，进一步，货币需求 - 平均货币持有量方等于取款额的一半，即等于收入除以两倍的取款次数所得的商。

虽然行为人的收入——一段时期的意愿购买总额会影响货币需求，但是，影响货币需求最重要的因素是取款额。取款额是为了应付均匀购买支出而在一段时期内持有的货币，而我们知道，货币需求是时点概念，所以，货币需求 - 平均货币持有量只能按取款额的一半来计量。

二、最优平均货币持有量的决定

我们已经知道，只要取款额不同，平均货币持有量就会不同。我们又知道，在行为人的收入给定的情况下，取款额决定于取款次数。那么，行为人怎样选择取款次数呢？下面就来研究这个问题。

现在要把经济人的假设引入货币持有量的分析中来。公众进行金融资产结构的选择，决定金融资产的多大份额处于货币形式，多大份额处于生息证券形式，是为了获得尽可能大的经济利益。公众进行这种选择必定要考虑持有货币的成本因素，持币成本最小的选择保证了持币人的利益。持币成本最小的平均货币持有量就是最优平均货币持有量。

从理论上看，持币的成本包括两个部分。

第一个部分是从机会成本的角度来考虑的，即因为持币而丧失了存款的利息收入。怎样衡量这种持币成本？下面用一个简单的例子加以说明。假设取款额为3000元，准备用于3天的支出，每天支出1000元；存款1日的利息率为1%，存款2日的利息率为2%。第1天支出1000元，节余2000元。这2000元若存入银行可得利息收入20元。第2天支出1000元，节余1000元。这1000元若存入银行可得利息收入10元。第3天支出1000元，没有节余。持币3000元的利息损失即持币成本 C_1 可按下式计算得到：

$C_1 = 2000 \times 1\% + 1000 \times 1\% = 20 + 10 = 30$（元）

持币成本 C_1 也可以按平均货币持有量乘以存款两天的利息率得到。平均货币持有量为取款额的一半即1500元。因此，利息损失：

$C_1 = 1500 \times 2\% = 30$（元）

这两种方法得到的结果是一样的，而后一种方法更为简便。利息损失的一般计算公式为：

$$C_1 = L \times i = (Y/2n) \times i \tag{3}$$

由式（3）可知：持币的利息损失随着平均货币持有量的增加、利息率的提高而增加。我们也可以这样观察：持币的利息损失随着收入水平提高、利息率提高而增加，随着取款次数的增加而减少。

持币成本的第二个部分是取款费用的支出。到银行取款要支出什么费用？如果这些金融活动是通过经纪人完成的，那么，就要支付给经纪人佣金。经纪人佣金中包含了取款费用。在不通过经纪人的场合，取款费用仍然存在。从最一般的意义上看，取款费用至少包括取款耗费的时间。对每个人来说，时间都是一种稀缺资源。花时间到银行取款，就丧失了利用这一时间创造收益的机会。在这里，取款费用也是利用机会成本的概念来衡量的。显然，对某人来说，时间越稀缺、单位时间创造的价值越高，则取款费用越高，就越是舍不得花时间频繁地去银行支取款项。以 C_2 表示总的取款费用、tc 表示1次取款的费用、n 表示取款次数，则：

$$C_2 = (tc) \times n \tag{4}$$

式（4）表示总的取款费用随着1次取款费用的提高及取款次数的增加而增加。

把式（3）和式（4）合起来，就可以得到持有货币总成本 C 的表达式：

$$C = C_1 + C_2 = L \times i + (tc) \times n = (Y/2n) \times i + (tc) \times n \tag{5}$$

由式（5）可知：持币成本决定于收入水平、取款次数、利息率、1次取款费用这些因素。若收入水平、利息率、1次取款费用给定，则持币成本取决于取款次数。前文

谈到取款次数 n 取决于支付制度。对于月收入而言，若是月工资支付制度，则 $n=1$ 次；若是周工资支付制度，则 $n=4$ 次。例如，在月工资支付制度情况下，是每月取款1次，还是每月取款4次呢？这就有一个选择的问题。

在式（5）中，持币成本等于利息损失与取款费用之和。取款次数和这两项都有关系。在第1项中，利息损失随着取款次数的增加而减少；在第2项中，取款费用随着取款次数的增加而增加。由此可见，只有兼顾这两方面的影响，选择一定的取款次数，才能使持币成本最低。

在理论上，通过数学方法可以得到最优取款次数。持币成本最低的必要条件是其一阶导数为零，由此得到：

$$n^{*}=\sqrt{\frac{Yi}{2(tc)}} \tag{6}$$

式（6）就是持币成本最低的取款次数的表达式。当收入、利息率、1次取款费用确定时，就可以通过式（6）求出最优取款次数。当这些因素不能确定时，最优取款次数就表现为它们的函数，更具体地说，它随着收入的增加、利息率的提高而增加，随着取款1次的费用增加而减少。

把式（6）代入平均货币持有量的定义式即式（2），就得到成本最低的平均货币持有量即最优平均货币持有量的表达式：

$$L^{*}=\sqrt{\left(\frac{(tc)Y}{2i}\right)} \tag{7}$$

式（7）表明最优平均货币持有量随着取款1次的费用的提高、收入水平的提高而增加，随着利息率的提高而减少。

式（6）和式（7）就是著名的平方根定律。式（7）实际上可以看成是交易动机的货币需求量的表达式。在这里，交易动机的货币需求量不仅取决于收入水平，而且取决于市场利息率。平方根定律是对凯恩斯货币需求理论的推进。

三、货币需求弹性

1. 货币需求的收入弹性

通过货币需求的平方根定律，我们可以具体地计算：当影响货币需求的因素变化时，货币需求会因此发生多大程度的变化。我们用货币需求弹性来反映货币需求变化的程度。货币需求弹性包括货币需求的收入弹性和货币需求的利率弹性。

货币需求的收入弹性是用来测度：在其他因素不变的情况下，当收入水平提高1%时，货币需求量增加百分之几。以 E_{LY} 表示货币需求的收入弹性、Y 表示收入、ΔY 表示收入的增加量、L 表示货币需求量、ΔL 表示货币需求的增加量，则：

$$E_{LY}=\frac{\Delta L}{L}/\frac{\Delta Y}{Y}$$

也可以写成

$$E_{LY}=\frac{\Delta L}{\Delta Y}\times\frac{Y}{L}$$

在理论上可以设想收入变化即 ΔY 非常小时，货币需求量受到怎样的影响，这涉及导数概念。通过对式（7）的计算，可得货币需求的收入弹性：

$$E_{LY}=\frac{1}{2}$$

由此得到货币需求的收入弹性的理论值。$E_{LY}=1/2$ 表示在其他条件（i，tc）不变的情况下，收入提高一个很小的百分数，对货币需求的增加只是这个百分数的一半。例如，当收入提高 5% 时，可以预测对货币需求的增加可能只有 2.5%。由此得到一个一般的结论：当收入增加时，货币需求量也增加，但增加的比率小于收入增加的比率。

至此，我们对关于货币需求收入弹性的最重要的话就说完了。不过，下面还要研究一个所谓的取款次数的"整数"问题。经济学规律的一大特点就是非常"粗犷"，所以，以下的研究虽然细致，但未必有非常重要的经济含义。

用同样的方法也可以计算出：成本最小的取款次数的收入弹性也是 1/2。如果进行更仔细的考虑，那么，上述关于弹性的严格的数学计算还不能说"放之四海而皆准"。在前面对弹性进行计算的时候，实际上认定函数具有连续性的性质：每当收入 Y 有一点变化时，取款次数 n 都会随之变化。这在数学上当然是毫无问题的，但在经济学上却有问题。

例如，假设当 $n=4$ 时，收入增长 50%。这时取款次数 n 应增加 25%（$1/2\times 50\%$）。这时的取款次数 $n'=n\times(1+25\%)=5$（次）。但是，如果收入增加不到 50%，例如为 40%，那么，根据取款次数对收入的弹性为 1/2，可知取款次数增加 20%，这时的取款次数 $n'=n\times(1+20\%)=4.8$（次）。然而，在现实中，4.8 次是不存在的。在现实中，取款次数只能取整数，或者是 4 次，或者是 5 次，不可能处于 4 次和 5 次之间的任何位置上。

由此可见，从理论上考虑，当取款次数为 4 时，收入增加 10%，或者 20%，或者 30%，或者 40%，都不会引起取款次数的变化，取款次数仍维持 4 次；只有当收入增加 50% 或者更高时，取款次数才会增加为 5 次。

这就是说，收入的变化可能引起取款次数的变化，也可能不引起取款次数的变化。在引起取款次数变化的场合，货币需求的收入弹性为 1/2；在不引起取款次数变化的场合，货币需求的收入弹性如何呢？观察式（2）$L=Y/2n$，可知：在收入提高而取款次数不变的场合，收入增加百分之几，货币需求量就增加百分之几。可见货币需求的收入弹性为 1。

最后的结论就是：货币需求的收入弹性可能是 1/2，也可能是 1。这样看来，整个社会的货币需求的收入弹性可能在 1/2 和 1 之间。

2. 货币需求的利率弹性

货币需求的利率弹性是用来测度：在其他因素不变的情况下，当市场利率变化百分之一时，货币需求量变化百分之几。以 E_{Li} 表示货币需求的利率弹性、i 为利息率、Δi 为利率的变化量、L 为货币需求量、ΔL 为货币需求的变化量，则：

$$E_{Li} = \frac{\Delta L}{L} / \frac{\Delta i}{i}$$

也就是

$$E_{Li} = \frac{\Delta L}{\Delta i} \times \frac{i}{L}$$

对平方根定律即货币需求函数 $L^* = \sqrt{\left(\frac{(tc)Y}{2i}\right)}$ 来说，当利率 i 变化非常小时，货币需求的利率弹性：

$$E_{Li} = -\frac{1}{2}$$

货币需求的利率弹性等于 $-\frac{1}{2}$，表示在其他条件不变的情况下，市场利率提高一个很小的百分数，会使货币需求量减少这个百分数的一半。例如，如果市场利率提高1%，那么，货币需求量会减少0.5%。

货币需求的利率弹性也存在和收入弹性相类似的“整数”问题。市场利率的变化对货币需求量的影响，也可以看成是通过两个相互联系的环节而产生的。第一个环节是市场利率变化对取款次数的影响，这种影响可以通过式(6) $n^* = \sqrt{\frac{Yi}{2(tc)}}$ 来观察。第二个环节是取款次数的变化对货币需求量的影响，这种影响可以通过式（2）$L = Z/2 = Y/2n$ 来观察，其中取款次数 n 起着一种中介的作用。由此可以知道，在研究收入弹性时碰到的问题在这里也会出现。这就是说，虽然就式（6）而言，利率 i 的每一个变化都会引起取款次数 n 的变化，但是这种联系在现实中未必一定出现。在现实中，利率的变化可能引起取款次数的变化，也可能不引起取款次数的变化。市场利率的提高总会引起持币者利息损失的增加。但只有当利息损失的增加大于增加1次取款引起取款费用增加的时候，取款次数才会增加。而在其他情况下，利率提高使持币成本增加但取款次数不变。换言之，利率对取款次数从而对货币需求量的影响是离散的而非连续的。

可以求出取款次数对利率的弹性 $E_{ni} = \frac{1}{2}$

这表示当市场利率提高一个很小的百分数时，取款次数增加这个百分数的一半。例如，利率提高1%导致取款次数增加0.5%。但是，这里揭示的规律仅对利率提高引起取款次数增加的场合才有意义。因此，利率提高对取款次数从而对货币需求量的影响要分两种情况讨论：

第一种情况：利率提高引起取款次数增加。这时，货币需求的利率弹性为 $-\frac{1}{2}$，与直接利用式（7）得到的弹性值完全一致。

第二种情况：利率提高不引起取款次数的变化。在这种情况下，取款次数的利率弹性就不是 $-\frac{1}{2}$，而是0了。

结论就是：货币需求的利率弹性可能是 $-\frac{1}{2}$，也可能是0。从整个社会来看，货币需求的利率弹性应在 $-\frac{1}{2}$ 和0之间。

平方根定律揭示的基本规律是：货币需求是收入的增函数、利率的减函数。从这个方面看，与凯恩斯的货币需求理论的基本精神是一致的。

虽然在第一章就强调经济理性主义假设的普遍性，但是，本教材对绝大多数经济行为的描述，如前面已经出现的消费函数、投资函数等，都是比较"武断"的，即没有严格地从行为目标最大化的条件中推导出来。而本章介绍的平方根定律是为数不多的几个例外之一。它给出的货币需求函数，是通过持币成本最小化的条件推导出来的。由于通过这样的程序，虽然它与凯恩斯的货币需求理论的基本结论没有很大的区别，但它所揭示的货币需求函数的数量关系的经济学根据显然更强。

作为货币需求函数，平方根定律对持币行为的规律有很好的揭示。但是，我们学习平方根定律，或许应该更多地获得经济学方法论方面的启示：怎样把握经济行为，怎样把经济行为纳入经济理性主义假设的思维方式中。

章节习题

1. 列举并讨论影响货币需求总量的宏观经济变量。

2. 假设在某经济体中，对货币不支付利率，若货币需求为：

$$M^d/P = 500 + 0.2Y - 1000i$$

（1）假定 $P=100$，$Y=1000$，$i=0.1$，计算实际货币需求、名义货币需求以及流通速度。

（2）若价格水平增加一倍，从 $P=100$ 变为 $P=200$，计算实际货币需求、名义货币需求以及流通速度。

（3）假定题目中所列的货币需求函数成立，根据 a 中给出的各变量的数值，分析实际收入、名义利率和价格水平上升对流通速度分别产生什么影响？

3. A先生拥有一笔价值100000元的财富，并将其全部投资于货币（支票账户）和国债。他指示其经纪人投资50000元在债券上，并且当债券利率每超过支票账户利率1个百分点时，再追加5000元的债券投资。

（1）写出A先生的货币需求表达式，并将之表示为债券利率和支票账户利率函数。

（2）写出A先生的债券需求表达式，他对货币和债券需求的总和是多少？

4. 假定货币数量论成立，流通速度恒定为5，产出保持在充分就业产出水平上不变为10000元，价格水平为2，求实际货币需求和名义货币需求。

5. 已知货币需求收入弹性和利率弹性分别为$\frac{2}{3}$和-0.1，预计下一年的实际收入将增长4.5%，且实际利率在下一年将保持不变，而近几年的通货膨胀率为0。

（1）若中央银行要使下一年的通货膨胀率为0，则名义货币的增长率为多少？

（2）若中央银行实行的政策使下一年的通货膨胀率为0，则下一年的流通速度应该变化多少？

6. 试推导货币交易需求的鲍莫尔－托宾公式。

第六章 货币供给

导入案例

目前我国货币供给的二元结构问题以及化解

目前我国存在严重的货币供给的二元结构问题即货币供应量过大以及增长过快，同时实体经济货币供应严重不足，造成了实体经济普遍的融资难和融资贵。解决的根本之道就是要大幅度压缩非经济货币理财收益率，降低其带来的刚性货币供应增量，同时大幅度增加实体经济货币供应增量。

首先，我国货币供应总量 M_2 过大和增长过快。我们把2000—2015年中国和美国供应总量 M_2 做个对比，美元供应总量 M_2 由2000年的4.9万亿美元增加到2015年的12.4万亿美元，增加1.52倍，年增长率为6.36%；人民币货币供应由2000年的13.5万亿元增加到2015年的139.2万亿元，增加9.34倍，年增长率为16.85%。显然我国的货币供应量已经明显超过美国。

其次，我国实体经济得到的货币供应量严重不足。中国货币供应量 M_2 绝对量过大，增长过快，那为什么说实体经济仍然普遍融资难和融资贵？我们以2015年中国货币供应量 M_2 比2014年增加了16.4万亿元为例。其中大部分是钱生钱利息收益，房价上涨和利用资本运营带来的刚性货币增长，10万亿~12万亿元。最后留给实体企业的货币供应增量不到5万亿元。在我国，钱生钱利率和理财收益率过高，房价上涨和利用资本运营带来的刚性货币增长过快无法控制的情况下，国家要控制货币供应量和增长，部分银行不得不对部分企业进行抽贷、断贷，最终加剧实体经济普遍的融资难和融资贵。

显然，化解中国货币供给的二元结构问题，解决每年我国货币供应总量 M_2 增加过多，而实体经济融资难和融资贵的问题根本不应是收缩实体经济的货币需求和贷款需求，而是要把钱生钱利息收益，房价上涨和利用资本运营带来的高收益导致的增量货币过度增长收缩下来。

中共青岛市委党校经济学教研部主任程国有提出以下两点建议：第一，建议大幅度压缩钱生钱的利息收益率，控制房价上涨和资本运营的收益率来降低货币供应量，要收缩货币持有者的钱生钱的利息收益。建议由人民银行适度降低一年的基准存款利率和一年的贷款基准利率。同时，限制和降低各种理财，信托产品的年化收益率，坚决压缩和控制民间高利贷的过高年化利率。要抑制房地产泡沫和价格过度上涨。坚决控制投机性购房，对各地政府的土地拍卖收入进行跨年度或跨地区的调节，对国有房地产公司高价买地实行领导人责任追究制度，对房地产价格波动幅度过大而进行干预，研究探索开征房产税，保持房价稳定，收缩因房价上涨而带来的刚性货币供应量的增加。要实施上市发行股票同股同价政策。目前，上市发行股票采取高溢价政策，造成原始股东上市后急于高位套现，建议实行原始股东资产与发行股价同股同价政策，既可以解决中国股市难以解决的圈钱和高位套现的问题，又可以减少高位套现带来的货币供应增量。

第二，大幅度增加实体经济资金货币投入，增加货币供应量。在上述做法成功的基础上，会出现货币供应量明显减缓的迹象，同样应当采取有力措施鼓励各类金融机构创新发展，增加民间实体经济的各种金融支持，弥补货币供应减缓的趋势。要支持符合条件的投资主体发起设立金融机构。构建多层次、广覆盖、有差异的银行机构体系，扩大民间资本进入银行业，发展普惠金融，着力加强对中小微企业、农村地区特别是贫困地区的金融服务。要积极培育公开透明、健康发展的资本市场，推进股票和债券发行交易制度改革，提高直接融资比重，降低杠杆率，支持符合条件的企业上市或发行票据融资，并鼓励企业通过债券市场筹集资金。

第一节 影响货币供给的三个行为主体

一、货币供给的衡量

货币供给是指由中央银行向经济体中投入从而由家庭和厂商等公众持有的货币总和。

对宏观经济运行来说，全社会的货币供给是一个非常重要的经济变量。凯恩斯宏观经济学认为，货币供给不仅可能影响价格水平，而且可能影响产出水平。这就是说，宏观经济学研究的两大主题——产出水平和价格水平，都与货币供给有着密切的关系。货币供给对宏观经济运行具有这样重要的意义，以致有些人把宏观经济理论称为货币理论。

货币供给对宏观经济的影响分为直接效应和间接效应。直接效应是货币供给对总需求的影响，间接效应是总需求变化对价格水平和产出水平的影响。

在本教材所介绍的比较简单的理论中，货币供给通过两个渠道影响总需求。第一个渠道是通过影响利息率，影响意愿购买从而影响总需求；第二个渠道是为总需求的实现提供所需要的交易货币。货币供给对总需求的复杂影响在第十五章研究，本章研究货币供给量的决定。

衡量货币供给量，首先需要解决一个问题：什么是货币？这似乎是一个不言自明的问题。然而，随着经济信用化程度的加深，金融资产的形式有了很大的发展，这使得货币的边界在一定程度上变得模糊起来，于是就有了诸如 M_0、M_1、M_2、M_3这些宽窄不同的货币的统计口径。这几种不同的货币口径分别如下：

$$M_0 = \text{现金（纸币和硬币）}$$

$$M_1 = M_0 + \text{活期存款}$$

$$M_2 = M_1 + \text{小额定期存款} + \text{其他}$$

$$M_3 = M_2 + \text{大额定期存款} + \text{其他}$$

显然，在这四者中，M_0是最窄的货币口径，M_3是最宽的货币口径。

M_0是最窄的口径，其意不言自明。在 M_1中，现金直接执行购买手段或交易手段的职能是毫无问题的。读者应注意 M_1中的活期存款和我国居民在国内银行的活期存款在含义上略有不同。M_1中的活期存款实际上指的是支票账户。支票账户是一种信用凭证，它以在银行的存款为基础，可以直接作为购买手段。在具有完全的流动性方面（即可以直接作为购买手段），支票账户和现金几乎是没有区别的。在我国，企业单位、事业单位之间的大宗交易一般都是通过支票账户完成的。随着市场经济的发展，广大家庭也会越来越多地使用支票账户进行购买。当前我国居民的活期存款，虽然不能直接作为购买手段，但在需要的时候可以很容易转化为现金执行购买手段的职能，就此点而论，它和 M_1中的活期存款是相当近似的。

另外，M_1中的现金和活期存款又是有区别的。这就是现金由公众掌握，活期存款却存放在商业银行里。下面将要说明，这种区别对货币供给有相当重要的影响。

M_2中的小额定期存款不能直接作为购买手段。因此，在 M_1的基础上加小额定期存款等构成 M_2，其流动性要低于 M_1。但是，只要付出较小的代价，小额定期存款就可以转化为现金作为购买手段。可见，M_2口径的货币供给也会对宏观经济的运行产生影响。

M_3是一个更宽的货币口径。它在 M_1、M_2的基础上还要加上大额定期存款等。大额定期存款的变现需要付出更大的代价，因此，M_3的流动性又要小于 M_2。但是，既然大额定期存款能够变现、能够转化为购买手段，M_3口径的货币供给也会对宏观经济运行产生影响。

对这几个口径的货币供给的衡量可以同时进行，它们都是客观存在，不会出现一个排斥另一个的问题。但是，从宏观经济学的角度看，就是另外一回事了。宏观经济学的任务之一就是要揭示货币供给对产出水平、价格水平的影响。但是，研究者究竟采取哪一个口径的货币供给研究其对产出水平和价格水平的影响，完全是一个仁者见仁、智者见智的问题。采取不同的货币供给口径研究宏观经济，就构成了不同的宏观经济理论。至于哪一个宏观经济理论包含更多的真理性，则需要通过实际的检验才能断定。

本书采用 M_1的货币口径。这就是说，在本书中，货币供给被定义为在一定时点上，公众实际持有的现金和活期存款总和。公众是指处于中央银行系统之外的所有家庭、企业、地方政府等经济单位。

在事后对某一时点的货币供给即现金和活期存款总和进行衡量，从理论上看应没有什么困难。宏观经济学对货币供给的研究主要是要解决这样一个问题，中央银行增加一笔货币发行对全社会的货币供给将产生怎样的影响。

乍一看，似乎没有什么问题。中央银行增加1000元的货币发行，难道全社会的货币供给不就是增加1000元吗？其实问题没有这么简单。在一个信用化程度较高的市场经济系统中，中央银行增发的货币终归会转化为商业银行中的存款。商业银行在接受这笔存款之后，又可以进行贷款，贷款又会转化为存款。这样，通过一轮又一轮的存款、贷款、存款、贷款……最后增加的存款总和数倍于中央银行最初新增发的货币。这就是说，中央银行增加1000元的货币发行，最后货币供给量的增加大于1000元。中央银行增加一笔货币发行，到底能使货币供给量增加多少，正是货币供给理论所要研究的。

货币供给增加量是初始中央银行货币发行增加量的一个倍数，这个倍数称为货币乘数。用中央银行货币发行增加量乘以货币乘数就得到货币供给增加量。中央银行货币发行增加量显然是政府控制变量。如果货币乘数也是政府控制变量，那么，中央银行就能够通过改变货币发行量，准确地控制全社会的货币供给量。但是，货币乘数并不完全受政府（中央银行）控制，实际情况是，货币乘数受到中央银行、商业银行、公众三大行为主体的影响。这一情况增加了货币供给问题的复杂性。

二、中央银行的作用

中央银行和一般的商业银行截然不同，它实际上是政府的一个机构。中央银行不追求利润最大化，而是要实现围绕整个宏观经济最优运行的一定目标。中央银行有两个主要的职能：一是控制货币供给量和利率；二是防止大量的银行倒闭。中央银行日常的职能主要有：①对货币的垄断发行。②为商业银行提供各种服务。中央银行持有商业银行的大部分准备金，因而是银行的银行。中央银行还向商业银行发放贷款。③为政府提供许多服务，因而充当政府的银行。中央银行是政府的代理金库，经办政府的收支、制定和推行政府的金融政策。

考察中央银行和货币供给之间的关系，需要从中央银行的资产负债表入手。简化的中央银行资产负债表如表6－1所示。

表6－1　　中央银行资产负债表

资产	负债
1. 黄金和外汇储备	1. 现金发行
2. 贴现贷款	公众持有现金
3. 政府证券	商业银行库存现金
4. 其他资产	2. 商业银行存款

中央银行资产负债表中资产项的第 1 项是政府储备的黄金和外汇储备，第 2 项“贴现贷款”是中央银行对商业银行的贷款，第 3 项“政府证券”是中央银行购买的政府（财政部）发行的证券，如国库券、公债券等。

负债项的第 1 项“现金发行”是中央银行发行的现金。中央银行发行的现金不是为公众所持有，就是作为商业银行的库存现金。第 2 项“商业银行存款”是商业银行在中央银行的存款。商业银行库存现金加商业银行存款就是商业银行准备金。

资产负债表的两边总是平衡的。这就是说，如果中央银行使它的资产增加了，那么，同时它的负债也增加了；如果中央银行使它的资产减少了，那么同时它的负债也减少了。

中央银行的负债项和货币供给的关系极为密切，因此将中央银行的负债项称为高能货币或基础货币。货币供给定义为公众持有的现金和活期存款之和。货币供给定义中的第一项现金就是中央银行负债项第 1 项的一部分。货币供给定义中的第二项活期存款和中央银行负债项中的商业银行准备金之间有着极为紧密的联系。

这样，中央银行就可以通过其资产项的变化，引起它的负债项的变化，并进一步引起货币供给量的变化。

中央银行还可以通过改变对商业银行的贷款利率以及改变法定准备率来影响货币供给。

总之，中央银行对货币供给起着决定性的作用，稍后还要详加叙述。

三、商业银行的作用

商业银行是指通过存贷款业务赚取最大化利润的一类企业。商业银行对存款支付利息、对贷款收取利息，贷款利息大于存款利息的部分构成商业银行的利润。在存款量给定情况下，商业银行的贷款业务量越大则所获利润越多。可能的最大贷款量就是将存款全部贷出。

但这只是问题的一个方面。有存款就有取款，商业银行必须满足存款顾客取款的需要。取款需要得不到满足之时，便是商业银行倒闭之日。这就是说，从商业银行自身利益来说，商业银行也不能把存款全部贷出，相反，需要保留部分存款以应付存款顾客的变现（将存款凭证转变为现金）需要，这部分保留下来的存款就是商业银行的存款准备金。

存款准备金占存款的比例称为存款准备金率或准备金率。根据经验，商业银行可以找到一个比较适当的准备金率，以兼顾利润最大化的目标和存款顾客变现的需要。

现代银行体系的一个重要组成部分是法定准备金制度。法定准备金制度是指由法律规定商业银行准备金率的最低限。商业银行实际的准备金率不得低于这一最低限，但可以在它之上。商业银行的实际准备金率低于法定准备金率即为违法，会受到司法部门的追究。表 6－2 是 1980 年美国银行法对法定准备金的规定。

表 6－2　1980 年美国银行法对法定准备金的规定

储蓄类别	法定准备率（%）	联储有权变动的范围（%）
支票（交易）账户		
3000 万美元或以下	3	不许变动
3000 万美元以上	12	8～14
定期存款和储蓄存款		
个人	不需要准备金	
非个人		
一年半及以下到期	3	0～9
一年半以上到期	0	0～9

资料来源：萨缪尔森，诺德豪斯．经济学（第 12 版）上［M］．北京：中国发展出版社，1992：450.

部分准备金制度的设立，一方面是出于对整个银行体系运行安全性的考虑，另一方面或许更为重要的是有利于中央银行对货币供给量的控制。

如前所述，高能货币量（指中央银行的负债额）的变动，在银行体系内通过一连串的存款再转化为贷款的过程，会产生存款创造的现象。存款在多大程度上转化为贷款，主要取决于商业银行的存款准备金率。如果商业银行实际的存款准备金率等于法定准备金率，那么，中央银行对存款创造从而货币供给量就几乎有了完全的控制权。

但是，很显然，商业银行的实际存款准备金率并不一定等于法定存款准备金率。为了尽可能多地赢利，商业银行可能违法地使其实际存款准备金率低于法定水平；为了安全及其他方面的考虑，商业银行也可能使其实际存款准备金率高于法定水平。假设商业银行普遍降低实际存款准备金率，存款创造的效应就会增强；假设商业银行普遍提高实际存款准备率，存款创造的效应就会减弱。正是在这个意义上，商业银行也参与了货币供给量的决定过程。

四、公众的作用

公众指家庭、企业、地方政府。现在以家庭为例，说明公众在货币供给量决定中所起的作用。

假设家庭得到一笔货币收入，这时家庭就会进行金融资产结构的选择，即把这笔货币分割为现金、活期存款和定期存款三部分（为简便起见，可以把这里的定期存款理解为全部有价证券的代表）。家庭如此，企业和地方政府也如此。微观主体进行这种选择是为了使效用最大化，这种选择同时具有很重要的宏观意义，即在完全不知情的情况下对货币供给产生影响。

第一，公众持有的现金和活期存款的总和构成了货币供给。现金发行是由中央银行控制的。中央银行发行的现金一部分由公众持有，另一部分由商业银行持有，这两部分是此消彼长的。如果公众增加活期存款、减少现金持有，那么，商业银行的现金持有就增加了。在这增加的现金持有中，商业银行需要保留与增加存款相适应的存款准备金，其余的就可以作为贷款贷放给需要者。这样就引起了存款的创造和货币供给量的增加。可见，公众金融资产选择的行为也会影响货币供给。

第二，公众持有的定期存款不属于 M_1 口径的货币供给，但是，处于银行体系之内的这部分定期存款可以贷放出去，从而会部分地转化为活期存款并因此影响货币供给量。假设一种极端的情况：公众将其金融资产全部处于定期存款的形式上，这时货币供给（M_1）为零。假设公众的金融资产除了部分处于定期存款的形式，其余的还处于活期存款和现金的形式，那么，货币供给（M_1）大于零。可见，公众在这个方面的金融资产选择的行为也会影响货币供给。

第二节　存款创造与存款乘数

一、简单情况下的存款乘数

上面已经说明在货币供给的决定过程中，中央银行、商业银行、公众三个行为主体都在其中发挥各自的作用，共同参与货币供给的决定。本节将对这一过程进行更为仔细的研究，特别是要揭示出其数量规律。这一研究也是先从简单的情况谈起，然后再考虑比较复杂的情况。

简单情况是指下述假设：

第一，商业银行超额准备金为零。超额准备金是指商业银行实际准备金与法定准备金之差。例如，法定准备金率为10%，银行吸收了一笔10000元的存款。与这新增存款相对应的法定准备金为1000元。商业银行与新增存款相对应的实际准备金与法定准备金完全相等（为1000元），而将新增存款的其余部分9000元作为贷款贷放出去。这就是商业银行超额准备金为零的意思。

第二，公众均利用活期存款签发的支票进行交易。这样，媒介交易的货币流通仅仅表现为银行体系内公众支票账户增减的变动。这就是说，在进行这些交易的时候，没有任何现金滞留在银行体系之外。

第三，商业银行仅仅开设了活期存款的储种，而定期存款等其他储种尚未开设。

下面就在这些假设情况下考察存款创造过程。这些假设可以帮助我们较易抓住存款创造过程的基本内容，以后再逐渐放松这些假设，更为具体地考察这一过程。

假设法定存款准备金率为20%。以A、B、C、D代表各商业银行，以甲、乙、丙代表各微观经济单位，如家庭或企业。假设中央银行购买了公众甲1000元有价证券。中央银行没有向甲支付现金，这一交易过程是通过支票账户进行的。假设公众甲在商业银行A中有存款账户。这样，上述交易活动使商业银行A的存款增加1000元，存款准备金也增加 1000 元。

A 银行

资产	负债
准备金 +1000	存款 +1000

由于法定准备金率为 20%，A 银行存款增加了 1000 元，存款准备金只要增加 200 元就可以了。因此，A 银行形成了 800 元的超额准备金。根据假设，商业银行的超额准备金要全部贷放出来。假设 A 银行将 800 元贷给客户乙。这样，客户乙在 A 银行中的存款增加了。A 银行的资产负债表变化如下：

A 银行

资产	负债
准备金 1000	
贷款 800	存款 1800

客户乙得到这笔贷款是为了购买物品。交易是通过支票账户的转移进行的。物品的卖者丙在 B 银行有存款账户。这样，800 元货币从 A 银行转移到 B 银行。A 银行、B 银行资产负债表的变化分别如下：

A 银行

资产	负债
准备金 200	
贷款 800	存款 1000

B 银行

资产	负债
准备金 800	存款 800

对 A 银行来说，新增存款 1000 元，其中 800 元作为贷款的增加，200 元作为准备金的增加，这样的资金运用正好符合法定准备金率。对 B 银行来说，存款增加了 800 元，银行准备金也同时增加了 800 元。在这里，我们已经可以看到，对整个银行体系来说，中央银行新增 1000 元货币发行已经导致了存款创造现象的出现：1000 元存款增加为 1800 元存款（A、B 两家银行新增存款之和）。

存款创造的过程并没有到此结束。在 A 银行那里曾经发生过的事情现在 B 银行又一次发生。B 银行新增存款 800 元，按照 20% 的法定存款准备金率，只需要增加 800 × 20% =160（元）准备金就够了。因此，现在 B 银行新增超额准备金 640 元。按照假定，640 元必须全部贷放出去。B 银行新增 640 元的新增贷款会转化为另一个银行（例如 C 银行）新增 640 元的存款。这样，存款获得了进一步的扩张，由最初的 1000 元存款扩张为 1000 +800 +640 =2440（元）存款。显然，存款扩张的过程还会继续进行下去，上面叙述的过程还会重复出现。现在的问题是 1000 元的初始存款最终创造了多少存款呢？这个问题可以利用数学方法求解。

以 R 表示准备金、ΔR 表示增加的准备金、D 表示存款、ΔD 表示增加的存款、r 表示法定准备率（$r=R/D$）。

在没有现金交易的假定情况下，中央银行新增货币发行全部转变为商业银行的准备金。在上例中，中央银行新增货币发行1000元，这意味着商业银行增加了准备金1000元。

另外，中央银行新增货币发行使商业银行存款增加了1000元。这是第一轮存款的增加。商业银行的贷款受到法定准备率的限制，贷款的增加为：

$$1000-1000\times 20\% = 1000\times(1-20\%)$$

这一增加的贷款转化为商业银行第二轮存款的增加。第二轮存款的增加为［$1000\times(1-20\%)$］元。商业银行在法定准备金率的限制下，把新增存款的剩余部分全部贷放出去。因此，第二轮贷款的增加为：

$$[1000\times(1-20\%)]-[1000\times(1-20\%)]\times 20\%$$
$$=1000\times(1-20\%)\times(1-20\%)$$
$$=1000\times(1-20\%)^2$$

第二轮贷款转化为第三轮存款。第三轮增加的存款为$1000\times(1-20\%)^2$元。存款创造的过程还要继续下去。但是，根据以上论述，已经可以归纳出存款创造的规律。当中央银行新增货币发行1000元，从而商业银行准备金增加1000元时，最终的存款创造为：

$$1000+1000\times(1-20\%)+1000\times(1-20\%)^2+\cdots$$
$$=1000\times[1+(1-20\%)+(1-20\%)^2+\cdots]$$

根据几何级数的求和公式：

$$S_n=\frac{a_1(1-q^n)}{1-q}$$

式中，中括号的各项为一几何级数，其中第一项$a_1=1$，公比$q=(1-20\%)$，n为项数，当n趋于无穷大时，$q^n=0$，所以，求和公式化为：

$$S_n=\frac{a_1}{1-q}$$

因此，最终的存款创造：

$$1000\times[1+(1-0.2)+(1-0.2)^2+\cdots]$$
$$=1000\times\frac{1}{1-(1-0.2)}$$
$$=1000\times\frac{1}{0.2}$$
$$=5000$$

上述过程用符号表示即为：

$$\Delta D=\frac{1}{r}\Delta R$$

该式表示当商业银行存款准备金的增量为ΔR时，最终存款的增加ΔD为准备金增

量 ΔR 的（$1/r$）倍。（$1/r$）称为存款创造乘数，它是法定准备金率的倒数。当法定准备金率为20%时，存款创造乘数为5（倍）。显然，法定准备金率越小，存款创造乘数越大。

以上考察了货币扩张的存款乘数效应。由此可以看到，货币收缩也具有存款乘数效应。这就是说，中央银行减少一定数量的货币发行，货币供给量的减少是这一数量的一定倍数。

假设中央银行出售1000元的有价证券给某甲，该交易是通过支票账户的转移进行的。某甲在商业银行A有存款账户。假设商业银行A的资产负债表如下：

A银行

资产	负债
准备金10000	
贷款40000	存款50000

A银行存款总额为50000元，准备金为10000元，贷款为40000元，符合法定准备金率的要求。客户甲购买了1000元的有价证券，因此在A银行的存款减少了1000元，同时也使A银行的准备金减少了1000元。这一情况在A银行的资产负债表上表现为：

A银行

资产	负债
准备金10000	
−1000	
贷款40000	存款50000
	−1000

也就是

A银行

资产	负债
准备金9000	
贷款40000	存款49000

现在A银行的存款总额为49000元。根据法定准备金率，准备金必须达到49000×20%=9800（元）。A银行实际准备金为9000元。因此A银行法定准备金短缺800元。为了弥补准备金的短缺，A银行必须收回某客户乙的800元贷款。这样A银行资产负债表变为：

A银行

资产	负债
准备金9000	
+800	
贷款40000	

－800　　　　　　　　　　　存款 49000

就是

A 银行

资产　　　　　　　　　　　负债

准备金 9800

贷款　39200　　　　　　　　存款 49000

这样，A 银行的资金运用重新符合法定准备金率的要求。

A 银行收回客户乙的贷款使乙的银行存款（例如在 B 银行的存款）减少。B 银行资产负债的初始情况以及随后的变化如下：

B 银行

资产　　　　　　　　　　　负债

准备金 12000　　　　　　　存款 60000

－800　　　　　　　　　　　－800

贷款　48000

就是

B 银行

资产　　　　　　　　　　　负债

准备金 11200

贷款　48000　　　　　　　　存款 59200

B 银行初始存款为 60000 元、准备金为 12000 元、贷款为 48000 元，符合法定准备金率的要求。然而，当存款减少从而准备金减少 800 元时，情况有了变化。A 银行面临新的问题。当存款为 59200 元时，按法定准备金率要求的准备金应为 59200 × 20% = 11840（元）。而 B 银行实际准备金只有 11200 元，因此准备金短缺 640 元，这种情况迫使 B 银行收回贷款，补足准备金。

B 银行

资产　　　　　　　　　　　负债

准备金11200

＋640

贷款 48000

－640　　　　　　　　　　　存款 59200

就是

B 银行

资产　　　　　　　　　　　负债

准备金 11840

贷款 47360　　　　　　　　存款 59200

这样，B 银行的资产运用重新符合法定准备金率的要求。但是，B 银行收回贷款的行为使C银行存款减少640元，这又迫使C银行回收贷款以补足准备金，而这又会引起D银行存款减少。设C银行短缺的准备金为ΔR，C银行存款的减少为ΔD。根据准备金率的定义式，可以得到短缺的准备金ΔR与存款减少ΔD之间的关系：

$$r = R/D$$

$$R = rD$$

$$(R - \Delta D) + \Delta R = r(D - \Delta D)$$

$$\Delta R = \Delta D - r\Delta D$$

$$= (1 - r)\Delta D$$

注意：这里ΔR、ΔD均指某一轮的变化量，不是指总的变化量。

C银行短缺的准备金也就是D银行存款的减少：

$$\Delta R = (1 - r)\Delta D$$

$$= (1 - 20\%) \times 640$$

$$= 520 \text{（元）}$$

因此，中央银行收缩1000元货币，使

存款第一轮减少＝1000元

存款第二轮减少＝1000×（1－20%）＝800元

存款第三轮减少＝1000×（1－20%）×（1－20%）

＝1000×$(1-20\%)^2$＝640元

存款第四轮减少＝1000×$(1-20\%)^2$×（1－20%）

＝1000×$(1-20\%)^3$＝512元

……

存款总共减少＝1000＋［1000×（1－20%）］＋$[1000\times(1-20\%)]^2$＋…

＝1000×［1＋（1－20%）＋$(1-20\%)^2$＋…］

＝1000×1/（20%）

＝1000×5

＝5000（元）

可见，货币收缩的存款乘数也可以表达为：

$$\Delta D = (1/r)\Delta R$$

式中，ΔR为中央银行货币收缩的数量，也就是整个商业银行准备金减少的数量，r为法定准备金率，ΔD为货币供给量的减少。在上例中，由于法定准备金率为20%，中央银行收缩货币1000元，货币供给量减少5000元。存款乘数在货币扩张和货币收缩过程中同样发生作用。

二、复杂情况下的存款乘数

货币创造（或相反的过程）是通过银行系统内一连串存、贷款环节的转化展开的，这个转化受到法定准备金率的限制。每一笔存款都必须按规定留足法定准备金，剩下的部分才能放贷。所以，我们可以把法定准备金看成是货币创造过程中的“漏出”。由于这部分“漏出”，存款创造的规模受到一定的限制。下面就来考察使存款创造过程受到限制的另一些“漏出”因素，这些“漏出”因素是超额准备金、定期存款、公众现金持有。

1. 商业银行的超额准备金对存款创造的影响

在大多数场合，商业银行的实际准备金与法定准备金不会完全一致。概括地说，这种不一致总是与商业银行追求利润最大化的行为有关。这里关注的重点是超额准备金因素对存款创造过程的影响。

商业银行的超额准备金 E 是实际准备金 R 与法定准备金 $\bar{R}$ 之差，即 $E = R - \bar{R}$。显然，超额准备金 E 可正可负，为正表示实际准备金大于法定准备金，为负表示实际准备金小于法定准备金（这是违法的）。超额准备金率 e 是超额准备金占存款的比例，即 $e = E/D$。由于超额准备金可正可负，超额准备金率也可正可负，为正表示超过法定要求的准备金占存款的比例，为负表示按法定要求欠缺的准备金占存款的比例。

商业银行留存超额准备金的行为会影响存款乘数。由计算可得：

$$\Delta D = \frac{1}{r+e}\Delta R_0$$

上式表示在商业银行留存超额准备金的情况下，中央银行新增货币发行 ΔR_0，则存款的增加 ΔD 是新增货币发行的 $1/(r+e)$ 倍。例如，设 $\Delta R_0 = 1000$ 元，$r = 20\%$，$e = 5\%$，则存款增加：

$$\Delta D = \frac{1}{20\% + 5\%} \times 1000 = 4 \times 1000 = 4000$$

这表明当商业银行实际准备金大于法定准备金时，存款乘数变小（由5减至4）。

若 $e = -5\%$，其他情况不变，则存款增加：

$$\Delta D = \frac{1}{20\% - 5\%} \times 1000 \approx 6.7 \times 1000 = 6700$$

这表明当商业银行实际准备金小于法定准备金时，存款乘数变大（由5增至6.7）。

2. 公众定期存款倾向对存款乘数的影响

中央银行增加货币发行，一方面使商业银行准备金增加，另一方面使公众存款增加，这与前无异。不同的是公众在增加活期存款的同时增加定期存款，这一情况会影响存款乘数。

从 ΔR 表示中央银行新增货币发行从而商业银行新增准备金、ΔD_d 表示新增活期存款、ΔD_t 表示新增定期存款、t 表示定期存款占活期存款的比例即 $t = D_t/D_d$、r_d 表示活期存款准备金率、r_t 表示定期存款准备金率。通过和前面类似的计算，可以得到这种情况下的存款乘数：

$$\Delta D_d = \frac{1}{r_d + r_t t}\Delta R$$

该式表明在公众具有定期存款倾向的情况下，中央银行新增货币发行 ΔR 使活期存款总共增加 ΔD_d 是 ΔR 的 $1/(r_d+r_t t)$ 倍。设 $\Delta R=1000$ 元，$r_d=20\%$，$r_t=5\%$，$t=0.1$，则活期存款创造为：

$$\Delta D_d = \frac{1}{20\% + 5\% \times 0.1} \times 1000 \approx 4.88 \times 1000 = 4880(\text{元})$$

假设其余不变，$t=1$（t 不一定小于 1），则：

$$\Delta D_d = \frac{1}{20\% + 5\% \times 1} \times 1000 = 4 \times 1000 = 4000(\text{元})$$

可见，在其他条件不变的情况下，公众定期存款倾向愈强（即 t 愈大），则活期存款乘数愈小。

3. 公众现金持有倾向对存款乘数的影响

前面的论述均有非现金交易的假定。这样，中央银行新增货币发行全部滞留在银行系统内。现在我们放宽这一假定。这样一来，中央银行新增货币发行，一部分表现为银行系统内存款的增加，另一部分表现为银行系统外公众持有现金的增加。这种情况显然也会影响存款乘数。

以 ΔR 表示中央银行新增货币发行，ΔD_d 为活期存款增量，ΔC 为现金增量，k 为现金占活期存款的比例即 $k=C/D_d$，通过计算可得这种情况下的存款乘数：

$$\Delta D_d = \frac{1}{r+k}\Delta R$$

上式表明在公众具有持有现金倾向的行为条件下，中央银行新增货币发行量为 ΔR，则存款创造 ΔD_d 是 ΔR 的 $[1/(r+k)]$ 倍，即存款乘数为 $1/(r+k)$。若 $\Delta R=1000$ 元，$r=20\%$，$k=20\%$，则：

$$\Delta D_d = \frac{1}{20\% + 20\%} \times 1000 = 2.5 \times 1000 = 2500(\text{元})$$

若其他不变，k 增至 30%，则：

$$\Delta D_d = \frac{1}{20\% + 30\%} \times 1000 = 2 \times 1000 = 2000(\text{元})$$

这就表明公众持有现金的倾向越强（即 k 值越大），则存款乘数越小。

同时考虑上述各“漏出”因素，即同时考虑法定准备率因素、超额准备金率因素、定期存款因素和现金持有因素，则活期存款创造可以表达为：

$$\Delta D_d = \frac{1}{r_d + e + r_t t + k}\Delta R$$

式中，$\frac{1}{r_d + e + r_t t + k}$ 为活期存款乘数。若 $\Delta R=1000$ 元、$r_d=0.2$、$e=0.05$、$r_t=0.03$、$t=0.1$、$k=0.25$，则：

$$\Delta D_d = \frac{1}{0.2 + 0.05 + 0.03 \times 0.1 + 0.25} \times 1000 \approx 1.988 \times 1000 = 1988(\text{元})$$

这个例子表明：在 r_d、e、r_t、t、k 按上述给定情况下，中央银行增发货币 1000

元，可以使商业银行活期存款增加1988元。

第三节 货币供给量的决定

一、中央银行增发现金的存款乘数

在不考虑公众持有现金的场合，中央银行的新增货币发行全额转化为商业银行的准备金。在考虑公众持有现金的场合，中央银行的新增货币发行的一部分表现为新增商业银行准备金，另一部分表现为新增现金发行中的公众持有现金，以满足公众增加持有现金的需要。因此，以上讨论现金持有因素中的 ΔR，实际上是由商业银行新增准备金和新增现金发行两部分构成。在对这一点进行了说明以后，不再用 ΔR 表示中央银行新增货币发行的总体，而用它表示中央银行新增货币发行中的一部分，即商业银行新增存款准备金；用 ΔC 表示中央银行新增货币发行的另一部分，即新增现金发行中的公众持有现金。

这样一来，中央银行新增货币发行用 $\Delta R + \Delta C$ 表示，这一表示和以前的表示是有区别的，读者应注意到这里表现出来的论述的层次性。

中央银行新增货币发行使商业银行准备金增加即 ΔR 从而引起存款创造的过程已经在前面讨论过了。现在讨论中央银行新增现金发行即 ΔC 对存款创造的影响。

这个问题现在已经变得很简单了：中央银行增加现金发行，公众将其中一部分继续保持在现金形态上，另一部分存入商业银行。商业银行存款增加后，留存一定量的准备金，其余的放贷出去。商业银行贷款的增加转过来又引起存款的增加……由此看来，中央银行新增现金发行引起的存款创造和中央银行使商业银行准备金增加引起的存款创造没有什么不同，即：

$$\Delta D_d = \frac{1}{r_d + e + r_t t + k}\Delta R$$

$$\Delta D_d = \frac{1}{r_d + e + r_t t + k}\Delta C$$

二、高能货币和存款创造的关系

现金发行和商业银行准备金构成了中央银行的负债。如前所述，中央银行的负债在存款创造从而货币供给的决定过程中在某种意义上起决定性的作用，因此把中央银行的负债即现金发行（公众持有）和商业银行准备金之和称为高能货币（或基础货币、强力货币）。

以 H 表示高能货币，则 $H = C + R$。高能货币的增加就是商业银行准备金的增加与现金发行（公众持有）的增加之和，即 $\Delta H=\Delta C+\Delta R$。

下面以 $(\Delta D_d)_R$ 表示商业银行准备金增加引起的活期存款创造、以 $(\Delta D_d)_c$ 表示现金发行（公众持有）增加引起的活期存款创造、以 ΔD_d 表示总的活期存款创造，可以推导出高能货币增量与存款创造之间的关系：

$$(\Delta D_d)_R=\frac{1}{r_d+e+r_t t+k}\Delta R$$

$$(\Delta D_d)_C=\frac{1}{r_d+e+r_t t+k}\Delta C$$

$$\begin{aligned}\Delta D_d&=(\Delta D_d)_R+(\Delta D_d)_C\\&=\frac{1}{r_d+e+r_t t+k}\Delta R+\frac{1}{r_d+e+r_t t+k}\Delta C\\&=\frac{1}{r_d+e+r_t t+k}(\Delta R+\Delta C)\\&=\frac{1}{r_d+e+r_t t+k}\times\Delta H\end{aligned}$$

该式表明当参数 r_d、e、r_t、t、k 给定时，中央银行增加高能货币 ΔH 使活期存款增加量 ΔD_d 是高能货币增量 ΔH 的 $\frac{1}{r_d+e+r_t t+k}$ 倍。

若 $\Delta H=2000$ 元、$r_d=0.2$、$e=0.05$、$r_t=0.03$、$t=0.1$、$k=0.25$，则

$$\Delta D_d=\frac{1}{0.2+0.05+0.03\times0.1+0.25}\times2000\approx1.988\times2000=3976(\text{元})$$

这一计算表明：中央银行通过使其债务增加 2000 元，可以使活期存款扩张达到 3976 元，扩张的倍数接近 2。

三、货币供给量的决定

按 M_1 的统计口径，货币供给定义为现金与活期存款之和，即 $M_S=C+D_d$。根据上述论述，可以进一步推导出本章最重要的结论：中央银行控制的高能货币增量与货币供给增量之间的关系：

$$\Delta M_S=\Delta C+\Delta D_d$$

$$\Delta M_S=k\Delta D_d+\Delta D_d$$

$$\Delta M_S=(k+1)\Delta D_d$$

$$\Delta M_S=(k+1)\frac{1}{r_d+e+r_t t+k}\Delta H$$

$$\Delta M_S=\frac{1+k}{r_d+e+r_t t+k}\Delta H$$

该式表明中央银行使高能货币增加为 ΔH 时，货币供给的增加（ΔM_S）是高能货币

增量（ΔH）的 $\frac{1+k}{r_d+e+r_t t+k}$ 倍，$\frac{1+k}{r_d+e+r_t t+k}$ 称为货币创造乘数。

假设活期存款准备金率 $r_d=0.2$. 超额准备金率 $e=0.05$、定期存款准备金率 $r_t=0.05$、定期存款占活期存款的比例 $t=D_t/D_d=0.4$ 、现金占活期存款的比例 $k=C/D_d=0.23$. 中央银行高能货币增加 $\Delta H=1000$ 元。为表达方便，令：

$$B\equiv r_d+e+r_t t+k=0.2+0.05+0.05\times0.4+0.23=0.5$$

通过计算，可以得到下述结果：

（1）活期存款增加

$$\Delta D_d=(1/B)\times\Delta H=(1/0.5)\times1000=2000\text{（元）}$$

（2）现金发行增加

$$\Delta C=(k/B)\times\Delta H=(0.23/0.5)\times1000=0.46\times1000=460\text{（元）}$$

（3）货币供给增加

$$\Delta M_S=D_d+\Delta C=[(1+k)/B]\times\Delta H=(1.23/0.5)\times1000$$
$$=2.46\times1000=2460\text{（元）}$$

（4）定期存款增加

$$\Delta D_t=(t/B)\times\Delta H=(0.4/0.5)\times1000=0.8\times1000=800\text{（元）}$$

（5）商业银行准备金增加

$$\Delta R=\Delta H-\Delta C=1000-460=540\text{（元）}$$

（6）商业银行准备金的分配

①活期存款准备金增加

$$\Delta R_d=r_d\times\Delta D_d=0.2\times2000=400\text{（元）}$$

②定期存款准备金增加

$$\Delta R_t=r_t\times\Delta D_t=0.05\times800=40\text{（元）}$$

③超额准备金增加

$$\Delta E=e\times\Delta D_d=0.05\times2000=100\text{（元）}$$

三项准备金之和为 540，验证了上述计算。

（7）商业银行准备金增加的活期存款创造

$$(\Delta D_d)_R=(1/B)\times\Delta R=(1/0.5)\times540=1080\text{（元）}$$

（8）增发现金的活期存款创造

$$(\Delta D_d)_c=(1/B)\times\Delta C=(1/0.5)\times460=920\text{（元）}$$

两项活期存款创造之和为 2000 元，验证了上述计算。

以上计算表明：在掌握决定货币乘数的各个参数的情况下，中央银行若要使货币供给量增加 2460 元，只要通过转账方式向商业银行增加贷款 540 元，以及增发现金 460 元（例如利用现金购买 460 元有价证券），预定的目标就可以实现。

根据上述货币供给理论，基础货币通过货币乘数和货币供给发生关系。因为货币乘数为正，所以，基础货币和货币供给的变化方向是一致的：基础货币增加导致货币供给增加，基础货币减少导致货币供给减少。这无疑是正确的，但要注意，在基础货币变化时，只有在影响货币乘数的诸因素不变从而货币乘数不变的情况下，上述结论才是正确的，否则就要打问号了。下面看一个实例。

基础货币在我国称为储备货币。根据中国人民银行提供的数据，2014 年 1 月储备货币为 287732.11 亿元，9 月为 285299.18 亿元，减少了 2432.93 亿元。货币供给呢？M_0 在 1 月为 76488.60，9 月为 58844.99，减少了 17643.61 亿元；M_1 在 1 月为 314900.55 亿元，9 月为 327220.21 亿元，增加了 12319.66 亿元；M_2 在 1 月为 1123521.21 亿元，9 月为 1202051.41 亿元，增加了 78530.20 亿元。

按照货币理论：基础货币减少导致货币供给减少，基础货币增加导致货币供给增加，而我国 2014 年 1—9 月的实际情况是：基础货币减少而货币供给中的 M_2 和 M_1 都增加。基础货币和货币供给的变化方向相反，理论和实际不一致，这是怎么一回事？

如果我们认为中国人民银行提供的数据基本上是正确的，而且，货币供给的公式可以说都是在定义式的基础上得出的，无可怀疑，那么，问题只能"出"在我们对理论的具体运用上。我们来回顾一下货币供给理论：

货币供给： $M=C+D=(k+1)D$

基础货币： $H=C+R=(k+r)D$

基础货币对支票的影响： $D=1/(k+r)H$

基础货币对货币供给的影响： $M=[(k+1)/(k+r)]H$

基础货币增量的影响： $\Delta M=[(k+1)/(k+r)]\Delta H \quad (1)$

根据这一理论的式（1），因为乘数大于零，所以基础货币 H 减少而货币供给 M_1 增加的情况不可能出现。

问题出在哪里？观察式（1）：其实，式（1）的成立是有条件的，当基础货币数量变化时，只有在影响货币乘数的诸参数的取值不变从而货币乘数不变的情况下，货币供给所受到的影响才能够由式（1）表达；在基础货币数量变化时，如果影响货币乘数的诸参数的取值发生变化从而货币乘数也发生变化，那么，式（1）就不成立了，货币供给所受到的影响就不能够由式（1）表达了。

考虑到在基础货币变化时，影响货币乘数的因素也变化从而货币乘数也变化，货币供给决定的公式应该如下：

$$M+\Delta M=[(k+\Delta k+1)/(k+\Delta k+r+\Delta r)](H+\Delta H)$$

$$\Delta M=[(k+\Delta k+1)/(k+\Delta k+r+\Delta r)](H+\Delta H)-M$$

$$\Delta M=[(k+\Delta k+1)/(k+\Delta k+r+\Delta r)](H+\Delta H)-[(k+1)/(k+r)]H$$

$$\Delta M=[(k+\Delta k+1)/(k+\Delta k+r+\Delta r)]H+[(k+\Delta k+1)/(k+\Delta k+r+\Delta r)]\Delta H-[(k+1)/(k+r)]H \quad (2)$$

在式（2）中，第一项大于零，第二项由于 $\Delta H<0$ 而小于零，第三项也小于零，在一定的条件下，即第一项大于第二项、第三项的和的绝对值，$\Delta M>0$ 就可以出现。

也就是说，根据式（2），基础货币 H 减少而货币供给 M 增加的情况有可能出现。

下面以我国的数据算一算。首先，有一个说明：在理论上，作为央行基础货币一部分的货币发行和货币供给 M_0 在数量上是一样大的，但实际上由于统计或其他原因，二者不完全一样大。下面的计算，力求简化，假设二者完全一样大。这样，我们认为 M_0 就等于基础货币中的货币发行，并按此计算存款总额和基础货币。

2014 年 1 月：货币供给 $M_2 = 1123521.21$ 亿元，$C = 85752.96$ 亿元，存款 $D = M_2 - M_0 = M_2 - C = 1037768.25$（亿元），现金持有倾向 $k = C/D = 0.0826$，准备金 $R = 201979.15$，准备金率 $r = R/D = 0.195$，基础货币 $H = C + R = 287732.11$（亿元）。

$$
\begin{aligned}
1\text{月货币供给计算值} M_2 &= [(1+0.0826)/(0.1946+0.0826)]\,287732.11\ (\text{亿元})\\
&= 3.905\times 287732.11\ (\text{亿元})\\
&= 1123593.89\ (\text{亿元})\ (\text{误差}\ 0.0002)
\end{aligned}
$$

2014 年 9 月：货币供给 $M_2 = 1202051.41$ 亿元，$C = 65544.74$ 亿元，存款 $D = M_2 - M_0 = M_2 - C = 1136506.67$（亿元），现金持有倾向 $k = C/D = 0.0577$，准备金 $R = 219754.43$，准备金率 $r = R/D = 0.1934$，基础货币 $H = C + R = 285299.18$（亿元）。

$$
\begin{aligned}
9\text{月货币供给计算值} M_2 &= [(1+0.0577)/(0.1934+0.0577)]\,285299.18\ (\text{亿元})\\
&= 4.212\times 285299.18\ (\text{亿元})\\
&= 1201756.04\ (\text{亿元})\ (\text{误差}\ 0.0002)
\end{aligned}
$$

$$
\begin{aligned}
\Delta M_2 &= [(k+\Delta k+1)/(k+\Delta k+r+\Delta r)]\,H+\\
&\quad [(k+\Delta k+1)/(k+\Delta k+r+\Delta r)]\,\Delta H-[(k+1)/(k+r)]\,H\\
&= (4.212\times 287732.11)+[4.212\times(285299.18-287732.11)]-\\
&\quad (3.905\times 287732.11)\\
&= (1211927.65-10247.50)-1123593.89\\
&= 1201680.15-1123593.89\\
&= 78086.26\ (\text{亿元})
\end{aligned}
$$

可见，货币供给的变化取决于三项：①变化了的乘数对初始基础货币的影响；②变化了的乘数对基础货币变化量的影响；③初始货币供给。在本例中，由于乘数提高，初始基础货币导致货币供给增加；由于基础货币减少，减少的基础货币通过乘数提高的反向作用导致货币供给减少。二者之和就是考察期的货币供给。由于乘数提高的影响大于基础货币减少的影响，所以，在基础货币减少的情况下货币供给反而增加了。

在本例中，基础货币减少不应看作紧缩的货币政策。虽然基础货币减少了，但其中的准备金增加了，这是由央行外国资产增加和央行票据发行减少导致的，所以可以看成扩张性的货币政策。至于基础货币中货币发行（现金）的减少，似乎更应该归结于交易电子化技术的发展对现金流通的节约。

四、中央银行的货币政策工具

中央银行的货币政策工具是指中央银行改变货币供给量的具体方法或途径。前面已经得到货币乘数公式即本章最重要的结论：

$$\Delta M_S = \frac{1+k}{r_d + e + r_t t + k}\Delta H$$

下面结合这一公式讨论中央银行可以通过哪些具体渠道改变货币供给量。

1. 公开市场业务

公开市场业务是指中央银行在证券市场上通过买卖有价证券改变货币供给量。

回顾前面所说，中央银行的资产和负债是同方向变化的，资产增加导致负债增加；资产减少导致负债减少。

因此，如果中央银行希望扩大货币供给量，那么，这一目标可以通过中央银行在证券市场上买进有价证券来实现。中央银行买进有价证券可以按转账方式，也可以按现金交易方式进行。在前一场合，这一交易使商业银行的准备金增加（ΔR）；在后一场合，这一交易使公众现金持有的数量增加（ΔC）。总体来看，这一交易使中央银行的负债即高能货币增加（$\Delta H = \Delta R + \Delta C$）。高能货币增加了，通过货币乘数即反复存贷的过程，货币供给量进一步增加。

如果中央银行希望减少货币供给量，那么，中央银行就会抛售有价证券，这样会使商业银行的准备金减少，使公众的现金持有减少。这意味着中央银行负债即高能货币量（ΔH）减少。通过反过来的货币乘数作用，货币供给量会进一步减少。

从理论上说，中央银行的公开市场操作是直接通过改变高能货币量来改变货币供给量的。

2. 改变对商业银行的贷款利率

商业银行在资金短缺时可以向中央银行提出借款要求。中央银行按一定的利率可以满足商业银行的借款要求。作为一类企业，商业银行向中央银行告贷仍然服从利润最大化的目标。中央银行规定的贷款利率实际上是商业银行借款的成本或代价。在商业银行借款收益给定情况下，借款成本提高会促使商业银行减少向中央银行的借款，借款成本下降会促使商业银行增加向中央银行的借款。这样，中央银行改变向商业银行的贷款利率，会改变商业银行向中央银行的借款需求，从而进一步改变货币供给量。

如果中央银行希望增加货币供给量，那么，中央银行就会降低对商业银行的贷款利率，这一变化对商业银行意味着向中央银行借款的成本降低了。若借款的预期收益不变，则商业银行倾向于增加向中央银行的借款。这样，中央银行向商业银行的贷款增加，同时商业银行的准备金增加。商业银行准备金增加，通过货币乘数的作用，使货币供给量进一步增加。

中央银行如果希望减少货币供给量，就会提高对商业银行的贷款利率，促使商业银行减少向中央银行的计划借款，于是商业银行短缺的准备金只有通过收回一定数量的贷款来弥补。通过反过来的货币乘数作用，这会引起一轮一轮存款的减少，从而货币供给量进一步的减少。

中央银行改变向商业银行贷款利息率的做法一般称为中央银行的贴现率政策或再贴现率政策。

从理论上看，中央银行的贴现率政策或再贴现率政策是通过改变商业银行向中央银行的借款行为从而间接地改变高能货币量以及货币供给量。

3. 改变法定存款准备金率

从货币乘数公式可以看出，当法定准备金率改变时，高能货币对货币供给的影响程度（货币乘数）就改变了。因此，当中央银行希望增加货币量时，中央银行可以降低法定准备率。这样会引起商业银行超额准备金增加，从而引起存款扩张以及货币供给的扩张。反之，中央银行可以提高法定准备金率，这样造成商业银行法定准备金短缺，从而进一步引起存款减少以及货币供给量减少。

不过，一般认为，这种方法作用猛烈，会给经济带来较大的震荡，现在一些国家较少使用。

章节习题

1. 基础货币的定义是什么？在纯通货经济下，基础货币与货币供给的关系是什么？

2. 货币乘数的定义是什么？在完全准备金银行制度下，货币乘数的值为多少？在部分准备金银行制度下，如果以存款形式持有全部货币，货币乘数的值又为多少？为什么部分准备金银行制度下的货币乘数高于完全准备金银行制度下的货币乘数？

3. 讨论公众和银行的行为如何引起货币乘数的上升或下降，公众和银行能影响货币乘数，这是否意味着中央银行不能控制货币供给？为什么？

4. 某一经济的货币供给为6000000元，公众持有的通货为2000000元，准备金存款比率为0.25。请计算存款、银行准备金、基础货币和货币乘数。在另一个经济体中，库存现金为1000000美元，存款机构在中央银行的存款为4000000美元，基础货币为10000000美元，银行存款为20000000美元。请计算银行准备金、货币供给及货币乘数。

5. 当实际利率上升时，银行更愿意将更大比例的存款用于放贷，这将降低准备金存款比率。具体而言，假设：

$$res = 0.4 - 0.2r$$

式中，*res* 为准备金存款比率，*r* 为实际利率，通货存款比率为0.4，价格水平固定在1，基础货币为60，实际货币需求为：

$$L(Y, i) = 0.5Y - 10i$$

式中，*Y* 为实际产出，*i* 为名义利率。假设预期通货膨胀为0（名义利率＝实际利率）。

（1）如果 $r=i=0.1$，准备金存款比率、货币乘数、货币供给是多少？实际产出 Y 为多少时，资产市场出清时的实际利率为0.1？

（2）如果 $r=i=0.05$，重复（1）的计算。

（3）假设准备金存款比率固定在（1）中求得的值，而且不受利率影响。如果 $r=i=0.05$，在这种情况下，产出 Y 为多少时资产市场才会出清？

6. 下列事件如何影响美国的货币供给？请解释。

（1）银行决定持有更多的超额准备金。其中，超额准备金是指超过法定准备金的那部分银行准备金。

（2）圣诞将至，人们为了购物从他们的银行账户里提取现金。

（3）美联储向公众出售黄金。

（4）美联储开始向存款机构在美联储的存款支付利息（目前不支付利息）。

（5）自动取款机的使用使得人们在需要时可以随时提取现金，存款也变得比较便利。

（6）美国联邦政府向美联储出售200亿美元的新发行国债，全部销售收入将用于支付政府雇员的工资。

（7）美联储在东京出售其持有的部分国债，以此买入日元。

第七章　总需求的形成

导入案例

适度扩大总需求稳增长

展望2017年，我国经济增长的潜力、韧性和回旋余地仍较大，“三新”经济动能快速成长，企业效益有所改善，工业领域存在补库存需要，宏观调控政策仍有一定空间，将会支撑我国经济保持在合理运行空间。当然，全球经济增长仍然疲弱，一些国家大选、反全球化逆流和地缘政治等不确定性因素对经济复苏的影响加大；国内新的增长支撑点缺乏、产能过剩依然较大、民间投资不振、资金“脱实就虚”、金融风险加大、居民收入减速、部分领域改革推进缓慢、部分地区困难较大等因素叠加影响，我国经济仍面临较大下行压力。国内经济面临的问题和挑战，国内经济面临房地产市场波动影响宏观经济稳定运行，社会资金加速“脱实向虚”，各领域金融风险叠加隐患上升，民间企业投资活力不足，收入增速放缓抑制消费需求等问题。

一、房地产市场波动影响宏观经济稳定运行。近两年来，因各地采取首付比例和利率下调、购置税减免、限购限贷放宽、场外配资等政策松绑逐步发挥放大效应，加之2015年股市大幅波动退出的资金转入房市，以及居民实际购房能力显著提升，2016年年初以来刚性需求的投资投机购房需求大幅上升，吸引大量社会资金流入，房地产市场全面回暖，房价出现新一轮暴涨。高房价推高了企业经营成本和城市居民生活成本，创业十年不抵买房一套，上市公司一年的盈利买不了京沪深一套房，严重打击创业与创新。但国庆长假期间，约20个城市紧急出台的以抑制需求为主的严厉调控政策，新政作为一个突变性信号，必然会对短期经济增长造成明显冲击。若下一步各地再出现政策执行走样、调控过度、反复折腾，则会对2017年房地产及其相关产业稳定增长、后续投资安排、居民安居等带来不利影响和严重后患。

二、社会资金加速“脱实向虚”。2015年以来连续五次降息、五次降准，以及通过创新金融工具投放流动性，我国货币政策宽松力度较大，但当前金融输血实体经济的效果并不理想。其主要原因在于：一是从宏观层面看金融市场利率和企业融资成本确有下降，但传导机制的障碍使得大批民营企业和小微企业融资难、融资贵问题依旧突出，民营投资需求仍在放缓。二是由于投资效率低下以及大批行业平均利润率下降，浪费性投资、低效投资、无效投资等情况都非常普遍，社会资金使用效率下降又进一步反过来影响投资信心。三是社会资金因实体经济不振、投资回报率预期低下而加快“脱实向虚”，由2015年大规模涌入资本市场到2016年大量进入房地产市场，以及通过各类理财产品、产业基金、互联网金融（P2P）等路径进入虚拟经济，推动了2016年国内房地产、大宗商品等资产价格再次快速膨胀。

三、各领域金融风险叠加隐患上升。地方政府盲目举债的冲动有所抬头，将政府与私人组织伙伴关系方式当成单纯融资手段，不合理确定权责，给予社会资本远超风险对价的优厚回报；政府投资基金风险控制机制不完善，作出违规担保、明股实债、兜底回购、固定回报等内部安排和承诺，形成隐性地方政府债务。制造业贷款不良率上升，企业债违约事件不断增多，债券市场杠杆风险加大，保险公司利用万能险高杠杆资金举牌上市公司等事件增多，互联网金融等领域违约“跑路”事件频发。由于现有财政、金融、投资等体制改革并没有实质性进展，企业高杠杆问题并没有从根本上解决，因而各类敏感领域金融风险积聚和交叉感染，存在系统性金融风险隐患。

四、民间企业投资活力不足。2016年以来，民间投资增速大幅下滑，1—11月仅增长3.1%，同比回落7.1个百分点，其中7月下降1.2%，是2012年正式开展民间投资统计以来的首次下降。民间投资增长疲弱，除产能过剩、市场需求不振、企业融资成本偏高、“玻璃门”“弹簧门”“旋转门”等因素外，主要原因：一是专项建设基金“亲国有疏民间”。政银企社合作的模式在提高风险管控质量的同时，也导致了专项建设基金更多地支持政府项目和国企项目，对民间资本项目鲜有问津。二是政府与私人组织伙伴关系项目民间资本参与程度非常低。本来政府与私人组织伙伴关系是政府和私人资本合作的一种模式，现在演变成政府和社会资本的合作，而社会资本大都是国有企业，民营企业较少参与。三是国有企业大规模进军非主营业务加大挤出效应。国企依靠国有资本担保、抵押物充裕等优势，更容易获得大规模的低成本信贷资金。具有资金优势的国有企业大规模进入房地产等非主营业务的市场竞争领域，导致市场争夺白热化，加剧价格战，加大了对民间投资的挤出效应。四是金融系统迫于不良贷款攀升、资产质量恶化等压力，倾向于控制、收缩对中小企业和民营企业的授信额度，增加了民间资本的融资难度。五是部分资本借助对外投资合作加速海外布局，分流部分资金。1—11月对外投资同比增长55.3%，增幅同比提升39.3个百分点。民间投资滑落，一方面是民间资本应对经济转型、市场需求偏弱、产能尚未出清的正常反应，另一方面也反映出市场活力的不足。

五、收入增速放缓抑制消费需求。由于经济增长放缓以及结构性下岗转岗失业等情况加剧，城镇居民收入增速出现放缓，因粮价下降农民增产难以增收。外出务工劳动力月均收入同比增长5.9%，增幅同比放缓3.2个百分点。各省市最低工资标准上调的个数和幅度均减少，2016年上调最低工资标准的仅有9个省市，较上年减少了16个，平均上调幅度为11.6%，较上年放缓了4.9个百分点。居民收入水平放缓，不仅会抑制后期消费增长，而且会对特殊地区下岗失业人员、弱势群体的生活造成冲击，增加脱贫攻坚的压力。

2017 年经济仍面临下行压力。经济下行压力主要表现在：仍然存在部分抑制投资增长的因素；影响甚至是抑制消费增长的因素也较多；外贸进出口仍将低迷；工业品供过于求的状况并没有出现根本性改变，价格仍难以持续回升。如果采取政策措施，那么机遇将大于挑战。

第一，固定资产投资将保持平稳增长。2017 年固定资产投资增速有望平稳增长：一是新开工项目计划总投资快速增长，对后续投资稳定增长形成有力支撑。2016 年1—11 月，新开工项目计划投资额同比增长 21%，增幅同比加快 16.3 个百分点。二是工业企业效益好转增强投资能力。随着供给侧结构性改革全面推进，以及工业生产者出厂价格跌幅不断收窄，工业企业利润逐月回升，这将增强制造企业的投资能力和意愿。三是工业企业库存处于历史较低位，库存回补的存货投资将呈回升态势。四是专项建设基金、政府与私人组织伙伴关系项目等继续支持基建投资保持较快增长。五是民间投资积极性有望得到改善。《国务院办公厅关于进一步做好民间投资有关工作的通知》从督查整改落实、深化放管服改革、营造公平竞争市场环境、缓解融资难融资贵、降低企业成本负担等方面作出具体部署，有助于调动民营企业积极性，促进民间投资持续健康发展。六是新的投资热点涌现。新产业、新业态、新模式三新产业、“旅游、文化、体育、健康、养老”五大幸福产业发展十分迅速，相关行业投资将快速增长。但是，仍然存在部分抑制投资增长的因素：一是实体企业投资收益预期仍不乐观，难以有效吸引资金大规模流入，特别是融资难融资贵、企业经营成本较高等问题依然存在。二是传统行业规模过大，新旧动能转换仍需较长时间，新兴业态投资增量难以抵消传统行业投资减量。三是新一轮房地产调控政策将会使房地产市场降温，房地产投资将呈回落趋势。总体来看，我国投资可能出现平稳略降态势，预计 2017 年固定资产投资将增长 8% 左右。

第二，消费需求将稳中略降。2017 年，支撑消费增长的因素主要有：一是旅游、休闲、文化、体育、教育等个性化、多元化新兴消费模式和消费热点比较活跃。二是电商网购越来越成为重要的消费方式，网购商品和服务的范围不断扩大，便利化程度不断提高，快递、配送、仓储和售后等配套服务逐步完善。三是社会保障体系不断完善、保障水平逐步提高、社保覆盖面不断拓宽，有助于消除居民消费后顾之忧。但同时，影响甚至是抑制消费增长的因素也较多，一是居民消费与宏观经济走势高度正相关，经济下行压力抑制消费增长；二是居民收入增速放缓、最低工资标准上调的省份减少、上调幅度减小等影响居民消费能力；三是新一轮房地产市场调控将会抑制与住房相关的家具、家电、建材等相关商品消费；四是消费品市场缺乏创新无法带动更多需求增量，同时，消费品质量与安全问题使得部分消费外流。总体来看，我国消费需求也会呈现稳中略降态势，预计 2017 年社会消费品零售总额将增长 10% 左右。

第三，外贸进出口仍将低迷。2017 年，世界经济仍然难以摆脱低迷增长，“中国制造”的传统比较优势逐步削弱。伴随我国要素成本与资源环境约束增强，传统劳动密集型出口商品成本不断攀升，价格等方面比较优势弱化，高端装备、智能制造等出口产品面临来自发达国家的竞争，仍难以形成新的外贸增长点，我国外贸发展仍不容乐观。但是，“一带一路”、国际产能合作等加快落实，尤其是对外投资大幅增长有望带动部分商品出口。人民币汇率贬值有助于提高出口竞争力。2017 年，我国对外贸易出口下降 3% 左右，进口下降 2% 左右。

第四，居民消费价格温和上涨，工业品价格将前升后降。从居民消费价格来看，劳动力成本呈刚性上涨态势，服务价格将小幅上涨；猪肉价格高位企稳，蔬菜、鲜果等食品价格受天气等因素影响有较大的不确定性。但是，社会总供给大于总需求的状况没有改变，货币政策以“去杠杆”为主使得流动性不会大幅增加，消费物价缺乏大幅上涨的基础。预计 2017 年 CPI 将上涨 2% 左右。从工业品价格看，国际大宗商品价格进一步大幅反弹的动能不足，我国产能过剩问题仍比较突出，工业品供过于求的状况并没有出现根本性改变，价格仍难以持续回升。但工业品价格波动较大，上涨时存在加速上涨、下跌时存在加速下跌的特点，工业品价格翘尾因素明显升高，2017 年工业品价格翘尾因素约为 4.2 个百分点，较上年回升约 6.9 个百分点。总体来看，2017 年上半年工业品价格涨幅将较快，下半年后将会有所放缓，预计全年生产价格指数（PPI）将上涨 4% 左右。

第五，2017 年预期调控目标。主要考虑到我国潜在经济增长水平和 2017 年的需求变化趋势，以及当前宏观经济下行压力仍然较大的现实，同时，充分考虑年度经济增长调控目标要与全面建成小康社会的宏伟目标相衔接，经济增长目标要充分考虑就业需要，建议把 2017 年经济增长调控目标定在 6.5% 左右。但是，若考虑到全国迎接十九大和在国际国内引导积极预期以及深化改革有可能释放出来更多红利的可能性，2017 年增长速度超过 6.5% 也是一个具有较大概率事件。建议居民消费价格指数涨幅控制在 3% 左右，城镇新增就业 1000 万人以上。

第一节　收入对总需求的影响

一、总需求概念及构成

以上我们分别研究了消费需求、投资需求、货币需求和货币供给，这些都是总需求的形成要素。本章要把这些内容串联起来，完成对总需求的研究。

在宏观经济学中，总需求是非常重要的概念。总需求是指对本国生产的产品所形成的购买需求。

在第二章，我们曾介绍了统计国民生产总值的支出法。按照支出法的统计口径：

总支出 = 消费 + 投资 + 政府购买 + 净出口

在其内涵上，总需求和总支出如出一辙：

总需求＝消费需求＋投资需求＋政府购买需求＋净出口需求

当然，二者的区别也是非常明显的。总支出是从支出的角度对过去一年的总产出进行统计或核算，看看过去一年所生产的全部产品的总价值到底是多少，例如，是50万亿元，还是55万亿元。总需求是理论概念，建立总需求概念是为了对总支出的多少进行解释：这一年总支出水平较低，如50万亿元，其中的原因是什么？这一年总支出的水平较高，如55万亿元，其中的原因又是什么？总需求这一理论概念的“用武之地”正在于回答这一类因果性的问题。

所以，总需求概念的核心内容是揭示影响总需求的各种因素。把这种因果关系表现出来的数学形式就是各种需求函数，如消费需求函数、投资需求函数、总需求函数等。

除了最后一章，本教材对宏观经济的研究局限在封闭经济的范围内，因此，总需求只需要考虑前三项，即：

总需求＝消费需求＋投资需求＋政府购买需求

另外，我们主要研究总需求形成的市场过程，而把政府购买需求看成是政策变量、市场之外的因素，因此，在许多场合，我们讲的总需求其实就是消费需求和投资需求之和，即：

总需求＝消费需求＋投资需求

二、居民可支配收入

第三章给出了反映凯恩斯绝对收入假说的消费需求函数：

$$C = C_0 + cY_d$$

式中，C_0是自发性消费，c是边际消费倾向，Y_d是居民可支配收入。

按照该理论，消费需求随着居民可支配收入的增加而增加，但在此过程中，平均消费倾向递减。

第三章曾对消费倾向进行了较为详细的说明，这里主要着重研究影响消费需求的重要因素——居民可支配收入。

我们用什么方法来研究呢？

我国著名哲学家冯友兰（1895—1990）对研究方法有一个形象的说明，中国传统的画月亮的方法有两种：一种画法是在天空画一个圆圈子，说这就是月亮；另一种画法是不画圆圈子，只是在月亮可能出现的天空中，涂以一片云彩，在云彩中留一块空白，说那就是月亮。后一种画法称为“烘云托月”。这种表达事物性质的方法，我称为负的方法。用这一种方法表达事物的性质，不是先说事物的性质是什么，而是先说这种事物的性质不是什么。①

① 冯友兰. 中国现代哲学史［M］. 北京：生活·读书·新知三联书店，2009：217.

我们对居民可支配收入的研究也是采用这种所谓“负”的方法，即是用减法的方法来定义居民可支配收入。

第二章研究国民生产总值核算的收入法时，曾指出总收入是三种收入之和，即：

总产出 = 总收入 = 居民收入 + 企业收入 + 政府收入

由此即可得到居民收入的表达式：

居民收入 = 总收入 - 企业收入 - 政府收入

由上式可知：居民收入实际上取决于两方面的因素：一个是总产出 - 总收入，即关于把“饼”能否做大的问题；另一个是对总收入的分配，即关于对既定的“饼”能够分配多少的问题。

下面着重考虑收入分配对居民收入的影响。

收入分配可以区分为两个阶段：初次分配和再分配。

按照我国的统计口径，初次分配表现为收入法的四个收入统计口径：劳动者报酬、固定资产折旧、生产税净额、营业盈余。前三项的归属都非常清楚，只是第四项还要进一步分配：红利、利润税和未分配利润。这样，初次分配就很清楚了：

居民收入 = 劳动者报酬 + 红利

企业收入 = 固定资产折旧 + 未分配利润

政府收入 = 生产税净额 + 利润税

而按照上述“负”的方法，则：

居民收入 = 劳动者报酬 + 红利

= 总产出 -（固定资产折旧 + 未分配利润 + 生产税净额 + 利润税）

居民的初次分配收入，经过再分配，就形成了居民可支配收入。再分配阶段，对收入分配产生重要影响的因素主要有：①居民向政府上交所得税；②政府和企业，特别是政府，对居民进行转移支付。

按照国民经济核算的理论，通过上述相当复杂的程序，最终形成了居民可支配收入。但是，在经济理论中，居民可支配收入有一个相对简单的表达就足够了。以 Y_d 表示居民可支配收入，Y 表示总产出，T 表示税收，R 表示政府对居民的转移支付，π 表示企业收入，则居民可支配收入：

$$Y_d = Y - T + R - \pi$$

该式表明：居民可支配收入等于总产出减去政府税收，再加上政府对居民的转移支付，最后再减去企业收入。

如果要突出政府的作用，而忽略企业的作用，那么，居民可支配收入可以简洁地表达为：

$$Y_d = Y - T + R$$

该式表明：居民可支配收入等于总产出减去政府税收，再加上政府对居民的转移支付。

下面来看一看我国的居民可支配收入情况。在《中国统计年鉴》“国民经济核算”

中的“资金流量表（实物交易）”部分提供了这方面的信息。

由下表可知，1992 年以来，我国居民初次分配收入和可支配收入都呈逐年上升趋势。另外，二者在国内总收入中的占比却呈下降趋势，这一下降趋势，在 2009 年以后有所缓解。我国居民可支配收入的这种状况对我国消费需求滞后的发展有重要的影响。

我国居民可支配收入及其占比

单位：亿元;%

年份	居民初次分配收入	国内初次分配收入	居民初次分配收入占比	居民可支配收入	国内可支配收入	居民可支配收入占比
1992	18308	26652	69	18489	26707	69
1993	23412	34560	68	23558	34765	68
1994	31589	46670	68	31453	47087	67
1995	39526	57495	69	39278	57815	68
1996	44947	66851	67	46443	67028	69
1997	48061	73142	66	50121	73568	68
1998	50495	76967	66	52689	77322	68
1999	52361	80579	65	54354	80988	67
2000	56827	88289	64	57563	88811	65
2001	—	—	—	—	—	—
2002	67845	103936	65	68448	105011	65
2003	73781	116742	63	74088	118202	63
2004	92046	159587	58	93388	161483	58
2005	109689	184089	60	110610	186168	59
2006	125794	213132	59	126529	215460	59
2007	155654	267764	58	156576	270704	58
2008	180972	316229	57	182430	319410	57
2009	206544	340320	61	207302	342483	61
2010	241865	399760	61	243122	402514	60
2011	284283	468562	61	285773	470145	61

资料来源：《中国统计年鉴》并计算。

三、总需求函数

总需求等于各种意愿购买之和，若考虑封闭经济的私人部门，则总需求等于消费需求与投资需求之和。

把上述居民可支配收入的表达式代入第三章的消费需求函数，得到：

$$C = C_0 + c\ (Y - T + R)$$

再假设一个简单的投资需求函数：

$$I = I_0 - bi$$

式中，I_0是自发性投资，i是利率，b是利率变化对投资需求的影响程度。该式主要反映投资需求是利率的减函数。

把消费需求函数和投资需求函数相加，得到总需求函数：

$$AD = [C_0 + c\ (Y - T + R)] + (I_0 - bi)$$

该式表明：总需求是居民可支配收入的增函数、利率的减函数。当然，总需求还受自发性支出等其他因素影响。在影响总需求的诸因素中，最重要的是居民可支配收入和利率。其中，居民可支配收入取决于总产出水平和政府的财政政策（政府的收入和支出），这已经很清楚了；但是，利率是怎样决定的？下一节就来研究这个问题。

第二节 货币对总需求的影响

一、利率的决定

“利率的决定”问题是指在利率由市场竞争决定的情况下，利率水平及其变化有何规律性。显然，利率的决定是一个很复杂的问题。学术界对此进行了大量的研究，但是并没有得到统一的认识。传统经济学认为利率决定于投资、储蓄这些实际经济变量，这是一种关于利率决定的理论。凯恩斯不同意这种理论，认为利率决定于货币市场的供给与需求。下面介绍凯恩斯的“利率的决定”理论。

回顾第五章，货币需求函数为$L = KY - hi$。在参数K、h给定时，货币需求取决于收入和利率。在收入给定时，货币需求就取决于利率，于是可以得到向右下方倾斜的货币需求曲线L，见图7－1。货币供给主要取决于中央银行的货币政策，与利率无直接的联系。因此，货币供给曲线是一条垂直线，设货币供给量为M_0。货币需求曲线交于货币供给曲线的E点。

现在，借助图7－1考察利率的决定。所用的方法仍然是静态均衡分析方法。

假设利率为i_2，这时货币需求量为M_1，而货币供给量为M_0，货币需求量小于货币

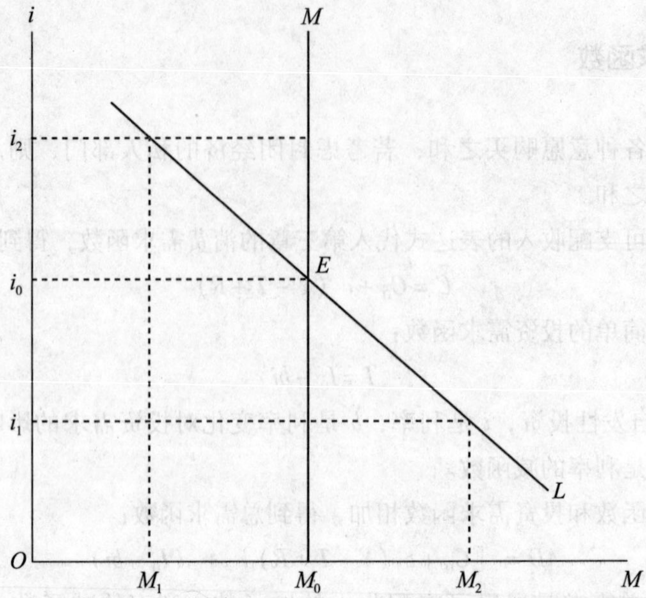

图 7-1 利率的决定

供给量。货币供给是公众实际持有的货币数量，货币需求是公众意愿持有的货币数量。货币需求量小于货币供给量，意味着公众意愿持有的货币数量小于实际持有的货币数量。这样，公众为了获得最大利益，就要改变当前金融资产结构，将过多的货币转化为有价证券，从而减少实际货币持有量，使之趋于意愿货币持有量。

就个别人而言，有可能顺利地使过多的货币转化为有价证券，从而减少实际货币持有量，使实际货币持有量接近或等于意愿持有量。但是，就整个社会而言，总的货币供给量未变。一部分人将过多的货币转化为有价证券的过程，必定就是另一部分人将有价证券转化为货币的过程。不用说，在人人都想把持有的货币转变为有价证券的时候，这种转化必定是十分困难的。无论如何，在货币供给量不变的情况下，就社会整体而言，货币向有价证券的转化不能解决意愿货币持有量小于实际货币持有量的矛盾。

我们知道，就有价证券的持有者来说，利率其实就是有价证券的收益率。实际货币持有大于意愿货币持有的矛盾，实际上就是有价证券的需求大于供给的矛盾。在这种情况下，有价证券的发行者没有必要发行收益率这么高的证券，相反，可以通过发行收益率较低的证券来融资。这样，市场利率下降。随着利率的下降，意愿货币持有量逐渐增加，意愿货币持有量小于实际货币持有量的矛盾逐渐缓解。当利率降至 i_0时，意愿货币持有量等于实际货币持有量 M_0，利率不再变动，达到均衡水平。

如果利率为 i_1，则货币需求量即意愿货币持有量为 M_2，大于货币供给量即实际货币持有量 M_0。货币持有量供不应求促使货币的价格——利率提高。随着利率的提高，意愿货币持有量逐渐减少，逐渐缓解了意愿货币持有量大于实际货币持有量的矛盾。当利率升至 i_0时，意愿货币持有量等于实际货币持有量，利率不再变动，达到均衡水平。

由此可见，当货币供给为 M_0，货币需求曲线为 L 时，利率倾向于处于 i_0 的水平。

一般而言，利率倾向于处于货币需求与货币供给一致的水平。把利率推向均衡水平的力量来自公众努力使其实际货币持有量等于意愿货币持有量的金融资产结构选择的行为。换言之，市场具有使货币需求与货币供给趋于一致的自动机制。

二、货币供给对利率的影响

当货币供给和货币需求给定时，均衡的利率就被确定了。当货币供给改变时，均衡的利率必定随之改变。用比较静态均衡分析方法研究这个问题，如图 7－2 所示。

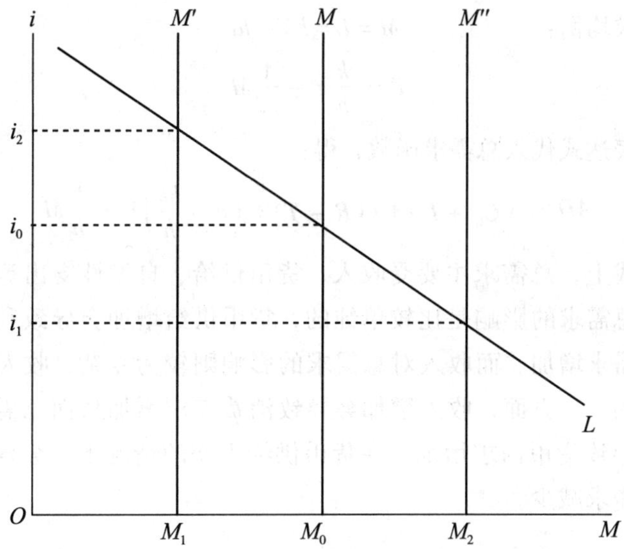

图 7－2 货币供给对利率的影响

在图 7－2 中，设货币需求曲线为 L，货币供给量为 M_0。根据以上的讨论可知，货币需求曲线 L 与货币供给曲线 M 的交点决定了均衡利率 i_0。假设货币供给曲线由 M 向左移至 M'，即货币供给量由 M_0 减至 M_1。若利率仍然维持在 i_0 水平，则导致货币供给量小于货币需求量，即意愿货币持有量大于实际货币持有量，这种情况促使利率上升。当利率上升至 i_2 时，货币需求量等于货币供给量，达到均衡。

假设货币供给曲线由 M 向右移至 M''，即货币供给量由 M_0 增至 M_2。这样，在原先利率 i_0 水平上，货币需求量小于货币供给量，即意愿货币持有量小于实际货币持有量，这一情况促使利率下降。当利率降至 i_1 时，货币需求量等于货币供给量，达到均衡。

由此得到一个一般认识：在其他条件不变的情况下，货币供给量增加促使利率下降，货币供给量减少促使利率提高。

前面已经指出，为了获得最大利益，证券投机者总是积极地在进行金融资产结构的选择，努力使实际货币持有量与意愿货币持有量一致。这种行为的后果就是货币需求量与货币供给量的均衡。换言之，在市场经济中，货币需求量与货币供给量的均衡是自动达到的。

三、货币供给对总需求的影响

根据总需求函数，总需求主要受居民可支配收入和利率的影响。根据凯恩斯的利率决定理论，利率决定于货币市场的供求均衡：

货币供给：M

货币需求：$L = KY - hi$

货币市场供求均衡：$M = L = KY - hi$

均衡利率：$i = \frac{k}{h}Y - \frac{1}{h}M$

把均衡利率表达式代入总需求函数，得：

$$AD = (C_0 + I_0) + c(R - T) + \left(c - \frac{bk}{h}\right)Y + \frac{b}{h}M$$

在这个表达式上，总需求主要受收入、货币供给、自发性支出等因素的影响。其中，货币供给对总需求的影响是比较单纯的，货币供给增加会导致利率下降，从而投资需求增加，总需求增加。而收入对总需求的影响则较为复杂，收入是从两个相反的方向影响总需求的：一方面，收入增加会导致消费需求增加从而总需求增加；另一方面，收入增加会导致货币需求增加，在货币供给不变的情况下，会导致利率提高—投资需求减少—总需求减少。

第三节　价格对总需求的影响

通过这一节，我们将完成对总需求的研究。由前文我们看到：总需求主要受收入、货币供给、自发性支出等因素的影响。仔细想一想就会发现，对市场经济来说，还有一个影响总需求的重要因素甚至可以说是最重要的因素，到目前为止尚未涉及，这就是价格，或价格总水平。

下面从理论上说明价格水平对总需求的影响。价格水平对总需求有何影响？简单说，就是价格水平下降导致总需求扩张，或者价格水平上升导致总需求收缩。以下三种理论均支持这种观点。

一、物价对投资需求的影响

第一种理论称为凯恩斯效应。该理论认为，价格水平下降，在名义货币供给不变的情况下，会导致实际货币供给（实际货币供给为名义货币供给除以价格水平）增加；在货币需求不变时，会导致利率下降；利率下降会刺激投资需求增加，并带动总需求进一步增加。其传导机制可以简洁地表达如下：物价下跌—实际货币供给增加—货币市场供大于求—利率下降—投资需求增加—总需求增加。

凯恩斯效应的代数表达是：

实际货币供给： M/P

货币需求： $L = KY - hi$

货币市场供求均衡： $M/P = L = KY - hi$

均衡利率： $i = \frac{k}{h}Y - \frac{1}{h}\frac{M}{P}$

投资需求： $I = I_0 - b\left(\frac{k}{h}Y - \frac{1}{h}\frac{M}{P}\right)$

在这个形式上，投资需求表现为价格的减函数，而投资需求表现为利率的减函数这一层关系仍然起作用，只不过隐藏到背后去了。

二、物价对消费需求的影响

第二种理论称为庇古效应。该理论认为，家庭的消费需求除了受收入的影响，还要受到实际余额的影响。实际余额是指家庭持有的货币除以物价水平。实际余额增加，则消费需求增加。物价下跌，在家庭持有的名义货币不变时，导致家庭持有的实际余额增加；于是，家庭增加消费需求；消费需求的增加，带动总需求进一步增加。其传导机制是：物价下跌—实际余额增加—消费需求增加—总需求增加。庇古效应也称为实际余额效应。

把庇古效应纳入消费需求函数，则可假设消费需求函数具有如下形式：

$$C = C_0 + c\left(Y_d + \frac{M}{P}\right)$$

在这个形式上，消费需求不仅表现为居民可支配收入的增函数，而且表现为实际余额的增函数从而价格的减函数。

三、物价对净出口的影响

第三种理论称为蒙代尔效应。该理论认为，国内商品相对价格下降会导致出口成本下降、进口收益减少，从而刺激出口、抑制进口，使净出口增加；在其他条件不变的情况下，净出口增加导致总需求增加。

这三种理论并不矛盾，反而相互补充、相互强化，从而全面论证了物价下跌导致总需求扩张这种因果联系。

四、总需求曲线及总需求函数

根据以上三种理论对物价变化怎样影响总需求的研究，可以画出总需求曲线，如图7－3所示。

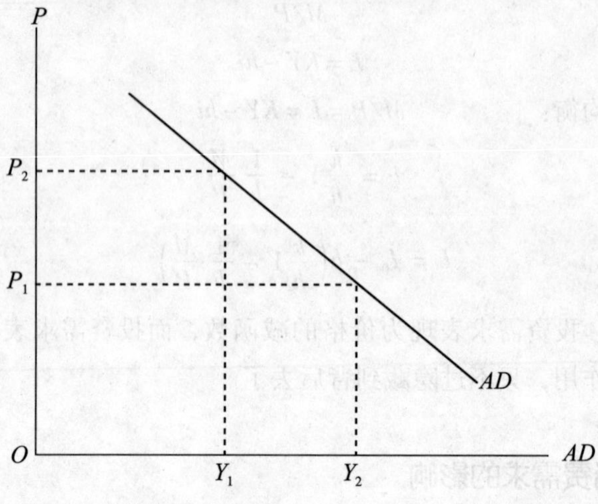

图7－3　物价对总需求的影响

在图7－3中，当物价为P_2时，总需求为Y_1；当物价下降至P_1时，总需求增加至Y_2。

特别需要注意的是：导致总需求增加的“物价下降”有其特定的含义。千万不要以为，任何情况下的“物价下降”都会导致“总需求增加”。我们知道，经济萧条时往往会出现通货紧缩，即“物价下降”。这种“物价下降”是否会成为导致“总需求增加”的原因？根本不会。存在的是恰恰相反的因果联系，“物价下降”不是“原因”而是“结果”，是“总需求收缩”的“结果”。在第十一章，我们会详细说明这个问题。

需要注意的是：总需求曲线和单个产品需求曲线看上去非常相似，两曲线都是向右下方倾斜，其实有很大的区别：

第一，单个商品需求曲线的纵轴是单个商品的价格。总需求曲线的纵轴是价格总水平。

第二，单个商品需求曲线的横轴是实物量，如个、件、斤等。总需求曲线的横轴是实际总支出。

第三，单个商品的需求曲线向右下方倾斜的原因是：当某种商品的价格相对于其他商品和要素降低时，边际效用递减法则会通过替代效应和收入效应发生作用，促使消费者增加对这种商品的实际购买量。总需求曲线向右下方倾斜包含完全不同的内容，从凯恩斯效应看，价格总水平下降，在名义货币供给量不变的情况下使实际货币供给量增加；货币供给大于货币需求使市场利息率降低；市场利率降低刺激投资支出增加；

通过乘数效应，投资支出增加引起总需求进一步增加。

我们已经知道，价格对总需求的影响的几何表达是向右下方倾斜的总需求曲线。但是，除了价格，还有其他因素会影响总需求。其他因素对总需求的影响的几何表达是，总需求曲线的空间位置移动如图 7－4 所示。

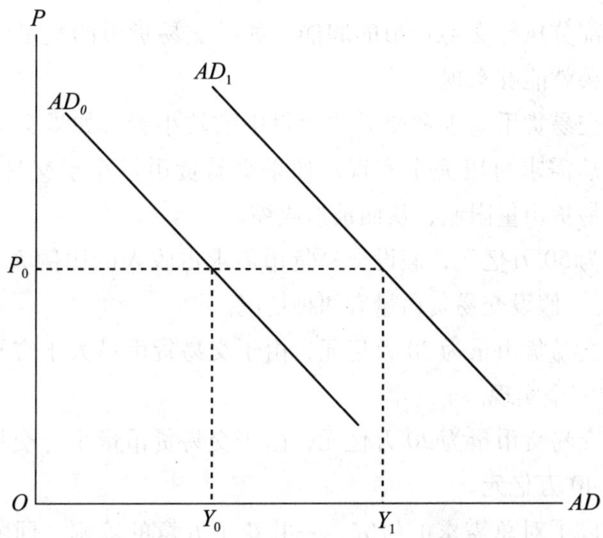

图 7－4　其他因素对总需求的影响

其他因素对总需求的影响表现为在物价不变时总需求有何变化。在图 7－4 中，价格维持在 P_0没有任何变化，但总需求却从 Y_0增加至 Y_1。总需求为什么会有这样的变化呢？前文对物价不变时总需求的变化规律作了详细的说明。这些因素包括自发性支出、货币供给、消费乘数、交易货币占总收入的比例、投资需求对利率变化的敏感性、投机货币需求对利率变化的敏感性。所以，总需求在价格不变时的变化，无非是这些因素发生变化产生的结果。

我们把包含价格因素的投资需求函数和消费需求函数合起来，再考虑政府购买，就得到包含价格因素的总需求函数：

$$AD = (C_0 + I_0 + G) + c(R - T) + \left(c - \frac{bk}{h}\right)Y + \left(c + \frac{b}{h}\right)\frac{M}{P}$$

在这个表达形式上，总需求主要受三方面因素的影响：①自发性支出，其中，既有市场变量（C_0，I_0），又有政策变量（$R-T$）；②总收入 Y，总收入从两个相反的方向影响总需求；③实际余额 M/P，也可以分开来看，总需求是货币供给的增函数、价格的减函数。

五、总需求形成的四个环节

总需求的形成包括四个环节：意愿购买—交易货币需求—交易货币量—价格效应—

总需求。前面已对各环节作了说明，现在作一个总的说明。

意愿购买指微观单位利益最大化的购买需求，包括消费需求和投资需求。消费需求主要受可支配收入的影响。投资需求主要受资本边际效率和利率的影响。

在意愿购买的基础上形成了交易货币需求。如果交易货币需求不能满足，那么，总需求就不会实现。

货币供给的一部分执行交易货币的职能。如果交易货币的数量满足了交易货币需求，那么，意愿购买就能够实现。

总需求取决于交易货币需求和交易货币量中的较小者。如果交易货币需求小于交易货币量，那么，总需求可以完全实现；如果交易货币量小于交易货币需求，那么，总需求由于受到交易货币量限制，从而被迫收缩。

例如，总需求为50万亿元，假设交易货币需求占收入的比例 K 为1/2，则交易货币需求为25万亿元。假设交易货币量有两种情况。

第一种情况：交易货币量为30万亿元，由于交易货币量大于交易货币需求，所以50万亿元的总需求完全实现。

第二种情况：交易货币量为20万亿元，由于交易货币量小于交易货币需求，所以总需求被迫收缩为40万亿元。

至此，我们完成了对总需求的研究，一共花了五章的篇幅。回顾一下，第三章讲消费需求，其主要结论是：消费需求随着居民可支配收入的增加而增加；第四章讲投资需求，其主要结论是：投资需求随着预期利润率的增加而增加、随着利率的提高而减少；对封闭经济的私人部门而言，消费需求加上投资需求就形成了总需求；总需求形成以后，就会对货币提出交易需求，证券投资还会对货币提出投机动机的需求；第五章研究货币需求，其主要结论是：货币需求是收入的增函数、利率的减函数；货币需求要由货币供给来满足；第六章讲货币供给，其主要结论是：中央银行基础货币的变化会通过货币乘数导致货币供给发生更大的变化；第七章把前面四章的内容联系起来考虑，并考虑了一个影响总需求的新的因素——价格，这样就使我们对总需求有了一个全面的认识。

影响总需求的因素虽然很复杂，但结合图7-3和图7-4，我们可以对总需求的形成得到一个相对简单的认识，把影响总需求的因素分为两类：①在影响总需求的其他因素不变时，总需求随价格的变化而反方向变化，在图形上表现为总需求沿着 AD 曲线上下移动；②在价格不变时，总需求的变动决定于其他因素的综合影响，在图形上表现为 AD 曲线向右或向左移动。

章节习题

1. 说明总需求函数的推导过程。

2. 根据西方主流经济学的相关理论，在什么情况下需要扩大总需求？通过哪些途径扩大总需求？

3. 决定总需求曲线斜率的主要因素有哪些？

4. 设一个部门的经济由下述关系式描述：消费函数 $C=100+0.8Y$，投资函数 $I=150-6r$，货币需求函数 $L=0.2Y-4r$，设 P 为价格水平，货币供给 $M=150$，求总需求函数。

5. 总需求为什么向下倾斜？

6. 总需求曲线与单个商品的需求曲线有什么不同？

7. 物价水平对总支出曲线的影响如何引起总需求曲线的移动？

8. 画图说明总支出曲线和总需求曲线之间的区别。

第八章　总供给的形成

导入案例

深化就业创业供给侧改革推动实现高质量就业

目前，在供需基本面保持相对稳定的前提下，我国就业结构性矛盾更加突出，就业稳定性更加脆弱，实现更高质量就业的压力加大。要缓解这些矛盾，就业必须与经济改革联动，深入开展就业供给侧改革。在分析判断就业形势时，我们必须坚持问题导向，准确发现和把握问题的症结，对症下药、综合施策，以求达到缓解和处理矛盾的目的。

我国就业结构性矛盾突出，就业总量供大于求与招工难的问题并存。

分析中国统计年鉴近 5 年公布的数字发现，我国人力资源总供给大于总需求的基本态势没有变。2011 年全国人力资源的总供给和总需求分别是 1582 万人和 1300 万人，2015 年全国人力资源的总供给和总需求分别是 1715 万人和 1400 万人。城镇登记失业率控制在 4.05% 上下小幅波动，人口红利正在逐渐消失，受经济增速下行压力的影响，人口红利恰好与经济总量的规模效应相抵冲。因此，总体尚处于可控范围。根据 2015 年度人力资源和社会保障事业发展统计公报，在全国仍然有 966 万名（2015 年年底）失业人员需要就业。在这一背景下，许多地方、许多行业、许多岗位却同时在为招不到合适的员工而烦恼。究其原因，有信息不对称的问题，有双方期望值的差异，更多的是劳动者技能素质不能满足新产业、新岗位的需求，也就是就业结构性矛盾突出。

产业结构调整升级与高校毕业生就业难的问题并存。究其原因：一是高校自扩招以来，规模没有得到有效控制，历届未就业毕业生存量没有减少，增长还在小幅上扬；二是高校专业设置不是根据市场需求变化而调整，仍然保持着计划经济时代的烙印，学非所用的情况普遍存在；三是高校毕业生大学期间主修理论知识，动手能力较差，缺乏专业技能，不能满足市场就业的实际需求；四是高校毕业生求职观念亟须改变，高不成低不就的现象普遍存在。所以，从根本上说，市场对高素质特别是高技能人才有需求、有缺口，但目前的高校毕业生不能满足这种需求，形成了有别于一般劳动力资源的另一种结构性矛盾。

城镇化率提高与农村劳动力转移就业难的问题并存。主要原因：一是随着产业调整升级，科技含量提高，适合农村劳动力就业的岗位相对减少；二是农村劳动力的文化素养、技能水平跟不上形势的发展，即使进城务工，其岗位的质量和稳定性也不高；三是大多数农村及所在乡镇的经济发展水平还无法提供足够的适合农民就地就近转移就业的岗位，加上农村劳动力转移就业的期望值偏高，造成大量农村劳动力在市场就业过程中等待期加长、流动性加大、择业成本增加。很明显，农村需要转移就业的劳动者要实现高质量的就业，必须提升这部分人的素质和技能，改变人力资源供给过剩的现状。

就业更加充分与就业困难人员就业难的问题并存。党的十八大以来，中央和各级党委、政府把实现就业更加充分作为一项战略任务来抓，在经济政策和就业扶持政策的促进下，全国的就业创业工作呈良好态势。但我们应该看到，登记失业人群仍大量存在，以高校毕业生、残疾人和特殊人员为主要代表的群体就业依然困难，帮助他们实现就业是急需补上的短板。

技能培训政策全覆盖与技能培训针对性差的问题并存。党的十八大明确提出“要建立职业技能终身培训体系”。近几年，经过各级各部门的共同努力，职业技能培训支持政策体系得到进一步的完善，职业技能培训资金投入也得到了保障和增加，职业教育和技能培训在提升劳动者素质方面发挥了不可替代的作用。但就目前的职业技能培训而言，客观上政府引导精准度不够，培训工种和项目针对性不强，培训对象参与职业技能培训的积极性、主动性不高，培训补贴也存在“撒胡椒面”的现象，培训政策对就业竞争的帮助有待加强。如何提高培训的针对性，让培训资金在提升技能水平上最大限度发挥作用，已成为当前十分紧迫的任务。

创业帮扶全覆盖与创业参与率、成功率不高的问题并存。就政府层面而言，发动和激发创业热情、引导和支持参与创业、帮助和扶持成功创业还有大量的工作需要去做。劳动者通过创业实现就业、通过创业吸纳就业的人数相对较少，这本身也说明了创业的艰难，同时也反映出创业者自身的创业理念有待更新、创业知识有待培训、创业经验有待积累、创业条件有待完善，这同样是就业创业供给侧的问题。

就业创业供给侧改革亟待深化。

针对上述问题，我们必须从深化就业创业供给侧改革入手，全面提升人力资源的综合素质和专业技能水平，改善人力资源供给结构和层次，从根本上缓解人力资源供需结构性矛盾。

第一，必须从转变人力资源供给方观念入手。理性把握就业创业形势，合理定位待遇标准，有效缩短择业周期，结合自身综合条件，确立“先就业、后择业”和“自主创业、自谋职业”的就业观。

第二，必须从提升劳动者综合素质入手。人力资源的供给侧改革，关键是要提高供给方的劳动者素质，特别是技能水平和创业能力，增强人力资源在市场就业竞争中的适应性和竞争力，最大限度降低市场中人力资源的闲置率，实现其真正意义的就业更加充分，同时提高就业的稳定性。

第三，必须从提高就业扶持政策的有效性入手。政府促进就业，一方面从宏观层面把握，主要是通过产业结构调整升级发展经济，拉动就业。另一方面从微观层面把握，全面制定和落实积极的就业政策，促进和帮助劳动者实现就业，特别是就业困难人员的就业。因此，就业政策必须做到针对性、可操作性和实效性强。另外，中国地域广，地区差异性大，情况复杂，需要因地制宜，不可一刀切。因此，确保政策在基层落实时行之有效、便捷高效显得非常必要。

第四，必须从发展落实产业方向上入手。政府在产业规划上要有前瞻性，在产业发展上要有超前性，在发展经济的同时，充分考虑对就业的带动作用。反之，同样要求在人力资源的培养和储备上要紧盯发展方向，要有预见性，以满足产业发展、企业落地时对人力资源的需求，实现良性互动，相互促进。只有这样，经济发展才能在市场竞争中立于不败之地，由此创造的就业岗位才能稳定，才能从根本上解决"两张皮"的矛盾，才能实现人力资源的使用最大化。

第五，必须从提升人力资源配置质量入手。目前就业市场出现的招工难与求职难并存的结构性矛盾，除供需双方自身存在的一些条件制约外，主要是由于人力资源信息不对称、信息化程度不高、资源配置手段落后的影响。因此，必须夯实基层工作平台，采集数据；建好公共就业服务信息平台，有效配置；建成后续跟踪服务平台，巩固成效；同时做好各类人力资源信息发布工作，实现优质资源合理配置。

第六，必须从夯实基层基础工作入手。促进就业是一项系统工程，无论是舆论宣传、信息采集、政策落实、跟踪服务，都要靠基层的就业工作者去做。只有充分调动他们的工作积极性和主观能动性，才能为服务对象提供优质便捷的公共就业服务，才能顺利实现服务对象的综合素质和技能水平的提升，才能使闲置的劳动者转化为市场需求的人力资源，在实现就业创业的过程中实现自身价值，推动经济社会的健康发展。

第一节　就业的决定

一、充分就业的常态

对总需求的研究已经完成，在这一章我们要研究市场经济的另一极——总供给。总供给是指一国全部企业生产的产品（含服务）的价格总额。总供给这一概念反映了全部企业谋求利润最大化的生产行为。

对初学者来说，总供给和总产出这两个概念可能容易混淆，总供给是企业的生产，总产出也是企业的生产，二者有什么区别呢？在理论上，二者是严格区别的。和总需求一样，总供给也被看成是一种经济行为——最大化行为，而总产出是总供给和总需求这两种经济行为共同作用的市场结果。

对总供给的研究是要揭示一国全部企业提供的产量是怎样决定的，或者说，它受哪些因素的影响。

对总供给的研究是从生产函数入手的。生产函数是对要素投入和产出之间的数量关系的数学表达。最简单的生产函数如下：

$$Y=f\ (K,\ L)$$

式中，Y表示产出，K表示投入的资本，L表示投入的劳动。产出取决于这两种要素投入的数量和效率。

为了便于对总供给理论的理解，先谈一谈总供给理论在研究方法上的特点或许是有帮助的。

第一，产出取决于两种要素投入的数量和效率。但是，宏观经济学关心的是宏观经济的短期波动，所以，对技术进步及其对效率提高的影响忽略不计，仅仅考虑要素投入的数量对总供给的影响。

第二，按说总产出和所投入的这两种要素都有关系。但是，宏观经济学是这样考虑的：生产所需要的固定资本取决于投资，投资导致资本存量增加。不过，投资导致资本存量增加是一个比较长期的过程，而在短期，则可以忽略不计。宏观经济学的研究对象是宏观经济的短期波动，所以，对投资导致资本存量增加的情况有理由忽略不计，因而在宏观经济学看来，资本存量K是一个常数。在资本存量K为一常数的情况下，总产出，特别是总产出的变化，就单纯地取决于劳动的投入及其变化。正因为如此，宏观经济学对总供给的研究，也就等同于对劳动投入的研究，或者说，等同于对就业的研究。在市场经济中，就业决定于劳动市场，所以，对总供给的研究，势必围绕着劳动市场展开。

下面介绍两种就业理论。首先是古典理论，其基本结论是，完全竞争的劳动市场导致充分就业成为常态；其次是凯恩斯理论，其基本结论是，由于劳动市场的非竞争性，小于充分就业成为常态。

“古典”学派对劳动市场的基本观点是：劳动市场是完全竞争的，个别劳动者和个别企业都只能接受由劳动市场的整个供求关系决定的工资率。自由波动的工资率调节劳动的供给与需求，最后达到劳动市场的供求均衡，实现充分就业。

1. 劳动需求曲线

劳动需求曲线反映了为了实现利润最大化，企业对劳动的需求量或雇用量是怎样决定的。这本来是一个相对简单的问题，但为了说清楚，不得不做了大量的假定，主要如下：第一，产品市场完全竞争，产品价格给定，从而企业利润最大化的产量已经决定；第二，劳动市场也是完全竞争，企业虽然有权决定工资，但也不得不接受由整个劳动市场的供求关系决定的工资水平；第三，劳动者的质量是无差异，因此，企业无须对劳动者的质量进行甄别，只考虑雇用劳动的数量；第四，不考虑技术进步；第五，其他要素如资本的投入数量不变，只有劳动的投入数量可变，因此出现著名的边际收益递减—劳动的边际产量递减现象。

在这些假定情况下，企业雇用劳动的基本规律是企业对劳动的需求随着实际工资的下降而增加。下面是详细的说明。

企业对劳动的需求服从于利润最大化的目标。具体地说，企业对劳动的需求一方面取决于劳动的效率即劳动的边际生产力，另一方面取决于购买劳动的成本即工资率。

在图 8－1 中，横轴表示劳动数量，纵轴表示实际工资。W 为名义工资或货币工资，P 为价格水平，因此 W/P 表示实际工资。

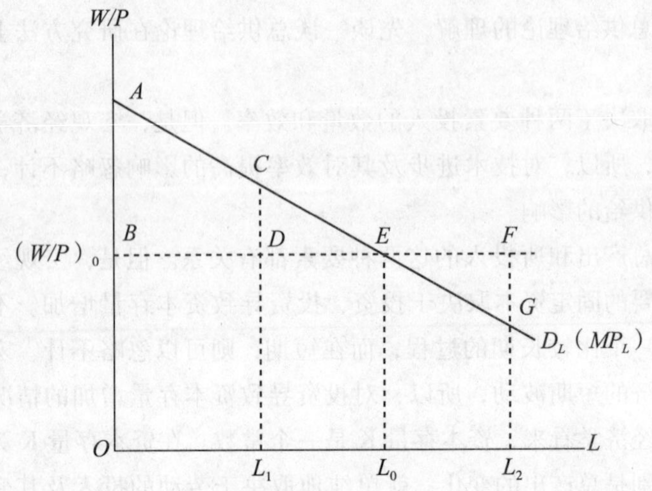

图 8－1　劳动需求曲线

图 8－1 中劳动边际产量曲线 MP_L 向右下方倾斜。这是因为在短期资本等其他要素投入量不变，随着劳动投入量的增加，单位劳动增加的产量却不断减少，即要素边际收益递减法则起作用。

假设实际工资为 $(W/P)_0$。若劳动需求量为 L_0，则处于边际位置的工人所创造的产值恰好弥补实际工资。在这种情况下，企业所获的总产值相当于 MP_L 曲线下的面积即梯形 $OAEL_0$ 面积。企业支付的工资总额等于 $WP_0 \times L_0$，相当于矩形 $OBEL_0$ 面积。企业所获的净产值等于总产值减工资支付之差，相当于三角形 ABE 的面积。

若劳动需求量为 L_1，则企业所获总产值相当于梯形 $OACL_1$ 面积，工资支付相当于矩形 $OBDL_1$ 面积，净产值是二者之差，因此相当于梯形 $ABDC$ 的面积。显然，现在企业所获净产值小于劳动需求量为 L_0 时的净产值。在当前情况下，边际工人创造的产值（CL_1）大于企业所付工资（DL_1）。这说明增加劳动需求量可以使企业净产值增加。

若劳动需求量为 L_2，则企业所获总产值相当于梯形 $OAGL_2$ 面积，工资支付相当于矩形 $OBFL_2$ 面积，因此净产值是二者之差，相当于三角形 ABE 面积减去小三角形 EFG 面积之差。显然，现在企业所获净产值也小于劳动需求量为 L_0 时的净产值。在当前情况下，边际工人创造的产值（GL_2）小于企业所付工资（FL_2）。这说明减少劳动需求量可以使企业净产值增加。

企业所获净产值由固定成本和经济利润（如果有的话）构成。固定成本的量与劳动需求量的多少无关。因此，净产值最大化就意味着经济利润最大化。以上讨论说明企业为了实现利润最大化，对劳动投入量的选择必定要使劳动的边际产量恰好等于实际工资。这样，当劳动边际产量曲线给定时，企业对劳动的需求就取决于实际工资。当实际工资变动时，企业对劳动的需求就沿着劳动边际产量曲线随之变动。这就是说，劳动边际产量曲线就是企业对劳动的需求曲线 D_L。

企业对劳动的需求曲线 D_L 向右下方倾斜，其经济含义是在其他条件不变的情况下，企业对劳动的需求随着实际工资的下降而增加。

2. 劳动供给曲线

"古典"学派认为劳动供给量也是实际工资的函数。换言之，"古典"学派认为工人是根据实际工资的多少来提供劳动量的。为了得到劳动供给量和实际工资之间的关系，还需要作出以下假设：①假设劳动带来负效用即劳动是有成本的；②假设劳动带来的负效用递增地增加即劳动的边际成本递增。这样在图 8－2 中得到向右上方倾斜的劳动边际成本曲线 MC_L。

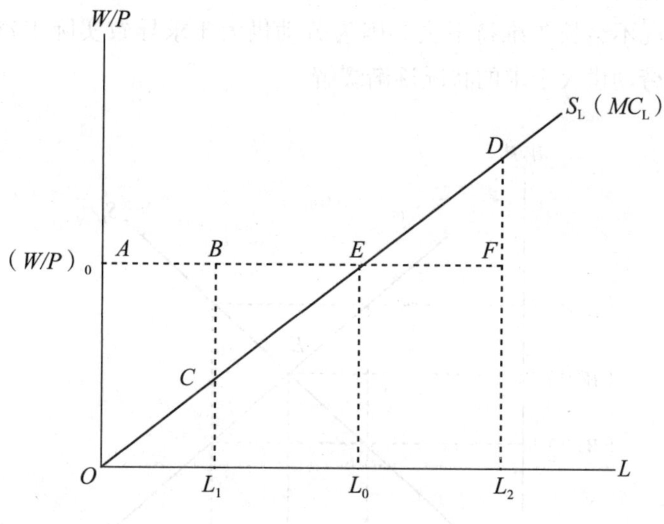

图 8－2 劳动供给曲线

在图 8－2 中，横轴为劳动数量 L，纵轴为实际工资 W/P 及劳动边际成本 MC_L。劳动边际成本曲线 MC_L 向右上方倾斜。假设实际工资为（W/P）$_0$。若劳动供给量为 L_0，则劳动的总收入为（W/P）$_0$ 与 L_0 的乘积即相当于矩形 $OAEL_0$ 面积。劳动供给量为 L_0 时总的负效用即总劳动成本等于劳动边际成本曲线下面的面积，即三角形 OEL_0 面积。这样，劳动净的总收入等于劳动的总收入减去劳动成本之差即三角形 OAE 面积。

若劳动供给量为 L_1，则劳动收入相当于矩形 $OABL_1$ 面积，劳动总成本相当于三角形 OCL_1 面积，劳动净的总收入相当于梯形 $OABC$ 面积。显然，劳动净的总收入小于劳动供给量为 L_0 时的净总收入。由于劳动的边际收入（BL_1）大于劳动边际成本（CL_1），因此增加劳动供给量可以增加劳动净的总收入。

若劳动供给量为 L_2，则劳动收入相当于矩形 $OAFL_2$ 面积，劳动总成本相当于三角

形 ODL_2 面积，劳动净的总收入相当于三角形 OAE 减小三角形 DEF 面积之差。显然，劳动净的总收入也小于劳动供给量为 L_0 时的劳动净总收入。由于劳动边际收入（FL_2）小于劳动边际成本（DL_2），因此减少劳动供给量可以增加劳动净的总收入。

因此，在工人以劳动净的总收入最大为目标的条件下，若劳动边际成本曲线给定，则劳动供给量取决于实际工资。若实际工资变动，则劳动供给量沿着劳动边际成本曲线随之变动。可见，劳动边际成本曲线就是劳动供给曲线。

劳动供给曲线向右上方倾斜，说明由于劳动的边际负效用递增，只有提高实际工资，才能调动出更多的劳动供给量。

3. 劳动市场的供求均衡

在劳动市场上，工资的波动不受任何阻碍。工资的变动调节劳动市场的供求，使劳动市场的供求趋于一致，实现充分就业。下面进行静态均衡分析。

在图 8－3 中，有向右上方倾斜的劳动供给曲线 S_L 和向右下方倾斜的劳动需求曲线 D_L。假设实际工资为（W/P）$_2$，则劳动供给为 L_2，劳动需求为 L_1，这就造成了失业。但这种失衡的情况不会长久维持下去。因为劳动供大于求导致实际工资下降，随着实际工资的下降，劳动供大于求的状况逐渐缓解。

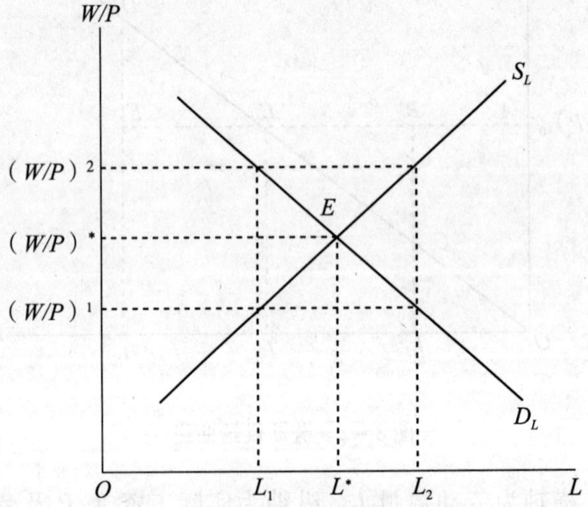

图 8－3　劳动市场供求均衡（1）

假设实际工资为（W/P）$_1$，则劳动供给为 L_1，劳动需求为 L_2。劳动市场求大于供导致实际工资提高。随着实际工资的提高，劳动求大于供的状况逐渐缓解。

当实际工资为（W/P）* 时，劳动的供给为 L^*，对劳动的需求也为 L^*，于是达到劳动供给与需求的均衡。均衡的就业量 L^* 就是充分就业量。

理解这一点可能会有一些困难。其实，直线型的劳动供给曲线虽然反映了劳动供给方面的重要特性，但过于简单化。更接近现实的劳动供给曲线具有斜率上的变化，见图 8－4。

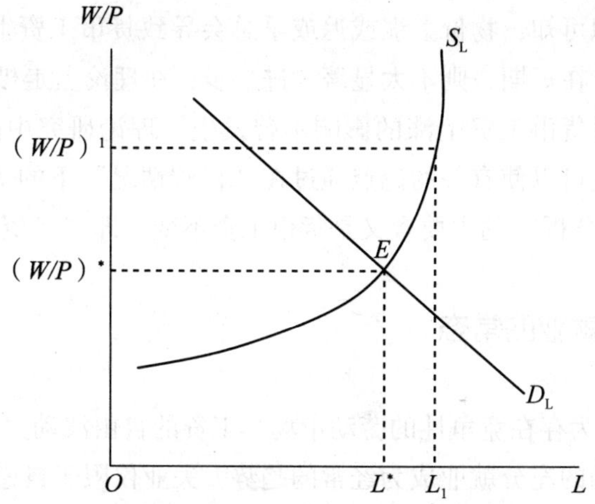

图 8－4　劳动市场供求均衡（2）

图 8－4 中劳动供给曲线 S_L 和劳动需求曲线 D_L 的交点 E 指示了均衡实际工资为 $(W/P)^*$，均衡就业量即充分就业量为 L^*。图中劳动供给曲线 S_L 的主要特征是：当实际就业小于充分就业时，就业的工资弹性非常大，即工资提高一点，就业量增加很多；当就业大于充分就业时，就业的工资弹性非常小，即工资提高很多，就业量增加却很少。

充分就业并不意味着所有能够工作的人都加入了就业的行列，相反，经济实现充分就业时仍然存在一定的失业。在图 8－4 中，L_1L^* 就是充分就业时的失业量。但是，读者应注意到，当实际工资为（W/P）* 时，意愿就业量为 L^*，实际就业量也为 L^*。因此，L_1L^* 的失业量是不愿意接受现行的工资率而形成的失业，这种失业称为自愿性失业。由图 8－4 可知，当实际工资提高至（W/P）$_1$ 时，L_1L^* 的失业就全部转化为就业了。自愿失业是微观主体（工人）理性选择的结果。自愿失业的存在并不构成一个需要加以解决的宏观经济问题。假如自愿失业率为 5%，那么包含 5% 的失业率的就业就是充分就业。

由于价格机制的健全，工资率的波动不受阻碍，充分就业成为劳动市场供求状况的一种常态。

二、"短期"的经济学含义

经济学的研究常常要区分"短期分析"和"长期分析"。值得注意的是，这里的"短期""长期"和它们在日常生活中的含义并不完全一致。

在宏观经济学中，"短期"主要是指：第一，投资需求的供给效应尚未显露。投资，首先是需求，是对投资品的购买需求。显然，经过一段时间，对投资品的这种购买就会转化为生产能力的扩大。使生产能力扩大就是投资需求的供给效应。但是，在

“短期分析”中，对投资的这种供给效应可以不予考虑。第二，物价上涨没有导致货币工资上涨。根据常识可知，物价上涨或迟或早总会导致货币工资上涨。但是，在长期，这种影响较为显著；在短期，则不太显著。进一步，在理论上走极端，在“短期分析”时，假定物价上涨对货币工资上涨的影响不曾发生。理论研究中的这种安排，不仅可以使分析简化，而且可以使有关的论点通过在“极端情况”下的“表演”而被强化。

在本节，“短期分析”的主要含义是货币工资不变，即“工资刚性”假设。

三、小于充分就业的常态

“古典”学派认为存在竞争性的劳动市场，工资的自由波动灵活地调节劳动的供给与需求，从而使劳动的充分就业成为经常的趋势。失业仅限于自愿失业。

凯恩斯学派认为由于非竞争性因素的渗入，工资的自由波动，特别是工资的下降受到了阻碍，从而造成小于充分就业的劳动市场均衡。换言之，非自愿失业的存在成为经常的现象，这就提出了增加就业的任务。下面结合图形进行静态均衡的具体说明，如图 8 - 5 所示。

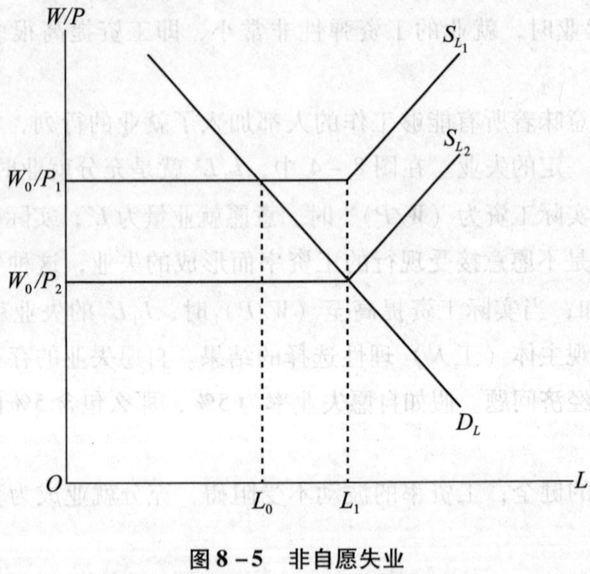

图 8 - 5　非自愿失业

图 8 - 5 中横轴 L 为就业量，纵轴 W/P 为实际工资即货币工资 W 按某一基年价格计算所具有的购买力。向右下方倾斜的曲线 D_L 为企业对劳动的需求曲线。企业对劳动的需求曲线就是劳动的边际产量曲线。为了实现利润最大化，企业对劳动的需求必须满足劳动的边际产量等于劳动的实际工资。例如，当实际工资为 W_0/P_1 时，劳动需求为 L_0，因为处于 L_0 边际位置上的劳动所生产的产量恰好等于 W_0/P_1；当实际工资为 W_0/P_2 时，劳动需求为 L_1，因为处于 L_1 边际位置上的劳动所生产的产量恰好等于 W_0/P_2。

在对劳动需求的认识方面，凯恩斯理论和古典理论无异，二者的主要差别是在劳动供给上：古典理论简单地认为劳动供给曲线向右上方倾斜，而凯恩斯理论则认为劳动供给曲线要更为复杂一些。

曲线 S_1、S_2分别为两条劳动供给曲线。以曲线 S_1 为例加以说明。首先，劳动供给是实际工资的函数。实际工资的高低决定劳动供给量。但是，实际工资对劳动供给的影响依就业状况的不同而不同。图中 L_1 表示充分就业劳动量。当就业量小于 L_1时，曲线 S_{L_1}几乎是水平的；当就业量超过 L_1时，曲线 S_{L_1}变得非常陡峭，几乎垂直。

劳动供给曲线斜率的变化有什么经济含义呢？

水平状的劳动供给曲线表示当实际就业小于充分就业时，实际工资对劳动供给有非常大的影响，或者说，劳动供给对实际工资的弹性趋于无限大。为了帮助理解，可以设想这段劳动供给曲线不是水平状，而是略微有一些向右上方倾斜。在这种情况下，实际工资以 W_0/P_1 为基础提高很少一点儿，就可以使劳动供给大量增加，迅速实现充分就业。这种情况表明，当经济未实现充分就业时，劳动在和资本的对垒中处于劣势，所以不得不接受很低的工资。水平状的劳动供给曲线只是这种情况的一种极端表现，它表现实际工资以 W_0/P_1 为基础提高极微小的一点儿，就可以促使劳动实现充分就业。

陡峭的劳动供给曲线表示当实际就业大于充分就业时，实际工资提高对劳动供给的刺激变小，或者说，劳动供给对实际工资的弹性很小。在这种情况下，实际工资提高很多才能使劳动供给在充分就业的基础上增加很少一点。这种情况表明，当实际就业大于充分就业时，劳动在和资本的对垒中处于优势，所以企业不得不通过大幅度提高工资来吸引就业。

对劳动供给和实际工资之间的关系作这样的规定，当然是一种理论上的简化。但是，它大致反映了下述现象：当失业很多时，工资提高较易吸引就业增加；当失业很少时，工资提高较难吸引就业增加。

以上说明，对两条劳动供给曲线都适用。需要注意的是，每一条劳动供给曲线仅表示在某一个价格水平时劳动供给和实际工资之间的关系。在图 8－5 中，曲线 S_{L_1}表示 $P=P_1$时劳动供给和实际工资之间的关系，曲线 S_{L_2}表示 $P=P_2$时劳动供给和实际工资之间的关系。其中，$P_1<P_2$。仍然以曲线 S_1为例。价格水平为 P_1，若货币工资为 W_0，则实际工资为 W_0/P_1，这一实际工资水平可使劳动供给增至充分就业水平 L_1。之后，若需要劳动供给进一步增加，则需进一步提高实际工资。在价格水平不变的情况下，只有提高货币工资才能提高实际工资。因此，陡峭的劳动供给曲线表示，若就业超出充分就业水平，只有货币工资（在 W_0基础上）不断提高，才能刺激劳动供给继续增加。

凯恩斯学派劳动市场模型的核心假定是存在工资波动下限。图 8－5 中的 W_0即为工资波动下限。工资波动下限是指由于政府或工会的介入，劳动市场上的货币工资不得低于某一水平如 W_0，高于这一水平则不受限制。由于设立了这个假定，对劳动市场的考察就得出了与古典学派截然不同的结论。

在交代了劳动需求和劳动供给之后，现在考察劳动市场的均衡。假设价格水平为 P_1，这样劳动供给曲线为 S_{L_1}。假设货币工资为 W_0，则实际工资为 W_0/P_1。在实际工资为 W_0/P_1 的情况下，劳动的意愿供给为 L_1，即充分就业水平。而在实际工资为 W_0/P_1 的情况下，劳动需求仅为 L_0。可见，当实际工资为 W_0/P_1 时，劳动供给大于劳动需求，形成了失业，这种愿意接受现行实际工资 W_0/P_1 而没有工作机会造成的失业称为非自愿失业。在当前的情况下，非自愿失业量为 $L_1-L_0=L_1L_0$。

在竞争性市场中，非自愿失业会导致货币工资下降。货币工资下降，使劳动需求增加、劳动供给减少，从而缓解失业的压力。但是在这里，货币工资 W_0 是工资波动下限，不容许进一步下降。这样，工资自由波动调节劳动供求促使二者趋于一致的机制就没有了。这样一来，如果价格水平仍然维持在 P_1 不变，则这种非自愿失业的局面无法解决。

由于劳动供给大于劳动需求，竞争的优势在劳动需求方，这就是所谓的“短边规则”。因此，实际的就业量不是取决于劳动供给，而是取决于劳动需求，实际就业量为 L_0。在价格水平不变的情况下，非自愿失业的状况将持续地存在下去，这被称为劳动小于充分就业均衡。

凯恩斯学派就是这样从供给方面解释了资本主义市场经济中经常存在的失业现象。从古典学派对失业现象视而不见凯恩斯学派正视失业现象并作出理论上的解释，终归是一种理论认识上的进步，这种理论认识上的进步必定会对实践活动产生有利的影响。

非自愿失业的存在，说明社会资源（包括劳动和其他资源）尚未充分利用，全社会对资源的使用未达到最优。这就提出一个重要的宏观经济问题：怎样解决非自愿失业，促进社会实现充分就业？从理论上看，解决问题的途径甚为简单：提高价格水平。假设价格水平由 P_1 提高至 P_2。若货币工资仍为 W_0，则实际工资为 W_0/P_2。价格水平提高使实际工资下降。由劳动供给曲线 S_{L_2} 可见：当实际工资为 W_0/P_2 时，劳动供给量为 L_1。另外，当实际工资为 W_0/P_2 时，劳动需求量也为 L_1。于是，当价格水平提高至 P_2 时，劳动市场实现了充分就业均衡。问题解决了。

读者或许会问，为什么工人愿意接受实际工资下降？凯恩斯在这里利用了一个颇为出名的所谓工人存有“货币工资幻觉”的假定。“货币工资幻觉”意指工人对货币工资“情有独钟”，对实际工资因物价上涨而下降反而“听之任之”。如果情况果真如此，那么通过提高物价、降低工人的实际工资来解决就业问题，就会因为货币工资未变而不致遭到工人的反对。凯恩斯的这个观点很自然地受到诸如“恶毒”的批评。无论如何，如果对在现有经济框架下解决问题仍然抱有希望的话，那么，凯恩斯的这一观点不失为可供实际操作参考的有用的理论思路。

还有一个问题：既然解决问题的途径是提高价格水平，那么，在市场经济情况下，价格水平怎样提高呢？一般而言，市场经济的价格水平是由供求双方决定的。但是，我们在后面将会看到，在经济萧条从而小于充分就业时，政府会执行扩张总需求的政策，而扩张总需求的政策会导致总需求扩张从而在有些情况下将会导致价格上涨。所以，按照凯恩斯的理论，对于克服萧条经济来说，扩张总需求的政策在需求和供给两个方面都会起作用。

第二节 短期总供给的形成

一、物价对总供给的影响

微观经济学告诉我们，企业“生产多少”的决策完全服从于利润最大化的目标。相类似，一国全体企业“生产多少”，也是服从于利润最大化目标。一国全体企业实现利润最大化的产量就称为总供给。注意，以下的论述非常“宏观”。

我们进行“短期分析”，即假设技术水平不变、资本存量不变，这样，产量主要取决于就业量。就业量决定于在劳动市场中劳动供给和劳动需求的竞争。根据凯恩斯的理论，在市场经济中，失业是常态，因此，企业对劳动的需求成为决定就业量的主导力量。企业对劳动的需求服从利润最大化的目标。前文已经指出，在理论上可以认为，在竞争性的劳动市场上，使企业对劳动的需求能够实现利润最大化的条件是劳动的边际产量等于实际工资。这个利润最大化的条件表明：只有实际工资下降，企业才愿意雇用更多的工人。雇用更多的工人，产量才会增加。

假如确如前文所说，由于工会和政府的介入，货币工资不能下降，那么，企业在何种条件下才会增加生产呢？看来只有“华山一条路”：物价上涨。

物价上涨，在货币工资不变的情况下，导致实际工资下降。实际工资下降刺激企业增加对劳动的雇佣（劳动需求增加）。劳动雇佣量的增加导致产量增加。由此得到一个重要的关系：物价上涨导致总供给增加。如果加上一些主观色彩，那么，这个“冷冰冰”的客观规律也可以改写为作为生产者的企业对物价上涨总是拍手欢迎的。

当然，我们不应忘记，该因果关系的成立是有条件的，这个条件就是工人的货币工资不变。

因此，我们可以更加准确地表述上述规律，在货币工资不变的条件下，物价上涨导致总供给增加。该规律表现为向右上方倾斜的总供给曲线 AS，如图 8 –6 所示。

可假设线性的供给函数如下：

$$AS = \alpha K - \beta \frac{W}{P}$$

式中，AS 为总供给，K 为资本存量，α 为资本存量对总供给的影响程度，W 为货币工资，$\frac{W}{P}$ 为实际工资，β 为实际工资对总供给的影响程度。

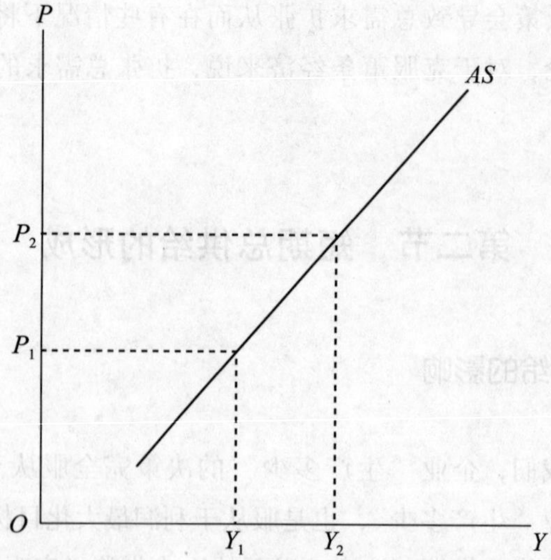

图 8－6　物价上涨导致总供给增加

二、总供给的两种极端情况

1. 生产能力严重过剩情况

生产能力严重过剩使作为生产者的企业处于竞争的劣势，而购买者处于竞争的优势。这种情况迫使企业按非常低的价格销售产品，力争渡过难关，获得继续生存的机会。在理论上可以把这种情况概括成一条水平方向的总供给曲线 AS。

水平方向的总供给曲线的基本性质是什么？用学术的语言表述就是：供给的价格弹性无限大。这个表述似乎很费解，其实，它的经济含义是很简单的，由于处于竞争的劣势，只要购买者对产品提出需求，企业都愿意按原有价格把产品生产出来并销售给购买者。

用水平方向的总供给曲线研究宏观经济问题，因为物价是固定不变的，被称为固定价格模型。固定价格模型是凯恩斯经济学的基本背景，因此也被称为极端凯恩斯情况。极端凯恩斯情况反映经济陷入极端萧条——生产能力严重过剩的困境。

为了便于理解，也可以把这条总供给曲线看成略微有一点向右上方倾斜。该曲线的经济含义是价格有一点提高，导致供给量大量增加（见图 8－7）。

2. 生产能力充分利用情况

在生产能力充分利用的情况下，企业的产量已经达到了最高限，或者说企业的产量处于生产可能性曲线的边界。在这种情况下，如果其他条件不变，任凭价格怎样提高，企业也无法增加生产。因此，在生产能力充分利用情况下，总供给曲线是垂直的。这种情况也叫作供给价格弹性等于零。

古典宏观经济模型的基本观点是生产能力充分利用，因此，垂直的总供给曲线也被称为古典情况（见图 8－8、图 8－9）。

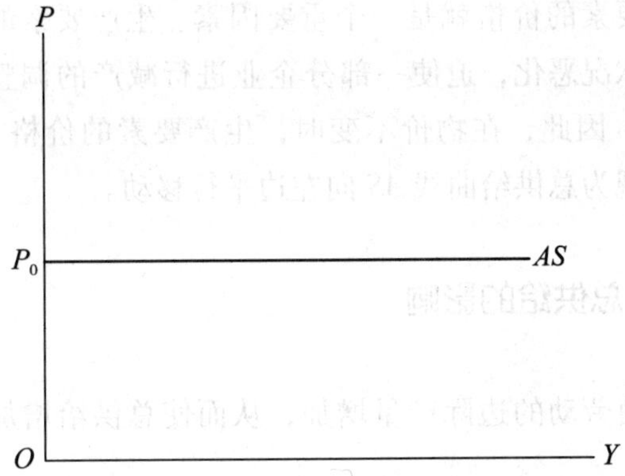

图 8－7　生产能力严重过剩的总供给

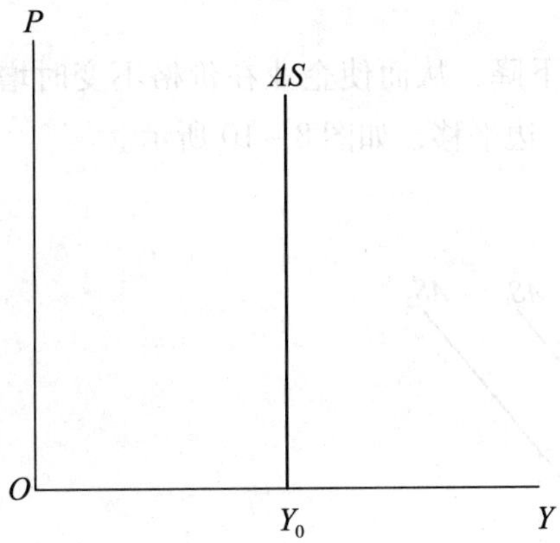

图 8－8　生产能力充分利用的总供给

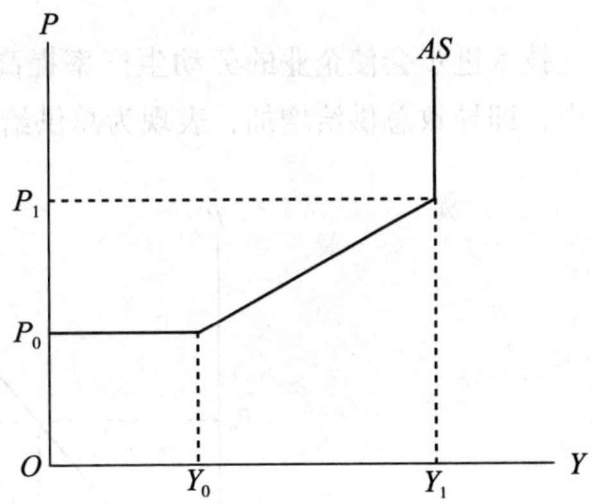

图 8－9　总供给曲线的整体

三、总供给曲线整体

当物价为 P_0 时，生产能力严重过剩，企业愿意接受 P_0 价格而把产出增至 Y_0。这是极端凯恩斯情况。物价在 P_0 和 P_1 之间时，为一般情况，除非物价提高，否则企业不愿意增加生产。物价高于 P_1 时，生产能力充分利用，为古典情况。在古典情况下，物价上涨已不可能刺激企业增加生产。

第三节　短期总供给的变动

一、要素价格对总供给的影响

上面强调了物价对总供给的影响。但是，除了物价，还有许多因素会对总供给产生重要的影响。生产要素的价格就是一个重要因素。生产要素的价格提高，使企业的成本状况恶化。成本状况恶化，迫使一部分企业进行减产的调整，不仅如此，还会直接导致部分企业破产。因此，在物价不变时，生产要素的价格上涨导致总供给减少。这种情况在图形上表现为总供给曲线 *AS* 向左边平行移动。

二、资本存量对总供给的影响

资本存量增加，使劳动的边际产量增加，从而使总供给增加，表现为总供给曲线向右边平移。

三、技术进步对总供给的影响

技术进步会使企业的劳动生产率提高、成本下降，从而使企业在价格不变时增加生产，即导致总供给增加，表现为总供给曲线向右边平移，如图 8－10 所示。

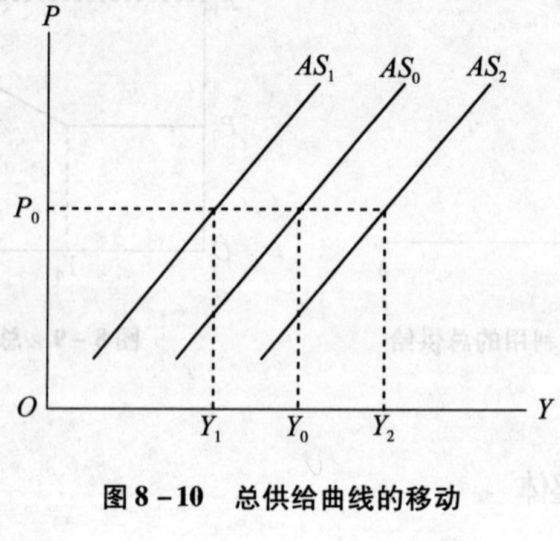

图 8－10　总供给曲线的移动

第四节　长期总供给的形成

一、“长期”的经济学含义

在宏观经济学中，“长期”主要指：第一，投资需求发生以后，经过一段时间，企业的生产能力扩大，即投资需求的供给效应；第二，物价上涨多少，货币工资就上涨多少。更准确地说，货币工资增长率等于通货膨胀率。

在本节，“长期”是指货币工资增长率等于通货膨胀率。

二、长期总供给的形成

在短期，在物价上涨的时候，由于“货币工资幻觉”或其他因素起作用，货币工资有可能不变。但是，在长期，物价上涨对工人利益的侵害总归会被工人察觉，因此，增加工资的要求或迟或早会被提出来。迫于工会和政府的压力，企业往往不得不满足工人增加工资的要求。在理论上，可以进一步设想存在某种“长期”，在“长期”中，货币工资增长率等于通货膨胀率。

货币工资增长率等于通货膨胀率，对总供给（全体企业的生产）有什么影响？

如前所述，物价上涨刺激企业增加生产的重要条件是货币工资不变。在物价上涨而货币工资不变的条件下，企业增加生产可以导致利润增加。

但是，在“长期”，货币工资随着物价上涨而上涨，而且，货币工资增长率等于通货膨胀率，这样，在物价上涨的时候，企业增加生产就不会使其利润有任何的增加。因此，在物价上涨而货币工资增长率等于通货膨胀率的条件下，企业就没有增加生产的任何激励。这种情况表现为垂直的长期总供给曲线 *LAS*，如图 8－11 所示。

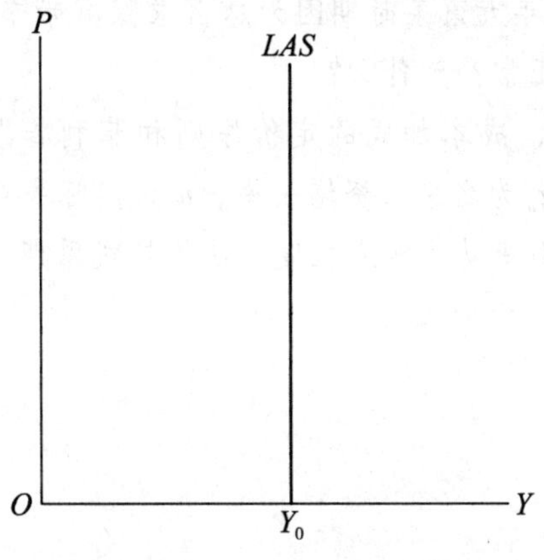

图 8－11　长期总供给曲线

这样，我们就完成了对总供给的研究。相比对总需求的研究，对总供给的研究要简单得多，仅用一章就“结束战斗”了。

我们在第七章研究了总需求，在第八章研究了总供给。注意，无论是总需求，还是总供给，我们都应该把它们理解为符合经济理性主义假设的最大化经济行为。总需求是全体购买者利益最大化的购买行为、总供给是全体企业利润最大化的供给行为。经济行为的数学表达是曲线，或函数（方程）。

在下一章研究的产出和价格则不同，对它们应理解为总需求行为和总供给行为相互作用的结果，其数学表达是曲线的交点，或方程组的解。

章节习题

1. 解释古典的总供给曲线。

2. 解释劳动供给曲线。

3. 解释古典总供给曲线的政策含义。

4. 假设有下列形式的总供给曲线：

$$Y_t = Y_t^n + x\ (\pi_t - (t-1)\pi_t),\ x > 0$$

Y 代表 lg（Y），Y 是总产出。Y_t^n 是自然失业率下的产出，π_t 代表通货膨胀率，（$t-1$）π_t 代表在 $t-1$ 时期形成的对第 t 期通货膨胀率的预期。

（1）简要解释名义工资的黏性程度增大，参数 x 的变化。

（2）将总供给曲线改写成菲利普斯曲线并且在（π，Y）坐标图中画出来（将此曲线的重要性在图中说明）。

（3）用通常语言描述和解释怎样计算牺牲指数。

5. 利用总供给和总需求曲线分析框架：①分析石油危机引起的经济衰退即滞胀问题和西方国家 1929—1933 年大萧条时期因为总需求骤减带来的经济衰退；②如果政府不加干预，经济能否恢复正常？为什么？

6. 已知线性生产函数，成本加成的定价原则和菲利普斯曲线，菲利普斯曲线为：$g_w = -\varepsilon\ (u - u^*)$，其中 g_w 为名义工资增长率，u 为实际失业率，u^* 为自然失业率，ε 为名义工资增长率对失业率变动的敏感程度。试推导凯恩斯主义的短期供给曲线。

第九章　总产出的决定：简单凯恩斯模型

导入案例

扩大有效供给满足有效需求

近年来，我国经济增速波动下行，经济运行呈现出不同以往的态势和特点。其中，有效供给和需求不平衡、不协调的矛盾和问题日益凸显，突出表现为供给侧对需求侧变化的适应性调整明显滞后。这就需要在适度扩大总需求的同时加快推进供给侧结构性改革，用改革的办法矫正供需结构错配和要素配置扭曲，减少无效和低端供给，扩大有效和中高端供给，促进要素流动和优化配置，实现更高水平的供需平衡。

当前，我国的需求结构已发生明显变化。主要表现在以下几个方面：一是“住”“行”主导的需求结构发生阶段性变化。2013 年我国城镇常住人口户均达到 1 套房，2014 年每千人汽车拥有量超过 100 辆。根据国际经验，这个阶段“住”“行”的市场需求会发生明显变化。二是需求结构加快转型升级。随着收入水平提高和中等收入群体扩大，居民对产品品质、质量和性能的要求明显提高，多样化、个性化、高端化需求与日俱增。三是服务需求在消费需求中的占比明显提高。

供给侧明显不适应需求结构的变化。主要表现在：一是无效和低端供给过多。一些传统产业产能严重过剩，产能利用率偏低。二是有效和中高端供给不足。供给侧调整明显滞后于需求结构升级，居民对高品质商品和服务的需求难以得到满足，出现到境外大量采购日常用品的现象，造成国内消费需求外流。三是体制机制束缚了供给结构调整。受传统体制机制约束等影响，供给侧调整表现出明显的黏性和迟滞，生产要素难以从无效需求领域向有效需求领域、从低端领域向中高端领域配置，新产品和新服务的供给潜力没有得到释放。

推进供给侧结构性改革，是问题倒逼、必经关口。处于转型期的中国，经济发展长期向好的基本面没有变，经济韧性好、潜力足、回旋余地大的基本特征没有变，经济持续增长的良好支撑基础和条件没有变，经济结构调整优化的前进态势没有变。但在前进的道路上，我们必须破除长期积累的一些结构性、体制性、素质性突出矛盾和问题。

供需结构错配是我国当前经济运行中的突出矛盾，矛盾的主要方面在供给侧，主要表现为过剩产能处置缓慢，多样化、个性化、高端化需求难以得到满足，供给侧结构调整受到体制机制制约。需求管理政策重在解决总量问题，注重短期调控，难以从根本上解决供需结构性矛盾，也难以从根本上扭转经济潜在产出水平下行趋势。当前，只有加快出清过剩产能，处置"僵尸企业"，推进资产重组，培育战略性新兴产业和服务业，建立有利于供给侧结构调整的体制机制，才能实现更高水平的供需平衡，增强我国经济持续健康发展的内生动力。

实现更高水平的供需平衡，一是增加公共产品供给，更好满足社会需求。公共产品是需求收入弹性高的产品，在人均收入低时，人们对私人产品有支付能力的需求要远远多于对基础设施、公共服务的需求。随着经济发展、生活水平的改善，人们对公共产品的需求增加，而且也有了支付能力。2015 年，我国人均 GDP 已经达到 8016 美元，在这个水平上对公共产品及其质量的需求是旺盛的。尽管我国过去对全国基础设施持续进行了大规模的投资，但是与人们的需求相比，与发达国家相比，仍然存在极大的缺口。在地方层面这个缺口极大，其中不只是在农村和县镇基础设施极其落后匮乏，在二线、三线城市也同样存在巨大缺口。在城市基础设施建设中，地下管道建设、污水和垃圾处理、各类污染的治理、无线网络覆盖、园林绿化建设、文化艺术场馆、体育健身设施、停车场、居民休闲娱乐、养老健康事业等都需要大量的投资。

不仅应该增加城市基础设施建设，同时应该提高城市建设标准。无论是在道路交通上，还是在城市功能设施上，或者是在公用民用建筑上，我们的建设标准过低，规划也不完善，因此容易出现反复拆后重建的现象，也容易限制城市基础设施发挥功效。在建筑标准上适当的超前绝不是铺张浪费，反而会为未来节约资源。

还应注意，社会基础设施建设既应重建设，也应重维护。很多城市公共设施遵循了较高标准进行建设，因此各地高楼大厦雨后春笋般竖起来，看起来比发达国家更为繁荣。但是这些豪华设施没有得到很好维护，因此往往很快从刚建成的"发达国家"沦落为运行时的"发展中国家"。因此，目前过剩的产能完全应该引向公共产品和服务领域，用于基础设施建设。通过在城乡进行基础设施建设，既增加了有效需求，消化了当前的产能，同时这些投资形成的基础设施是消费性的，不会产生新的过剩。

二是全面提高民用产品质量，更好满足居民消费需求。产能过剩与其说是过剩，不如说是资源错配，是供给没有很好满足需求。中国经济发展到今天，居民逐渐富裕起来，购买能力已经大大提高。一般而言，低收入群体会更多地购买低质量从而价格也低的产品。随着经济增长带来的人均收入增加，人们越来越看重产品的质量，对高质量产品的需求不断增加。但问题是，因为各种原因，国内制造业未能充分满足消费者对产品品质需求的日益高涨，从而导致国内消费者出国抢购各种消费品，或者通过海外代购购买国外产品。在这些产品中，奢侈品有世界顶级箱包、时装、珠宝、钟表，日用消费品有电饭煲，食品有婴儿奶粉、红酒等。而实际上，其中很多产品是国内有能力生产的，还有很多国外品牌干脆就是在中国境内生产的。因此，去产能或去库存要做到的其实是淘汰落后产能，发展高端产能，提升产品质量。

提升产品质量，应该从以下几个方面着手：

第一，加强和改进政府质量治理能力。当前，我国仍处于社会主义初级阶段，市场机制不够成熟，人民群众的质量需求与质量安全保障能力之间的矛盾还比较突出。我国产品质量监管体系特别是质量法律法规和监管制度还不够完善，质量监管力量特别是基层力量严重不足，社会诚信体系还不健全，质量安全事故时有发生。我国国家质量技术基础与发达国家相比，整体水平差距较大。要加大简政放权力度，继续清理、取消和下放行政审批事项，研究制定权力清单、责任清单、负面清单，进一步激发市场活力，促进大众创业、万众创新。将国际上越来越重视的标准、计量、合格评定等质量技术基础纳入国家战略，加强集中统一管理，深化标准化工作改革，完善国家量值传递溯源体系，推行电子商务等新业态认证认可制度，加快检验检测认证机构整合，加强技术性贸易措施的研究和应对。加强质量国际合作，深化质量技术国际交流，建立健全监管合作机制，做到产品和服务质量“双提高”，实现国内和国外消费者“双满意”。

第二，通过产业政策，推动行业集中度适当提高，鼓励企业规模做大做强。在民用消费品领域，大部分产品都不适合过度竞争；如果过度竞争就会迫使企业无底线地降低生产成本，用低质量换取低成本，导致产品质量得不到保证，最后还是损害消费者的利益。因此，应该鼓励企业融合并购、强强联合，允许一个行业只容纳有限数量企业，让它们的规模得到保证以获得规模经济好处，从而有能力提高产品质量；同时大型企业会形成品牌和知名度，这也增加了其维护质量的动机。此外，少数企业之间也能形成有序竞争。以美国为例，即使是啤酒、饼干、个人卫生护理产品这样的轻工业日用消费品，也都是由少数企业占据着大部分市场份额的，这种市场份额又处于动态的竞争压力之下，促使企业爱护羽毛——重视产品质量和企业声誉。

认识新常态、适应新常态、引领新常态，是当前和今后一个时期我国经济发展的大逻辑，推动供给侧结构性改革是适应和引领新常态的战略行动，为新常态下“怎么干”指明了方向。我们要深入贯彻落实新发展理念，以五大政策支柱为依托，在适度扩大总需求的同时，着力深化供给侧结构性改革，推动实现“十三五”良好开局，保持中高速增长，迈向中高端水平，努力实现到2020年全面建成小康社会的第一个百年奋斗目标。

第一节　有效需求概念

一、意愿购买

第三章研究的消费需求，反映了使家庭的利益（如效用）最大化的对消费品和服务的购买。第四章研究的投资需求，反映了使企业的利益（如利润）最大化的对投资品的购买。使购买者利益最大化的购买称为意愿购买。意愿购买并不是新出现的概念，回顾微观经济学，其中的消费者均衡和生产者均衡同样反映了意愿购买。

我们更加仔细地看一看消费需求。根据绝对收入假说，消费需求是可支配收入的增函数，可支配收入水平较低，则消费需求较少；可支配收入水平提高，则消费需求随之增加。二者一一对应。

能够掌握预测消费需求的知识显然是十分有意义的。那么，绝对收入假说能否提供这种知识呢？绝对收入假说确实揭示了消费需求依赖于可支配收入的某种因果关系，但是，它实际上仅仅指出了消费需求无数的抽象可能性（消费与收入一一对应）。如果你希望得到更为具体的答案，例如，上一年的消费需求为何是这么多，或者下一年的消费需求是多少，它就勉为其难了。这就说明我们仅仅掌握意愿购买概念，或者说仅仅掌握消费函数（或消费曲线），对于更为准确地解释和预期消费需求而言，是远远不够的。认识必须前进一步。

二、有效需求的含义

现在必须引入有效需求概念。有效需求是凯恩斯宏观经济学的重要概念。有效需求是指在数量上和总产出一样大的需求。这个定义看上去叫人“摸不着头脑”，我们试着作如下的理解：根据绝对收入假说，消费需求是在可支配收入的基础上形成的。可支配收入是通过生产（对于生产的贡献）得到的。如果不考虑政府收入等复杂因素，可支配收入在数量上和总产出是一样大的。如果我们知道了总产出是怎样决定的，就知道可支配收入是怎样决定的以及消费需求是怎样决定的。可见，总产出的决定是一个关键问题。

那么，总产出是怎样决定的呢？一般而言，市场经济是一种需求约束型经济，就是说，总产出决定于需求——意愿购买。如果不考虑政府部门和外国部门，那么，需求等于消费需求和投资需求之和。问题来了：我们似乎陷入循环论证的怪圈，“产出决定需求，需求又决定产出”。当然，这里的“循环论证”完全是表面上的，我们只要考虑时间因素，就可以从“循环论证”中走出来。具有决定性的步骤是必须把上述怪圈中的第二个“产出”理解成下一期的产出。通过这种调整，上述关于产出和需求之间的联系的正确表达是：产出决定需求，需求决定下一期的产出。

宏观经济学用均衡产出反映总产出的决定。均衡产出是指稳定不变的产出。粗略地，可以把“稳定不变的产出”理解成下一期产出等于本期产出。有了均衡产出的概念以后，上述有效需求的概念必须进行一定的修正，有效需求是指在数量上和均衡产出一样大的需求。由此可以推知，有效需求就是均衡产出，有效需求决定的规律就是均衡产出决定的规律。下面的任务就是解决“有效需求—均衡产出的决定”问题。

第二节　有效需求的决定

流行宏观经济学现成的分析工具“收入—支出”模型就是用于解决均衡产出的决定问题的，由于有效需求就是均衡产出，我们借用这个模型解释有效需求的决定。

一、有效需求的决定：45°线模型的分析

有效需求的决定问题仍然放进西方经济学所拿手的均衡分析的总的框架中去加以解决。这样，有效需求的决定问题就归结为总产出的决定问题，总产出的决定问题就归结为均衡产出的决定问题，从而可以按照均衡分析的一般方法来加以解决。如图9－1所示。

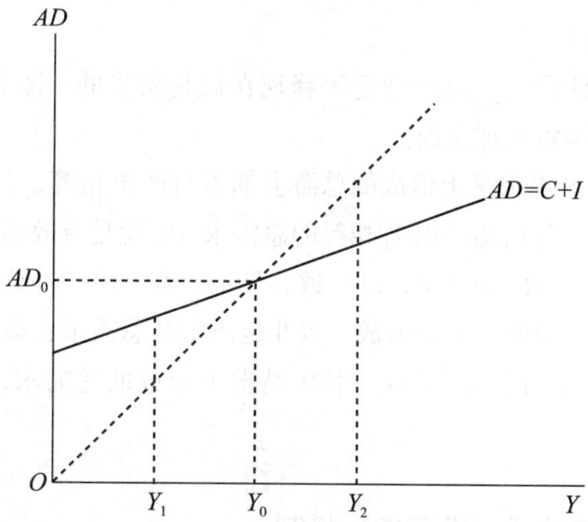

图9－1　均衡产出—有效需求的决定

在图9－1中，横轴 Y 表示总产出。根据上面的假定，它同时就是可支配收入。纵轴表示总需求 AD。总需求是意愿购买之和，在简单经济情况下，为消费需求与投资需求之和。消费需求函数为 $C = C_0 + cY_d$，投资需求函数为 $I = I_0$，所以总需求函数为 $AD = I_0 + C_0 + cY_d$。注意，此时的总需求相对简单，还有一些内容尚未包含在内。

利用45°线，横轴的总产出可以表现为45°线到横轴的垂直距离，这样便于与纵轴的总需求进行比较。

假设 $Y = Y_1$，这时总需求大于总产出。这意味着当年的产出不能满足总需求。现假设这过多的需求可以由库存产品得到满足，这样导致非意愿或非计划的库存下降。这种情况说明企业的生产决策对需求的估计过低，因此，企业必须调整生产决策。由此可知，非意愿或非计划的库存下降，会促使企业改变生产决策，增加产出。这实际上

也就是说明 Y_1不是均衡产出。因此可以肯定，如果企业整体选择了 Y_1，Y_1势必沿着增加产出的方向向均衡位置移动。

假设 $Y=Y_2$，这时总需求小于总产出，这种情况使非意愿或非计划库存增加。非意愿或非计划库存增加说明企业的生产决策对需求的估计过高。企业为了实现利润最大化的目标，必然调整当前的生产决策。由此可见，非意愿或非计划库存增加会促使企业减少产出，也就是说，Y_2也不是均衡产出。因此可以肯定，如果企业整体选择了 Y_2，Y_2势必沿着减少产出的方向向均衡水平移动。

假设 $Y=Y_0$，这时总需求等于总产出，非意愿或非计划的存货变动为零。这说明当产出为 Y_0时，企业整体的生产决策刚好满足总需求，利润最大化的目标得以实现，改变产出决策的动力不再存在。由此可见，Y_0为均衡的产出水平。也就是说，如果一个经济体系的总需求曲线为 $AD=I+C_0+cY_d$，则该经济体系的总产出倾向于处于总需求曲线 AD 与 45°线交点所对应的水平。换言之，总产出倾向于处于总产出与总需求相等时的水平。

这就是对总产出的决定问题的一个回答，也就是对一国总产出 GNP 为什么处于某一水平在理论上的解释。

当然，我们应该注意到，这一理论解释现在仅是初步的。随着研究的深入，我们对这一理论解释的认识将更加全面。

除了 Y_0，在各个产出水平上形成的总需求都不与产出相等，只有在 Y_0基础上形成的总需求 AD_0等于 Y_0。与均衡产出 Y_0相等的总需求 AD_0就是有效需求。

有效需求和总需求这两个概念，既一致，又不一致。说"一致"，是因为有效需求是在总需求的基础上形成的，它的形成一点儿也离不开总需求；说"不一致"，是因为有效需求是在收入从而产出被决定这一特定情况下形成的总需求，而不是任何其他情况下的总需求。

二、均衡过程的数量（净存货）机制

在有效需求决定的过程中，均衡的机制是特别值得提出来加以着重说明的。在市场经济中，生产是分散进行的。但是，生产和需求之间也并不是完全杂乱无章的，而是呈现出某种秩序，其原因在于市场机制的作用。市场机制可分为价格机制与（商品）数量机制两大类。

在这里，把总产出推向与总需求相等的水平的力量正是一种数量机制即净存货（库存）机制。对这种机制可以简单地表述如下：总需求大于总产出形成非意愿存货下降（非意愿净存货小于零），将促使企业增加产出，从而减缓了总需求大于总产出的矛盾；总需求小于总产出形成非意愿存货增加（非意愿净存货大于零），将促使企业减少产出，从而减缓了总需求小于总产出的矛盾；总需求等于总产出使非意愿净存货等于零，企业倾向于维持原产出，从而维持总需求与总产出的均衡。

这种净存货机制，通过市场经济中千千万万企业分散地追求各自利润最大化的行为，自动地将总产出推至与总需求一致的水平。在对总产出决定问题的理解中，净存货机制的存在显然具有非常重要的意义。

在有效需求的决定过程中，为什么没有看到价格机制的作用？我们知道，在资源配置方面，价格机制起着非常重要的作用。在有效需求的决定这一宏观经济领域，价格机制仍然起着非常重要的作用，这一点在本书的后几章中可以看到。在本章中，价格机制之所以“不露声色”，是因为在当前的场合，实际上研究的是价格水平不变时有效需求的决定。因此，价格机制不起或只起相当微弱的作用。然而此时，另一类市场机制如净存货机制正在积极地发挥作用，促使总供求达到均衡。

三、有效需求的决定：投资曲线与储蓄曲线的分析

现在利用投资曲线和储蓄曲线分析有效需求的决定问题，如图 9－2 所示。

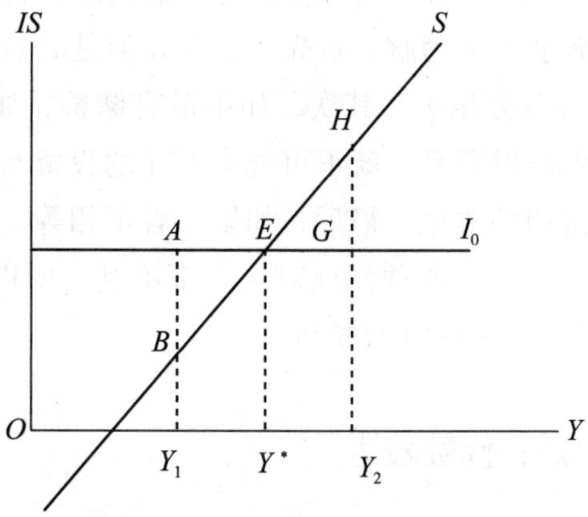

图 9－2　有效需求的决定：投资和储蓄

在图 9－2 中，投资是自发性投资即 $I=I_0$，与产出的变化无关，因此投资曲线是水平的。储蓄是可支配收入（这里也就是产出 Y）的增函数，因此储蓄曲线向右上方倾斜。

假设 $Y=Y_1$，这时投资大于储蓄（$AY_1>BY_1$）。这表明当年总需求扩张，供不应求的差额只能通过库存来补充。库存可能补充全部差额（若库存为 AB），也可能补充部分差额（若库存少于 AB）。无论在哪个场合，库存的非计划或非意愿的减少会促使企业增加产出。因此，Y_1 不是均衡产出；如果 $Y=Y_1$，那么，可以肯定，企业会调整产出决策，使产出增加。

假设 $Y=Y_2$，这时投资小于储蓄（$CY_2<HY_2$）。这表明当年总需求收缩，供过于求的差额表现为非计划或非意愿库存的增加。这会促使企业减少产出。因此，Y_2 也不是均衡产出；如果 $Y=Y_2$，那么，可以肯定，企业会调整产出，使产出减少。

假设 $Y=Y^*$。前已说明，总产出倾向处于与总需求一致的水平上。总产出中用于消费的收入部分与总需求中的消费支出是一致的。这样，在简单经济中，总供求均衡与否就取决于投资和储蓄的关系。若投资不等于储蓄，则总产出倾向于改变其原有水平；若投资等于储蓄，则总产出倾向于维持原有水平，这意味着总产出处于均衡水平。所以，投资等于储蓄是总供求达到均衡的条件，它同时也决定了有效需求的水平。其实这并不是一个新问题，在45°线的分析中，它已经出现了，只不过没有明显地表现出来罢了。

总供求均衡从而有效需求水平取决于投资等于储蓄，这一点具有非常重要的理论意义。新古典经济学认为，投资和储蓄都是利率的函数，通过利率的波动，投资和储蓄达到一致，这种一致决定了均衡的利率水平。而在凯恩斯看来，投资等于储蓄，不是决定了均衡的利率水平，而是决定了均衡的产出水平。凯恩斯宏观经济学的中心就是要解决总产出水平的决定问题。可见，在凯恩斯宏观经济学中，作为决定均衡产出水平从而有效需求水平的条件——投资等于储蓄，具有极其重要的意义。

我们知道，储蓄是家庭的经济行为，投资是企业的经济行为。各有各的最大化盘算，为什么会相等呢？似乎不可理解。首先，二者并不是必然相等，只是作为一种趋势——在理论上表现为均衡会相等。其次，如果没有储蓄，如果把产品全部消费掉，那么，就没有剩余资源生产投资品，就不可能有企业的投资行为——购买投资品。所以，二者之间确实存在密切的关系。最后，如果二者不相等，那么，市场上的表现不是供大于求，就是求大于供。这两种情况对企业都不利，所以企业会调整生产决策，调整的结果是使二者趋于相等——净存货机制。

四、有效需求的决定：代数表达

以上我们利用45°线的几何图形、储蓄曲线和投资曲线的几何图形来研究有效需求—均衡产出的决定问题，显然，研究这个问题，也可以用代数的方法。

如果只考虑私人部门，那么，总需求等于消费需求与投资需求之和：

$$AD = C + I = C_0 + cY_d + I$$

总需求中的消费需求是在可支配收入从而产出的基础上形成的，而产出又是由总需求决定的，所以，产出必定等于可支配收入且等于总需求，由此形成均衡产出：

$$AD = C_0 + cY_d + I$$

$$Y = AD = Y_d$$

$$Y = \frac{1}{1-c}(C_0 + I)$$

在数量上与产出相等的总需求为有效需求—均衡产出。该式也就是简单凯恩斯模型关于总产出决定理论的代数表达。由该式可以看到，有效需求—均衡产出决定于两个因素：一个是乘数，另一个是自发性支出。

无论是几何方法，还是代数方法，所得到的结论是完全一致的。下面具体说明。

在45°线模型中，有效需求—均衡产出决定于总需求曲线 AD 与45°线的交点；由于图形的纵轴是总需求 AD，横轴是收入 Y_d 和产出 Y，所以，45°线模型中均衡条件——两曲线的“交点”，完全等价于代数表达中的均衡条件：$Y = Y_d = AD$。

在储蓄曲线和投资曲线的图形中，均衡条件是储蓄 = 投资。利用消费函数可以得到对应的储蓄函数，把这一储蓄函数代入“储蓄 = 投资”中，即 $S = Y - C_0 - Cy = I$，经过简单的变形，就可以得到上述有效需求—均衡产出的代数表达式。

五、价格不变情况

以上对有效需求——均衡产出的决定的说明，还有一个重要的“背景”情况，即价格水平保持不变。

一般而言，总供给和总需求相互作用，既影响总产出，又影响价格水平。但在价格水平不变的情况下，总供给和总需求相互作用，就单纯地影响总产出，而对价格水平毫无影响。正因为如此，我们看到，在以上的叙述中，无论是45°线模型的分析，还是投资曲线与储蓄曲线的分析，贯穿其中的净存货机制总是仅仅影响总产出，而价格水平则根本未“显身”。

为了使价格水平“显身”，我们可以利用总供求模型即 $AS - AD$ 模型来说明有效需求—总产出的决定，作为45°线模型的分析和投资曲线与储蓄曲线的分析的一个补充。

在图9－3中，AD 是总需求曲线，向右下方倾斜，表示总需求随着价格的下降而增加，这没有什么疑问；AS 是总供给曲线，它呈水平状态，根据第八章的说明，我们知道这是一种特殊情况，表示经济极端萧条、失业非常严重。在这种情况下，无论总产出如何，价格总是维持在 P_0 水平不变。水平状态的总供给曲线反映了我们当前研究总产出决定的一个基本“背景”。

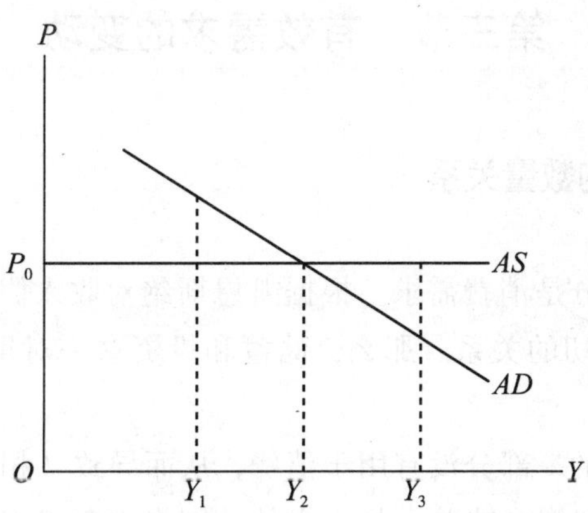

图9－3 价格不变情况下总产出的决定

下面我们就来研究在这种情况下总产出的决定问题，仍然采用均衡分析方法。

假设全体购买者选择的购买量为 Y_1，购买者发现他们愿付的价格高于市场价格，这样，购买量为 Y_1 未能使购买者利益达到最大；随着增加购买量，购买者的利益不断增加；当购买量为 Y_2 时，购买者的愿付价格等于市场价格，这时购买者的利益达到最大，于是，购买者最终选择的购买量从而总产出为 Y_2。购买者增加购买量对生产者的影响是或者产量增加，或者存货减少。在上述调整的过程中，看得很清楚，仅仅是数量机制起作用，而价格机制根本不存在。

假设全体购买者选择的购买量为 Y_3，购买者发现他们愿付的价格低于市场价格，这样，购买量为 Y_1 不可能成交；随着减少购买量，购买者愿付的价格逐渐趋于市场价格；当购买量为 Y_2 时，购买者的愿付价格等于市场价格，这时可以成交，于是，购买者最终选择的购买量从而总产出为 Y_2。购买者减少购买量对生产者的影响是或者产量减少，或者存货增加。

所以，在价格维持在 P_0 不变时，通过数量的调节，均衡产出为 Y_2。

在上述调整的过程中，看得很清楚，仅仅是数量机制在起作用，而价格机制根本不存在。

在 45°线模型的分析和投资曲线与储蓄曲线的分析中，我们只看见数量机制，根本看不见价格。而在利用 $AS-AD$ 模型对同一个问题的研究中，仍然只是数量机制起作用，但价格却“显身”了。

一般而言，宏观经济学既要研究总产出的决定问题，也要研究价格的决定问题。但是，在当前的场合，价格虽然“显身”，但已经由外部的因素给定，且不变化，这样，宏观经济学只需要研究一个问题，即总产出的决定。

因此，研究在价格不变情况下总产出的决定问题，如果把前三个分析和 $AS-AD$ 模型结合起来，那么，理解会更为全面。

第三节　有效需求的变动

一、漏出和注入的数量关系

总需求中最大一部分是消费需求。根据凯恩斯绝对收入假说或其他消费理论，消费需求和收入有非常密切的关系。那么，储蓄和投资这一对重要的宏观经济学概念，和收入有何关系？

储蓄意味着收入中的一部分没有用于消费，从而导致（相对于产出而言）总需求减少，因此喻为漏出。投资意味着由收入之外的因素引起需求，从而导致（相对于产出而言）总需求增加，因此喻为注入。

漏出和注入的数量关系直接反映了总需求的变化，而总需求的变化导致均衡产出变化，从而导致有效需求变化。由此，可以得到有效需求变化的一般规律：

（1）若注入大于漏出，则有效需求增加。

（2）若注入小于漏出，则有效需求减少。

（3）若注入等于漏出，则有效需求不变。

如果考虑政府部门和外国部门，那么，注入和漏出的内涵都要扩大，注入包括投资、政府购买、出口；漏出包括储蓄、税收、进口。

需要注意的是，在考虑政府部门和外国部门的情况下，有效需求不是简单地决定于投资和储蓄的数量关系，而是决定于全部的注入和全部的漏出之间的数量关系。

在这里，我们是通过漏出和注入的数量关系来说明有效需求的变动的。很显然，对有效需求变动的说明是建立在对有效需求决定的说明的基础上的。以上我们用两种方式说明有效需求的决定，第一种是45°线模型，第二种是考察投资和储蓄的关系，也就是漏出和注入的关系。但是，上面仅利用了第二种方式说明有效需求的变动。那么，能否利用第一种方式说明有效需求的变动呢？当然可以。

二、投资对有效需求的影响：投资乘数

上面已经说明，在其他条件不变时，投资需求增加导致均衡产出增加，从而导致有效需求增加。现在要说明投资需求增加会以一种放大的方式导致有效需求增加。其中的原因很简单，因为投资需求增加会带动家庭消费需求增加。如果要问“放大”的程度如何？那么，乘数理论可以作出回答。

假设全社会平均的边际消费倾向（*MPC*）=3/4，假设由于某种原因，投资需求增加100元。这样，投资品的卖方收入增加了100元。投资品卖方将其增加的收入的3/4即75元用于消费。消费品的卖方因收入增加了75元，又将其中的3/4用于消费。这又引起收入增加，消费增加。这样的过程持续下去，有效需求总的增加如下：

$$100+\frac{3}{4}\times 100+\left(\frac{3}{4}\right)^2\times 100+\left(\frac{3}{4}\right)^3\times 100+\cdots$$

$$=\frac{1}{1-\frac{3}{4}}\times 100=4\times 100=400$$

由此可见，投资需求增加100元，使有效需求增加400元。有效需求增加是投资需求增加的4倍，即乘数为4。从数学上看，乘数等于1减边际消费倾向的倒数。很容易看出，边际消费倾向越大，乘数越大。在本例中，投资需求增加100元，带动家庭消费需求增加300元，从而有效需求增加400元。

还需要说明一点：在本例中，投资需求增加与收入变化无关，因此，投资需求被称为自发性支出。本例揭示的因果关系可以推广（各种）自发性支出增加，会带动消费需求增加，从而使有效需求按一定倍数增加。

对乘数的计算，还可以直接利用上述代数的方法进行：

均衡产出：
$$Y = \frac{1}{1-c}(C_0 + I)$$

乘数：
$$\frac{\Delta Y}{\Delta I} = \frac{1}{1-c}$$

由该式可以看出，自发性支出增加会通过乘数的方式使有效需求—均衡产出增加，而乘数等于1减边际消费倾向（*MPC*）的倒数。显然，与利用加法的方法得到的结果完全一致。

当然，以上只是乘数最简单的形式，乘数的各种复杂形式留待后面再说。

我们在第六章研究货币供给的时候，曾提出存款乘数和货币乘数。在这里，我们又看到，投资需求增加通过乘数带动有效需求增加。我们看到，这一乘数是通过消费需求增加贯彻的，所以，为了和第六章的存款乘数和货币乘数相区别，不妨把本章的乘数称为消费乘数。

章节习题

1. 解释边际消费倾向和平均消费倾向的含义。
2. 解释投资乘数的含义。
3. 解释边际消费倾向递减规律。
4. 什么是乘数原理？乘数原理发挥作用的假设前提是什么？
5. 写出投资乘数的公式，尽量考虑各种经济变量对投资乘数的影响。据此说明，哪些因素影响到投资乘数？是怎样影响的？原因是什么？
6. 能否说边际消费倾向和平均消费倾向总是大于0而小于1，为什么？
7. 简述凯恩斯分析有效需求不足的三大基本心理规律。
8. 某国经济总量：$S = -100 + 0.2Y_d$（Y_d为可支配收入），投资 $I = 50$，政府购买 $G = 200$，政府转移支付 $R = 62.5$，税收 $T = 250$（单位均为10亿元），试求：

（1）均衡的国民收入。

（2）投资乘数、政府购买乘数、税收乘数、转移支付乘数和平衡预算乘数。

9. 回答下列关于漏出和注入的问题

（1）什么是漏出和注入？

（2）在考虑政府和外国部门的情况下，漏出和注入的内涵有哪些扩展？

（3）根据简单的凯恩斯模型，怎样利用漏出和注入的关系预测总产出的变动趋势？

（4）既然增加投资需求导致总产出增加，我国政府为什么在2003年第三、第四季度对某些行业的投资需求采取紧缩政策？

第十章 总产出的决定：*IS*－*LM*模型

导入案例

IS－*LM*：组合的不可能三角形

2014年中央经济工作会议将定调2014年的货币和财政政策。而近三年来的提法一直是积极的财政政策和稳健的货币政策。目前2014年的政策方向仍未披露，我们提前做一些情景分析。根据*IS*－*LM*模型，如果货币供给增加，*LM*曲线右移，在*IS*曲线不动时，均衡收入增加，利率下降。反之，均衡收入下降，利率上升。如果政府支出增加，则*IS*曲线右移，在*LM*曲线不动时，均衡收入增加，利率也上升。反之，均衡收入减少，利率下降。而从之前的经验来看，稳健货币政策的含义相对较广，延续当前的中性偏紧，或者中性转松，都可能被称为稳健的货币政策，所以我们以当前水平为基准，用偏紧货币和偏松货币构建政策组合。

情形一：政策搭配"稳健财政＋偏紧货币"，则*IS*曲线左移，*LM*曲线左移，收入减少，但是利率变化不确定。

情形二：政策搭配"稳健财政＋偏松货币"，则*IS*曲线左移，*LM*曲线右移，收入变化不确定，但是利率下降。

情形三：政策搭配"积极财政＋偏紧货币"，则*IS*曲线右移，*LM*曲线左移，收入变化不确定，但是利率上升。

情形四：政策搭配"积极财政＋偏松货币"，则*IS*曲线右移，*LM*曲线右移，收入变化增加，但是利率变化不确定。

如果说7.5%是一个经济必须要保护的底线，我们目前就在这条线上，在政策一定会托住底线时，第一种政策组合下收入确定减少就是不可能采用的。换句话说，稳健财政、偏紧货币和收入不变是组合的不可能三角。而如果以2014年的GDP增长目标为区分标准，定为7%是收入减少，7.5%是收入不变或略增加，那么7.5%的政策目标可能对应的三种情形中，情形四"双宽"对应着利率的不确定性，情形三即2013年下半年以来的情形，利率确定上行，情形二则与情形三相反。在改革调结构的大背景下，采取全面促增长的政策措施可能性非常小，所以情形四发生的可能性不大。从财政政策取向看，如果积极财政变化为稳健财政，意味着财政偏紧，那么在7.5%的目标追求过程中，一定需要配合相对宽松的货币政策，而这种组合对应着利率的确定性下行。另外，如果来年 GDP 增长目标定为 7%，那么情形一也是可能发生的，不过情形一下利率的走向最终取决于财政和货币两者缩减的相对幅度以及先后次序。

第一节　利率对有效需求的影响：*IS* 曲线

一、利率变化对有效需求的影响

第九章我们虽研究了总产出的决定问题，但只是一个阶段性的研究，还不是最终的研究。所以，研究必须深化。本章是一个深化，深化主要表现在把货币因素纳入总产出的决定问题。下一章是进一步的深化，是最终的研究，深化主要表现在由于考虑到总供给的不同情况，所以，可以同时研究总产出的决定和价格的决定问题。

本章的研究是通过 *IS* - *LM* 模型展开的。*IS* - *LM* 模型也被称为两市场模型，即研究产品市场和货币市场的一般均衡。由于关心的重点不是货币市场，而是产品市场，所以，*IS* - *LM* 模型实际上是在产品市场和货币市场一般均衡的背景下研究总产出的决定问题。

IS - *LM* 模型其实并不复杂，它仅仅通过"摆弄"两条曲线来表现总产出决定的一般规律。其中，*IS* 曲线表现产品市场的均衡，有效需求（均衡产出）随着利率的下降而增加；*LM* 曲线表现货币市场的均衡，利率随着有效需求（均衡产出）的增加而提高。在两个市场相互影响的背景下，总产出被决定。

回顾第四章，利率会对投资需求产生影响：利率下降会导致投资需求增加。不仅如此，在第九章，我们还看到投资需求增加，会带动家庭消费需求增加，从而以乘数（倍数）的方式导致有效需求增加。利率对有效需求的这种影响称为 *IS* 曲线，如图 10 - 1 所示。

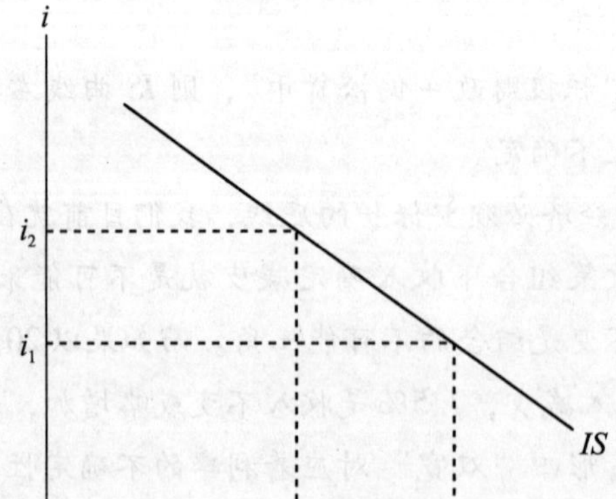

图 10 - 1　利率对有效需求的影响

图 10-1 显示：当利率较高（i_2）时，有效需求水平较低（Y_1）；当利率较低（i_1）时，有效需求水平较高（Y_2）。

IS 曲线所要表达的经济思想包括：①投资和储蓄相等决定了均衡产出（有效需求）；②利率下降导致投资需求增加；③投资需求增加通过乘数导致均衡产出（有效需求）进一步增加。由此可见，IS 曲线基本上没有提供什么新鲜的知识。所以，值得我们关注的重点是上述经济思想通过在 $i-Y$ 平面上的 IS 曲线而得以表现的（几何图形的）形式。

把投资需求是利率的减函数这种关系代入均衡产出（有效需求）决定的公式中，就可以得到 IS 曲线的代数表达式：

总需求：$$AD = C_0 + cY_d + I_0 - bi$$

均衡条件：$$Y = AD = Y_d$$

IS 曲线：$$Y = \frac{1}{1-c}(C_0 + I_0 - bi)$$

该式表示：在其他参数给定的情况下，均衡产出是利率的减函数。

二、利率对有效需求的影响程度

利率下降会对有效需求产生"多大"的影响？对 IS 曲线求导，得：

$$\frac{\Delta Y}{\Delta i} = -\frac{1}{1-c} \times b$$

由此可知，利率下降对有效需求的影响取决于以下两个因素：

第一，乘数（$\frac{1}{1-c}$）。显然，乘数提高，利率下降时有效需求会增加得更多。

第二，投资需求对利率变化的敏感性 b。敏感性提高，则利率下降时投资需求、有效需求都会增加更多。

三、自发性支出对有效需求的影响

如前所述，当利率不变时，自发性支出增加会导致有效需求增加。这种情况在图中表现为 IS 曲线向右边平行移动，如图 10-2 所示。

四、产品市场供求不均衡对有效需求的影响

其实，在第九章已经说过了产品市场供求不均衡对有效需求的影响。在这里之所以要重谈这个问题，是因为在考虑了利率因素对有效需求的影响之后，仍然有一个几何表达的问题。

在图 10-3 中，IS 曲线表示在参数给定情况下，与各个利率对应的有效需求水平。

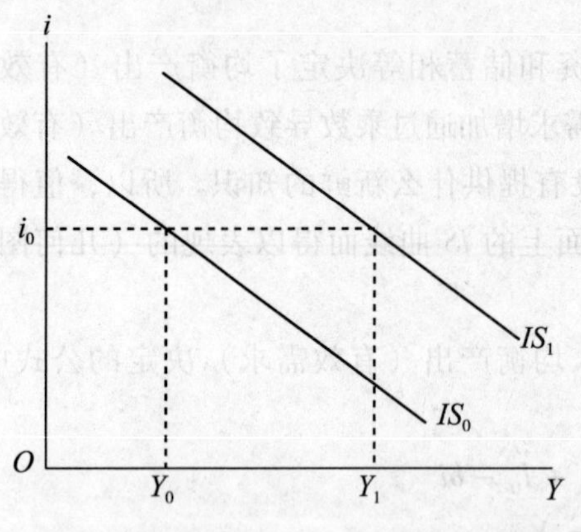

图 10－2　自发性支出对有效需求的影响

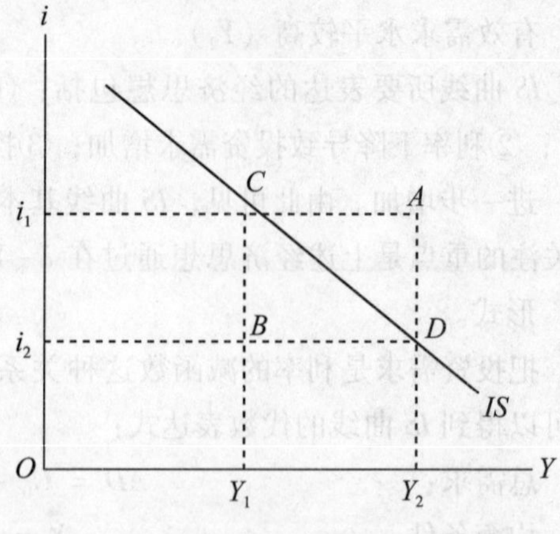

图 10－3　产品市场不均衡对有效需求的影响

显然，*IS* 曲线之外的利率产出组合表示产品市场非均衡状态。通过以下说明可以知道，*A* 点表示供大于求，所以，有效需求趋于减少，即 *A* 向 *C* 运动；*B* 点表示求大于供，所以，有效需求趋于增加，即 *B* 向 *D* 运动。

结论很简单，说清楚却要花很多口舌。由于所要说明的只是一个经济问题的几何表达，所以，就重要性而言，它仅是一个次一级的问题。下面是说明。

现在需要判断是供大于求的非均衡还是求大于供的非均衡。设 *A* 为 *IS* 曲线上方的任意一点，现判断 *A* 点所表示的供求状况。进行这样的判断，可以将 *A* 点与 *IS* 曲线上与之同一有效需求（Y_2）的 *D* 点进行比较，也可以将 *A* 点与 *IS* 曲线上与之同一利率（i_1）的 *C* 点进行比较。

现在将 *A* 点与 *D* 点进行比较。*D* 点处于 *IS* 曲线上，可知当 $i=i_2$ 时，Y_2 为有效需求，由此可以倒推出在 *D* 点形成有效需求的均衡条件：投资等于储蓄（$I=S$）是满足的。那么，*A* 点的情况如何呢？由于 *A* 点和 *D* 点表示同一产出 Y_2，于是可以肯定 *A*、*D* 两点的储蓄量是相同的。*A* 点表示的利率高于 *D* 点，于是可以肯定 *A* 点表示的投资量小于 *D* 点。由于在 *D* 点投资等于储蓄，即 $I_D=S_D$，而 $S_A=S_D$、$I_A<I_D$，所以 $I_A<I_D=S_D=S_A$，就是 $I_A<S_A$。

投资小于储蓄说明需求未能消化当年的全部产出，于是形成产品积压，这种情况将会促使企业减少产出。因此，可以判断当 $i=i_1$ 时，Y_2 不是有效需求。由于供大于求，Y_2 倾向于减少。我们把这一判断进行推广，可知在 *IS* 曲线上方的任何利率—有效需求组合均表示供给大于需求，有效需求倾向于减少。

按同样的办法可以判断处于 *IS* 曲线下方的任意一点 *B* 的供求状况。*B* 点和 *C* 点相比产出相同，于是可知储蓄相同，$S_B=S_C$。另外，*B* 点的利率低于 *C* 点，于是可知 *B* 点的投资大于 *C* 点，即 $I_B>I_C$。*C* 点在 *IS* 曲线上，$I_C=S_C$。于是，$I_B>I_C=S_C=S_B$，就是 $I_B>S_B$。投资大于储蓄意味着当年产出未能满足当年需求，形成存货意外的减少，这一数量信号指示企业增加产出。因此可以判断当 $i=i_2$ 时，Y_2 不是有效需求。由于求大于供，Y_2倾向于增加，现推广可知在 IS 曲线下方任何利率—产出组合均表示需求大于供给，有效需求倾向于增加。

对以上所言，最重要的是把握两点：第一，对于不处于 IS 曲线上的“点”，要判断它是反映供大于求，还是求大于供；第二，对于各种不均衡，要判断调节的方向如何（左移还是右移）。这种功夫尽管是“纸上谈兵”，但却包含了实实在在的经济内容，即市场经济在供求不均衡时怎样进行数量调节。

第二节　有效需求对利率的影响：LM 曲线

一、有效需求对利率的影响

上一节研究了利率对有效需求的影响，其几何表达就是 IS 曲线。这一节，我们要研究有效需求反过来对利率的影响，这种影响的几何表达就是 LM 曲线。

回顾第七章，我们介绍了凯恩斯关于利率决定的理论。据此，可以得到利率变动的一个重要规律：在货币需求不变时，货币供给增加导致利率下降，货币供给减少导致利率提高。根据该理论，还可以得到利率变动的第二个重要规律：在货币供给不变时，有效需求增加从而货币需求增加导致利率提高。通过这一层关系，就可以推导出 IS－LM 模型中的 LM 曲线。

在图 10－4 中，M 为货币供给曲线，有效需求为 Y_1时的货币需求曲线为 L_1，两曲线的交点指示了均衡利率为 i_1。现假设有效需求由 Y_1增加至 Y_2，于是货币需求曲线向右上方移至 L_2，这样均衡利率提高为 i_2。在这里看到了有效需求水平对均衡利率的影响，当有效需求水平较低从而货币需求较少时，均衡利率水平也较低（$i=i_1$）；当有效需求水平较高从而货币需求较多时，均衡利率水平也较高（$i=i_2$）。在 $i-Y$ 平面上（图 10－4 右图）把这种关系描画出来，就得到了 LM 曲线。LM 曲线表示在货币供给量

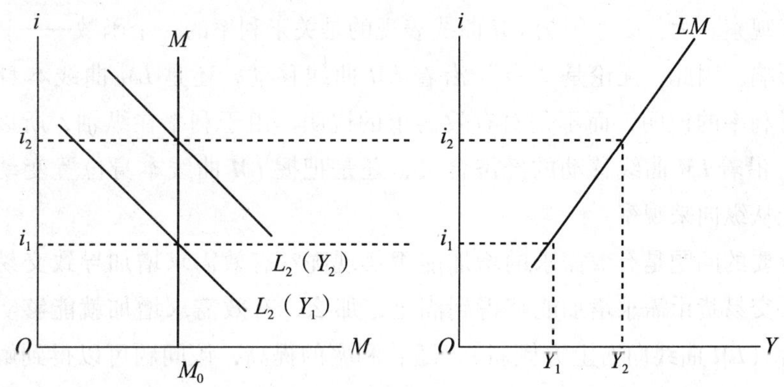

图 10－4　有效需求对利率的影响：LM 曲线的形成

等因素给定条件下，与各个可能的有效需求对应的均衡利率，更具体地说，均衡利率随着有效需求的增加而提高。

由图 10－4 可知，*LM* 曲线是向右上方倾斜的。*LM* 曲线的这一特性表现货币供给量等因素给定条件下，均衡利率随着有效需求的增加而提高。对此解释如下：有效需求增加意味着有一个更大的商品量要通过以货币为媒介的交易进入使用领域，这样就引起了交易货币需求量的增加，而货币供给量不变。于是货币需求量大于货币供给量，货币市场的求大于供导致利率水平上升。

上面已经说明货币供给增加导致利率下降，这种因果关系在 *LM* 曲线上是怎样表现的呢？*LM* 曲线的含义是在货币供给不变时，有效需求增加导致利率提高。如果在有效需求增加的同时，货币供给量增加，那么，利率的提高就会受到限制：与各个可能的有效需求相对应的利率都会比以前降低，即 *LM* 曲线向右下方移动，如图 10－5 所示。

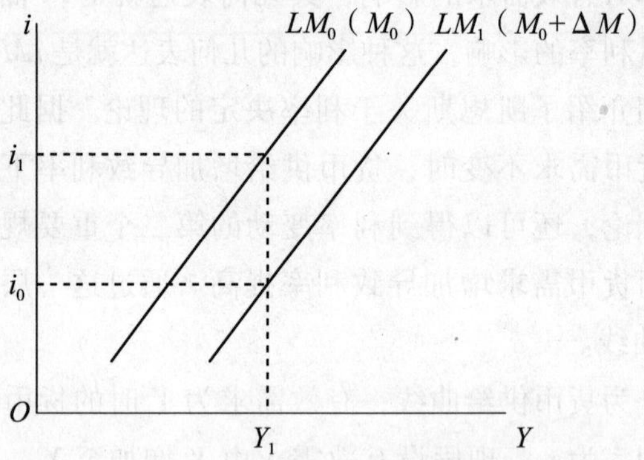

图 10－5　货币供给增加使利率下降

在市场经济中，货币供给增加导致利率下降本来是很平常的现象，但是，如果用理论来表达，例如这里用 *LM* 曲线的移动来表达，反而变得不太容易看清楚。*LM* 曲线向右移动的经济含义，究竟应该从纵向来观察，还是应该从横向来观察呢？答案是只能从纵向来观察。为什么？因为 *LM* 曲线表现的是关于利率的一个函数——利率受到有效需求的影响。因此，无论是“点”沿着 *LM* 曲线移动，还是 *LM* 曲线本身位置的变动，都是对利率的说明，而不是对有效需求的说明。由于利率在纵轴，所以，无论是把握“点”沿着 *LM* 曲线移动的经济含义，还是把握 *LM* 曲线本身位置变动的经济含义，都只能从纵向来观察。

一个重要的问题是有效需求的增加能否实现呢？有效需求增加导致交易货币需求增加，如果交易货币需求增加能够得到满足，那么，有效需求增加就能够实现。而在当前的场合（*LM* 曲线向右上方倾斜），随着利率的提高，该问题可以得到解决。解释如下：根据货币需求理论，利率提高导致投机货币需求减少。投机货币需求实际上意味着货币的闲置。投机货币需求减少意味着闲置的货币减少。由此获得“解放”的货币可以执行交易货币的职能，从而使交易货币需求增加得以满足，并进而使有效需求增加得以实现。

也可以这样理解，有效需求增加者缺乏货币，通过发行债券筹集资金。为了吸引购买，赋予债券较高的收益率（即利率提高）。被较高的收益率吸引，闲置货币持有者买入债券。有效需求增加者由此筹集了资金，增加的有效需求得以实现。

二、有效需求对利率的影响程度

回顾第七章关于货币市场均衡的重要结论：

货币供给： M

货币需求： $L = KY - hi$

货币市场供求均衡： $M = L = KY - hi$

均衡利率： $i = \frac{k}{h}Y - \frac{1}{h}M$

其中，均衡利率其实就是 LM 曲线的代数表达式，该式主要反映在货币供给不变的情况下，利率随着有效需求的增加而提高。对该式求导：

$$\frac{\Delta i}{\Delta Y} = \frac{k}{h}$$

可知，有效需求增加对利率有何种程度的影响，取决于如下两个因素：

第一，交易货币需求占有效需求的比例 k。交易货币需求占有效需求的比例提高，意味着有效需求增加同样的数量，交易货币需求却需要增加得更多。这导致货币需求大于货币供给的矛盾更加尖锐，从而导致利率提高得更多。

第二，投机货币需求对利率变化的敏感性 h。投机货币需求对利率变化的敏感性提高，意味着利率提高很小的程度就导致投机货币需求大量减少，从而使交易货币需求增加很容易得到满足。因此，利率提高的程度较小。

三、两种极端情况

在一般情况下，有效需求增加导致交易货币需求增加，当货币供给不变时，导致货币需求大于货币供给，从而导致利率提高；而利率提高通过一定的机制使交易货币需求增加得到满足，从而使有效需求增加得以实现。这种联系表现为 LM 曲线向右上方倾斜。但是，在某些特殊情况下，LM 曲线还会表现为水平方向和垂直方向。

水平方向的 LM 曲线称为凯恩斯陷阱区。当利率水平极低时，在理论上可以设想会出现这样一种情况：在利率极低时，投机货币需求对利率变化极为敏感。有效需求增加、交易货币需求增加导致货币市场供不应求，从而导致利率提高。由于投机货币需求对利率变化极为敏感，利率微小的提高就会导致投机货币需求大量减少。因此，利率微小提高就能够使交易货币需求增加得到满足、有效需求增加得以实现。最重要的关系是，在当前情况下，随着有效需求的增加，利率只有微小的提高。这种情况表现为 *LM* 曲线略微有一些向右上方倾斜。在理论上可以"走极端"，设想 *LM* 曲线在这种情况下完全呈水平状态。

垂直方向的 *LM* 曲线称为 *LM* 曲线的古典区。当利率极高时，在理论上可以设想极高的利率迫使货币持有者将其闲置的货币全部抛出、买入有价证券，从而出现投机货币需求等于零的特殊情况。在这种特殊情况下，全部货币供给仅仅满足一种货币需求——交易货币需求。假如货币流通速度给定，那么，一定数量的货币供给所能满足的交易货币需求就给定了，所能实现的有效需求也就给定了。在这种特殊情况下，由有效需求微小的增加所导致的交易货币需求额外的增加无法得到满足，这样使得货币需求大于货币供给的矛盾极端尖锐，从而导致利率大幅度提高。这种情况表现为 *LM* 曲线非常陡峭地向右上方倾斜。在理论上"走极端"，可以设想在这种情况下 *LM* 曲线呈完全垂直状态。

通过以上对几种情况的说明，可以知道，有效需求增加对利率的影响包含若干种不同的情况。把上述各种情况综合起来，我们就可以得到包括各种情况从而作为一个整体的 *LM* 曲线，如图 10－6 所示。

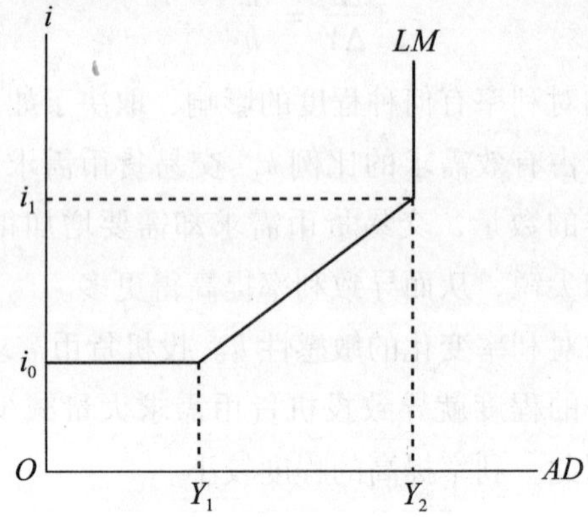

图 10－6　*LM* 曲线的整体

在图 10－6 中，利率等于 i_0 时，经济处于流动陷阱区；利率在 i_0 和 i_1 之间时，经济处于一般情况；利率高于 i_1 时，经济处于古典区。

四、货币市场供求不均衡对利率的影响

利用前面介绍的方法同样可以考察 *LM* 曲线图形上的非均衡区域。*LM* 曲线表示货币供给和货币需求的均衡，而货币需求是有效需求的增函数、利率的减函数，货币供给量不变。这些是考察的基础。

在图 10－7 中，*A* 点为 *LM* 曲线上方任意一点，*E* 点在 *LM* 曲线上。由于 *A* 点和 *E*

点表示相同的有效需求水平，所以 A 点的交易货币需求量等于 E 点的交易货币需求量。另外，A 点表示的利率高于 E 点，因此，A 点的投机货币需求量小于 E 点。因此，A 点的货币需求小于货币供给。一般地，在 LM 曲线上方的利率收入组合均表示货币需求小于货币供给。在这种情况下，若有效需求不变，则利率倾向于下降。

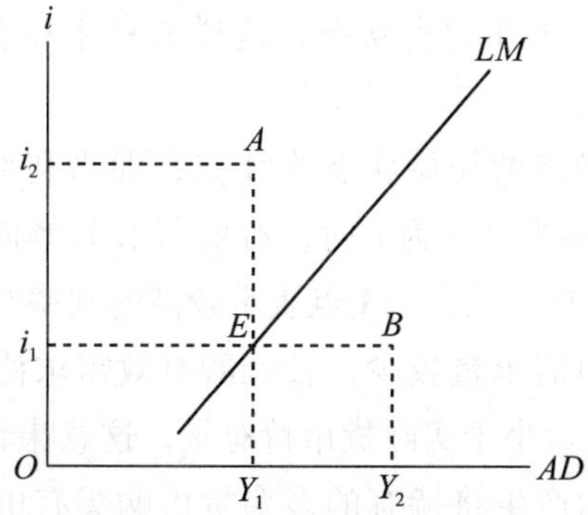

图 10－7 货币市场不均衡对利率的影响

B 点为 LM 曲线下方任意一点。B 点和 E 点表示同一利率，因此，B 点和 E 点的投机货币需求量相等。另外，B 点表示的收入高于 E 点，因此，B 点的交易货币需求量大于 E 点的交易货币需求量。E 点在 LM 曲线上，因此，E 点实现货币市场供求均衡。由此可知，当利息率为 i_1、有效需求为 Y_2（即 B 点）时，货币需求大于货币供给。一般地，处于 LM 曲线下方的利率收入组合均表示货币需求大于货币供给。在这种情况下，若有效需求不变，则利率倾向于提高。

这里谈的仍然主要是几何表达问题。原来的问题是货币市场不均衡对利率的影响。这本来是一个很简单的问题，几何表达反而复杂化了。就原来的问题而言，如果追问一句，货币市场为什么会出现不均衡？那么，答案其实在前面的说明中已经给出了，图 10－4 中，有效需求增加导致货币需求增加，货币供给不变，货币市场供不应求导致利率提高；图 10－5 中，货币供给增加，导致货币市场供大于求，从而利率下降。所以，如果对本图以及图 10－4、图 10－5 联系起来仔细加以研究，那么，就可以发现这几张图说的其实几乎是一回事！

如果我们在学习中深入思考，并学会用“联系”的方法来把握所学的内容，那么，伴随着学习内容的增加，我们对知识的掌握可能反而会从“厚”变“薄”。

第三节 有效需求形成的三种情况

一、产品市场和货币市场共同决定有效需求

在 $IS－LM$ 模型中，我们非常“关心”利率。理由很简单，因为利率对有效需求有

重要的影响。问题的复杂性在于，有效需求和利率是相互影响的，有效需求增加导致交易货币需求增加，在货币供给不变时导致利率提高；利率提高会使投资需求减少，并进一步引起有效需求减少。这种相互影响延续下去，最后会收敛到一个均衡状态，即有效需求和利率都趋于稳定，不再变化。利用 *IS* - *LM* 模型的图形进行说明，容易获得直观的印象。运用的方法是静态均衡分析。

如果利率或有效需求处于非均衡状态，这样的利率和有效需求就会倾向于变动，直至处于均衡状态为止。

在图 10 - 8 中，假设经济的初始状态为 *A* 点，即当利率为 i_2时，有效需求为 Y_1。由于 *A* 点在 *IS* 曲线上，可知当利率为 i_2时，有效需求 Y_1倾向于保持不变。但是，对于货币市场而言，*A* 点表示非均衡状态。*A* 点表示较高的利率和较小的有效需求的一个组合。较高的利率使投机货币需求量较少，较低的有效需求使交易货币需求量较少。因此，*A* 点表示意愿货币持有量小于实际货币持有量，这意味着公众当前的金融资产结构未能使其利益最大化，从而产生将持有的多余货币购买有价证券的普遍意愿，于是导致利率水平的降低，i_2的利率水平不可能维持下去。利率、有效需求的组合从 *A* 点沿着直线降至 *B* 点。

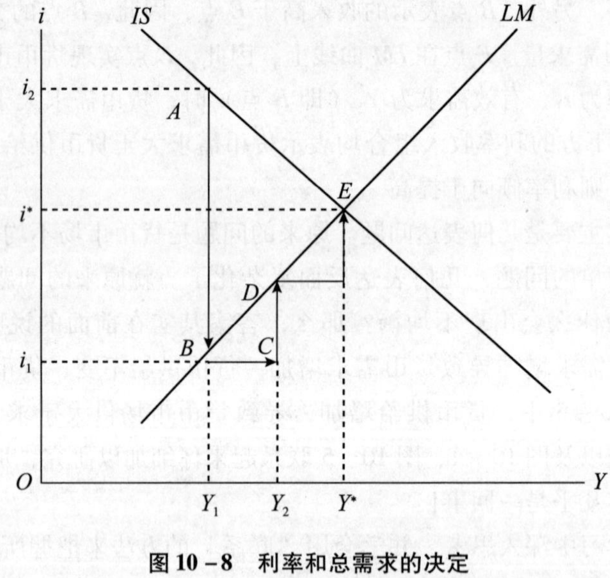

图 10 - 8　利率和总需求的决定

B 点是较低的利率 i_1与 Y_1的组合。*B* 点在 *LM* 曲线上，这意味着当有效需求维持 Y_1水平时，一个较低的利率 i_1是均衡利率。i_1是货币市场供给等于需求的利率，因此，当有效需求为 Y_1时，i_1将倾向于维持不变。但是，对产品市场而言，由于利率 i_1较低，投资需求旺盛，通过乘数的作用，有效需求进一步扩张。而 Y_1是一个较低的产出水平，当年生产不能满足当年需求，过多的需求只有通过存货来补充，这就造成存货非意愿减少。这一数量信号指示企业增大生产，以适应需求。于是 Y_1倾向于增加。

利率产出组合从 *B* 点移至 *C* 点。*C* 点表示利率维持在 i_1上不变，而有效需求增加了。C 点不在 IS 曲线上，这说明当利率为 i_1 时，有效需求为 Y_2 仍是非均衡的，产品市场上仍然是需求大于供给。但是，有效需求由 Y_1 增至 Y_2，需求大于供给的状况至少得到缓解。

另外，C 点表示货币市场需求大于供给。产出由 Y_1 增加至 Y_2，引起交易货币需求量的增加。在货币供给量不变的情况下，引起利率水平的提高。于是利率产出组合点由 C 点运动至 D 点。

但 D 点仍然不是一般均衡点，利率和产出还要继续变动。利率和产出的每一次变动，不是缓解了产品市场的非均衡状态，就是缓解了货币市场的非均衡状态。非均衡状态逐渐向一般均衡状态收敛，最后达到 E 点。在 E 点，实现了产品市场和货币市场的一般均衡。

产品市场和货币市场的一般均衡表明：一方面，从产品市场看，当利率为 i^* 时，有效需求为 Y^*；另一方面，从货币市场看，实现有效需求 Y^* 所需要的交易货币需求，在利率等于 i^* 时，能够通过货币供给提供的交易货币得到满足，能够实现的有效需求就是总需求。在当前场合，总需求为 Y^*。

以上叙述实际上已经指出，产品市场和货币市场一般均衡的实现具有一种自动的机制。

在产品市场上有净存货机制。产品供给大于产品需求或者产品供给小于产品需求，都使非意愿净存货不为零。这说明企业当前的生产决策与社会需求不协调，从而造成企业利润的损失。为了实现利润最大化的目标，企业势必调整当前的生产决策。企业追求利润最大化行为的后果是产品市场供求均衡的实现。

在货币市场上有货币持有量机制。货币市场上供给大于需求或者供给小于需求都意味着公众意愿货币持有量与实际货币持有量不一致，这意味着公众当前的金融资产结构未能实现利益最大化，这种情况迫使公众改变当前的金融资产结构，以求利益最大化。公众追求利益最大化的金融资产结构选择的行为的后果是货币市场供求均衡的实现。

由此可见，产品市场和货币市场的一般均衡是由微观主体追求自利的行为推动的。这就是所谓“自动的机制”的含义。需要重申的是，均衡本身并不具有“好”或“坏”的含义。均衡最重要的含义是该利率或该有效需求倾向于维持原有水平。

产品市场和货币市场的一般均衡的代数表达如下：

IS 曲线：
$$Y = \frac{1}{1-c}(C_0 + I_0 - bi)$$

LM 曲线：
$$i = \frac{k}{h}Y - \frac{1}{h}M$$

均衡产出：
$$Y = \frac{1}{\frac{bk}{h} + (1-c)}\left(C_0 + I_0 + \frac{b}{h}M\right)$$

均衡利率：
$$i=\frac{1}{b+\frac{(1-c)h}{k}}\left(C_0+I_0-\frac{1-c}{k}M\right)$$

IS 曲线实际上就是单纯考虑产品市场时的均衡产出（有效需求），它是利率的减函数。利率是怎样决定的？它取决于货币市场的均衡即 *LM* 曲线，所以，把利率的决定的表达式（*LM* 曲线）代入 *IS* 曲线，就得到产品市场和货币市场一般均衡的均衡产出（有效需求）。

二、产品市场起主导作用

在市场经济的一般情况下，由于价格机制的作用，供给和需求会趋于一致，达到均衡状态。但是也会出现这样的情况，供给和需求不一致反而成为相对稳定的现象。在这种情况下，交易量决定于二者（供给和需求）中的小者。经济学把这种现象称为短边规则。在有效需求的形成中，也可能出现短边规则的情况。这是指在有效需求基础上形成的交易货币需求和由货币供给决定的交易货币量在数量上不相等。在这种情况下，有效需求取决于二者中的小者；如果交易货币需求量小于交易货币量，那么，有效需求取决于交易货币需求量；如果交易货币量小于交易货币需求量，那么，有效需求取决于交易货币量（由货币供给提供）。

设想当利率处于极低水平时，经济陷入凯恩斯流动陷阱。在这种情况下，由于投机货币需求对利率变化极端敏感，在有效需求基础上形成的交易货币需求很容易得到满足。换句话说，在货币供给基础上形成的交易货币量大于交易货币需求量，因此，产品市场的供求（通过交易货币需求）决定有效需求，而与在货币供给基础上形成的超额交易货币量无关，如图 10－9 所示。

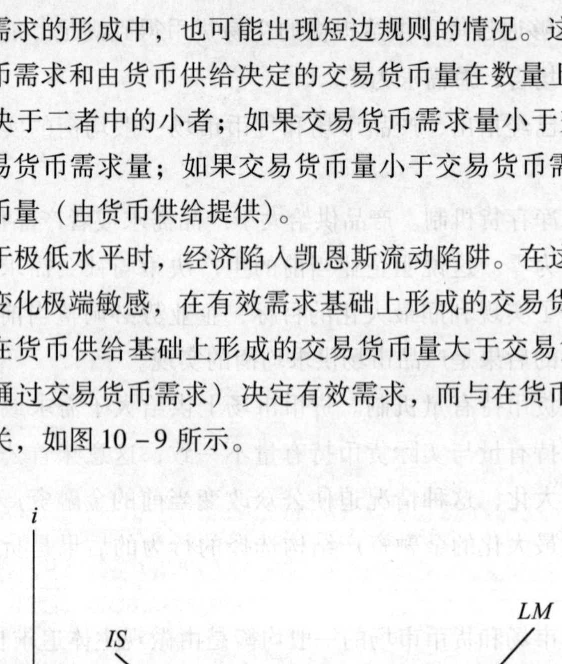

图 10－9　产品市场决定有效需求

图 10－9 中，在货币供给基础上提供的交易货币量能够满足总需求达到 Y_2 所需要的交易货币需求量，但是，由产品市场的供求所决定的产出水平仅为 Y_1，所以，有效

需求只能达到Y_1水平，即

$$Y_1 < Y_2$$

三、货币市场起主导作用

设想当利率处于极高水平时，经济进入LM曲线的古典区。利用图10－10进行说明。

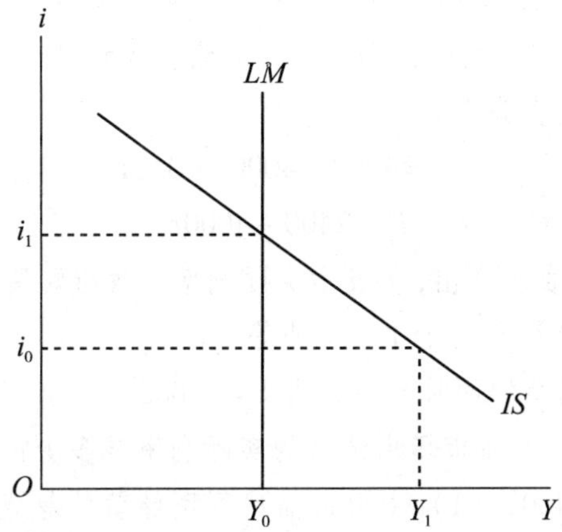

图10－10 交易货币量决定总需求

图10－10中，假设初始利率为i_0。IS曲线显示有效需求为Y_1，而由货币供给提供的交易货币量仅能够使有效需求Y_0得以实现，所以，有效需求由于受到交易货币量的限制仅能够达到Y_0水平。

在流行的宏观经济学“本本”中，对IS－LM模型的论述，仅在谈到政策效应的时候，即在进行比较静态均衡分析的时候会区别三种情况。但是，既然比较静态均衡分析会有三种情况，那么，对研究有效需求的决定所采用的静态均衡分析也应该有三种情况。正是基于这种认识，本书在研究有效需求的决定所进行静态均衡分析时也区别了三种情况。这样处理，不仅使理论的各部分在逻辑上更具一贯性，而且对于有效需求的理解也非常有好处。

最后，还有一个问题需要注意，本章对有效需求（均衡产出）的决定的研究，和上一章（第九章）一样，其基本“背景”仍然是价格不变，所以，和本章若干幅表现有效需求（均衡产出）的决定的几何图形相配合，还需要一幅表现价格不变情况的AS－AD模型的图形，它与上一章（第九章）的图9－3完全一样，故从略。通过这幅图，就可以知道本章对有效需求（均衡产出）的决定的研究，尽管和上一章（第九章）相比，增加了货币因素，但仍然仅仅是对一个特殊情况的研究，还没有最后完成。为什么这样说呢？只要看看直至本章也仅仅研究了总产出的决定，而未涉及总产出和价格的共同决定就应该明白了。

章节习题

1. IS 曲线表示什么关系？用图形推导 IS 曲线，并说明为什么会像图中所示的那样倾斜。举出两个使 IS 曲线向左下方移动的经济变化。

2. LM 曲线表示什么关系？用图形推导 LM 曲线，并说明为什么会像图中所示的那样倾斜。举出两个使 LM 曲线向右下方移动的经济变化。

3. 定义一般均衡，并在 $IS-LM$ 模型中指出一般均衡点。若经济未处于一般均衡，是什么因素决定了产出和实际利率？哪些经济力量会推动经济恢复到一般均衡？

4. 意愿消费和意愿投资分别为：

$$C^d = 4000 - 4000r + 0.2Y$$

$$I^d = 2400 - 4000r$$

与通常情况一样，Y 表示产出，r 表示实际利率，政府购买 G 等于 2000。

(1) 写出意愿国民储蓄 S^d 关于 Y 和 r 的等式。

(2) 根据产品市场均衡的两种条件，当 $Y=10000$ 时，产品市场出清时的实际利率是多少？当 $Y=10200$ 时，产品市场出清时的实际利率是多少？描绘 IS 曲线。

①政府购买上升到 2400，(1) 中用来描述国民储蓄的等式有何变化？根据产品市场均衡的两种条件，当 $Y=10000$ 时，产品市场出清时的实际利率是多少？

②根据 (1)，政府购买 G 的增加对 IS 曲线有何影响？

5. 在某一特定经济中，实际货币需求函数如下：

$$M^d/P = 300 + 0.1Y - 10000i$$

假设 $M=6000$，$P=2$，$\pi^e=0.02$。

(1) 当 $Y=8000$ 时，资产市场出清时的实际利率 r 是多少？若 $Y=9000$ 呢？描绘 LM 曲线。

(2) 当 $M=6600$ 时，重复 (1) 的计算。此时的 LM 曲线与 (1) 中的 LM 曲线有何不同？

(3) 再次令 $M=6000$，且 $\pi^e=0.03$，重复 (1) 的计算。比较此时的 LM 曲线与 (1) 中的 LM 曲线。

6. 假设有一经济社会是由三部门构成的。其消费函数为 $C=20+0.8(Y-T)$，投资函数为 $I=600-4000r$，政府购买 $G=420$，税收函数 $T=100+0.25Y$，名义货币供给 $M_s=345$，货币需求函数 $M_d=25+0.4Y-4000r$。试求：

(1) IS 曲线方程式。

(2) 当价格水平 $P=1$ 时，LM 曲线方程式。

(3) 当价格水平 $P=1$ 时，产品市场和货币市场同时均衡时的利率和收入。

7. 利用 $IS-LM$ 模型考察以下各种情况对变量一般均衡值的影响，这些变量包括实际工资、就业、产出、实际利率、消费、投资以及价格水平。

（1）资本的有效税率降低，从而增加了意愿投资。

（2）预期通货膨胀率上升。

（3）劳动适龄的移民大量涌入，劳动供给增加（忽略人口增长可能带来的其他影响）。

（4）自动提款机增多，从而降低了货币需求。

8. 如果石油价格持续上升（持续性的不利供给冲击），利用 *IS – LM* 模型分析它对一般均衡时如下变量的影响：当期产出、就业、实际工资、国民储蓄、消费、投资、实际利率以及价格水平。我们假设持续性的供给冲击除了会降低资本和劳动的当期生产率外，还会降低预期的未来 *MPK* 和家庭预期未来的收入（假设劳动供给曲线向右移动的幅度小于劳动需求向左移动的幅度）。如果实际利率上升，请说明若供给冲击对当前产出产生的影响相同，持续性的供给冲击使利率上升的幅度小于暂时性供给冲击使利率上升的幅度。

第十一章 总产出和价格的决定：*AS* - *AD* 模型

导入案例

总供给与总需求良性互动增强经济复苏的稳健性

2017年以来，全球经济企稳向好态势更加明显。发达国家普遍复苏进程加快，2017年10月制造业采购经理指数（PMI）保持在58.5%的高水平，处于2011年以来的较高水平，经济景气指数升至114，为近10年来新高，CPI温和上涨至1.4%，劳动力市场逐步改善，9月失业率维持在8.9%的低位，消费者信心增强，经济复苏强健。不仅欧盟中心国家经济形势较为明朗，外围国家也开始明显向好，欧洲经济复苏动力多元化。同时，尽管部分指标出现短期波动，但美国经济总体仍处于稳健回升阶段，三季度实际GDP年化环比增长3%，大幅高于市场预期的2.6%，同比增速2.3%，较二季度的2.2%进一步提升；10月失业率降至4.1%，为2001年以来新低；制造业PMI升至58.7%，为2004年以来新高，9月物价水平温和上涨1.6%，对外贸易逆差更是降至近11个月低位。此外，日本经济温和扩张，10月制造业PMI升至52.8%，外需增长强劲，9月出口同比增长14%，就业形势保持良好态势，失业率维持在2.8%的低位，物价水平保持在0.7%，连续9个月保持上涨态势。与此同时，新兴经济体的经济总体改善。虽然美联储加息及缩表进程推进、欧洲地缘局势风险犹存、全球债务水平高企及资产泡沫风险积聚等问题，仍存在一定的不确定性，但不会对全球经济复苏造成实质性的负面影响，全球经济已经开始步入新增长周期前的黎明阶段。2017年全球经济复苏加快的鲜明特征表现在两方面，一是全球制造业增长态势普遍向好，全球PMI稳步回升至53以上，其中美国、欧元区和印度PMI表现尤为突出。二是全球贸易普遍回暖，欧元区（主要是以德国为代表）、美国和中国的进出口增速已经达到年内相对高点，贸易逆差普遍缩小。在经历了贸易保护主义的短暂回潮和束缚后，全球贸易自由化和便利化仍在快速推进。在贸易流增长明显提速的同时，全球资本流动也显现向好势头，联合国贸发会议预测2017年对外直接投资（FDI）流量增长5%，达到1.8万亿美元。调查显示，55%的企业高管认为2017—2019年FDI会大幅增长，特别是服务业领域FDI增速将创新高。

当前，我国经济逐步企稳。2017 年一季度达到 6.9% 的阶段性高点，这也是 2012 年以来首次一季度经济增长超过上年四季度，阻止了经济持续下滑的势头。二季度 GDP 仍然保持在 6.9% 的相对高位，三季度小幅回落至 6.8%，但总体运行依然平稳。工业生产增长在波动中维持相对高位。2017 年以来，规模以上工业增加值增长的波动性明显增加，月度数据起伏明显加大。出口交货值累计增速明显好于去年同期，3 月以来持续保持在 10% 以上的相对高位。PMI 一直保持在 51% 以上的扩张区间，并且在波动中逐渐走高，10 月时达到 51.6%。其中，9 月新订单指数已经达到 2012 年 4 月以来的最高值 54.8%，10 月小幅回落至 52.9%；9 月新出口订单指数 2012 年 5 月以来的最大值 51.3%，10 月回落至 50.1%。同时，新订单与新出口订单之差所反映的国内订单变化也在经历了二季度的相对低点后开始趋好。PMI 原材料库存指数在 2017 年以来走出了一个轻微的 W 形，低点位于 3 月、4 月和 8 月，10 月达到 48.6%，比 2016 年同期改善，这反映企业主动调整生产意愿趋于走高，对经济前景的预期改善；PMI 产成品库存指数则呈现一个倒 U 形，高点出现在 2017 年 4 月，之后波动下行，9 月已经下行至 44.2% 的低点，虽然 10 月又略微回升至 46.1%，但仍较 2016 年同期下降，这反映出企业被动调整生产的意愿在趋弱，对经济恶化的预期在降低。作为 PPI 的领先指标，PMI 主要原材料购进价格指数走势呈现 U 形，低点出现在 2017 年 4 月，之后持续走高，9 月达到 68.4%，明显高于 2016 年同期水平，虽然 10 月回落到 63.4%，但仍反映出生产活动并不疲软，预示未来 PPI 还将有走高的可能。需求内外有别，内需温和，外需强劲。在多重因素的影响和支撑下，我国消费市场保持了温和增长态势，前三季度最终消费支出对经济增长的贡献率达到了 64.5%，比上年同期提高了 2.8 个百分点，比资本形成的贡献率高出了 31.7 个百分点。2017 年 1—9 月，全国社会消费品零售总额增长 10.4%，增幅同比持平。投资增速有所回落，前三季度城镇固定资产投资累计增长 7.5%，同比回落 0.7 个百分点，如果扣除价格因素，回落幅度更大。基础设施投资降幅较大，房地产投资冲高回落，制造业投资低位徘徊。根据海关统计，1—10 月我国进出口额 22.52 万亿元人民币，同比增长 15.9%；其中，出口增长 11.7%，进口增长 21.5%，顺差收窄 17.8%，对经济的拉动作用显著提高。物价水平既无通胀也无通缩。前三季度，居民消费价格指数（CPI）同比上涨 1.5%，继续保持温和上涨态势；工业价格指数（PPI）同比上涨 6.5%，部分生产领域的原材料和产成品价格出现阶段性的快速上涨并没有影响到整体物价水平的稳定。房地产价格在偏紧的政策调控下开始明显降温，一线城市新建商品住宅和二手住宅价格同比涨幅均连续 12 个月回落；二线城市新建商品住宅价格同比涨幅连续 10 个月回落，二手住宅价格同比涨幅连续 8 个月回落；三线城市新建商品住宅和二手住宅价格同比涨幅连续 2 个月回落。总体来看，我国经济总供求关系比较宽松，物价水平温和可控，既不存在通货膨胀压力，也不存在通货紧缩忧虑。

总供给—总需求是经济分析的基本框架，在看待当前全球经济复苏，特别是中国和美国两大经济体复苏时，应注意区别两国复苏动力机制之间存在的差异性，明确复苏稳健性的差别，这是展望未来经济形势的主要依据。从历史及横向经验看，经济复苏的核心在于总供给与总需求如何形成良性互动机制，即只有当总供给与总需求之间形成正向反馈、互促互利的循环之时，经济才可以真正从衰退走向稳健复苏。例如，由于外部冲击或政策刺激，总需求产生边际变化，拉动总供给回升。然后，总供给回升给总需求反馈正向效应，继续推动总需求进一步改善；总需求将持续改善的正向效应再次传导至生产端，带动总供给继续扩张，如此循环往复，总供给与总需求形成良性互动机制，经济真正开始复苏。具体来看，一次典型的经济复苏应该经历如下过程：当经济处于低谷时，宏观调控政策刺激需求回升，居民消费回升，带动企业生产增加，企业利润回升；企业利润回升到一定程度，一方面会带来工人的工资上升，另一方面会带来企业投资增加，扩大生产以便更好地满足日益旺盛的需求。当投资增加以及收入提高带来居民消费增加，企业面临的终端需求则将进一步回升，企业生产持续扩大，行业以及全社会产能利用率逐步上升，经济开始进入复苏通道。这样一来，总需求和总供给在实现良性互动后，持续相互正向反馈正向带动，最终推动经济彻底复苏。如果从上中下游全产业链的角度来看，则总供给与总需求互动机制可以表述如下：由于政策或者其他外力影响，社会终端需求（包括消费、出口、房地产投资等）开始回暖。与终端需求最为接近的下游企业生产开始向好，进一步带动对中间工业品需求回升，从而推动中游生产企业生产回升；中下游企业生产回暖，会带来原材料等初级大宗商品需求增加，进而带动上游企业生产回暖。如此一来，上中下游企业利润普遍回升。当利润回升到一定程度，则会带来企业投资扩大、员工收入增加，这就进一步增加了社会终端需求，从而继续推动上中下游企业生产回升，经济复苏进入正轨。在实现总供给与总需求实现良性互动的过程中，企业资产负债表的修复情况成为关键环节。当外部因素（可能是需求变化，也可能是生产端变化）带动企业生产转好、利润回升，企业将会在工人工资和企业投资两方面做出反应。通常来说，工人工资会在利润向好之后较为迅速地改善，但企业投资则需要更谨慎地抉择。如果企业利润的回弹可以完全修复之前被经济危机破坏掉的资产负债表，那么企业投资会在生产回暖的带动下出现反弹。但是，如果企业利润回升还不足以修复资产负债表，那么企业投资会持续低迷，不会在短期内出现明显回升。一旦企业投资不能随之增加，那么之前略微改善的终端需求就会缺少进一步持续改善的动力，总供给与总需求的正向反馈机制出现堵塞，循环不能很好地完成。资产负债表之所以具有这样重要的作用，是因为在当今经济与金融深度交织的时代，资产负债表的状况是企业（或者个人）能否突破自身预算约束限制、获得外部贷款或其他金融资源认可的主要凭据。无论是银行还是相关金融借贷中介，都会依据企业资产负债表的情况来决定是否出借资金或者授信其他金融业务。所以，资产负债表良好，企业就可以充分利用外部资源进行融资投资，居民也可以由此获得消费贷款等外部资金实现消费扩张。如果再进一步观察，企业资产负债表的修复需要两大因素支撑，一是生产成本没有明显增加，二是面对的市场需求有明显好转。①当生产成本增加、需求增加时，企业利润不一定增加。②当生产成本增加、需求持平或走弱时，企业利润趋弱。③当生产成本持平或走弱、需求增加时，企业利润趋好。④当生产成本持平或走弱、需求走弱时，企业利润向好的可能性较小。基于以上分析，我国与美国经济复苏在实现总供给与总需求良性互动机制上存在怎样的差异？又如何影响了复苏的稳健性呢？

本轮我国经济复苏主要初始动力在于供给侧改革带来的上游煤炭等原材料、资源品短期供给量明显缩减，上游企业利润大幅回弹。同时，企业主动补库存增加了短期需求，经济长期存在的供需矛盾在短期内得以缓解，给企业带来了喘息时机，企业利润回弹，带动企业投资和工人工资收入略有好转。工资增加带来消费形势企稳向好，从而进一步支撑供给侧变化。从整体看，这是一次全产业链“自上而下”的复苏，即政策外力导致上游企业生产好转、利润回弹。但是，上游企业利润的大幅回弹和中游企业略微向好的同时，下游企业在面对不够强劲的终端需求时，销售、利润并未明显改观。只有当终端需求非常强劲时，才能带来企业利润的持续、普遍向好，形成总供给与总需求的良性互动机制。目前我国包括居民消费、房地产投资、基建投资、企业投资在内的终端需求增长还需增强。美国的经济复苏路径正好相反。在量化宽松政策以及金融市场牛市等影响下，美国居民的资产负债表得到快速修复，终端需求明显好转。在初期居民资产负债表快速修复、居民消费需求明显向好后，企业销售、利润好转，企业资产负债表修复也进展顺利，制造业生产扩大，产能利用率回升。从 2017 年开始，企业投资开始回升，整个社会的总供给与总需求互动机制呈现良性互促的状况。从全产业链的角度看，由于美国消费率先回暖，下游企业生产状况明显好转，继而带动对中游乃至上游企业的需求，最终带动全产业链资产负债表修复。

第一节　总产出决定的一般原理

一、总产出决定的短边规则

前两章我们已经研究了总产出的决定，其中，第九章在单纯考虑产品市场的情况下研究总产出的决定，第十章在同时考虑产品市场和货币市场的情况下研究总产出的决定，因此，第九章的研究相对简单一些、抽象一些；第十章的研究相对复杂一些、具体一些。但是，这两章的共同点是都没有考虑市场经济的价格调节机制，从而也没有考虑在总产出决定的同时，价格水平是怎样决定的。第九、十章所没有完成的任务，正构成本章所要完成的任务。我们知道，宏观经济学的研究对象就是总产出和价格总水平。实际上，从第三章开始，我们就陆续对这两个问题提供阶段性的认识，而通过本章的研究，在封闭经济中总产出和价格的决定问题就最终地解决了。

本章对总产出和价格的决定问题，给出一个更为一般的回答，所以，它既包括第九、十章已经研究过的内容，也包括第九、十章还未曾涉及的内容。本章主要研究两个问题，一个是总产出决定的短边规则，另一个是在 AS－AD 框架下总产出和价格的决定。

一个国家的产量是怎样决定的？要回答这个问题似乎太难了。因为影响一国产量的因素非常多，如资源禀赋、技术水平、制度条件、产业结构、产业组织、金融发展、对外贸易、汇率安排等。但是，如果从"宏观"的角度来看，对该问题的回答也可以变得非常"简单"：一国的总产出主要决定于两个因素，一是全社会的生产能力，二是对总产出提出的市场需求。

一般而言，这两个量是不相等的，而一国的产量等于这两者中的小者，即如果生产能力小于需求，那么，总产出等于生产能力；如果需求小于生产能力，那么，总产出等于需求。这就是总产出决定的短边规则。

二、资源约束型经济

需求大于生产能力，从而总产出决定生产能力的经济称为资源约束型经济。在这种经济中，如果生产能力不能扩大，或者更一般地说，投入生产的资源数量不能增加、效率不能提高，那么，总产出就不会增加。因此，在资源约束型经济中，生产能力或资源，成为决定总产出的主导力量。

政治经济学讲生产力有三要素：劳动者、劳动资料和劳动对象。因此，发展生产力有两个途径，或者增加这三种要素的数量，或者提高这三种要素的效率。政治经济学关于发展生产力的"三要素说"其实正是对资源约束型经济总产出决定问题的正确表述。

在资源约束型经济中，由于资源已经充分利用，产量已经达到最高限度，要增加一种产品的产量，就必须减少另一种产品的产量。假设一个简单的经济，只生产两种产品，投资品和消费品。该经济如果是资源约束型经济，那么，它如果要增加投资品的生产，就必须减少消费品的生产。投资品的生产和消费品的生产是完全矛盾的，可以用生产可能性曲线示意，如图 11－1 所示。

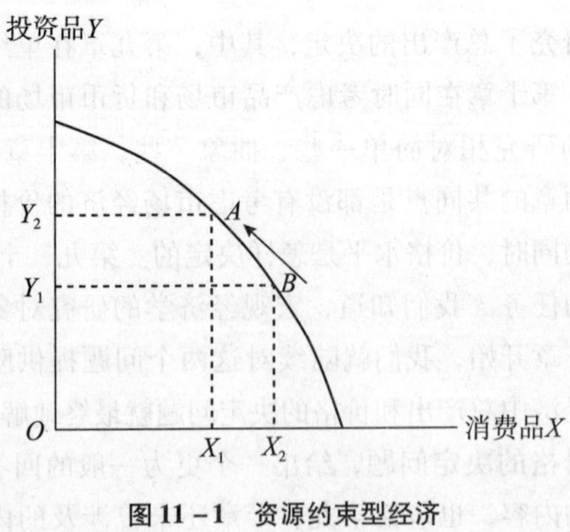

图 11－1 资源约束型经济

三、需求约束型经济

生产能力大于需求，从而总产出等于需求的经济称为需求约束型经济。在需求约束型经济中，如果需求不能扩大，总产出就不会增加，而生产能力或资源约束不是主要矛盾。

在需求约束型经济中，生产能力没有充分利用，总产出没有达到潜在的最大水平。但是，在这种经济中，各种产品的生产不是处于此消彼长的尖锐矛盾之中，而是一种相互促进的关系。例如，投资品的增产，不必以消费品的减产为条件，相反，往往必须以消费品的增产为条件。

在图 11－2 中，由于需求不足，生产能力没有充分利用，产品组合为 A（Y_1，X_1）。如果需求扩张，生产能力充分利用，产品组合可以达到 B（Y_2，X_2）。需求扩张可以导致投资品和消费品同时增加。

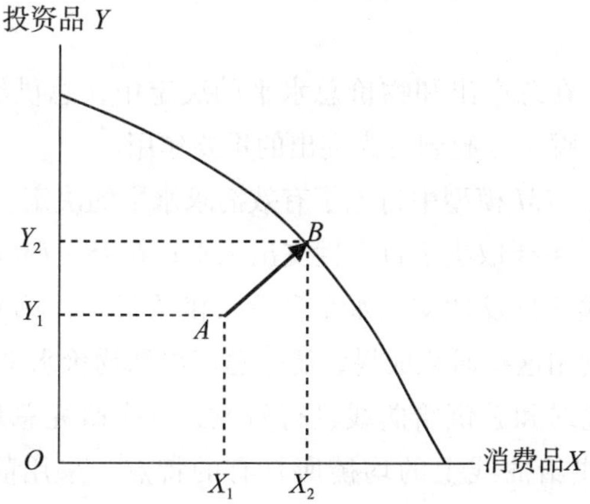

图 11－2　需求约束型经济

第二节　总产出和物价的决定

一、总供求（AS－AD）分析框架

在市场经济中，一国的总产出和物价总水平是由千千万万分散决策的谋求自利的行为之间的竞争和协调的关系决定的。我们站在“宏观”的角度，把千千万万的自利行为概括为两大类行为：总需求和总供给。一国的总产出和物价总水平就是由总需求和总供给的相互关系决定的。

这一研究的思路就是总供求（AS－AD）分析框架。这个分析框架，看上去就是两条直线交叉，十分简单，其实非常简练，非常概括。这个分析框架的用途非常大，在本章我们要用它研究一国总产出和物价总水平的决定问题，在以后几章，还要继续利用它研究通货紧缩和通货膨胀的形成以及宏观经济政策的效应问题。

前面已经说明了总需求和总供给的性质。一个主要的结论是总需求随着物价的下降而增加，总供给随着物价的上升而增加。前者反映了购买者的“一厢情愿”，后者反映了供给者的“一厢情愿”。看得很清楚，这两种“一厢情愿”是矛盾的，不是“两厢情愿”。但是，这只是问题的一个方面，问题的另一方面是：经济利益促使两方面的行为人在市场交易上达成“一致”，从而使“一厢情愿”变成真正的“两厢情愿”。可不要小看了这两方面行为人真正的“两厢情愿”，正是它决定了一国的总产出和物价总水平。但是，在这个“两厢情愿”中，双方的力量对比有若干种不同的情况，所以，总产出和价格的决定也有若干种不同的情况：①总供给和总需求共同决定；②总需求起主导作用；③总供给起主导作用。

二、总供给和总需求共同决定情况

在一般的情况下，在总产出和物价总水平的决定中，总供给和总需求所起的作用基本上是平衡的，没有哪一方起到更为突出的重要作用。

在45°线模型和 *IS－LM* 模型中讨论了有效需求水平的决定。在45°线模型中，均衡产出（有效需求）水平主要取决于自发性支出水平；在 *IS－LM* 模型中，均衡产出（有效需求）水平主要取决于自发性支出水平和货币供给量。在第八章讨论了总供给的决定。在本章，我们就利用这些研究成果，研究总产出和物价水平的决定。

下面利用总需求曲线和总供给曲线进行研究，首先研究总量均衡的一般原则，然后考察在不同区段的供给曲线上的均衡所具有的特点。采用静态均衡分析方法进行研究。

图11－3显示了向右上方倾斜的总供给曲线 *AS* 和向右下方倾斜的总需求曲线 *AD*。假设价格水平为 P_3，这时形成总供给大于总需求，于是产生价格水平向下的压力。一方面，价格水平下降使实际工资提高，从而使劳动需求减少，就业减少，总供给减少；另一方面，价格水平下降使实际货币供给量增加，从而使利率下降，投资支出增加，总需求进一步增加。因此，价格水平下降缓解了总供给大于总需求的矛盾。

假设价格水平为 P_1。这时总需求大于总供给，导致价格水平上升。价格水平上升一方面使实际货币供给量减少，从而使利率提高，投资下降，总需求进一步下降；另一方面使实际工资下降，从而使劳动需求增加，就业增加，总供给增加。因此，价格水平上升缓解了总需求大于总供给的矛盾。

假设价格水平为 P_2。这时总需求等于总供给，实现市场的均衡，均衡价格为 P_2，均衡产出为 Y_2。

由此可见，总需求曲线和总供给曲线的交点决定了均衡的价格水平和均衡的产出

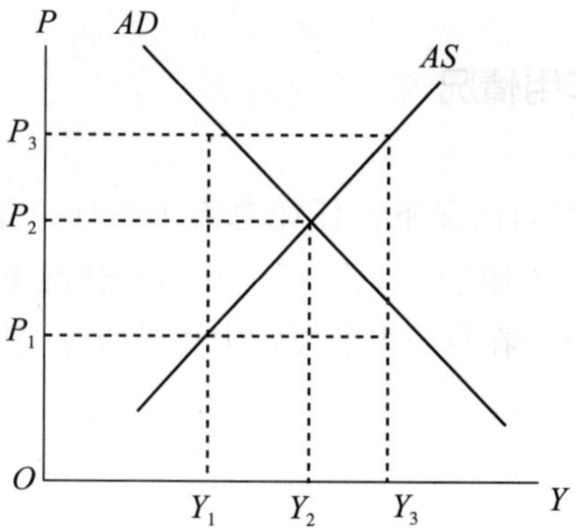

图 11-3 总产出和物价水平的决定：总供给和总需求共同决定

水平。以上结论的基本假设是：

（1）总需求方面：自发性支出给定，名义货币供给量给定；

（2）总供给方面：货币工资给定，技术水平（体现在边际产出上）给定。

在现实生活中，可以明显感觉到价格水平的变动对经济运行的影响。在理论上，是这样把握价格水平变动对经济运行的影响的：假设价格水平下降，则在总供给方面：$P\downarrow \rightarrow W/P\uparrow \rightarrow L\downarrow \rightarrow AS\downarrow$；在总需求方面：$P\downarrow \rightarrow W/P\uparrow \rightarrow i\downarrow \rightarrow I\uparrow \rightarrow AD\uparrow$。

三、总需求起主导作用情况

在生产能力严重过剩的情况下，总产出不是决定于生产能力，而是完全决定于总需求水平，这正是凯恩斯所观察到的情况，如图 11-4 所示。

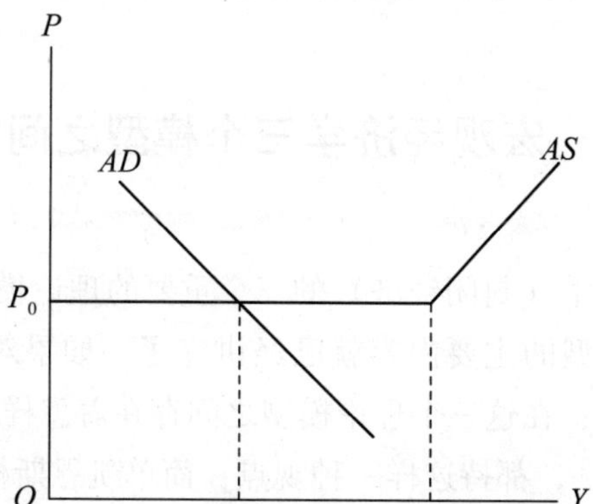

图 11-4 总需求起主导作用的情况

当价格为 P_0时，总需求为 Y_0。虽然生产能力达到 Y_1，但总产出被总需求所限制，只能达到 Y_0。（Y_1-Y_0）为过剩的生产能力。我们在第九、十章所研究的其实正是这种情况。

四、总供给起主导作用情况

在生产能力被充分利用的情况下，任凭总需求怎样扩张，总产出也不可能增加，因为它完全被既定的生产能力限制“死”了。在这种情况下，除非生产能力扩大，总产出是不可能增加的。这就是在总产出的决定中总供给起主导作用的情况，如图 11－5 所示。

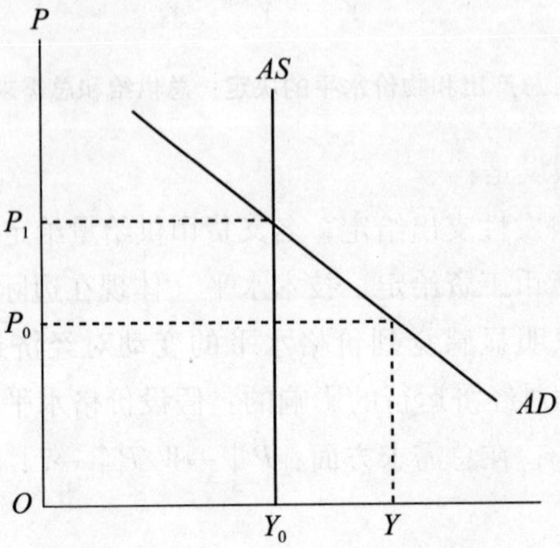

图 11－5　总供给起主导作用的情况

在图 11－5 中，初始物价水平为 P_0，这时，总需求为 Y_1，而生产能力小于总需求，仅为 Y_0。在这种情况下，总产出与总需求水平无关，而决定于生产能力。所以，总产出等于 Y_0。当然，市场供不应求会迫使物价上涨。

第三节　宏观经济学三个模型之间的联系

到这一章，宏观经济学（封闭经济）的三个重要的理论模型——简单凯恩斯模型、*IS－LM* 模型、*AS－AD* 模型的主要内容就已经讲完了。如果对于理论的逻辑性比较关心，那么，自然就会发问：在这三个理论模型之间存在着怎样的逻辑关系呢？

许多宏观经济学教材[①]，都持这样一种观点：简单凯恩斯模型是在不考虑货币因素的情况下研究有效需求的决定；*IS－LM* 模型在简单凯恩斯模型的基础上，再考虑货币

---

① 斯蒂格利茨．经济学（下册）［M］．北京：中国人民大学出版社，1997：82－163. 多恩布什，费希尔，斯塔兹．宏观经济学（第十版）［M］．北京：中国人民大学出版社，2010：97－210. 曼昆．宏观经济学［M］．北京：中国人民大学出版社，2000：237－252. 袁志刚，欧阳明．宏观经济学（第二版）［M］．上海：世纪出版集团，上海人民出版社，2007：62－104. 王秋石．宏观经济学原理（第三版）［M］．北京：经济管理出版社，2000：80－265. 原毅军，丁永健．宏观经济学［M］．北京：科学出版社，2010：63－128.

因素，研究有效需求的决定；而在 IS－LM 模型的基础上，再考虑价格因素，就产生了 AS－AD 模型中的总需求曲线 AD；由总需求曲线 AD 和总供给曲线 AS 之间的关系决定了总产出和价格水平。

其中，最重要的逻辑关系是简单凯恩斯模型的均衡产出构成 IS－LM 模型中的 IS 曲线，IS－LM 模型中的均衡产出再和价格联系起来就形成了 AS－AD 模型中的总需求曲线 AD。其中最关键的，简单说就是一句话，简单凯恩斯模型和 IS－LM 模型都是对市场经济中的一端——总需求曲线 AD 的说明。

基于这种思考，本教材提出了总需求形成的“五环节”说：“总需求的形成需要五个环节：购买意愿—有效需求—交易货币需求—交易货币可得性—价格—总需求。消费需求、投资需求只构成总需求形成的第一环节即形成意愿购买；在确定的收入的基础上意愿购买成为有效需求；有效需求会提出交易货币需求；交易货币需求通过交易货币可得性才能得到满足；总需求还要受到价格的影响。经过这五个环节，才能够最终形成总需求。”

以上这种想法，笔者还把它转变为几何图形，试图使宏观经济学三个主要理论模型之间的逻辑联系获得更直观的表达：

在图 11－6 中，(a) 反映简单凯恩斯模型，(b) 反映 IS－LM 模型，(c) 反映 AS－AD模型。三者之间的联系也一目了然。请注意，(a) 的纵轴是意愿购买 AE，横轴是总需求 AD。所以，简单凯恩斯模型是研究总需求的决定。(b) 的横轴也是总需求 AD，所以，(b)(IS－LM 模型) 是在简单凯恩斯模型的基础上，加上货币因素，继续研究总需求的决定。(b) 中的总需求，把 (c)(AS－AD 模型) 中价格对总需求的影响加上去，就转变为 (c) 中最终完成的总需求曲线 AD。在价格不变情况下，总需求决定于 (a) 和 (b) 的说明，即当价格为 P_0时，总需求何以从 Y_0扩张到 Y_2，完全取决于 (a) 和 (b) 的说明；当 (a) 和 (b) 中影响总需求的其他因素不变时，总需求沿着 (c) 中总需求曲线 AD 随着价格的变动而变动。(c) 中的总需求曲线 AD，就是这样在 (a) 和 (b) 对总需求研究的基础上形成的。

遗憾的是，上述理解看似言之成理，实则似是而非。为什么这样说呢？其实，这种理解在一开始就出问题了。我们回顾一下简单凯恩斯模型。在简单凯恩斯模型中，的确有总需求—意愿购买，即：

$$AD = C_0 + cY_d + I$$

但是，在均衡点上的变量：

$$Y = \frac{1}{1-c}(C_0 + I)$$

就不是总需求，只能是均衡产出—有效需求了。这样理解的根据是：第一，均衡的机制被称为净存货机制，这是企业的供给行为对市场状况的反应，所以，均衡产出—有效需求是在供、需双方的作用下形成的；第二，均衡的条件是需求、产出、收入三者相等，即：

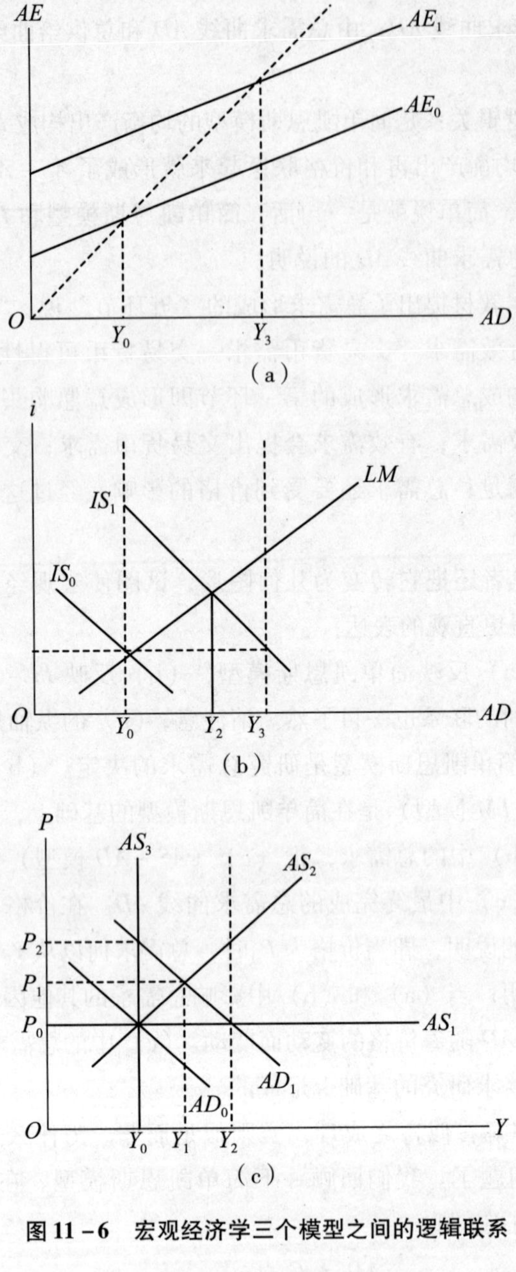

图 11-6　宏观经济学三个模型之间的逻辑联系

$$AD = Y = Y_d$$

其中，总产出等于总需求，这是由市场供求的特殊情况决定的；总收入等于总产出，其条件显然是总产出业已存在，而总产出是在供、需双方的作用下形成的；第三，一般而言，讲到均衡，显然是市场供求均衡，所以，有效需求并不是总需求，而是总产出—均衡产出。

这就很清楚了，简单凯恩斯模型研究的不是总需求的决定，而是总产出的决定，即均衡产出—有效需求的决定。

再看中图 IS – LM 模型。按一般的理解，IS 曲线的代数表达是：

$$Y = \frac{1}{1-c}(C_0 + I - bi)$$

在这一表达式中，和简单凯恩斯模型相比，仅增加了利率的影响，这丝毫不能改变它原有的规定，它只是总产出、只是均衡产出—有效需求，而不是总需求。

既然简单凯恩斯模型和 IS – LM 模型都是在研究总产出的决定，所以，这两个模型就不可能是对 AS – AD 模型中的总需求曲线 AD 的说明。因为就总产出和总需求之间的逻辑关系而言，只能是总需求和总供给共同决定总产出，而不能反过来由总产出决定总需求。

既然如此，这三个模型之间究竟具有怎样的逻辑关系呢？应该说，三者之间确实存在较为复杂的关系：

第一，从总产出的决定方面看，三个模型都是研究总产出的决定问题，所以是并列的，不存在逻辑上先后的问题。

第二，从价格的决定方面看，简单凯恩斯模型和 IS – LM 模型都没有研究价格决定的问题，而 AS – AD 模型研究了价格的决定问题，所以，前两个模型在这一方面是无差异的，而在前两个模型和 AS – AD 模型之间则存在从简单到复杂、从抽象到具体的逻辑关系。

第三，从对总供给的考虑方面看，简单凯恩斯模型和 IS – LM 模型仅考虑了总供给的一种特殊情况，而 AS – AD 模型则考虑了总供给的全部情况，所以，前两个模型在这一方面是无差异的，而在前两个模型和 AS – AD 模型之间则存在从简单到复杂、从抽象到具体的逻辑关系。

第四，从市场经济的运行机制方面看，与上述相类似，简单凯恩斯模型和 IS – LM 模型仅研究了数量机制而没有研究价格机制，而 AS – AD 模型既研究了数量机制，又研究了价格机制，所以，前两个模型在这一方面是无差异的，而在前两个模型和 AS – AD 模型之间则存在从简单到复杂、从抽象到具体的逻辑关系。

第五，从总需求的规定性方面看，简单凯恩斯模型主要考虑可支配收入对总需求的影响，IS – LM 模型在前基础上再考虑货币因素对总需求的影响，AS – AD 模型在前基础上再考虑价格对总需求的影响，所以，在这三个模型之间存在从简单到复杂、从抽象到具体的逻辑关系。

或许正是由于这三个模型在逻辑上有这么复杂的关系，流行宏观经济学教材在对这些材料的安排以及说明上表现出一定的盲目性。

在本教材中，核心的理论部分集中在第七、八、九、十、十一章这五章中，其逻辑结构一目了然。

第七章，研究总需求的形成。具体来说，有逐步推进的三个层次：①总需求受可支配收入的影响；②总需求受可支配收入和货币因素的影响；③总需求受可支配收入、货币因素和价格的影响。

第八章，研究总供给的形成。

以后三章研究总产出和价格的决定。具体来说，也有逐步推进的三个层次：

第九章，研究总产出的决定，而价格外生给定。研究的背景是总供给曲线呈水平状，总需求受可支配收入的影响。

第十章，研究总产出的决定，而价格外生给定。研究的背景是总供给曲线呈水平状，总需求受可支配收入和货币因素的影响。

第十一章，研究总产出和价格的决定。研究的背景是总供给曲线包括水平状、上倾状和垂直状三种情况，总需求受可支配收入、货币因素和价格的影响。

下面给出总产出和价格决定问题的代数表达。我们在第七章曾给出总需求函数，在第八章曾给出总供给函数，抄录如下：

$$AD = (C_0 + I_0) + c(R - T) + \left(c - \frac{bk}{h}\right)Y + \left(c + \frac{b}{h}\right)\frac{M}{P}$$

$$AS = \alpha K - \beta \frac{W}{P}$$

总需求函数表明，总需求主要受四方面因素的影响：①自发性支出；②居民可支配收入（$Y_d = Y - T + R$）；③货币供给；④价格。

总供给函数表明，总供给主要受三方面因素的影响：①资本存量；②货币工资；③价格。

通过数量机制和价格机制的充分调整，总产出趋于等于总需求且等于总供给，即

$$Y = AD = AS$$

于是达到市场均衡。这时的总产出为均衡产出，价格为均衡价格，如下：

$$Y = \frac{1}{1 - c + \frac{bk}{h} + \frac{\left(c + \frac{b}{h}\right)M}{\beta W}}\left[C_0 + I_0 + c(R - T) + \frac{\left(c + \frac{b}{h}\right)\alpha kM}{\beta W}\right]$$

$$P = \frac{\left(1 - c + \frac{bk}{h}\right)\beta W + \left(c + \frac{b}{h}\right)M}{\alpha k\left(1 - c + \frac{bk}{h}\right) - C_0 - I_0 - c(R - T)}$$

章节习题

1. 总需求 AD 联系着哪两个变量？为什么 AD 曲线向下倾斜？举出两个使 AD 曲线向右上方移动的经济变化，并解释曲线移动的原因。

2. 利用 $AD-AS$ 框架分析货币在短期内和长期内是否为中性？

3. 对总供给和总需求曲线的研究，涉及三个市场和一个总量函数。请就此分别作简要说明。

4. 假定经济由四部门组成：$Y=C+I+G+NX$，其中消费函数为 $C=300+0.8Y_d$（Y_d为可支配收入），投资函数为 $I=200-1500r$（r 为利率），政府支出为 $G=200$，利率 $t=0.2$，进出口函数为 $NX=100-0.04Y-500r$，实际货币需求函数 $L=0.5Y-2000r$，名义货币供给 $M=550$，试求：

（1）总需求函数。

（2）价格水平 $P=1$ 时的利率和国民收入，并证明私人部门、政府部门和国外部门的储蓄总和等于企业投资。

5. 设某一两部门的经济由下述关系式描述：消费函数 $C=100+0.8Y$，投资函数为 $I=150-6r$（r 单位:%，下同），货币需求函数为 $L=0.2Y-4r$，设 P 为价格水平，货币供给为 $M=150$。试求：

（1）需求函数。

（2）若 $P=1$，均衡收入和利率各为多少？

（3）若该经济的总供给函数为 $AS=800+150P$，求均衡的收入和价格水平。

6. 一个经济的总需求和总供给分别为：

$$AD：m+v=p+y$$

$$AS：p=p^e+\lambda\ (y-y^{※})$$

其中，p^e代表对价格水平的预期，$y^{※}$为充分就业产出水平，m 为货币总量。y 和 λ 为常数。若预期为完美预见，求出均衡的价格与产出水平。

第十二章　通货紧缩

导入案例

中国真的进入通货紧缩时代？短期内不会

美联储2017年3月15日加息，确定了美国已进入加息周期。这也带来一个市场关注的问题：全球是否由此进入与过去不同的紧缩时代？自2008年金融危机后的全球央行大放水以来，世界已经习惯了流动性极度宽松的环境，进入紧缩时代意味着趋势将会逆转，这对全球资本市场和实体经济都将是一场大转变。

然而在安邦智库看来，全球并未进入紧缩时代，而且在短期内不会进入紧缩时代。

美联储进入加息周期，是因为美国经济的稳定复苏。IMF预测2017年美国经济增速将达到2.3%，美国财政部长努钦预期2018年美国经济增速有可能实现3%。在美国经济增速提高的同时，其通货膨胀率已接近2%；失业率为4.6%~4.7%，接近充分就业水平。在此种背景下，美联储势必要采取紧缩货币政策。

不过，全球经济的复苏并不同步，存在的问题也不相同。在欧洲，2017年欧元区经济增速为1.7%，是欧债危机以来不错的增长。欧委会预计2017年欧元区19个成员国经济整体增长为1.6%。欧委会预计，2016—2018年，欧盟28个成员国的GDP都将实现增长，这将是2008年以来的首次。不过，欧洲经济仍存在一些隐忧。就业方面，欧元区失业率2016年高达10%，预计2017年会降至9.6%，2018年将降至9.1%。通胀率方面，欧委会预计2017年欧元区通胀率为1.7%，高于此前预期的1.4%，2018年估计为1.4%，仍低于欧洲央行设定的接近2%的目标。如果考虑到英国脱欧、移民问题的负面影响，欧洲经济的复苏仍不算坚实。

在一系列宽松政策刺激下，日本2016年经济实际增长为1.0%，并连续四个季度实现了经济环比正增长。应该说，日本经济呈现出复苏态势。不过，日本经济的回暖仍很微弱。日本央行行长黑田东彦表示，日本经济维持温和复苏趋势，转为温和扩张。日本通胀确实有向着2%目标发展的趋势，但缺乏力度。日本综合研究所预计，2016年度和2017年度的日本经济增长率将分别提升0.1和0.3个百分点。不过，日本个人消费仍呈现低迷状态，且有长期化的趋势。在日本国内生产能力过剩之下，日本制造业的设备投资将难有起色。对于家庭收支部门来说，社会保险金负担加重以及以青年阶层为中心对未来担忧情绪的加大，预计会对消费产生抑制作用。

中国经济在2016年实现了不错的6.7%，2017年的经济增长目标为6.5%。虽然中国有能力实现经济目标，但中国经济目前也处于稳增长与改革结构问题的微妙平衡状态，债务风险、去产能、金融风险、失业问题都对中国经济形成了抑制。在目前阶段，中国还不太可能跟随美国实行收缩的经济政策。

实际上，不论欧洲、日本还是新兴市场，2017年仍面临着不少不明确因素。特朗普政府的贸易政策还未露出全貌；英国3月触发脱欧谈判仍可能引发全球不确定性，带来欧洲经济下行风险。希腊与欧盟在债务问题上僵持不下，德国、法国和荷兰等大选国的反欧盟党派都是潜在的风险。欧洲的银行风险问题，也成为欧洲紧缩货币政策的软肋。日本工资难以上涨和长期通缩的惯性，拖累经济复苏。在中国之外的新兴市场国家中，除了俄罗斯之外，其他国家的经济复苏都很脆弱。

在这些政策因素、经济结构性因素和地缘政治因素的影响下，判断全球经济基本面是否真正回暖还缺乏坚实的基础。经济复苏的落差必将导致各国经济政策的落差。欧洲央行虽然已表示了紧缩之意，但速度和幅度仍不坚决；日本央行行长已经明确表态，不跟随美国的利率政策，仍将维持负利率政策，如有宽松的必要，下调负利率也不是没有可能。中国的情况也大致类似，虽然实行稳健中性的货币政策，但稳增长的要求仍需保持宽松的流动性。总体来看，全球仍然处在流动性过剩的阶段，美国加息也不会在短期内改变这种状态。

美国进入加息周期已确定无疑，但这并不意味着全球很快进入紧缩时代。我们估计，要到2017年年末，全球市场是否紧缩才会有更加清晰的市场信号。短期之内，全球市场环境仍然相对宽松。

第一节 通货紧缩的形成

一、总需求收缩情况

通货紧缩是一种重要的宏观经济现象，意即物价水平持续下跌。至于物价水平下跌“多少”、物价下跌的时间持续“多长”，才能称为通货紧缩，学术界有不同的看法。我们在这里仅作“粗线条”的观察，对这些细致的问题不去深究。因此，当我们谈“通货紧缩”的时候，你只要知道，这是指“物价水平持续下跌”就足够了。

为什么我们认为“通货紧缩是一种重要的宏观经济现象”呢？这是因为通货紧缩往往和总需求萎缩、失业率上升、总产出减少、企业生产普遍陷入困境等反映宏观经济出现严重问题的经济现象相联系。

形成通货紧缩—物价下跌的原因应该说是很复杂的，仅就 *AS－AD* 分析框架来说，形成通货紧缩—物价下跌的原因也有好几种，下面分别叙述。

具有严重宏观经济问题性质的通货紧缩一般是由总需求收缩引起的。总需求收缩导致市场供过于求，从而导致物价下跌，即通货紧缩。伴随着通货紧缩而产生的最为严重的宏观经济问题是失业率上升、总产出减少以及生产能力过剩，如图12－1所示。

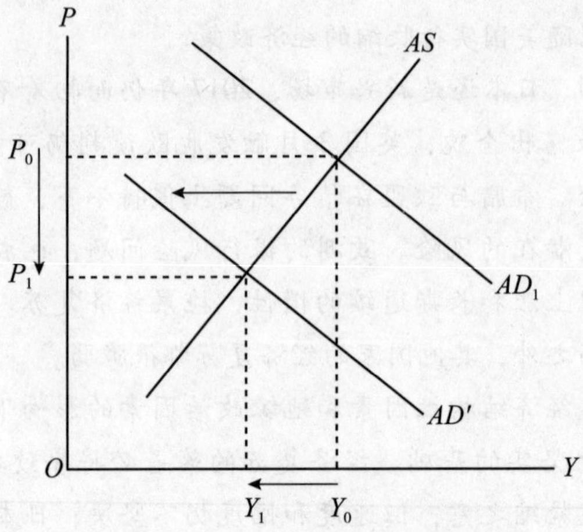

图12－1　总需求收缩导致通货紧缩

在图12－1中，初始的均衡价格是P_0，均衡产出是Y_0。然后，外生地发生一个变化：总需求收缩，这在图中表现为总需求曲线由AD左移至AD'。总需求曲线左移的经济含义是在价格不变时受其他因素影响总需求减少。总需求减少，使在初始价格P_0上发生供大于求，于是价格下跌；随着价格下跌，供大于求的矛盾逐渐缓解；当价格降至P_1时，供求重新实现均衡，此时，均衡产出已由初始的Y_0减少至Y_1。

所以，总需求收缩对宏观经济造成了极端不利的影响：均衡产出减少。因为在总产出减少的背后是失业增加、总收入减少、居民收入减少。与均衡产出减少相伴，均衡价格下降。

至于总需求收缩是什么原因造成的？经济学家有不同的解释。马克思将其归结为由资本主义特有的生产方式的矛盾——占有的私人性和生产的社会性——导致的工人阶级的贫困化。凯恩斯则将其归结为由边际消费倾向递减导致的消费需求不足和由资本边际效率突然崩溃导致的投资需求不足。当然，还有其他的理论观点。

二、总供给改善情况

由技术进步等因素导致成本下降、劳动生产率提高，会刺激企业在价格不变时增加产出。如果总需求（状况）不变，那么，物价就会下跌，即发生通货紧缩现象。伴随着通货紧缩的是总产出增加，在总产出增加的背后是失业率下降、私人部门收入增加。因此，这种通货紧缩不仅不是坏事，反而是好事，可以说是求之不得的好事。

图12－2中，初始均衡价格是P_0，均衡产出是Y_0。然后，发生一个外生的变化使

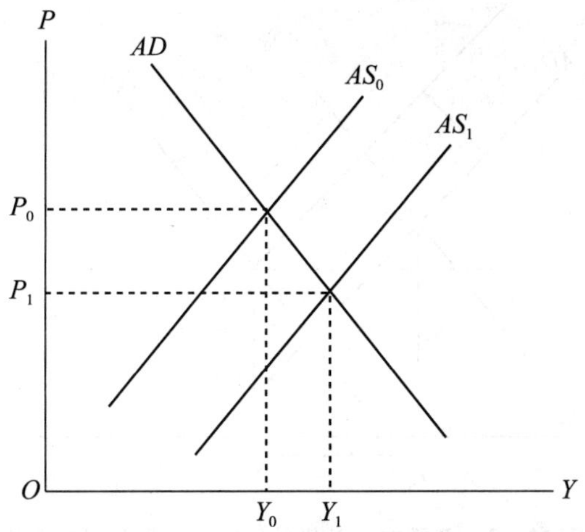

图 12－2 总供给改善导致通货紧缩

总供给改善，即总供给曲线由 AS_0 右移至 AS_1。总供给曲线右移的经济含义是在价格不变时由于其他因素的作用，总供给增加。总供给增加导致在初始价格 P_0 上发生供大于求，于是导致价格下降；价格下降缓解了供大于求的矛盾；当价格下降至 P_1 时，重新实现供求均衡；此时，均衡产出增加至 Y_1。

可见，在总需求曲线不变的情况下，总供给曲线右移对宏观经济产生了好的影响——总产出增加。与均衡总产出增加相伴，均衡价格下降。

要注意，在这里，总需求的扩张是沿着不变的总需求曲线移动而发生的，即是由物价下跌引起的。前面讲过的三种价格—需求效应——凯恩斯效应、庇古效应、蒙代尔效应——可以解释这是怎样发生的。但是，我们看到，如果总供给曲线不发生右移，那么，物价就不会下跌，而总需求扩张也就无从谈起。因此，对于这里的变化，与其说物价下跌通过三种效应导致总需求扩张，还不如说技术进步导致总供给状况改善，从而引起产量的增加。总之，对于这里的变化来说，技术进步、总供给的改善，是更为本质的要素。

三、总需求、总供给同时扩张情况

总需求扩张，若总供给不变，则会造成物价上涨；总供给改善，若总需求不变，则会造成物价下跌。二者对物价水平的影响方向是相反的，如果力量相同，那么，就会相互抵消；如果总供给改善的程度大于总需求扩张的程度，那么，就会出现物价下跌，即通货紧缩现象。在发生通货紧缩的时候，总产出大幅度增加。因此，这种通货紧缩也不是坏事，而是好事，是大大的好事。

在图 12－3 中，初始物价为 P_0，产出为 Y_0。后来，由于某种原因，总需求扩张。这本应该导致物价上涨。但是，在总需求扩张的同时，发生了总供给扩张，而且扩张

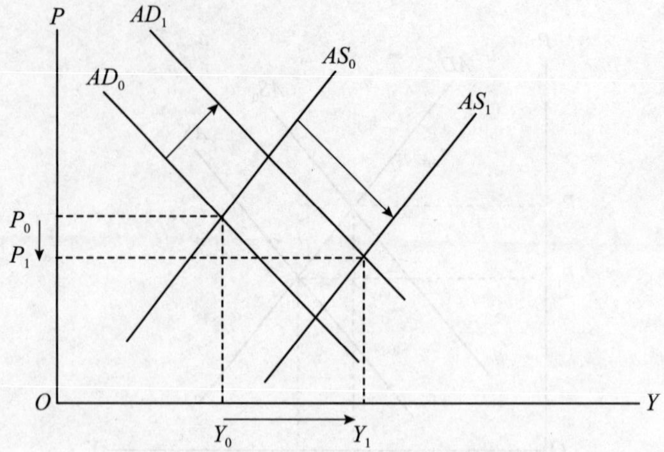

图 12－3　总需求、总供给同时扩张导致通货紧缩

的程度更大。因此，不仅抵消了物价上涨的趋势，而且导致物价下跌至 P_1。在物价下跌的同时，总产出增加至 Y_1。

在这种情况下，伴随着通货紧缩—价格下降，总产出增加。所以，这种通货紧缩也不是坏事，而是好事。

当然，根据 $AS-AD$ 分析框架，通货紧缩—价格下降还可能由其他原因引起。作为训练，读者可以自行根据 $AS-AD$ 图形，画出通货紧缩—价格下降的其他情况。不过，根据笔者的观察，本书所列出的三种情况可能是比较典型的，也是更为基本的。

第二节　通货紧缩的成本

一、通货紧缩的类型

通货紧缩不一定是坏事。如前所述，从理论上看，通货紧缩有三种不同的情况：由需求收缩导致、由供给扩张导致、由需求扩张而供给更大的扩张导致。后两种通货紧缩情况伴随着总产出的增加，是宏观经济形势改善的表现，不存在通货紧缩的成本问题。第一种情况通货紧缩伴随着总产出减少、失业增加，是宏观经济形势恶化的表现。在这种情况下，通货紧缩才产生出一个“成本”问题。

二、奥肯定律

美国已故经济学家奥肯对失业的成本进行估计，被称为奥肯定律。奥肯定律认为：失业率高于正常水平一个百分点，总产出将低于潜在水平（生产能力充分利用的产出）2.5~3 个百分点。假设正常水平的失业率为 5%，那么，实际失业率 8% 将使总产出损失潜在水平的 7.5 ~9 个百分点。

由总需求收缩导致的通货紧缩往往和总产出减少、失业率上升、居民福利水平下降等消极现象相联系，因此成为严重的宏观经济问题。

第三节 总需求收缩的原因

由第一节可知，总需求收缩是指总需求在价格不变时减少，其几何表现是总需求曲线向左移动。根据总供求（$AS-AD$）模型，在总供给曲线位置不变的情况下，总需求曲线向左移动导致价格水平下降即通货紧缩。重要的问题是伴随着价格水平下降或通货紧缩，总产出减少，由此导致严重的宏观经济问题。

在这一节，我们深化对这一问题的研究，即研究总需求收缩的原因。理论不同，给出的答案就不同。

凯恩斯把总需求收缩归咎于两方面的原因：第一，消费倾向递减。随着收入增加，消费需求增加，但消费倾向递减或储蓄倾向递增，从而“漏出”越来越多；第二，资本边际效率递减和流动陷阱使利率难以下降，从而导致投资需求减少，即“注入”越来越少。

按照本教材第七章给出的总需求函数：

$$AD = (C_0 + I_0 + G) + c(R - T) + \left(c - \frac{bk}{h}\right)Y + \left(c + \frac{b}{h}\right)\frac{M}{P}$$

总需求收缩的主要原因是什么？可以讨论如下：

第一，自发性消费或自发性投资减少导致总需求减少。各财政变量都是自发性支出，也会影响总需求。

第二，边际消费倾向下降导致总需求减少。

第三，居民收入减少，一方面导致消费需求减少从而总需求减少，另一方面导致货币需求减少从而利率下降、投资需求增加从而总需求增加。所以，居民收入减少是否导致总需求减少还需要更进一步的研究才能确定。

第四，货币供给减少导致总需求减少。

第五，交易货币需求占收入的比例提高导致货币需求增加、利率提高、投资需求减少，从而总需求减少。

第六，投资需求对利率变化的敏感性提高，一方面，当居民收入减少时，交易货币需求减少→利率下降→投资需求增加得更多→总需求增加得更多；另一方面，当货币供给减少时，利率提高→投资需求减少得更多→总需求减少得更多。所以，投资需求对利率变化的敏感性变化是否导致总需求减少不能最终确定。

第七，投机货币需求对利率变化的敏感性提高，一方面，当居民收入减少时，交易货币需求减少→利率下降→投机货币需求增加得更多→服务于交易的货币减少得更多→总需求减少得更多；另一方面，当货币供给减少时，利率提高→投机货币需求减少得更多→服务于交易的货币增加更多→总需求增加得更多，所以，投机货币需求对利率变化的敏感性变化是否导致总需求减少不能最终确定。

理论是对现实的概括和简化。但是，即使现实中的总需求被简化为上述相对简单的总需求函数，总需求收缩的原因还是挺复杂的。在上述导致总需求收缩的七个因素中，四个因素是否导致总需求收缩有明确的答案，但其他三个因素是否导致总需求收缩则没有明确的答案。

章节习题

1. 通货紧缩的含义。
2. 简述奥肯定律。
3. 在一国发生严重通货紧缩的情况下该国居民的边际消费倾向的变动特征如何？为什么？
4. 在发生通货紧缩时，经济是否就会出现停滞或负增长？
5. 简述货币主义关于通货紧缩的理论分析。
6. 判断通货紧缩的标准。
7. 试分析通货紧缩对经济的影响。
8. 引起通货紧缩的原因是什么？通货紧缩对经济运行有哪些影响？应当如何治理？

第十三章　通货膨胀

导入案例

通货膨胀与失业间的权衡

就美国经济当前的情形来看，在中期乃至长期，失业水平与通货膨胀率之间存在着固有的替代关系。这一关系常常被表述为菲利普斯曲线。

在短期，经济完全可能位于菲利普斯曲线的上方或下方，并在一定范围内呈现周期性波动。实际上，人们通常认为，菲利普斯曲线本身也具有不断向外移动的趋势，且移动的速度与近期发生的通货膨胀率（以下简称通胀率）相关，尤其是通胀率未能充分体现突发的外部冲击如战争或石油危机时。

根据菲利普斯曲线，通胀率为零时对应的是自然失业率状态。而“自然失业率”这一术语却极具误导性，“自然”似乎意味着这一水平的失业率是正常的、可接受的。

大家普遍认为，当前的“自然”失业率在6%～7%。然而，对于关注经济效率和生活质量的人来说，这样的失业率水平作为长期目标是完全无法接受的。

首先，失业将直接导致产出的减少，而产出减少本身就是一个严重的问题；其次，遭遇失业的个人和群体将引发一系列严重的社会问题，如道德危机、违法犯罪、家庭破坏以及普遍的焦灼心态。

如果失业能够在人群中均匀分布，失业形式表现为工作时间缩短、休假延长、提前退休等，那么这样的失业率水平或许是能够接受的。但即便如此，也无法解决通胀问题。

这是因为，若失业表现为上述形式，就无法对工资和物价形成足够的下行压力，而这种压力对于遏制潜在的通胀来说是必需的。这种形式的失业，最多只能抑制高就业水平时的高收入，而且这种抑制也是无效率的。

实际上，如果菲利普斯曲线能够保持稳定的话，那么在该曲线上选择一个最优的失业率水平，同时接受其对应的通胀率就是可取的方案。

而最优失业率的确定，需要考虑两个方面的合理权衡：资源闲置带来的产出减少；各种因素导致的效率损失，如价格无法灵活变动、应对意外变化时的产能储备以及

“中空管道”操作涉及的各种限制因素。

与此失业率相对应的通胀率若能得到精准的预期，那么通过利率水平和其他长期合约的恰当调整，这样的通胀环境就是可以适应的。这样的话，通货膨胀的主要弊端就仅限于一些小麻烦。

例如，要保持价格的实时更新，人们从心理上要懂得随着时间的推移货币会不断贬值等。

通货膨胀的真正可怕之处，不在于通胀率的高低，而在于通胀的不可预知。

其实我曾一度认为，一个温和的通胀率，将实际货币存量保持在较低水平，反而更容易把通胀率控制在小幅波动的范围内，这样的经济环境要比尽力争取零通胀率更好。

通胀率为零时，相对应的实际货币存量较大，于是我们似乎很难将这一高货币存量时的真实通胀率保持在一定范围内（如 -1% ~1%）；相比之下，将一低实际货币存量时的通胀率保持在一定范围内（如4% ~6%）则要容易得多。

当然，我们必须承认，“0”这一数字具有特殊的地位，将目标设为“0”要比设为“5”更容易让人接受，与两种情形下的操作难度相比，前者在心理学上的焦点意义或许更加重要。

然而，这种方案的困难之处在于，已经发生的通胀极有可能引发进一步通胀的预期，从而通胀自身加速上升并移动到菲利普斯曲线之外。

于是，与最优失业率水平相对应的通胀率将持续上升，直至经济崩溃。

这样一来，即便传统的政策工具在实践上并非不可行，即便能够诉诸“反通胀政策市场”（market anti - inflation policy），但作为一项长期政策，保持一个稳定的通胀率似乎是极为困难的。不过，至少在短期内，即使是未能正确预期的通胀，其损害也要远小于失业的损害。

未能正确预期的通货膨胀（或通货紧缩），将导致财富在债权人和债务人之间的任意分配，而这种分配往往是不公平的。

此外，当市场上的价格未能与通胀同步上升时，通胀也将导致买卖双方财富的重新分配，或不利于买方，或不利于卖方（在20世纪30年代的“大萧条”期间，站在农民的立场上来看，工业品价格特别是公用事业价格的下降幅度未能与总体价格水平下降保持同步）。

由此，经济中的总产出在各方之间的分配就可能出现非效率或不公平，不过，只要就业水平保持不变，待分配的产出总量就是不变的。

有人失利，有人得利，但在总量意义上，得失大体是相等的。

与通胀不同的是，失业将导致待分配的产出总量减少。在这种情形下，大部分人都会受损，几乎无人受益。因此就其本质来说，未能预期到的通胀就好比盗用（embezzlement），而失业则类似于毁坏（vandalism）。

然而，流行的观念却大不相同。绝大多数人反复思量之后都以为，通货膨胀会使所有人遭受损失。

这是因为，人们总是错误地认为，如果通胀不发生的话，收入还是会增长，而物价却不会上升。

政客和金融家一再把通货膨胀导致的负担称为“最严酷的税收”，这又进一步强化了人们的这种错觉。

由此导致的政治后果是，即使那些亲身经历过失业痛苦的人，也总会认为通货膨胀对自己的危害要比失业更严重。

在多数投票规则下，选票几乎不可能反映选民对各种备选方案的偏好强度，因此，实践中的政策取向往往优先考虑降低通胀，而非优先考虑减少失业。如果注意力都集中到次要问题上，就没有足够的精力去关注更重要的问题了。

在某种意义上，通货膨胀的作用机理的确像税收一样，但其效果在现代社会中几乎可以忽略不计。

当绝大多数契约以金属货币或无息票据的支付形式订立时，对持有这些支付工具的人来说，发生通货膨胀的确相当于缴纳了一笔税收，而货币当局也确实可以借此手段控制大量的资源。

但在现代社会中，大多数契约均以支票的支付形式订立，而支票对应的银行账户一般都是有利息的，并且利率水平已经将通胀率考虑在内了，因此持有这些支付工具的人缴纳的“通胀税”实在是微不足道。

当然，对现金余额的持有者来说，当银行存款利率低于通胀率时，通货膨胀的确给他们带来了损失，但受益者是各家银行，而非政府。

即便如此，银行间的竞争也会促使它们以各种形式将这笔“通胀税”返还给储户，如改善服务或降低服务收费（尽管这样做在经济上是无效率的）。

对持有货币的人来说，“通胀税”似乎具有累退性，因为低收入者在购买商品时更多地用现金支付。而对那些收入仅够糊口的人来说，他们平均持有的货币更是少得可怜。

不论哪种情况，就持有货币的平均水平来说，每年10%左右的“通胀税”恐怕很难称之为“最严酷的税收”。

第一节　通货膨胀的形成

一、需求拉动的通货膨胀

上一章我们研究了通货紧缩——宏观经济的一大祸害。至少在凯恩斯以后，通货紧缩成为宏观经济学关注的重点。但是，后来发现，通货紧缩只是宏观经济在一极上“坏”的表现，宏观经济在另一极上也会有“坏”的表现，这就是通货膨胀。

物价持续上涨称为通货膨胀。在统计上一般用物价指数和通货膨胀率衡量通货膨胀的程度。

产生通货膨胀最重要的原因是总需求膨胀。由总需求膨胀导致的通货膨胀称为需求拉动的通货膨胀。总需求膨胀，会对产品的总供给产生压力。如果全社会的生产能力已经充分利用，不能生产出更多的产品满足膨胀的总需求，那么，膨胀的总需求就会寻找一个“发泄对象”“出气”。这个“发泄对象”就是物价水平，“出气”的结果就是导致物价上涨，即通货膨胀。利用 $AS-AD$ 分析框架，可以表现典型的需求拉动通货膨胀，如图 13－1 所示。

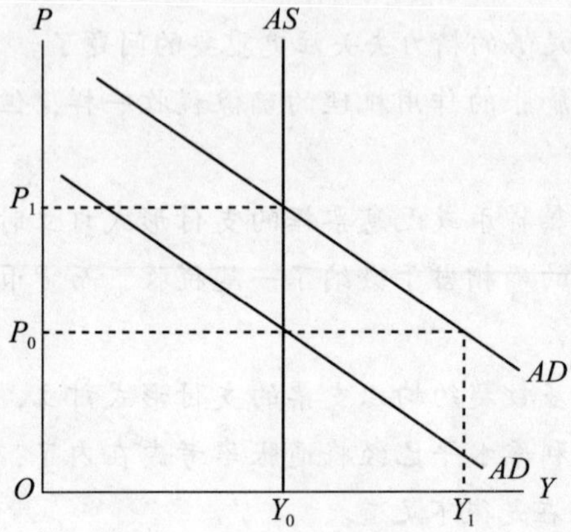

图 13－1 需求拉动的通货膨胀

在图 13－1 中，初始总产出为 Y_0，物价为 P_0。后来，假设总需求外生地膨胀至 AD'，即在物价为 P_0 时总需求扩张至 Y_1。垂直的总供给曲线 AS 表示生产能力充分利用。超额需求（Y_1-Y_0）由于生产能力已经充分利用而没有导致产量增加，所以导致物价上涨至 P_1。这就是典型的或极端的需求拉动的通货膨胀。所谓“典型、极端”是指总需求扩张没有导致总产出哪怕有一丝一毫的增加，单纯导致价格水平上涨。但这种理论和实际情况往往并不相符，在一般情况下，需求拉动的通货膨胀，一方面导致价格上涨，另一方面也会导致总产出增加。

二、成本推动的通货膨胀

前面已说明，在充分就业的情况下，总需求的扩张会导致通货膨胀，这种由总需求扩张导致的通货膨胀可以经常由经验观察到。但是，我们也可以由经验观察到另外一种类型的通货膨胀，即通货膨胀发生了，总需求却没有扩张。这种由非总需求扩张因素导致的通货膨胀是由供给方面或成本方面的因素引起的，被称为供给型通货膨胀，也被称为成本推动型通货膨胀。具体说来，供给型通货膨胀包括以下几种情况：①由劳动生产率不变而货币工资提高引起的通货膨胀；②由原材料价格上涨（如石油价格上涨）引起的通货膨胀；③由生产效率不变而分红增加导致的通货膨胀。下面以原材料价格上涨引起的通货膨胀为例进行说明。

一种重要的原材料（如石油）价格上涨，会在很大的范围内导致企业的生产成本上升。在需求状况不变的情况下，原材料价格上涨，必然导致产品的价格上涨。更糟糕的事情是原材料价格上涨使许多企业的生产陷入困境，有的企业进行减产的调整，有的企业则不得不停产，从而造成总产出减少。伴随着总产出减少，失业率上升，居民可支配收入下降。宏观经济由此陷入最恶劣的一种境地，经济停滞和通货膨胀“两面夹攻”，俗称“滞胀”。

图 13－2 中总需求曲线为 AD，初始总供给曲线为 AS_0，两曲线的交点决定了初始价格水平为 P_0，产出为 Y_0。设 Y_0 为充分就业产出。

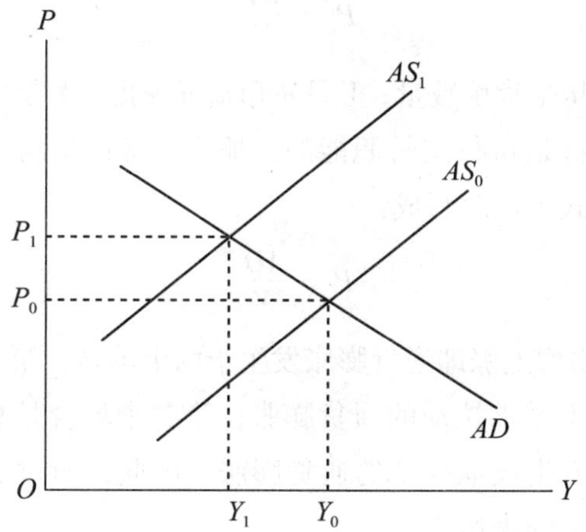

图 13－2 成本推动的通货膨胀

原材料价格提高使总供给曲线由 AS_0 左移至 AS_1。曲线 AS_1 与曲线 AD 的交点表明原材料价格提高一方面使价格水平由 P_0 上涨至 P_1，另一方面使产出由充分就业产出 Y_0 下降至小于充分就业产出 Y_1。这实际上表现了供给型通货膨胀的一般特征，即在价格水平上升的同时产出水平下降，这就是“滞胀”。

现在需要研究的问题是小于充分就业产出的 Y_1 和高于充分就业时价格水平的 P_1 的这一组合是否会长久地维持下去？

答案依理论的不同而不同。按凯恩斯的观点考虑，工资刚性假设起着非常重要的作用。产出小于充分就业水平表明就业小于充分就业。由以前的说明可知，这意味着劳动市场供大于求。但是，工资刚性阻止货币工资下降，从而阻止实际工资下降。在这种情况下，企业的劳动需求不可能增加，就业不可能增加，产出不可能增加。于是，在其他条件不变的情况下，这一“滞胀”将稳定地维持下去。

但是，若根据黏性假说，情况则有所不同。价格黏性假说将在第十六章研究。

三、通货膨胀的实质：货币数量方程的表达

前面研究了通货膨胀的两种主要形式：需求拉动的通货膨胀和成本推动的通货膨胀。乍一看，这两种通货膨胀的形成是完全不同的。前者是需求方面的原因引起的，后者是供给方面的原因引起的。但是，经过仔细研究就可以知道，这两种类型的通货膨胀可以归结为一个更为一般的基础，即总需求和产量的对比关系。如果总需求和产量相比增大了，那么，物价就会上涨，即发生通货膨胀。而总需求和产量的对比关系的变化取决于多种情况。下面利用货币数量方程进行说明。由货币数量方程 $MV=PY$，可以得到物价水平的表达式：

$$P = \frac{MV}{Y} \tag{1}$$

其中，P 是价格，M 是货币数量，V 是货币流通速度，Y 是实际总产出。

假设社会中的货币都是执行交易职能的，那么，货币量与货币流通速度的乘积就代表总需求。因此，上式可以改写成：

$$P = \frac{AD}{Y} \tag{2}$$

由式（2）可见，物价上涨即通货膨胀发生于两个场合：第一个场合是总需求扩张而产量不变，这时将发生需求拉动的通货膨胀；第二个场合是总需求不变，产量由于成本提高而减少，这时发生成本推动的通货膨胀。因此，通过货币数量方程，通货膨胀的两种方式得到了统一的表达。

在式（2）上，由扩张性的货币政策导致的通货膨胀和由扩张性的财政政策导致的通货膨胀的区别看不见了。通过式（1），则可以看到二者的区别。在执行扩张性货币政策的场合，货币供给量 M 增加，而产量 Y 和货币流通速度 V 不变，因此物价上涨即发生了通货膨胀；在执行扩张性财政政策的场合，货币供给量 M 和产量 Y 不变，货币流通速度 V 由于利率机制的作用而提高，因此物价上涨即发生了通货膨胀。

第二节　现代货币主义的观点

一、通货膨胀率的决定

以弗里德曼教授为代表的现代货币主义对通货膨胀现象有精深的研究、独到的见解。现代货币主义直截了当地把通货膨胀归结为货币发行量过多，其理论依据仍然是货币数量方程：

$$MV = PY \tag{3}$$

在该式中，若货币流通速度 V 不变，产出 Y 不变，则货币供给量 M 增加多少，价格水平 P 就上涨多少。这正是古典学派的观点。若货币供给量增加导致产出增加，则价格水平仍然与货币供给量有着非常密切的关系。推导如下：

式（3）可改写为：

$$P=\frac{MV}{Y}$$

由于 $V=\frac{1}{K}$，所以上式可改写为：

$$P=\frac{M}{KY}$$

设货币需求函数为 $L=KY$，则：

$$P=\frac{M}{L} \tag{4}$$

根据数学法则，可得：价格水平增长率即通货膨胀率 π：

$$\pi=\frac{\Delta P}{P}=\frac{\Delta M}{M}-\frac{\Delta L}{L} \tag{5}$$

式（5）表明通货膨胀率等于货币供给增长率减去货币需求增长率。显然，

若 $\Delta M/M>\Delta L/L$，则 $\pi>0$（价格水平提高）。

若 $\Delta M/M=\Delta L/L$，则 $\pi=0$（价格水平不变）。

在货币需求函数 $L=KY$ 的情况下，货币需求增长率等于货币需求的产出弹性（$E_{LY}=\frac{\Delta L}{L}/\frac{\Delta Y}{Y}$）乘以产出增长率，即

$$\frac{\Delta L}{L}=E_{LY}\times\frac{\Delta Y}{Y}$$

于是式（5）可写成

$$\pi=\frac{\Delta M}{M}-E_{LY}\frac{\Delta Y}{Y} \tag{6}$$

式（6）表明通货膨胀率等于货币供给增长率减去货币需求的产出弹性与产出增长率之积的差。显然，

若 $\frac{\Delta M}{M}>E_{LY}\frac{\Delta Y}{Y}$，则 $\pi>0$（价格水平提高）

若 $\frac{\Delta M}{M}=E_{LY}\frac{\Delta Y}{Y}$，则 $\pi=0$（价格水平不变）

由式（6）可见，在货币需求的产出弹性不变或较稳定的情况下，是否会发生通货膨胀主要取决于货币供给增长率是否适应产出增长率的需要。若货币供给的增长仅以产出的增长所必需，则不会发生通货膨胀；若货币供给的增长超过产出的增长所必需，则会发生通货膨胀。

设：$E_{LY}=1/2$，$\Delta Y/Y=5\%$

若 $\Delta M/M=2.5\%$，则 $\pi=0$

若 $\Delta M/M=5\%$，则 $\pi=2.5\%$。

若 $\Delta M/M=10\%$，则 $\pi=7.5\%$。

若 $\Delta M/M=15\%$，则 $\pi=12.5\%$。

由以上讨论可知，在货币扩张导致产出增加的场合，是否会发生通货膨胀以及通货膨胀率有多高，仍然主要取决于货币供给量。

二、政策建议

现代货币主义认为，最重要的宏观经济变量是货币供给量。由以上理论分析可以得出的政策结论是货币当局只要以经济增长所需为限增发货币，就可以成功地避免通货膨胀。弗里德曼甚至提出所谓“单一货币规则”，即只要货币当局以每年5% ~6%的固定比率扩大货币供给量，其余的事“交由”市场决定，则整个经济就可以进入没有通货膨胀且稳定发展的轨道。

到底应该执行“单一货币规则”，还是“相机抉择”，货币主义和凯恩斯主义有多年的争论。另外，“单一货币规则”中的“规则”本身究竟应该是什么，也有许多需要进一步研究的地方。

第三节　通货膨胀和失业的替代

一、菲利普斯对英国的经验研究

英国经济学家菲利普斯根据英国近百年（1862—1957年）的经验资料得到一条描述各年工资增长率与失业率组合的曲线，即菲利普斯曲线。

图13-3横轴 u 表示失业率，纵轴 $\Delta W/W$ 表示货币工资增长率，向右下方倾斜的曲线 Ph 即为菲利普斯曲线。菲利普斯曲线与横轴的交点 u_0 为工资增长率等于零时的失业率。

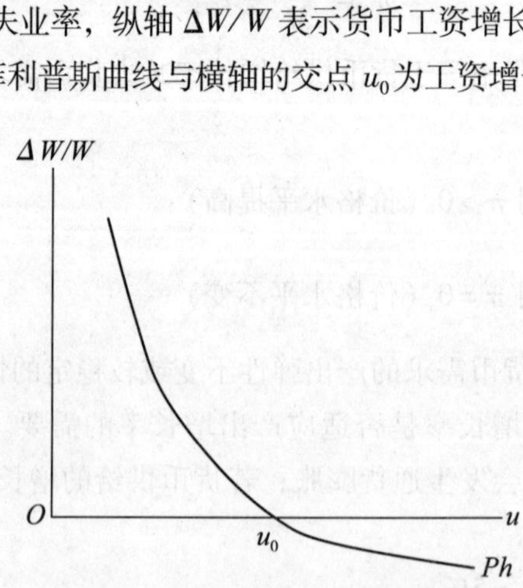

图13-3　原始菲利普斯曲线

菲利普斯曲线显示英国在1862—1957年近100年间失业率和工资增长率的组合具有以下特征：

第一，若失业率小于u_0，则货币工资上升；

第二，若失业率等于u_0，则货币工资维持不变；

第三，若失业率大于u_0，则货币工资下降；

第四，在失业率小于u_0的场合，随着失业率的减少，货币工资增长率的增加越来越大；在失业率大于u_0的场合，随着失业率的增加，货币工资下降率的减少越来越小。

二、凯恩斯学派的理论解释

凯恩斯学派对菲利普斯曲线的经验研究给出理论上的解释。第一，菲利普斯所揭示的失业率和工资增长率之间的关系实际上包含了失业率和通货膨胀率之间的关系。凯恩斯学派利用菲利普斯曲线显示失业率和通货膨胀率之间的关系。第二，失业率和通货膨胀率之间存在替代的关系。由此得到凯恩斯学派的菲利普斯曲线，如图13－4所示。

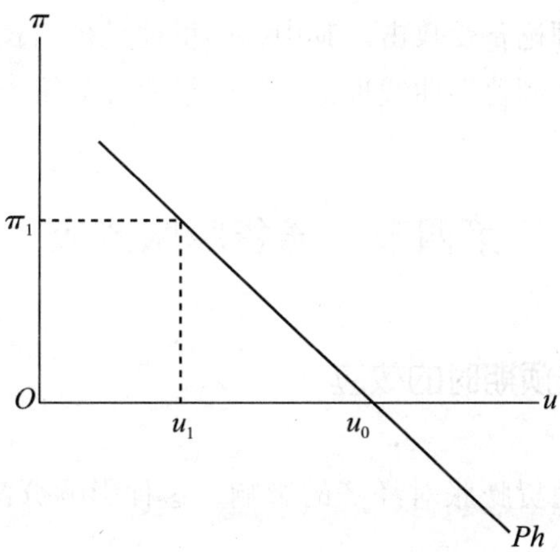

图13－4 凯恩斯学派的菲利普斯曲线

图13－4中纵轴是通货膨胀率π，横轴是失业率u。菲利普斯曲线Ph为一条向右下方倾斜的直线。其经济含义是通货膨胀率和失业率之间有一种替代关系。若通货膨胀率较高，则失业率较低；若通货膨胀率较低，则失业率较高。

通货膨胀率和失业率之间具有替代性理论的政策含义，即可以通过通货膨胀率的提高换取失业率的下降。

菲利普斯曲线的代数表达是：

$$\pi=\theta\ (u_0-u)$$

式中的θ为大于零的给定参数。该式显示失业率和通货膨胀率之间具有一种此消彼长的替代关系：

若 $u>u_0$，则 $\pi<0$（价格水平下降）

若 $u=u_0$，则 $\pi=0$（价格水平不变）

若 $u<u_0$，则 $\pi>0$（价格水平提高）

换言之，较低的失业率必定伴随较高的通货膨胀率，较低的通货膨胀率必定伴随较高的失业率。菲利普斯曲线显示低失业率和低通货膨胀率不可兼得。简言之，二者之间存在一个高、低搭配的关系。

这种情况使宏观经济决策者面临政策目标的两难选择：选择低失业率还是选择低通货膨胀率。同时，它也给宏观经济决策者以选择的机会：当通货膨胀较严重时，政府可以通过一定的政策手段，使失业率有一定程度的增加，以换取通货膨胀率下降；当失业率较严重时，政府可以通过一定的政策手段，使通货膨胀率有一定程度的提高，以换取失业率的下降。菲利普斯曲线特别强调后者，即政府扩张总需求的政策能够有效地降低失业率，促进经济的繁荣。

凯恩斯学派对菲利普斯曲线的理论解释至少到20世纪60年代一直被奉为无可怀疑的标准理论，因为西方主要资本主义经济的通货膨胀和失业的实际情况基本上符合该理论所预言的高、低搭配关系。但是到了20世纪70年代，在美国，一种未被该理论所预言的情况出现了，这就是“滞胀”，即高通货膨胀和高失业的一种“高、高”搭配的组合。这样一来，该理论备受攻击。其中，弗里德曼提出长期菲利普斯曲线的理论，批评凯恩斯学派的短期菲利普斯曲线理论，影响很大（见第十六章）。

第四节　通货膨胀效应

一、没有通货膨胀预期时的效应

通货膨胀效应是指通货膨胀对经济的影响，这种影响分没有通货膨胀预期和有通货膨胀预期两种情况讨论。

所谓“没有通货膨胀预期”是指行为人没有预期通货膨胀将要发生，从而没有考虑采取抵消通货膨胀对行为人造成可能的不利影响的行为。在这种情况下，通货膨胀会对经济造成怎样的影响，这就是“没有通货膨胀预期时的效应”。

所谓“有通货膨胀预期”是指行为人预期通货膨胀将要发生，并试图采取抵消通货膨胀对行为人造成可能的不利影响的行为。在这种情况下，通货膨胀会对经济造成怎样的影响，这就是“有通货膨胀预期时的效应”。

如果具有完全的通货膨胀预期以及完全的保值手段，则通货膨胀就不会对经济产生任何影响。但是实际上既不可能对通货膨胀有完全的预期，也不可能对通货膨胀有完全的保值手段。因此，通货膨胀会对经济产生影响。

我们首先考察没有通货膨胀预期时通货膨胀的效应，这种效应主要表现在通货膨胀的再分配效应以及在此基础上产生的其他效应。然后再考察有通货膨胀预期时通货膨胀的效应。

第一，通货膨胀的再分配效应。通货膨胀使债权人受损，债务人受益；使货币财产占有者受损，实物财产占有者受益；使工资收入者受损，利润收入者受益；使退休者受损，工作者受益。

第二，通货膨胀的产出效应。一般情况是工资的上涨赶不上价格水平的上涨，这样就发生了有利于利润收入者的再分配效应，从而刺激企业增加产出。仅根据前面的理论分析就可以知道，这一结论的成立有严格的限制条件，即经济未达充分就业。显然，如果经济已达充分就业，则总需求扩张只能有纯粹的通货膨胀效应，而无任何产出效应。

第三，严重的通货膨胀会破坏市场经济中衡量效率的标准。通货膨胀有一个不同程度的问题。例如，我们可以把通货膨胀率在5%以内的看成是轻度的通货膨胀，把5%~10%的看成是中度的通货膨胀，把两位数的看成是严重的通货膨胀，把大于100%的看成是恶性的通货膨胀。

市场经济的效率需要一系列的条件来保证，条件之一就是币值稳定（即价格水平稳定）。就一般情况而言，货币收入的多少衡量了微观单位效率的高低。微观单位的货币收入高低反映了它的效率高，它的努力在较大程度上得到社会的承认；反之则说明微观效率低。在一系列制度条件的保证下，微观单位提高货币收入的目标只有通过改善效率、提高效率来实现。但是，如果币值不稳即衡量效率的标尺本身发生混乱以及在此基础上产生的再分配效应非常显著，那么，微观单位提高货币收入目标的努力就会背离提高效率的正常途径，而被充满再分配效应的投机的各种非正常途径所吸引，结果是对效率的损害。这就是通货膨胀的基本负效应。在通货膨胀极其严重的情况下，货币几乎完全丧失了“标尺”的作用，这样，货币经济会退回到物物交换的经济。通货膨胀对经济的破坏性可想而知。

第四，极端严重的通货膨胀以及通货膨胀极其显著的再分配效应会对政治的稳定造成极其严重的后果。

二、有通货膨胀预期时的效应

如果对通货膨胀有完全的预期，而且有十足的保值手段，那么，通货膨胀就不会产生任何影响。但是，十足的保值手段往往并不具备，所以，虽然对通货膨胀有预期，通货膨胀还是会对经济产生影响。当然，影响的程度要低于对通货膨胀没有预期的场合。在对通货膨胀有预期的情况下，通货膨胀主要产生以下效应。[①]

---

① 参见萨克斯，拉雷恩．全球视角的宏观经济学［M］．费方域，等，译．上海：上海三联书店，上海人民出版社，1997：500－505.

第一，政府的支出大于税收，产生财政赤字。弥补财政赤字的一个途径是向中央银行“借债”，这将导致货币供给量增加、总需求扩张。在充分就业的情况下，总需求扩张将导致通货膨胀。所以，通货膨胀相当于没有通过政治过程而增加公众的税负。这种情况，被比喻为“通货膨胀税”。

第二，对通货膨胀的预期并不能阻止通货膨胀的到来，以及较高的通货膨胀率转变为较高的利率，而较高的利率将增加持有货币的成本。为了减少平均货币余额，经济行为主体不得不进行更为复杂的金融交易。这就是通货膨胀对金融交易产生的成本。

第三，在通货膨胀时期，价格调整非常频繁，于是产生了调整价格的成本，这被称为“菜单成本”。

第四，虽然通货膨胀被预期，但通货膨胀还是会通过对税收体系的影响，导致资源配置产生扭曲。例如，通货膨胀导致居民的名义收入增加。在所得税率累进的情况下，居民就会按更高的所得税率纳税，这样导致居民可支配收入减少。再如，投资品的折旧按税法是免税的。如果折旧是按投资的历史成本计算的，那么，通货膨胀将导致税基中免税的份额下降、应税的份额增加，从而加重企业的税收负担。

综上所述，通货膨胀对经济的影响，有一个“度”的问题。一般认为，若通货膨胀率小于5%，则通货膨胀的生产效应可能大于其分配效应及其他负效应，在这种情况下的通货膨胀基本上可以接受；若通货膨胀率大于5%，则通货膨胀的分配效应及其他负效应可能大于其生产效应，在这种情况下的通货膨胀基本上不可接受以至于需要采取抑制通货膨胀的政策；若通货膨胀率达到两位数乃至更高，则通货膨胀毫无疑问成为宏观经济的大敌，必须坚决加以遏制。

章节习题

1. 如何准确理解“通货膨胀总是一种货币现象”这句话？

2. 货币增长是如何影响通货膨胀率的？从短期和长期的角度考察，货币增长的效应有什么区别？

3. 如何理解菲利普斯曲线？你认为人们有了理性预期会导致菲利普斯曲线消失吗？从长期看，菲利普斯曲线是一条垂直线吗？

4. 你认为滞胀是一种普遍现象还是特殊现象？每个国家都会经历滞胀阶段吗？

5. 假定你想检验以下假说：真实利率是不变的，因此名义利率的所有变化反映了预期通货膨胀的变化。因此你的假说是 $i_t = r + E_t\pi_{t+1}$。

（1）考虑 i_t 对一个常数和 π_{t+1} 的回归。真实利率是不变的，假设对 π_{t+1} 的系数能做出一般的预测吗？

（2）考虑 π_{t+1} 对一个常数和 i_t 的回归。真实利率是不变的，假设对 i_t 的系数能做出一般的预测吗？

(3) 一些人认为，真实利率是不变的这一假设意味着名义利率在长期内一对一的随实际通货膨胀变动，即意味着在i_t对一个常数和π的当期值以及许多滞后值的回归中，通货膨胀变量的系数之和将为1。你认为这种说法正确吗？

6. 假设通货膨胀率大于名义货币余额的增长率，请问实际货币余额会发生什么变化？

第十四章 财政政策效应

导入案例

财政政策如何更加积极有效

李克强总理在2017年《政府工作报告》中提出要继续实施积极的财政政策。当前，财政政策实施的外部环境发生了新变化，为使财政政策更为积极有效，需要摒弃狭隘的财政观，优化积极财政政策的目标和任务，调整财政政策的重心，盘活财政资源和社会资源，提升财政应对不确定性的能力，着力解决制约经济发展的深层结构性因素。

一、财政政策实施外部环境的新变化

2017年1—2月，宏观经济“筑底”趋势日益明显，延续了2016年下半年好转的趋势。固定资产投资同比增长8.9%，制造业、基础设施和房地产开发三大领域投资增速全面回升；民间固定资产投资自2016年9月以来持续回升，2017年1—2月同比名义增长6.7%，增速比2016年全年提高3.5个百分点；自2016年2月以来，制造业采购经理指数（PMI）总体持续好转，今年2月达到51.6%，连续5个月处于51%以上；工业生产者出厂价格（PPI）自2016年9月“转正”以来持续增长，表明供求关系发生了变化，工业领域由通缩转变为恢复性的上涨。此外，还应注意影响宏观经济的一个重要中观和微观现象：市场出清、行业集中度提升，在供给端完成了部分市场自我修复。经过四五年的市场出清，经过“寒冬”磨砺而坚持下来的企业，虽实现扩张仍尚需时日（一至两年），但暂无生存之虞。并且经过这一轮的市场出清，行业集中度明显提升，也为经济总体趋稳带来积极因素。同时，经过市场的自我调节，去库存加快，特别是房地产去库存有了明显进展。市场出清和部分自我修复，使经济下行压力有所缓解。

同时，也应看到，我国经济发展中的根本性矛盾尚未得到很好解决，经济增长的基础仍不牢固。虽然经济“筑底”趋势日益明显，但根本性矛盾，特别是重大结构失衡问题尚未完全解决，给未来经济增长带来了一定压力。例如，新动力尚未担当经济回升的“主力”，“传统色彩”依然浓厚，经济好转更多的是依赖传统动力，新经济占

比仍不高，新旧动能转换任重道远；作为经济状况“晴雨表”的民间投资，增速仍处于低位，表明市场预期并未完全恢复，并且增长的原因主要是政府与私人组织合作（PPP）项目的拉动和第三产业的改善；实体经济生产经营困难仍然较大，高成本抑制企业发展的问题未得到根本解决，影响企业投资和创新能力；资源的优化配置状况未得到根本改善，部分区域房地产价格快速上升对经济增长产生抑制效应，等等。此外，我国外部发展环境的不确定性增加，尤其是美国在贸易、投资、税收、货币等政策上的不确定性，使我国经济企稳回升之路充满变数。

二、优化、调整积极财政政策的目标和重心

近年来，我国的积极财政政策主要围绕供给侧结构性改革的“三去一降一补”五大任务展开，其重心在于减税降费和以PPP的方式推动基础设施投资。积极财政政策在稳定经济运行、推动经济结构调整方面发挥了重要作用。随着财政政策实施的外部环境发生了新变化，为提高财政政策的效果，需要优化、调整政策的目标和重心。

依据宏观经济形势的新变化，今后一段时期财政政策的目标在于，尽快促使经济完成探底，并着力化解结构性失衡，激活经济，培育新的竞争优势。这就要求在立足短期对冲经济下行力量的同时，着力解决制约我国中长期经济发展的深层因素。为此，积极财政政策的重心应由“数量对冲型”为主的政策取向转向“结构调整型”为主的政策取向，即由注重弥补有效需求不足向注重解决结构性失衡的政策转变。在经济下行的始发期，财政政策主要立足于弥补有效需求不足，对冲经济下行，稳住经济，因而，此时的财政政策更多呈现“数量对冲型”特点。但随着下行力量减弱、经济渐趋稳定，则要更加注重解决影响经济发展的深层次问题，财政政策便呈现“结构调整型”特点。对于我国当前而言，应将财政政策的重心转向解决结构性失衡、培育新的竞争优势。不仅要优化财政投资的方式和结构，弥补经济社会发展“短板”，而且要优化企业的发展环境，创造有利于工业创新发展的税费环境，以新的比较优势催生经济发展新动力。

以“结构调整型”为主的财政政策取向，需要优化支出结构和制度环境。在财政支出上，应结合我国当前的扶贫任务，既要注重基础设施等物质形态的“硬件”建设，也要注重社会保障、医疗卫生、环保、公共就业服务等经济社会发展的“软件”建设，特别是要强化维护人的生存权、健康权和发展权等方面的各项社会性支出，形成有利于提高公众可行能力的支出结构。在财政收入上，不仅要考虑“收入数额”这一指标硬件，而且要更为重视产生收入的“制度软件”。注重收入制度的公平性和合理性，消除税制的不公平问题，体现公平正义的社会价值观和共享的发展理念，消除影响持续健康发展的内在障碍。

三、拓展财政政策的空间

当前，社会上流行的财政观已成为财政政策的羁绊，束缚其作用空间。这一财政

观主要体现在三个方面：其一，将赤字和债务混同，认为2016年中国实际赤字远超10%，并将扩大赤字等同于扩大债务。其二，以税收占比不高、财政支出压力较大为由，认为没有减税的空间，应减费而不是减税。其三，减税、增加支出、控制赤字不能同时实现。倘若依据这些观点，财政政策难以发挥更为积极有效的作用。

此三种观点有一个共同的问题，即忽视了我国财政经济基础的特点，仅在狭隘的收支里打转转、看问题。我国以公有制为基础的所有制结构和存在巨量国有资本资产，与其他市场经济国家有着根本区别，这就决定了我们不能将分析和解决问题的思路束缚在狭隘的收支里。对于第一种观点，赤字和债务虽有关联，但二者并不相同，债务是存量概念，赤字是当年一般公共预算收支差额。我国赤字的“建设性”和“生产性”特质，庞大的国有资产和国有资源形成“防护堤”，意味着我们对当前的财政赤字不必过于担忧。扩大赤字和消减债务并不矛盾，我国赤字政策的正确使用，应以调整债务结构、清理和压缩地方政府及其融资平台的债务规模为基础，防范地方债务风险。对于第二种观点，如果仅从数量和政府收入结构上来看，税收占比相对较小，减税似乎没有空间，但我们需要认识到当前造成企业和居民税负感较重的根源在于税制因素造成的税负结构不合理，即从税收最终负担（税收归宿）上看，中低收入者承担了过高的税负。同时，第二种观点仅从收入流量看待减税，忽视了财政资源的存量。第三种观点亦如此，如果考虑公共资源和财政资源的存量，减税、增加支出、控制赤字可以同时实现。

财政政策更加积极有效，需要摒弃狭隘的财政观，不能从“会计”和“出纳”的视角去理解财政，而要立足我国经济的结构特点和运行规律，站在“财政是国家治理的基础和重要支柱”的高度去认识财政。为此，财政政策需要由注重财政收支“流量优化”向注重“财政资源全局调整”转变。如果仅从财政收支流量着手，优化收支结构，虽然能起到一定作用，但很难解决我国当前由资源配置引起的结构性深层问题。推进公共资源全局调整，解决结构性矛盾，则是解决当前经济问题的治本之策。

第一，推行公共资源全局调整，缓解财政压力，激活经济活力。调整地方国有资本（资产）存量结构，兼并重组、处置低效国有资产，解决因地方融资平台和“僵尸企业”而导致的经济资源配置低效问题，激活社会资本，使资源在社会整体层面得到优化配置；按照共享的理念，完善公共资源有偿使用制度，加快提高国有资本收益上缴公共财政比例，用于保障和改善民生；将部分国有产权划归社保，充实社保实力，减轻财政压力；统筹财力分配，改革国有土地出让金等收入和资金使用机制，增强地方政府统筹财力的能力。

第二，统筹税费关系，完善促进制造业发展和社会公平的税收制度，消除抑制产业升级的税收因素。不能将我国当前的减税局限于一般意义上的泛泛减税，只是简单地下调税负或减免税收，而应矫正制度带来的纳税人税负结构不合理问题，在结果上必然表现为有增有减。适当下调增值税和企业所得税税率，改革、完善个人所得税，调整消费税征收范围和税率水平，并针对部分奢侈性产品和特殊消费行为开征特定消费税。

第三，调整债务结构，提高财政赤字容忍度，优化赤字政策。当前政府债务的主要风险不在于总量，而在于结构。为此，需要调整债务结构，适当扩大中央债务规模，提升赤字政策的效果。债务置换将矛盾和风险后移，只能解燃眉之急，并不能从根本上解决问题。应根据经济发展和财力状况，采取转换股权、资产证券化、信托等方式消化存量债务，压缩地方政府及其融资平台的债务规模。

第一节 财政政策的乘数效应

一、均衡产出与充分就业产出

前两章谈了在宏观经济领域所出现的两种严重的问题，即通货紧缩和通货膨胀。根据凯恩斯的宏观经济理论，出现这两种严重问题的根本原因是总需求的波动，即总需求收缩导致通货紧缩、总需求膨胀导致通货膨胀。因此，按照这种理论所得出的政策结论必定是：既然市场机制不能使总需求经常处于充分就业的水平，从而出现通货紧缩和通货膨胀这两种严重的宏观经济问题，那么，只有通过政府对总需求的调节才能实现充分就业的均衡。

政府对总需求的调节统称为需求管理政策。例如，在总需求过于膨胀时，政府采取紧缩性的需求管理政策；在总需求过于萎缩时，政府采取扩张性的需求管理政策。从政策实践看，需求管理政策包括财政政策、货币政策和收入政策。前两种政策的运用更为广泛，也更为经常，所以，本章研究财政政策，下一章研究货币政策。

所谓"财政政策效应"是指政府执行财政政策会对总需求产生怎样的影响，或者更加具体地说，政府执行财政政策造成总需求的变化，总需求变化的程度受哪些因素的影响。对下一章的"货币政策效应"，也应该持这样的理解。

对政策效应的研究，并没有"另起炉灶"，而是在第九、十、十一章的基础上展开的。这三章对总产出和价格的决定进行静态均衡分析，而"政策效应"则是对总产出和价格的决定进行比较静态均衡分析，即通过在政策实施之后总产出和价格的变化来观察政策效应。

第九、十、十一章对总产出和价格的决定所进行的静态均衡分析，有一个从简单到复杂、从抽象到具体的过程。正因为如此，本章对财政政策效应的研究，也有一个从简单到复杂、从抽象到具体的过程。具体表现在：首先研究价格不变时财政政策对总产出的影响，然后研究价格可变时财政政策对总产出和价格的影响；在研究价格不变时财政政策对总产出的影响时，首先研究不考虑货币因素的情况，然后再研究考虑货币因素的情况。

本节的任务就是在价格不变以及不考虑货币因素的情况下，研究财政政策对总产出的影响。

如前所述，由于净存货机制的作用，千千万万分散的企业为了获得最大利润进行产出的调整，其结果促成意愿购买与有效需求一致，即投资等于储蓄，从而决定了有效需求（即均衡的产出）水平。

但是，产出的“均衡”并不说明宏观经济运行的质量是好的。产出的均衡只是说明产出倾向于维持在某一水平，而宏观经济运行的质量主要表现在：第一，产出是否达到充分就业的水平；第二，价格水平是否稳定。充分就业的产出水平和稳定的价格水平说明宏观经济运行的质量是好的，否则就相反。

在本章，假定价格水平保持不变，因此，现在仅有一个单纯的标准，即产出是否达到充分就业水平。所谓充分就业产出水平是指资源充分利用条件下的产出水平。例如，可将其理解为95%的就业率时的产出水平，它反映了一个经济体系在一定时期由于技术水平不变，从而可以动员的资源总量不变的情况下，产出所能达到的最大限度。充分就业产出概念表达了和生产可能性边界同样的意思。

从时间维度上看，技术总在不断进步，产出总在不断扩大。但是，撇开发展过程中的波动、停滞甚至倒退不说，在一个较短时期内，我们可将技术水平视为不变，从而资源总量不变，产出总量不变，充分就业产出概念的含义正在于此。由此出发，我们可将在时间序列中发生的技术进步从而产出的扩张看成是充分就业产出本身的扩张。而在短期内，充分就业产出又是相对固定的，表现为这一时期生产扩张的最大限度。

总之，在短期，它是固定的；在长期，它又是变动的。对充分就业概念只有从这两个视角结合起来理解才是全面的。这样，它就能成为宏观经济研究中有力的分析工具。

问题是：由供求均衡决定的有效需求是否就是充分就业产出呢？显然，不存在这种必然性，如图 14 -1 所示。

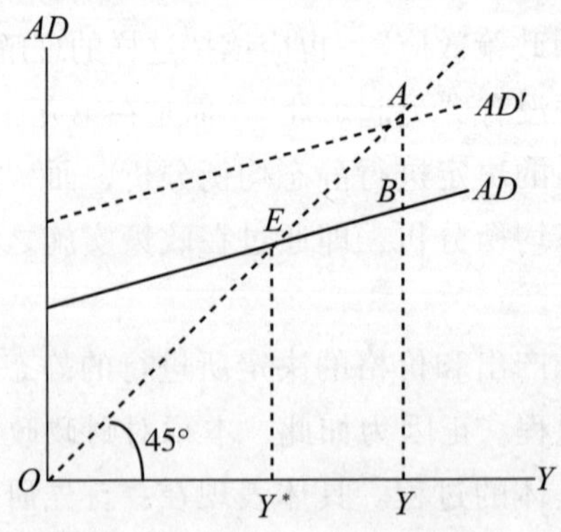

图 14 -1 有效需求和充分就业产出

在图 14 -1 中，假设一经济体系某一时期意愿购买状况表现为意愿购买曲线 AE，这一时期的充分就业产出为 $\bar{Y}$。现在需要考察的是：在这种情况下，实际有效需求水平能否达到充分就业产出水平 $\bar{Y}$。假设产出水平为 $\bar{Y}$ 即 $A\bar{Y}$，这时的意愿购买水平为 $B\bar{Y}$，$B\bar{Y} < A\bar{Y}$，总需求小于总供给。这种情况造成销路不畅、产品积压。这将促使企业收缩产量。随着产量的减少，收入水平下降，从而意愿购买水平下降。由于消费倾向递减反方向的作用（随着收入的减少，平均消费倾向递增），消费需求从而意愿购买水平的下降小于总产出水平的下降，这使总需求小于总供给的矛盾逐步得到缓解。当产出水平降至 Y^* 时，意愿购买等于总产出，Y^* 即为有效需求（即均衡产出）水平。可见，在这种情况下，有效需求必定小于充分就业产出水平。

市场机制是否有力量把有效需求"拉"到充分就业水平？没有。我们已经看到，正是市场机制（净存货机制）把有效需求推到一个小于充分就业产出的水平。当产出为 $\bar{Y}$ 时，意愿购买小于总产出，这样 $\bar{Y}$ 就不能维持下去了。当产出为 Y^* 时，意愿购买和总产出一致，于是产出就维持 Y^* 的水平。从几何图形上看，关键在于意愿购买曲线的位置。意愿购买曲线实际上反映了该经济体系效用最大化的意愿总支出。意愿支出受制于收入水平。当收入水平为 $\bar{Y}$ 时，$B\bar{Y}$ 的需求反映了整个社会购买的最大利益；当收入水平为 Y^* 时，EY^* 的需求反映了整个社会购买的最大利益。因此，如果影响意愿购买的各个因素不变，意愿购买曲线的位置就不变，各个收入水平上的意愿支出就不变。这样，在市场机制的作用下，有效需求水平只能是 Y^*，而不可能是其他。这正是被古典学派回避而被凯恩斯正视的资本主义宏观经济运行中的一个基本事实：小于充分就业的有效需求（产出均衡）。时至今日，我们可以将其视为资本主义宏观经济运行的一个"部分"事实。但是重要的是，它的确仍然是一个事实。

既然市场机制不能使有效需求达到充分就业的水平，那么，在凯恩斯看来，解决问题的重担只能由政府来承担。由图 14-1 可知，如果政府能将意愿购买曲线 AD 的位置提高到虚线 AD' 的水平，那么，由于收入为 $\bar{Y}$ 时的意愿购买为 $A\bar{Y}$，与总供给一致，就可以实现充分就业的产出均衡了。

还有一个问题需要提及，在图 14-1 中，有一个重要的内容没有得到表现，这就是：政府调节总需求的宏观经济政策对总产出的影响，是在价格不变的情况下产生的。价格不变是指一种怎样的情况呢？若总供给曲线 AS 呈水平状，价格不变的情况就会出现。所以，对图 14-1 的学习，还必须同时注意图 14-2 所反映的情况。把这两张图结合起来考虑，对简单凯恩斯模型中的财政政策效应就会有一个比较全面的理解。

在图 14-2 中，纵轴是价格，横轴是总产出（含总供给、总需求）。水平状的总供给曲线 AS 表现萧条经济——在价格 P_0 时，全体企业的供给无限大。初始总需求为 AD_0，这样，初始均衡产出为 Y_0。政府采取扩张性的宏观经济政策使总需求曲线右移至 AD_1，这时均衡产出为 Y_1，而均衡价格维持 P_0 不变。

政府用于影响总需求的政策称为需求管理政策，其中包括财政政策、货币政策等。财政政策效应是指政府通过财政收支（例如政府购买、转移支付、税收）的变化影响经济总量。

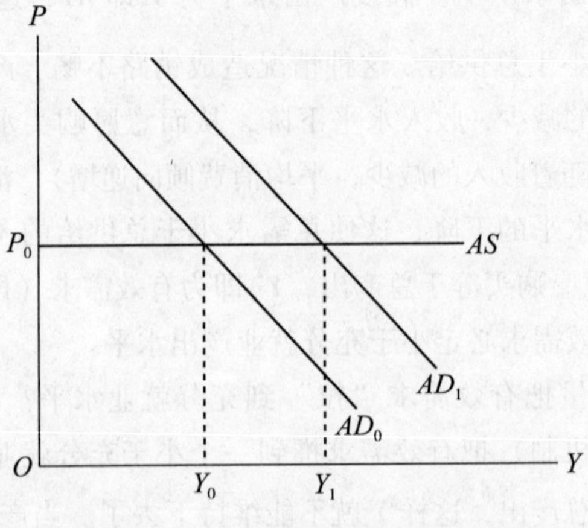

图 14－2 总供求模型中的财政政策效应

由于考虑到政府这一行为主体，意愿购买现在不再表现为消费需求与投资需求之和了，而是表现为消费需求加投资需求再加政府购买之和，即 $AD = C + I + G$。

政府购买 G 是一种政策变量，它由政府对当期经济形势的判断决定是否采取这种政策以及政策力度如何。这就是说，政府购买与收入水平之间没有直接的联系，它是对收入水平而言的自发性支出项目。

需要研究的一个重要问题是：政府购买的变化对有效需求水平到底有多大的影响呢？这种知识无论对于政策部门，还是对于对策部门而言都是十分必要的。

由于政府购买是一种自发性支出，要研究政府购买对有效需求的影响，只要一般地研究自发性支出对有效需求的影响就可以了。自发性支出与总产出之间的联系由乘数原理揭示。

二、总额税情况下的财政政策效应

研究财政政策效应的基本分析工具是乘数原理。在第九章曾用乘数原理研究投资需求变化对意愿购买的影响，下面继续利用它进行研究。研究财政政策效应的方法就是比较静态均衡分析方法，即分析静态均衡点改变的方向和程度。

政府税收的不同形式对乘数的大小是有影响的。这里考虑总额税和比例税两种情况。

总额税指政府征收的税额与总产出水平无关，可称为自发性税收，如人头税。以 T 表示税收，T_0 表示一定数额的税收，则总额税可表示为 $T = T_0$。在实际经济生活中，总额税不起重要的作用。

比例税是指税收中除了自发性税收，还有一部分通过税率 t（$1 > t > 0$）与总产出水平 Y 相联系起来，即比例税可以表示为 $T = T_0 + tY$。在实际经济生活中，绝大多数重要的税种都属于比例税。

总额税情况要比比例税简单。遵循从简单到复杂的研究顺序，这里先考察总额税情况下的财政政策效应，下一小节再考察比例税情况下的财政政策效应。

很显然，政府增加政府购买、增加转移支付或减少税收会扩张有效需求。因此，这一类政策称为扩张性财政政策。相反，政府减少政府购买、减少转移支付或增加税收会收缩有效需求。因此，这一类政策称为紧缩性财政政策。

以上财政政策和有效需求之间的一般联系还是很清楚的。现在要做的工作是更加细致地考察各类财政政策分别使有效需求水平发生何种程度的变化，这需要借助于乘数原理。前面（第九章）是通过对一系列需求的加总得到增加的需求，从而得到乘数。在这里利用另一种方法得到乘数。其基本步骤为：第一，建立意愿购买函数；第二，得到有效需求（均衡产出）的表达式；第三，有效需求（均衡产出）对自发性支出求导，所得导数就是乘数。

由于考虑了政府部门，现在意愿购买等于消费需求 C、投资需求 I 和政府购买 G 之和，即 $AD=C+I+G$，其中消费需求服从凯恩斯消费倾向递减法则，即 $C=C_0+cY_d$，C_0为自发性消费，c 为边际消费倾向、Y_d为可支配收入。可支配收入 Y_d等于总收入（或总产出）减去税收 T 再加转移支付 R，即 $Y_d=Y-T+R$。这样，消费需求函数：

$$C=C_0+c\ (Y-T+R)$$

意愿购买函数：

$$AD=C_0+c\ (Y-T+R)+I+G$$

如前所述，有效需求倾向于处于与意愿购买一致的水平，即：

$$Y=AD=C_0+c\ (Y-T+R)+I+G$$

经过整理，可以得到有效需求（均衡产出）Y^* 的表达式：

$$Y^*=\frac{1}{1-c}(C_0+I+G)+\frac{c}{1-c}(-T+R) \tag{1}$$

由该式可得各政府变量如政府购买 G、转移支付 R、税收 T 对有效需求的影响程度。

（1）政府购买对有效需求的影响

由式（1）可得：

$$\Delta Y^*=\frac{1}{1-c}\Delta G$$

该式表明当政府购买的增加为 ΔG 时，有效需求增加 ΔY^* 为$\frac{1}{1-c}\Delta G$。有效需求增加量与政府购买增加量之比称为政府购买乘数，计为 K_G。

$$K_G=\frac{\Delta Y^*}{\Delta G}=\frac{1}{1-c}$$

可见，用求导的方法和前面用加总的方法所得结果完全一致。由于 $c<1$，所以：

$$K_G=\frac{\Delta Y^*}{\Delta G}=\frac{1}{1-c}>1$$

（2）政府转移支付对有效需求的影响

由式（1）可得：

$$\Delta Y^* = \frac{c}{1-c}\Delta R$$

该式表明当转移支付增加为 ΔR 时，有效需求的增加 ΔY^* 为 $\frac{c}{1-c}\Delta R$。有效需求增加量与转移支付增加量之比称为转移支付乘数，计为 K_R。

$$K_R = \frac{\Delta Y^*}{\Delta R} = \frac{c}{1-c}$$

假设边际消费倾向 $c=3/4$，则：

$$K_G = \frac{\Delta Y^*}{\Delta G} = \frac{1}{1-c} = 4（倍）$$

$$K_R = \frac{\Delta Y^*}{\Delta R} = \frac{c}{1-c} = 3（倍）$$

可见，政府购买对有效需求的影响要大于转移支付对产出的影响。其中的道理并不复杂。按前例，政府购买场合的第一轮支出为 100 元；而在转移支付的场合，转移支付同样为 100 元，但第一轮的支出仅为 75 元（$\frac{3}{4}\times 100 = 75$）。这样，转移支付的场合有效需求的增加比政府购买场合有效需求的增加少 100 元，这就是政府购买乘数大于转移支付乘数的原因。

（3）税收对有效需求的影响

由式（1）可得：

$$\Delta Y^* = -\frac{c}{1-c}\Delta T$$

该式（注意该式中的负号）表明当税收增加为 ΔT 时，有效需求的减少为 $-\frac{c}{1-c}\Delta T$。有效需求的变化与税收变化之比称为税收乘数，计为 K_T。

$$K_T = \frac{\Delta Y^*}{\Delta T} = -\frac{c}{1-c}$$

例如，若边际消费倾向 $c=3/4$，政府增加税收（ΔT）为 100 元，则使有效需求下降 300 元。其原因为税收增加使可支配收入下降，从而使消费需求下降，这又引起有效需求收缩。读者应注意到，政府税收和转移支付对有效需求影响的程度相等，但方向正好相反。

（4）平衡预算的财政政策对有效需求的影响

财政收大于支称为财政盈余，财政支大于收称为财政赤字，财政收支相抵称为平衡预算。假设初始状况为财政收支平衡，这样，政府购买乘数、转移支付乘数或税收乘数（减税）实际上都是测算了赤字财政政策的产出效应。

平衡预算即为税收额等于政府购买与转移支付之和，即 $T=G+R$，也可写为 $T-$

$R=G$。将此式代入式（1）可得：

$$Y^* = \frac{1}{1-c}(C_0+I+G)+\frac{c}{1-c}(-T+R)$$
$$= G+\frac{1}{1-c}(C_0+I)$$

所以：

$$\Delta Y = \Delta G$$

该式表明：当政府购买的增加加转移支付的增加等于税收的增加时，总产出水平也增加了，其量恰好等于政府购买的增加量。总产出的增量与收支相抵情况下的政府购买增量之比称为平衡预算乘数，计为 $K_{G+R=T}$。

$$K_{G+R=T} = \frac{\Delta Y^*}{\Delta G} = 1$$

以上考察说明不同的财政政策对有效需求的影响是不同的。其中，增加政府购买对有效需求增加的影响最大，增加转移支付的影响次之，增支增收的平衡预算的影响再次之，而单纯增税会使有效需求减少，即：

$$K_G > K_R > K_{G+R=T} > K_T$$

三、比例税情况下的财政政策效应

比例税 $T=T_0+tY$。这样可支配收入：

$$Y_d = Y-T+R$$
$$= Y-(T_0+tY)+R$$

消费支出函数：

$$C = C_0 + c\,[Y-(T_0+tY)+R]$$

意愿购买函数：

$$AD = C+I+G$$
$$= C_0 + c\,[Y-(T_0+tY)+R]+I+G$$

有效需求（均衡产出）倾向于处于与意愿购买一致的水平，即：

$$Y = AD = C_0 + c\,[Y-(T_0+tY)+R]+I+G$$

有效需求：

$$Y^* = \frac{1}{1-c+ct}(C_0+I+G)+\frac{c}{1-c+ct}(-T_0+R) \quad (2)$$

由式（2）可得各政府控制变量对有效需求的影响。

（1）政府购买对有效需求的影响

$$\Delta Y^* = \frac{1}{1-c+ct}\Delta G$$

所以政府购买乘数：

$$K_G = \frac{\Delta Y^*}{\Delta G} = \frac{1}{1 - c + ct}$$

若 $c = 3/4$，$t = 0.1$，则 $K_G = \frac{\Delta Y^*}{\Delta G} = \frac{1}{1 - c + ct} \approx 3$（倍）。可见，和总额税的情况相比，比例税情况下政府购买的有效需求效应较小。

（2）转移支付对有效需求的影响

$$\Delta Y^* = \frac{c}{1 - c + ct} \Delta R$$

所以转移支付乘数：

$$K_R = \frac{\Delta Y^*}{\Delta R} = \frac{c}{1 - c + ct}$$

若 $c = 3/4$，$t = 0.1$，则 $K_R = \frac{\Delta Y^*}{\Delta R} = \frac{c}{1 - c + ct} \approx 2.3$（倍）

以上从理论上探讨了财政政策的有效需求效应，几个不同的乘数分别刻画了不同财政政策以及在不同情况下的不同有效需求效应，这些结论为理解财政政策的有效需求效应提供了一个基础性的知识。

四、影响财政政策效应的因素

一般来说，政府采取扩张性的财政政策会刺激有效需求扩张。现在需要研究的问题是：扩张性的财政政策对有效需求会产生多大的推动作用，或者说，扩张性的财政政策对有效需求的推动程度受到哪些因素的影响。这一问题，在前面已经说了一些，下面则进行更为全面的小结。小结的部分内容要涉及本书后面的有关章节。对于这部分内容，这里的叙述比较简略，本书在以后的章节中将会展开更为详尽的分析。影响财政政策的有效需求效应的主要因素如下：

1. 居民可支配收入

从以上关于乘数的计算就可以看出，在扩张性的财政政策对有效需求的推动过程中，居民可支配收入的增加是一个重要的中间环节。如果扩张性的财政政策能够导致居民可支配收入增加，那么，随着居民消费需求的增加，扩张性财政政策对有效需求的刺激作用就会大大放大。相反，如果居民的可支配收入没有增加、消费需求没有增加，那么，扩张性财政政策对有效需求的推动作用将大大受到限制。

2. 边际消费倾向

在上述计算中，最简单的乘数表现为 1 减边际消费倾向之差的倒数。可见，边际消费倾向越大，则乘数越大；乘数越大，则扩张性财政政策的有效需求效应越大。边际消费倾向反映了家庭在收入增加时增加消费的意愿。如果家庭愿意在收入增加时将其中很大一部分用于消费的增加，那么，扩张性财政政策对有效需求的刺激就会因为消费需求的增加而大大强化；反之，则大大弱化。

那么，边际消费倾向是怎样决定的？显然，边际消费倾向受到多种因素的影响。例如，民族、地域的差异。一般来说，东方人的边际消费倾向较低，西方人的边际消费倾向较高。在这一方面，边际消费倾向相对稳定。再如，预期的影响。如果预期收入将下降、预期支出将增加，那么，即使当年收入增加很多，居民也未必愿意大幅度增加消费。所以，如果政府通过某种政策改善家庭的预期，即提高家庭的收入预期、降低家庭的支出预期，那么，家庭的边际消费倾向就会提高。

3. 国民收入的分配状况

边际消费倾向也受到国民收入分配状况的影响。从直观就可以发现：富人的消费需求大但消费倾向较低，穷人的消费需求小但消费倾向较高。如果政府采取在一定程度上向穷人倾斜的收入再分配政策，那么，全社会的边际消费倾向就会提高（详见第十七章）。这样，扩张性财政政策对有效需求的推动作用就会加强。

4. 财政政策手段

政府已经准备采取扩张性的财政政策对有效需求进行刺激，但是，政府仍然可以选择采取何种政策刺激有效需求，例如，是采取增加政府购买的方法，还是采取增加转移支付的方法。由上面的计算可知，采取增加政府购买对总需求的刺激程度要大于采取增加转移支付的场合，即：

$$\frac{1}{1-c} > \frac{c}{1-c}$$

5. 税制

大部分税种是采取比例税的形式。在采取比例税的场合，政府采取扩张性的财政政策使家庭的收入增加，但比例税使家庭的纳税随之增加，这样家庭的可支配收入的增加就受到了一定的限制，从而使消费需求的增加受到一定的限制。因此，按比例税的形式征税使扩张性的财政政策的有效需求效应要小于总额税的场合，即：

$$\frac{1}{1-c+ct} < \frac{1}{1-c}$$

6. 开放经济的影响

政府采取扩张性的财政政策会使家庭的收入增加。但是在开放经济的背景下，家庭会将收入增加中的一部分用于进口品的购买。这样，就限制了对本国产品的购买需求，从而使扩张性财政政策的有效需求效应打了一定的折扣。这种情况用形式化语言来表达，就是进口因素使乘数变小（详见第十六章）。

7. 政府融资方式

政府执行扩张性的财政政策，必须解决融资问题。融资的具体方式会对扩张性财政政策的产出效应产生重要影响。政府的融资可以采取三种方式：第一种是增加税收；第二种是发行国债（即向国内私人部门或国外借债）；第三种是向中央银行透支（即向中央银行借债）从而导致中央银行增加货币供给量。

本章上面研究过的平衡预算乘数 $K_{G+R=T} = \frac{\Delta Y^*}{\Delta G} = 1$，讲的其实就是通过增加税收支持财政扩张的情况。平衡预算乘数等于1的意思是：在税收增加一个单位，政府购买也增加一个单位的情况下，总需求从而总产出只能增加一个单位。财政扩张使家庭的可支配收入增加，从而进一步引起消费需求增加；但是，增加税收又会使家庭的可支配收入减少，从而进一步引起消费需求减少。财政扩张的效应在很大程度上被增加税收的效应抵消，因此，通过税收融资的方式将使扩张性财政政策的有效需求效应大为减少。

上面研究过的政府购买乘数和转移支付乘数（$\frac{1}{1-c}$和$\frac{c}{1-c}$），实际上反映了在政府通过向中央银行透支的方式进行融资的情况下，扩张性财政政策对有效需求的推动作用。当然，从理论的表达上看，政府的这种融资方式是暗含着的，在乘数的表达形式上并没有直接显示出来。

由乘数可见，通过向中央银行透支的方式支持财政扩张（即第十五章所讲的双扩张效应），对有效需求产生的推动作用（即政府购买乘数和转移支付乘数）要大大高于通过增加税收融资的场合。

至于通过发行国债支持财政扩张的情况，将在下一节研究。

8. 时间因素

和所有政策一样，政府执行扩张性财政政策必然要通过的判断、决策、制定、实施等每一个环节都是要花费时间的。因此，时间较短，扩张性财政政策对总需求的影响程度就较小，只有经过一段较长的时间，政策对总需求的影响才会更明显地表现出来。

9. 供给状况

扩张性财政政策属于需求管理政策中的一种，它的直接作用对象是有效需求。但是，扩张性财政政策的目标是提高生产能力的利用程度，从而增加总产出。假设扩张性财政政策确实导致有效需求增加，那么，现在的问题是：有效需求增加是否一定导致总产出增加？答案是：不一定。有效需求增加对总产出有何影响取决于不同的情况，我们将在第四节研究这个问题。简单说，有效需求增加是否导致总产出增加，取决于供给状况。

第二节 财政政策的挤出效应

一、财政政策的一般效应

第一节利用乘数原理描述了财政政策的有效需求效应。在第一节中，投资被假设为一常数，即$I=I_0$。前面（第四章）曾指出投资是利率的减函数，设两者之间具有一种线性的关系，则投资函数为$I=I_0-bi$，$b>0$。由此可见，第一节的投资函数可视为利率不变的一种特殊情况。因为在利率不变的情况下，即使投资函数取得$I=I_0-bi$的形式，投资仍然为一常数。

这样就很清楚了，第一节对财政政策效应进行描述，其假设前提之一是市场利率不变。本节放松这一假定，在市场利率可变的情况下考察财政政策效应。考虑如下的一个 *IS－LM* 模型。

在图 14－3 中，货币市场供求均衡表现为 *LM* 曲线，产品市场供求均衡表现为 IS_0 曲线，两曲线交于 E_0点。可知，在其他条件不变时，市场利率将趋于 i_0水平，有效需求将趋于 Y_0水平。研究财政政策的挤出效应，采取针对 *IS－LM* 模型的比较静态均衡分析方法。

假设 Y_0是小于充分就业的总产出。政府决定利用扩张性的财政政策（例如增加政府购买）刺激总需求，促使总产出水平增加。政府购买属于一种自发性支出。自发性支出增加对 *LM* 曲线没有影响，使 *IS* 曲线向右方平行移动。于是在现在的情况下，产品市场供求均衡表现为 IS_1曲线。这样，原均衡点 E_0落在 IS_1曲线下方。

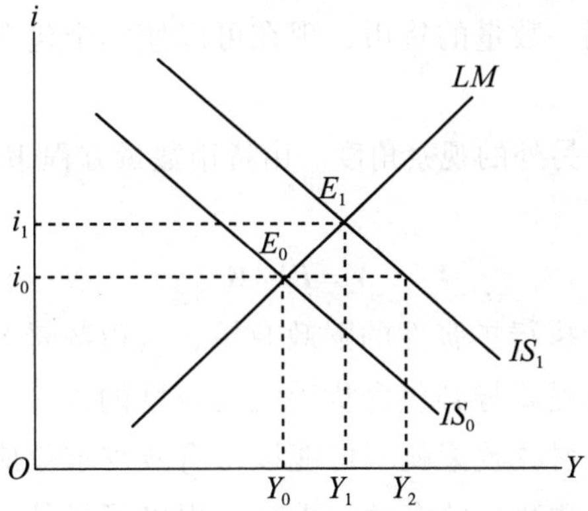

图 14－3 扩张性财政政策的挤出效应

这表明，当利率为 i_0时，总产出大于初始总产出水平 Y_0，这使利率—总需求组合点向右移动。这样，利率—总产出组合点落在 *LM* 曲线下方，表明货币市场求大于供。于是利率—总产出组合点又向上移动。经过一系列的运动，利率—总产出组合点处于 E_1处。于是产品市场和货币市场重新达到均衡。E_1是新的均衡点。可见，扩张性财政政策一方面使利率水平提高，从 i_0提高至 i_1；另一方面使总产出水平提高，从 Y_0提高至 Y_1。

进一步的说明如下：政府购买的增加本身就意味着有效需求增加；同时，政府购买增加会导致居民可支配收入的增加，后者的增加又促使消费需求的增加，从而进一步引起有效需求的增加。

有效需求的增加意味着有一个更大的商品量需要借助货币的媒介通过交易进入使用领域。这样就引起了交易货币需求量的增加。在货币供给量不变的情况下，货币需求量的增加导致货币需求大于货币供给。货币市场的这种非均衡状态刺激表现为货币的“价格”的市场利率上升。

利率的上升产生两个后果：一方面，利率的上升导致投机货币需求量的减少，这部分货币可以转而服务于规模增大了的商品交易。这样，利率的提高就在货币供给不变的情况下，解决了由于有效需求增加导致的货币需求大于货币供给的矛盾。另一方面，利率的上升导致投资需求的减少，通过反过来的乘数效应，引起有效需求进一步减少。

这种由于利率的提高导致投资需求减少以及有效需求水平进一步减少，扩张性财政政策的有效需求效应所受到的限制称为挤出效应。观察图 14－3，可见若利率保持 i_0 水平不变，则扩张性财政政策可使有效需求水平由 Y_0增至 Y_2。由于利率提高，有效需求水平实际只增至 Y_1，有效需求的减少（Y_2-Y_1）表现了扩张性财政政策的挤出效应。

根据一种较为简单的看法，交易货币需求量是有效需求的增函数，投机货币需求量是利率的减函数。这样，有效需求增加对交易货币需求量的增加，可以通过利率提高从而投机货币需求量的减少这一渠道加以解决。值得注意的是，在这一场合，货币总量没有变化。因此，同一数量的货币，现在可以使一个包含更大价值的商品总量顺利地通过交易领域。

解决这一矛盾还存在另外的观察角度。由货币数量方程 $MV=PY$，可以得到货币流通速度的表达式：

$$V=PY/M$$

在当前的场合，政府执行扩张性的财政政策，货币数量并没有变化。因此，从这方面看，有效需求水平的提高势必包含货币流通速度的提高。反过来说，如果货币流通速度没有提高，扩张性财政政策就不可能取得有效需求效应。这实际上是为在货币数量不变条件下扩张性财政政策的有效需求效应提供了另外一个角度的解释，即货币流通速度提高。

当然，货币流通速度的提高，应该看成是整个事情的结果。在政府执行扩张性财政政策的时候，如果利率提高没有导致投机货币需求减少，从而没有使交易货币量增加，那么，有效需求就不会增加。在货币供给量不变的情况下，有效需求不变，货币流通速度就不会变。

总之，扩张性的财政政策，在初始利率不变的情况下，使有效需求扩张至 Y_2。由于交易货币可得性不足的影响，有效需求实际上仅仅扩张至 Y_1。

可见，扩张性财政政策对有效需求的影响，在利率提高的情况下和初始利率不变情况下是不同的。在当前场合下，扩张性财政政策对有效需求的影响，在利率提高的情况下要小于初始利率不变的情况。

注意，对本节的学习，要结合第一节的内容。对此，结合几何图形来讲也许更方便一些。图 14－3 反映财政政策的挤出效应，图 14－1 反映财政政策的乘数效应，二者之间有什么联系？联系就是挤出效应包含乘数效应，在乘数效应的基础上，再考虑货币因素对总需求的制约，就出现了挤出效应。换言之，由于考虑了货币因素，一般来讲，乘数效应变小了。接下来，顺理成章的是由于考虑了货币因素，简单凯恩斯模型的结论必须进行一定的修正。这就是图14－3和图14－1之间的联系。这种联系，把两张图放在一起，就更加清楚了。

在图14－4（a），初始均衡产出为Y_0。政府采取扩张性的财政政策，使总需求由AD_0上升到AD_1，这样使均衡产出增加至Y_2。在图14－4（b）中，初始均衡利率为i_0，均衡产出亦为Y_0。政府采取扩张性的财政政策，使IS曲线由IS_0右移至IS_1。如果利率没有提高，那么，均衡产出将增加至Y_2，这与上图中的政策效应完全一致。但是，下图恰恰反映了利率—货币因素对总需求的制约作用——总需求扩张导致货币市场供不应求，从而利率提高至i_1，这样产生了挤出效应，使均衡产出没有增加至Y_2，仅增加至Y_1。

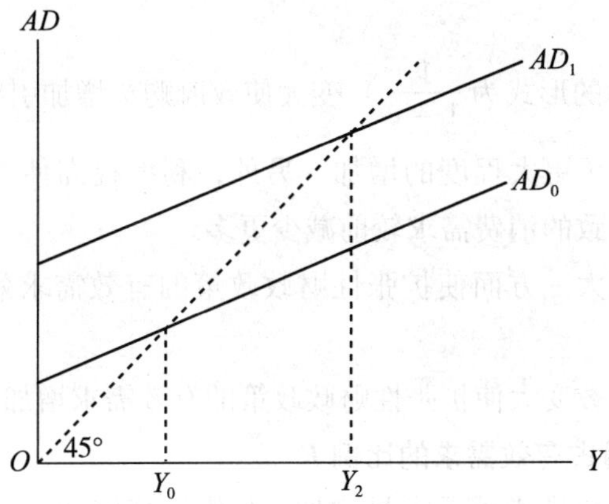

（a）

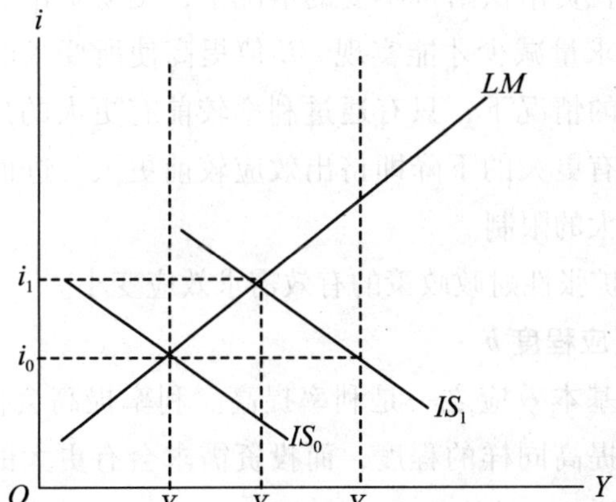

（b）

图14－4 简单凯恩斯模型和IS－LM模型之间的联系

至于简单凯恩斯模型中的图14－2，总供求模型中的财政政策效应，对于图14－3所表现的财政政策的挤出效应，也是完全适合的。也就是说，对图14－3的学习，也要配合14-2的学习，因为图14-3同样没有反映财政政策对价格的影响到底如何，而图14-2恰恰弥补了这个缺陷。

二、影响财政政策效应的因素

在给定条件下，扩张性财政政策可以使有效需求水平增加，这一点已经确知。需要进一步研究的问题是：扩张性财政政策的有效需求效应为什么在有一些场合较大，而在另一些场合较小。

下面对此进行理论上的研究，即在一个"相对单纯、相对简单的思维实验室"的环境中进行研究。也就是说，整个研究在 *IS-LM* 模型的框架下展开。根据 *IS-LM* 模型，有四个因素影响财政政策效应。下面逐一讨论：

1. 消费乘数

消费乘数（最简单的形式为 $\frac{1}{1-c}$）变大使政府购买增加引致出较前更多的消费需求，从而使有效需求有了更大程度的增加。另外，利率提高使投资需求减少，在乘数变大的情况下，使所引致的消费需求较前减少更多。

可见，消费乘数变大一方面使扩张性财政政策的有效需求效应增加，另一方面也使挤出效应增加。

总的来说，消费乘数变大使扩张性财政政策的有效需求增加。

2. 交易货币需求量占有效需求的比例 K

有效需求增加要求交易货币需求量增加。K 值提高使产出增加所要求的交易货币需求量有更大的增加。在货币供给量不变的情况下，交易货币需求量的增加只有通过利率提高使投机货币需求量减少才能实现。K 值提高使所要求的交易货币需求量有更大的增加，在其他不变的情况下，只有通过利率较前有更大的提高才能实现。利率的更大提高导致投资需求有更大的下降即挤出效应较前更大，进而对扩张性财政政策的有效需求效应造成了更大的限制。

因此，K 值提高使扩张性财政政策的有效需求效应变小。

3. 投资对利率的反应程度 b

扩张性财政政策的基本效应之一是利率提高。利率提高会使投资需求减少。在 b 值变大的情况下，利率提高同样的程度，而投资需求会有更大的减少，从而在更大程度上限制了有效需求的增加。

因此，投资对利率变化的反应程度 b 值变大，使扩张性财政政策的有效需求效应变小。

4. 投机货币需求对利率变化的反应程度 h

扩张性财政政策给经济带来了基本困难，是在货币供给量不变的情况下，有效需求增加对交易货币需求量增加的要求可能得不到满足。如果交易货币需求量不能增加，扩张性财政政策就很难产生有效需求效应。

克服这个困难的途径是市场利率的提高。市场利率提高，迫使持币者减少投机货币需求量，这样，交易货币需求量就在货币供给量不变的情况下得到补充。另外，利率的提高又会抑制投资需求，从而进一步抑制有效需求的增加。因此，如果投机货币需求对利率变化的反应程度 h 值变大，利率提高同样的程度，却可以使投机货币需求量减少得更多，从而使交易货币需求量增加更容易得到满足。

这样，和 h 值较小的场合相比，h 值较大则利率只要提高较小程度就已经能够排挤出足够的投机货币需求，从而使有效需求增加对增加交易货币需求量的要求得到满足。由于利率只要提高较小程度就已经"完成"赋予它的"任务"，利率提高对投资需求的抑制作用就较小，从而挤出效应较小。

因此，投机货币需求对利率变化的反应程度 h 变大使扩张性财政政策的有效需求效应变大。

以上对影响财政政策效应的因素的研究，是用"说道理"的方式展开的。但是，这里的"说道理"，并不是这样说说也可以，那样说说也可以，而是有着坚实的理论依据，绝对是"一是一，二是二"，没有半点模棱两可。下面我们就来看一看有关结论的代数推导。

在第十章，我们曾给出总需求函数。但是，其仅考虑了私人部门的总需求。现在，需要把政府部门的因素即政策变量（政府购买 G，税收 T）加上去，这样，总需求函数变为：

$$AD = C_0 + c(Y - T) + G + I_0 - bi$$

与之对应的 IS 曲线为：

$$Y = \frac{1}{1-c}(G - cT + C_0 + I_0 - bi)$$

LM 曲线照旧：

$$i = \frac{k}{h}Y - \frac{1}{h}M$$

这样，均衡产出为：

$$Y = \frac{1}{(1-c) + \frac{bk}{h}}\left(C_0 + I_0 + G - cT + \frac{b}{h}M\right)$$

在这个表达式中，均衡产出主要受两方面因素的影响：一是乘数（即前面的分数），它主要受消费乘数（的倒数）和其他三个因素（b、k、h）的影响；二是自发性支出（括号内的各项），其中包括政策变量，如政府购买 G、税收 T 和货币供给 M。

通过求导，就可以计算出财政政策的有效需求效应：

$$\frac{\Delta Y}{\Delta G} = \frac{1}{(1-c) + \frac{bk}{h}}$$

其实，该式也表现出一个消费乘数，只不过由于考虑了有关货币的诸因素（b、k、h），它比简单的消费乘数（$\frac{1}{1-c}$）变小了。

令消费乘数 $a=\frac{1}{1-c}$，则

$$\frac{\Delta Y}{\Delta G}=\frac{1}{\frac{1}{a}+\frac{bk}{h}}$$

通过求偏导，可得各因素（a、b、k、h）怎样影响财政政策的有效需求效应。

$$\frac{\partial\left(\frac{\Delta Y}{\Delta G}\right)}{\partial a}=\left(1+\frac{abk}{h}\right)^{-2}>0$$

该式表明：消费乘数增加使财政政策的有效需求效应增加。

$$\frac{\partial\left(\frac{\Delta Y}{\Delta G}\right)}{\partial b}=-\frac{a^2k}{h}\left(1+\frac{abk}{h}\right)^{-2}<0$$

该式表明：投资对利率变化的敏感性增加使财政政策的有效需求效应减少。

$$\frac{\partial\left(\frac{\Delta Y}{\Delta G}\right)}{\partial k}=-\frac{a^2b}{h}\left(1+\frac{abk}{h}\right)^{-2}<0$$

该式表明：交易货币占收入的比例增加使财政政策的有效需求效应减少。

$$\frac{\partial\left(\frac{\Delta Y}{\Delta G}\right)}{\partial h}=a^2bk\left(1+\frac{abk}{h}\right)^{-2}h^{-2}>0$$

该式表明：投机货币需求对利率变化的敏感性增加使财政政策的有效需求效应增加。

可见，由严格的代数推导得出的结论与上述“说道理”的结论完全一致。

上述对财政政策的挤出效应的研究，有两点需要注意：

第一，这里所得出的关于财政政策的一般效应的比较静态均衡分析的结论，和第七章在“有效需求和货币供给共同决定总需求”情况下所得到的静态均衡分析的结论，在逻辑上是完全一贯的。

第二，对财政政策的挤出效应的研究，和对财政政策的乘数效应的研究，与其说是并列的，还不如说是包含的，即挤出效应的研究包含乘数效应的研究。我们知道，挤出效应的程度取决于四个参数（因素），其中的消费乘数 a 和自发性支出 A，就是对乘数效应的概括。

三、凯恩斯流动陷阱区的财政政策效应

凯恩斯流动陷阱是指当利率降至某一较低水平时，货币需求对利率的弹性几乎变

得无穷大，即投机货币需求对利率变化的反应程度 h 无穷大。所以，凯恩斯流动陷阱区实际上是参数 h 取值的一种极端情况。这样，向右下方倾斜的货币需求曲线在这里转变为水平方向，由水平方向的货币需求曲线推导出来的 LM 曲线也是水平方向的。

下面我们就来考察经济运行在水平方向的 LM 曲线上即处于凯恩斯流动陷阱区时的扩张性财政政策的有效需求效应。

在图 14－5 中，LM 曲线的水平区段即为凯恩斯流动陷阱区。初始的产品市场均衡曲线为 IS_0。曲线 LM 与曲线 IS_0的交点指示了初始的均衡产出为 Y_0、均衡利率为 i_0。

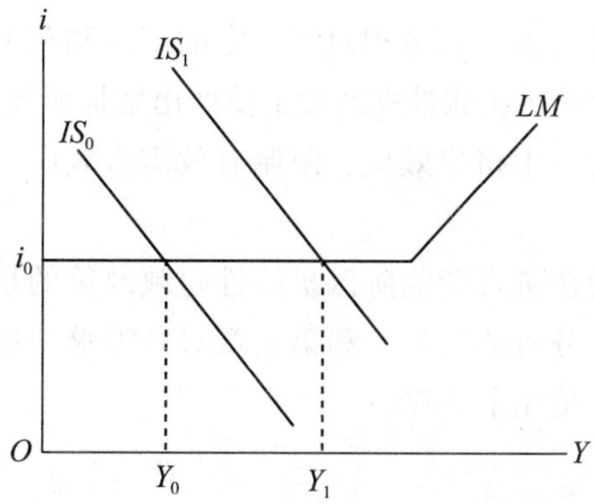

图 14－5 流动陷阱区的财政政策效应

扩张性的财政政策使 IS_0曲线向右平移至 IS_1。曲线 LM 与曲线 IS_1的交点指示了政府执行扩张性财政政策后的有效需求为 Y_1，均衡利率仍为 i_0。$Y_1-Y_0=Y_1Y_0$，即为扩张性财政政策的有效需求效应。当经济处于凯恩斯流动陷阱区的时候，扩张性财政政策的执行没有使利率水平提高，从而没有挤出效应，因此有效需求效应达到最大。

在一般情况下，扩张性的财政政策会扩张有效需求，有效需求水平增加要求更多的交易货币需求量。在货币供给量不变的情况下，这就会引起利率水平的提高。利率提高使投资需求下降，产生挤出效应，限制了扩张性财政政策的有效需求效应。

这言之成理的“一般规律”为什么在凯恩斯陷阱区失灵了？我们倒过来思考一下：产生挤出效应的原因是投资需求减少；投资需求减少的原因是利率提高；作为货币的“价格”，利率提高的原因总是货币的需求大于货币的供给；货币需求大于货币供给的原因是货币供给未变而交易货币需求由于有效需求的增加而增加了。

这样一看，问题就比较清楚了：凯恩斯陷阱区扩张性财政政策之所以挤出效应为零，有效需求效应最大，其原因必定在于有效需求的增加引起交易货币需求量的增加，虽然货币供给量未随之增加，却没有出现货币需求大于货币供给的局面，从而没有引起利率的提高。更进一步看，有效需求增加引起货币需求量增加却没有导致利率提高，必定是因为在利率几乎不提高的情况下，交易货币增加的要求已经得到满足。而这是因为在陷阱区，利率的极微小提高立即会大量压缩投机货币需求。这就是凯恩斯陷阱区扩张性财政政策的挤出效应为零，有效需求效应最大的基本原因。

以上所言在流动陷阱区“货币的交易需求迅速得到满足”，实际上反映了投机货币需求对利率变化的极度敏感性。正因为如此，有效需求增加引起货币需求量的增加并未形成货币需求大于货币供给的局面，从而并未引起利率提高以及以后的一系列后果。在这里，起作用的仍然是利率决定的一般规律：利率水平决定货币需求与货币供给之间的关系；若货币需求大于货币供给，则利率倾向于提高；若货币需求小于货币供给，则利率倾向于下降；若货币需求等于货币供给，则利率倾向于不变。可见，在凯恩斯流动陷阱区，扩张性财政政策没有刺激利率提高从而挤出效应为零，有效需求效应最大，没有丝毫神秘的地方。

但是，货币供给充足与否，总是相对于一定的产出和利率水平而言的。若货币供给不能在某一利率水平上满足扩张性财政政策使产出增加所要求的增加的货币需求量，则会引起利率提高，从而产生挤出效应，限制有效需求效应。这正是扩张性财政政策的一般效应。

注意，这里所得出的在凯恩斯陷阱区扩张性财政政策的挤出效应为零、有效需求效应最大的比较静态均衡分析的结论，和第七章对总需求的形成起主导作用的静态均衡分析的结论，在逻辑上是完全一致的。

四、古典区的财政政策效应

古典区是指利率水平极高，以至于投机货币需求为零，这样，货币需求对利率的弹性为零，即投机货币需求对利率变化的反应程度 h 为零。可见，古典区实际上是参数 h 取值的另一种极端情况。这样，向右下方倾斜的货币需求曲线在这里转变为垂直方向，由垂直方向的货币需求曲线推导出来的 LM 曲线也是垂直的。

古典区扩张性财政政策的挤出效应最大而有效需求效应为零。解释如下：

由图 14－6 可知，扩张性财政政策若不使利率提高（即 $i = i_0$），则有效需求水平可

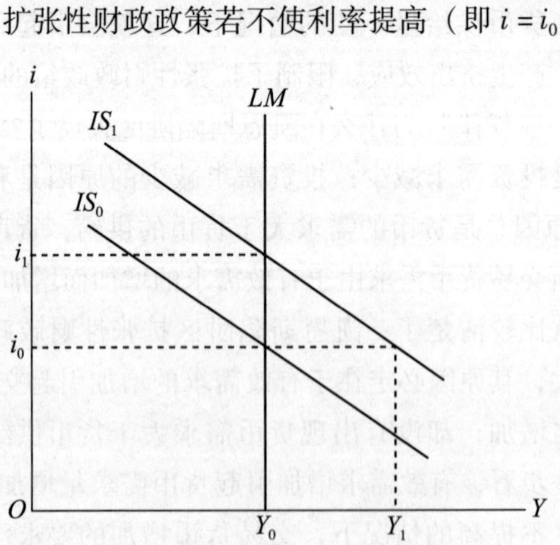

图 14－6　古典区财政政策效应

达到 Y_1。但是，有效需求 Y_1 所要求的交易货币需求量（$L_1=KY_1$）超过了货币供给量（$M_0=KY_0$），这样就造成利率提高。利率提高导致投资需求下降以及有效需求进一步下降。只要货币需求量大于货币供给量，利率就会继续提高，投资需求以及有效需求就会继续下降，直至货币需求等于货币供给，即 $M_0=KY_0$。

可见，在货币供给量 M_0 仅能够满足有效需求 Y_0 所需要的交易货币需求量的情况下，政府购买在 Y_0 基础上的增加所需增加的交易货币需求量，只有通过投资需求减少从而减少服务于投资需求的交易货币量的途径获得。因此，在 Y_0 基础上，政府购买增加多少，投资需求就减少多少，结果有效需求不变，有效需求水平仍为 Y_0。

需要提醒读者注意的是：这里的古典区并非指充分就业区，Y_0 不是充分就业的有效需求。在古典区扩张性财政政策的有效需求效应之所以为零，不是因为有效需求已经达到生产可能性曲线的边界（即不是因为产出已达充分就业水平），而是因为在现有货币供给量正好满足现有有效需求所要求的交易货币需求量的情况下，现有有效需求的任何一点增加都会因为缺乏交易货币量而成为不可能。简言之，货币数量短缺造成古典区扩张性财政政策无效。

古典区的基础是货币需求仅与有效需求有关，即 $L=L_1=KY$。凯恩斯货币需求函数为 $L=KY-hi$，即货币需求不仅与有效需求有关，而且与利率有关。当利率很高时（$i\geqslant i_1$），投机货币需求为零，从而货币需求全部是交易货币需求，即 $L=L_1=KY$。这样，可以把古典学派的货币需求函数看成是凯恩斯货币需求函数在利率很高时的特殊表现。

因此，在一般情况下，凯恩斯货币需求函数起作用，货币供给分流为交易货币需求和投机货币需求。这样，有效需求增加要求交易货币需求量增加，可以通过减少投机货币需求来解决。而在利率很高的场合（古典区），凯恩斯货币需求函数转化为古典学派货币需求函数。现有的货币完全服务于商品交易，即 $M=L=L_1=KY$。在这种情况下，如果货币供给量不变以及 K 不变，则有效需求增加对交易货币需求量增加的要求不可能实现，从而有效需求增加本身也不可能实现。

通过以上分析，可以明白，对古典区扩张性财政政策效应的研究具有相当重要的理论意义，它不仅揭示了在某些情况下货币数量对有效需求增加的严重限制，而且把扩张性财政政策所带来的一般的货币供给短缺现象以一种更为尖锐、更为醒目的形式表达出来。

注意，这里所得出的在古典区扩张性财政政策的挤出效应最大、有效需求效应最小的比较静态均衡分析的结论，和第七章关于在古典区交易货币量对总需求的形成起主导作用的静态均衡分析的结论，在逻辑上是完全一致的。

第三节 财政政策融资方式的影响

一、财政扩张的融资方式

财政扩张所需要的财力从哪里来？这就是财政扩张的融资方式问题。概括地说，有三种融资方式。

第一种是增加税收。增加直接税会使居民可支配收入减少，增加间接税有可能使企业的利润减少。

第二种是向中央银行“透支”，即中央银行“购买”财政部发行的债券，然后财政部获得增加财政支出所需要的货币。显然，这种方式将导致货币供给增加。

第三种是向私人部门借债，即通过发行国债券融资。利用这种方式融资，货币供给量不变。

二、融资方式对财政政策效应的影响

财政政策的融资方式不同，财政政策的有效需求效应就不同。这里谈到财政扩张的三种融资方式，其中第一种和第三种其实在前面已经以其他“面目”出现过，而第二种要到下一章才能谈到。在这里，只不过是从融资方式的角度来进行概括。

在通过增税扩张财政的场合，从理论上看，一方面，政府购买增加，使消费需求按照乘数的方式增加；另一方面，增加税收，使居民可支配收入减少，从而使消费需求反过来按照乘数的方式减少。两方面相抵，总的结果是消费需求不变。在这种情况下，政府购买增加多少，有效需求就增加多少，带动私人部门增加需求的“火车头”作用等于零。前面说过的平衡预算乘数（=1）正是描述的这种情况。

在通过中央银行“发钞票”扩张财政的场合，在理论上可以设想：货币供给量增加完全抵消了单纯扩张财政导致利率提高的影响，从而使得利率保持不变；这样，挤出效应为零；公共部门需求扩张充分发挥“火车头”的带动作用，促使消费需求按照乘数的方式进一步扩张，从而导致有效需求大幅扩张。前面说过的政府购买乘数 $\frac{1}{1-c+ct}$ 或 $\frac{1}{1-c}$，就是对这种情况的描述。

显然，通过中央银行“发钞票”扩张财政的有效需求效应要远远大于增税融资的场合。

在向私人部门借债扩张财政的场合，一方面，政府购买增加，导致消费需求按照乘数的方式进一步增加；另一方面，利率提高使投资需求减少，并使消费需求按照反过来的乘数进一步减少。虽然，总的效应是导致有效需求增加，但有效需求增加的程度显然要小于中央银行“发钞票”扩张财政从而没有挤出效应的场合。

不那么一目了然的问题是：借债扩张财政的效应是否大于增税扩张财政的效应？只要仔细思考，这个问题也不难解决。通过借债扩张财政，固然会产生挤出效应，但是，通过增税扩张财政同样会产生挤出效应。不同的是通过增税扩张财政还会减少乘数效应。所以，借债扩张财政的效应要大于增税扩张财政的效应。

由此可得：通过中央银行“发钞票”扩张财政的有效需求效应，大于向私人部门借债扩张财政的效应，而后者又大于增税扩张财政的效应。

上述关于不同的融资方式的财政政策效应的结论，也可以通过代数形式来表达。则均衡产出为：

$$Y = \frac{1}{(1-c)+\frac{bk}{h}}\left(C_0 + I_0 + G - cT + \frac{b}{h}M\right)$$

仍然通过求导的方法，就可以计算出不同融资方式的扩张性财政政策的有效需求效应。

向私人部门借债扩张财政的效应，实际上就是计算政府购买 G 变化一点、税收 T 和货币供给 M 均不变时，均衡产出的变化，即：

$$\frac{\Delta Y}{\Delta G} = \frac{1}{(1-c)+\frac{bk}{h}}$$

增税扩张财政的效应，实际上就是计算政府购买 G 变化一点、税收 T 也变化一点，而货币供给 M 不变时，均衡产出的变化，即：

$$\frac{\Delta Y}{\Delta G} + \frac{\Delta Y}{\Delta T} = \frac{1-c}{(1-c)+\frac{bk}{h}}$$

通过中央银行“发钞票”扩张财政的有效需求效应，实际上就是计算政府购买 G 变化一点、货币供给 M 也变化一点，而税收 T 不变时，均衡产出的变化，即：

$$\frac{\Delta Y}{\Delta G} + \frac{\Delta Y}{\Delta M} = \frac{1+\frac{b}{h}}{(1-c)+\frac{bk}{h}}$$

显然：

$$\frac{1+\frac{b}{h}}{(1-c)+\frac{bk}{h}} > \frac{1}{(1-c)+\frac{bk}{h}} > \frac{1-c}{(1-c)+\frac{bk}{h}}$$

这样，上述结论——通过中央银行“发钞票”扩张财政的有效需求效应，大于向私人部门借债扩张财政的效应，而通过借债扩张财政的效应又大于增税扩张财政的效应，通过数学演算得到证明。

第四节 财政政策对产出和物价的影响

本章第一节运用45°模型研究了财政政策的乘数效应，第二节运用 $IS-LM$ 模型研究了财政政策的挤出效应。需要指出的是，这两个模型都是研究财政政策对有效需求（均衡产出）的影响。换言之，是研究财政政策在价格水平不变时对有效需求（均衡产出）的影响。

但是，对有效需求的影响不是财政政策的唯一目标，财政政策的政策目标，就封闭经济而言，既要实现充分就业或经济增长，又要维持物价稳定。下面就来研究扩张性的财政政策能否促使总产出增加，以及扩张性财政政策可能对物价水平的影响。关注的重点是供给状况。供给状况不同，扩张性的财政政策的效应就不同。

一、极度萧条区的政策效应

极度萧条区指经济运行于水平段总供给曲线区。总需求曲线为 AD_0，价格水平为 P_0，产出为 Y_0。扩张性的财政政策使总需求曲线右移至 AD_1，这表示若价格水平仍维持于 P_0，则总需求扩张至 Y_1。由于在这里没有供给的限制，在 P_0水平上总供给亦可达到 Y_1。于是扩张政策的产出效应为 $Y_1 - Y_0 = Y_1Y_0$，价格水平效应为零，如图 14－7 所示。

图 14－7 表现极度萧条情况下扩张性财政政策对总产出和价格的影响。在这里，应该作更宽的理解，政府执行扩张性的宏观经济政策，无论是财政政策，还是货币政策，在经济极度萧条的情况下，都会导致总产出增加，而对价格无影响。

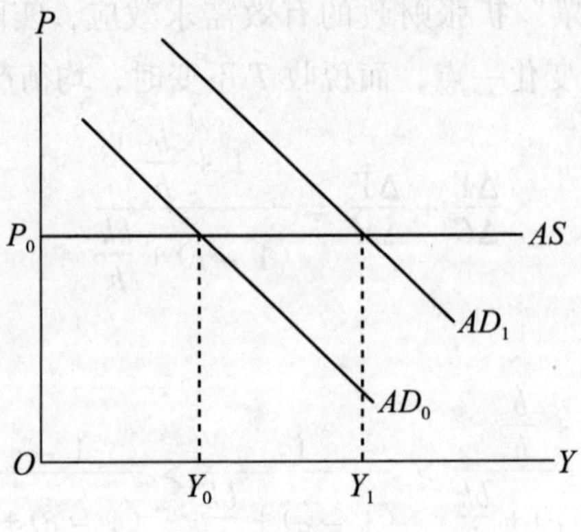

图 14－7　极度萧条区的政策效应

二、小于充分就业区的政策效应

小于充分就业区是指经济运行于上倾段总供给曲线区。初始总需求曲线为 AD_0，价格水平为 P_0，产出为 Y_0，如图 14－8 所示。

扩张政策使总需求曲线右移至 AD_1。若价格仍为 P_0，则总需求扩张至 Y_2。由于在这里已经出现了供给的限制，在 P_0价格水平上，总供给仅为 Y_0。于是产生了求大于供的缺口 $Y_2 - Y_0 = Y_2Y_0$，求大于供导致价格水平上涨。价格水平上涨，一方面导致总供给增加，另一方面导致总需求减少。最后，当价格水平为 P_1、产出为 Y_1时达到均衡。

可见，在小于充分就业区，扩张政策既有增加产出的效应，也有价格水平上涨的效应。

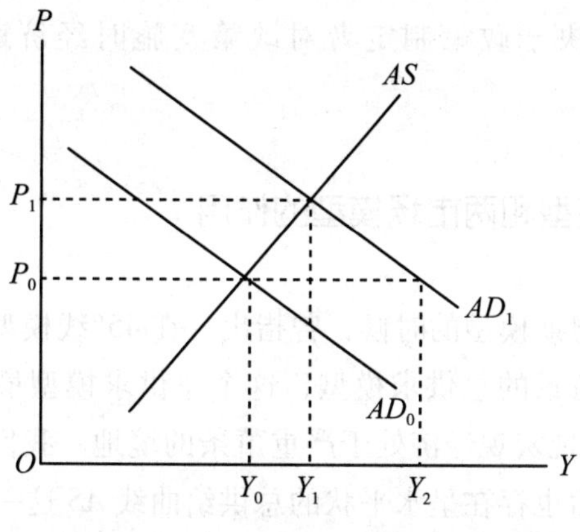

图 14－8 小于充分就业区的政策效应

三、充分就业区的政策效应（见图 14－9）

充分就业区指经济运行于垂直总供给曲线区。初始总需求曲线为 AD_0，价格水平为 P_0，产出为 Y_0。扩张政策使总需求曲线右移至 AD_1，这表示若价格仍维持 P_0水平，则总需求扩张至 Y_1。由于供给的限制，在价格水平为 P_0时，总供给仅为 Y_0，于是造成求大于供的缺口为 $Y_1 - Y_0 = Y_1Y_0$。求大于供导致价格水平上涨，价格水平上涨导致需求收缩。由于供给已达最大限度，价格水平上涨不能使供给进一步增加。因此，求大于供的缺口完全转化为价格水平上涨的压力，使价格水平上涨至 P_1，而产出 Y_0 不变。

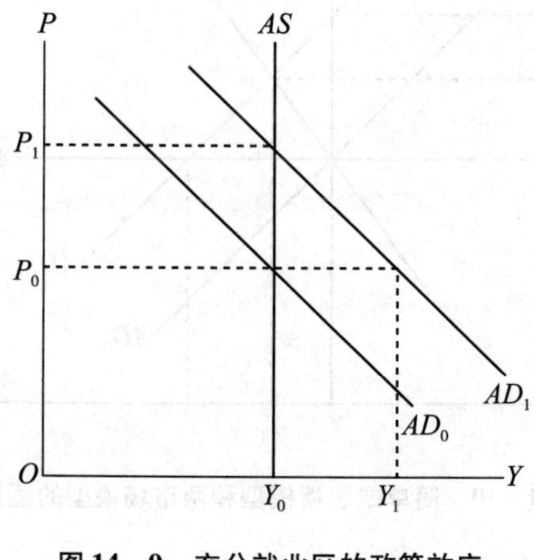

图 14－9 充分就业区的政策效应

可见，在充分就业区，扩张性政策徒有价格水平上涨效应，而产出效应为零。

以上讨论表明，对扩张性（当然也包括收缩性）政策效应不能一概而论。政策能否取得好的效应——小于充分就业时的产出增加效应，或充分就业时的价格水平下降效应——至少应取决于政策制定者对政策实施时经济运行的区段所作的正确判断。

四、简单凯恩斯模型和两市场模型的作用

我们在研究简单凯恩斯模型的时候，曾指出：在45°线模型或储蓄—投资曲线模型的背后，还有一个作为背景的总供求模型，这个总供求模型最重要的特征是总供给曲线 AS 呈水平状，以此表现宏观经济处于严重萧条的境地。我们在研究两市场模型的时候，也曾指出：在其背后也存在呈水平状的总供给曲线 AS 这一背景。

在本章第一节，运用简单凯恩斯模型研究财政政策的乘数效应时，也指出这一研究的背景是水平状的总供给曲线 AS。在本章第二节，运用两市场模型研究财政政策的挤出效应时，同样指出这一研究的背景是水平状的总供给曲线 AS。

这样看来，简单凯恩斯模型和两市场模型仅适用于水平状的总供给曲线 AS 的情况。然而，这样理解是不准确的。实际上，简单凯恩斯模型和两市场模型不仅适用于水平状的总供给曲线 AS 的情况，而且适用于另外两种形态的总供给曲线 AS 的情况，如图 14－8 所示。

在图 14－10 中，有三条总供给曲线，表现三种不同的宏观经济形势。AD_0是初始情况的总需求曲线，AD_1是政府执行扩张性的财政政策以后的总需求曲线。

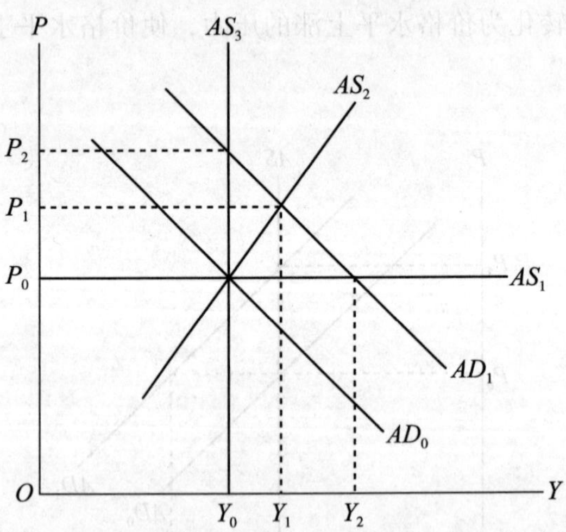

图 14－10　简单凯恩斯模型和两市场模型的适用性

我们在本章第一节、第二节看到的就是：当总供给曲线为 AS_1时，财政扩张使总需求曲线由 AD_0右移至 AD_1时，财政政策的政策效应是使均衡产出由 Y_0增加至 Y_1。扩张性财政政策的政策效应为什么没有使均衡产出增加得更多一些或更少一些？这就是由简单凯恩斯模型的乘数效应和两市场模型的挤出效应来说明的。当然，财政政策的这一

政策效应是在价格不变情况下实现的。但是，运用简单凯恩斯模型的乘数效应和两市场模型的挤出效应对财政政策效应在价格可变情况下的说明，也能够提供基础性的观察，从而也具有认识的价值。

现在看总供给的第二种情况。当总供给曲线为AS_2时，财政扩张使总需求曲线由AD_0右移至AD_1，在价格尚未变化时，财政政策的政策效应本应该使均衡产出由Y_0增加至Y_2。这一政策效应就是由简单凯恩斯模型的乘数效应和两市场模型的挤出效应来说明的。到目前为止，运用简单凯恩斯模型的乘数效应和两市场模型的挤出效应来说明财政政策的政策效应，与总供给曲线为AS_1时是完全一致的。

接下来，就会出现差别了：当总供给曲线为水平的AS_1时，在价格P_0上总需求AD_1等于总供给AS_1，因此，价格P_0不变，Y_2就是均衡产出；当总供给曲线为上倾的AS_2时，在价格P_0上总需求AD_1大于总供给AS_2，因此，价格P_0将提高；随着价格提高，供不应求的矛盾得到缓解；当价格等于P_1时，总需求AD_1等于总供给AS_2，于是，均衡价格为P_1，均衡产出为Y_1。政策的产出效应为Y_1Y_0、价格效应为P_1P_0。

财政政策的这一政策效应，既与供给状况（AS_2曲线上倾的斜率）有关，也与在价格尚未改变时的财政政策的产出效应有关，而后者就是由简单凯恩斯模型的乘数效应和两市场模型的挤出效应来说明的。因此，虽然简单凯恩斯模型的乘数效应和两市场模型的挤出效应没有直接指示政策的产出效应，但仍然是我们认识政策的产出效应和价格效应的重要的基础。

现在看总供给的第三种情况。当总供给曲线为垂直的AS_3时，财政扩张使总需求曲线由AD_0右移至AD_1，在价格尚未变化时，财政政策的政策效应本应该使均衡产出由Y_0增加至Y_2。但在价格P_0上供不应求，导致价格上涨；当价格上涨至P_2时，供求一致，实现均衡，均衡价格为P_2，均衡产出维持Y_0不变。但是，价格上涨至P_2，既与总供给曲线处于垂直状态有关，也与在价格尚未变化时的财政政策的政策效应有关，而后者就是由简单凯恩斯模型的乘数效应和两市场模型的挤出效应来说明的。也就是说，由简单凯恩斯模型的乘数效应和两市场模型的挤出效应来说明的在价格尚未变化时的财政政策政策效应越大，均衡价格上涨得就越厉害。因此，与第二种情况相类似，虽然简单凯恩斯模型的乘数效应和两市场模型的挤出效应没有直接指示政策的产出效应，但仍然是我们认识在该种情况下财政政策的产出效应和价格效应，特别是其价格效应的重要的基础。

由此可见，简单凯恩斯模型的乘数效应和两市场模型的挤出效应，并不局限于在水平状总供给曲线的情况下起作用，在上倾和垂直状总供给曲线情况下也起作用。区别在于：在水平状总供给曲线的情况下，简单凯恩斯模型的乘数效应和两市场模型的挤出效应直接给出财政政策的产出效应；而在上倾和垂直状总供给曲线情况下，它虽然没有直接给出财政政策的产出效应，却是我们认识这两种情况下财政政策的产出效应和价格效应的重要基础。

本章的基本理论部分到此就算说完了。本章的篇幅较大，内容较多。由于涉及政策结论，在全书中的重要性也很突出。

流行的宏观经济学“本本”，一般是以模型为中心，宏观经济问题“迁就”宏观经济模型，因此，财政政策效应被支离破碎地分割在各章的各个模型中：在简单凯恩斯模型里讲一点，在两市场模型里讲一点，在总供求模型里讲一点。这样安排的后果是读者有可能把局部的结论误认为全部的结论，这样对于理论的理解十分不利。本教材反其道行之，以问题为中心，宏观经济模型“迁就”宏观经济问题，因此，仅用一章就把财政政策效应问题说完了。这样安排的目的是为了使读者通过一章的学习对财政政策效应问题获得一个整体的概念。由于把凯恩斯宏观经济学的三大基本模型——简单凯恩斯模型、*IS*－*LM* 模型和 *AS*－*AD* 模型有关政策效应的内容“挤压”在一章之内，无形中增加了阅读的困难，所以，这样的安排是否得当，是否真正有利于理论的学习，最终还要取决于读者的感受。

章节习题

1. 简述财政政策。
2. 何为挤出效应？说明影响挤出效应的主要因素。
3. 请谈谈财政对我国农村及农业发展的影响。
4. 分析财政政策的效果与 *IS*、*LM* 曲线的斜率之间的关系。
5. 简述政府财政政策的原理。
6. 简述斟酌使用的财政政策。
7. 简述宏观财政政策的主要工具及具体操作。
8. 设想这样一种经济现实：中国经济疲软一年，实际 GDP 的增长率处于较低水平、对外出口发展受到限制、通胀率不高，但是居民储蓄处于较高水平，并仍显示出强劲的增长态势，如果宏观管理层决意扩大财政赤字，请问其意图何在？应采取何种方式？挤出效应是否会显著？
9. 下列等式描绘了一个经济体：

$C=0.8(1-t)Y$；$G=250$；$t=0.25$；$re=0.1$；$I=900-50i$；$p=2$；$L=0.25Y-62.5i$；$RE=100$；$cu=0.2$；$CU=150$

这里，C 表示消费支出，Y 表示国民收入，t 表示税率，I 表示投资支出，G 表示政府购买，i 表示利率，L 表示真实货币需求，CU 表示通货，RE 表示准备金，cu 表示通货存款比率，re 表示准备金率，p 表示价格水平。

（1）计算财政政策乘数。

（2）假设充分就业的收入水平为4000元，政府准备采取扩张性政策以实现充分就业，请问，如果单独采用扩张性财政政策，需要增加多少政府购买支出？

第十五章 货币政策效应

导入案例

央行：实施好稳健中性的货币政策

中国人民银行于2017年11月17日晚间发布《2017年第三季度中国货币政策执行报告》(以下简称《报告》)。《报告》指出，我国央行将继续完善宏观审慎政策框架，将更多金融活动、金融市场、金融机构和金融基础设施纳入宏观审慎政策的覆盖范围。

报告指出，下一阶段，人民银行要按照党中央和国务院要求，坚决贯彻落实好十九大精神和全国金融工作会议部署，坚持稳中求进工作总基调和宏观政策要稳、微观政策要活的总体思路，牢牢把握我国社会主要矛盾和经济发展阶段的变化，紧紧围绕服务实体经济、防控金融风险、深化金融改革三项任务，创新金融调控思路和方式，保持政策的连续性和稳定性，坚持质量第一、效益优化，实施好稳健中性的货币政策，并加强货币政策与其他相关政策协调配合，加快建设现代化经济体系，为供给侧结构性改革和高质量发展营造中性适度的货币金融环境。健全货币政策和宏观审慎政策双支柱调控框架，深化利率和汇率市场化改革，进一步完善调控模式，综合运用价量工具加强预调微调，维护银行体系流动性基本稳定，疏通政策传导渠道和机制，推进建设普惠金融体系，围绕服务实体经济全面提升金融服务效率和水平。履行好国务院金融稳定发展委员会办公室职责，加强金融监管协调，牢牢守住不发生系统性金融风险的底线。

第一，保持总量稳定，综合运用价、量工具和宏观审慎政策加强预调微调，调节好货币闸门。适应货币供应方式变化和金融创新发展，密切监测流动性形势和市场预期变化，灵活运用多种货币政策工具组合，合理安排工具搭配和操作节奏，“削峰填谷”维护流动性基本稳定，把握好保持流动性基本稳定和去杠杆之间的平衡；进一步完善宏观审慎政策框架，组织实施好宏观审慎评估，逐步探索将更多金融活动和金融市场纳入宏观审慎管理框架，引导金融机构做好流动性管理，保持货币金融环境的稳健和中性适度。

第二，促进结构优化，支持经济结构调整和转型升级。围绕实体经济全面提升金融服务效率和水平，继续优化流动性的投向和结构，强化信贷政策的导向作用，推进供给侧结构性改革，把更多金融资源配置到经济社会发展的重点领域和薄弱环节，促进融资便利化，降低实体经济成本。继续支持工业稳增长调结构增效益，全力推进制造强国建设金融服务，扎实做好钢铁、煤炭和煤电等去产能的金融服务。继续做好基础设施建设及铁路、船舶等重点行业和领域转型调整的金融服务，加大对养老、教育、健康等新消费领域的金融支持力度。统筹做好京津冀、一带一路、西部大开发等国家重大战略金融服务，推动区域经济协调发展。进一步发挥信贷资产证券化盘活存量的积极作用，推动经济提质增效和转型升级。扎实做好新型农业经营主体金融服务，稳妥推进“权”抵押贷款试点，引导银行业金融机构进一步加大对农业基础设施、第一二三产业融合、新型城镇化等重点领域的支持。健全金融扶贫工作机制，加大深度贫困地区金融扶贫工作力度，推进金融扶贫示范区建设，引导金融机构加大对贫困地区的信贷投放。完善“三农”和小微企业信贷政策导向效果评估，积极做好金融精准扶贫政策效果评估结果的运用，引导金融机构加大对薄弱环节的信贷支持。进一步加大对小微企业金融支持力度，改进和完善小微企业金融服务，开展小微企业应收账款融资专项行动，优化小微企业融资环境。进一步发挥金融职能作用，加大对创业创新、科技、文化、信息消费、战略性新兴产业等国民经济重点领域的支持力度。

第三，进一步推进利率市场化和人民币汇率形成机制改革，提高金融资源配置效率，完善金融调控机制。进一步督促金融机构健全内控制度，增强自主合理定价能力和风险管理水平，从提高金融市场深度入手继续培育市场基准利率和完善国债收益率曲线，不断健全市场化的利率形成机制。探索利率走廊机制，增强利率调控能力，进一步疏通央行政策利率向金融市场及实体经济的传导。加强对金融机构非理性定价行为的监督管理，发挥好市场利率定价自律机制的重要作用，采取有效方式激励约束利率定价行为，强化行业自律和风险防范，维护公平定价秩序。进一步完善人民币汇率市场化形成机制，加大市场决定汇率的力度，增强人民币汇率双向浮动弹性，保持人民币汇率在合理均衡水平上的基本稳定。加快发展外汇市场，坚持金融服务实体经济的原则，支持金融机构为企业贸易和投融资活动提供合理、审慎、多样化的汇率风险管理服务。进一步深化外汇管理制度改革，促进贸易和投资便利化，支持人民币在跨境贸易和投资中的使用，积极发挥本币在“一带一路”建设中的作用。稳妥有序实现人民币资本项目可兑换，完善人民币跨境使用的政策框架和基础设施，坚持发展改革和风险防范并重。密切关注国际形势变化对资本流动的影响，完善对跨境资本流动的宏观审慎管理，防范跨境资本流动冲击，维护国家经济金融安全。

第四，完善金融市场体系，切实发挥好金融市场在稳增长、调结构、促改革和防风险方面的作用。继续促进债券市场产品创新，推进资产证券化，满足市场主体多样化投融资需求，完善债券市场信息披露和信用评级制度建设，在维护金融安全的前提下，放宽境外金融机构的市场准入限制，在立足国情的基础上促进金融市场规则与国际标准进一步接轨和提高。继续推进债券二级市场发展，优化交易、清算、结算相关安排，进一步提升债券市场流动性，并推动完善会计、审计、税收等方面的配套政策，为投资者创造更加友好、便利的投资环境。加强金融市场基础设施建设和统筹管理，维护市场安全高效运行和整体稳定。加强债券市场管理协调和跨部门监管协作，切实发挥债券市场在提高直接融资比重、防范化解金融风险、优化资源配置方面的作用。

第五，深化金融机构改革，通过增加供给和竞争改善金融服务。继续深化大型商业银行和其他大型金融企业改革，完善国有金融资本管理，完善现代金融企业制度，完善公司法人治理结构，规范股东大会、董事会、监事会与管理层关系，完善经营授权制度，形成有效的决策、执行、制衡机制，强化金融机构防范风险主体责任，既要塑造金融机构资产负债表的健康，也要促进公司治理、内控体系、复杂金融产品交易清算的健康。继续推动农业银行“三农金融事业部”深化管理体制和运行机制改革，密切监测评估改革成效，不断提高县事业部服务县域经济的能力和水平。推动全面落实开发性、政策性金融机构改革方案，会同有关单位根据改革方案要求和职责分工，抓紧做好健全治理结构、业务范围划分、完善风险补偿机制、制定审慎监管办法等后续工作，通过深化改革加快建立符合中国特色、能更好地为当前经济发展服务、可持续运营的开发性和政策性金融机构及其政策环境。继续推动资产管理公司转型发展。

第六，立足金融服务实体经济本质要求，继续做好防范和化解金融风险工作，切实维护金融安全和稳定。坚持金融服务实体经济这个根本，努力畅通货币政策传导渠道和机制，保持总量稳定、促进结构优化。不断加强风险监测与评估，完善风险预警和应急处置机制，着力防范化解重点领域风险。加强对企业债务风险、银行资产质量和流动性变化情况、房地产市场、互联网金融、跨境资金流动、跨行业跨市场风险等领域的风险监测和防范。统一资产管理业务的标准规制，强化实质性和穿透式监管，按照产品类型而非机构类型统一规则，减少监管套利，按照穿透性原则强化宏观审慎管理和功能监管，实现监管全覆盖。加快出台金融控股公司监管规则，确立市场准入、资金来源、公司治理、资本充足、关联交易等监管要求，严格限制和规范非金融企业投资金融机构，从制度上隔离实业板块和金融板块，弥补监管制度短板。坚持积极稳妥去杠杆的总方针不动摇，在控制总杠杆率的前提下，把国有企业降杠杆作为重中之重，抓好处置“僵尸企业”工作，深入推进市场化法治化债转股。进一步规范地方政府举债融资，防范化解地方政府债务风险。履行好国务院金融稳定发展委员会办公室职责。加强金融监管协调，统筹政策力度和节奏，防止叠加共振。加强对系统重要性金融机构和金融基础设施的统筹监管，继续推进金融业综合统计和监管信息共享。加快完善存款保险风险监测和早期纠正机制，充分发挥存款保险市场化风险化解机制的作用。积极规范发展多层次资本市场体系，完善市场运行规则，健全市场化、法治化违约处置机制。坚持综合施策，有效处置金融风险点，牢牢守住不发生系统性金融风险的底线。

第一节 货币供给量的控制

一、货币政策传导机制

财政政策对宏观经济的影响非常“直接”。政府购买本来就是总需求的一部分。政府购买增加同时就是总需求增加。不仅如此，政府购买增加，还会通过乘数的方式，使总需求进一步增加。和财政政策相比，货币政策对宏观经济的影响则要“间接”得多、“迂回”得多。

货币政策通过多个中间环节之间的“传导”，最后将其影响力“传导”给最终目标，货币政策这种“传导”的全过程称为货币政策传导机制。在本教材中，传导机制的主要环节如下：

中央银行资产的变化—中央银行负债（基础货币）的变化—货币供给的变化—利率的变化—投资需求的变化—有效需求的变化—交易货币需求的变化—交易货币可得性的变化—总需求的变化—总产出和物价水平的变化。

本节主要研究货币政策传导机制的前三个环节：中央银行资产、中央银行负债（基础货币）和货币供给。这些研究是在第六章研究的基础上进行的。

二、货币供给的外生性与内生性

货币供给的外生性和内生性是货币供给决定问题上两种截然对立的观点。货币供给的外生性认为中央银行能够完全控制货币供给量。货币供给的内生性认为中央银行不能完全控制货币供给量，货币供给量实际上决定于经济体系内部全部经济主体的经济利益。

本教材取一种“折中”的观点，即认为在货币供给的决定上，中央银行起主导作用，但经济体系内部的经济主体也可能干扰中央银行的政策方向。

三、对货币供给控制的干扰

1. 中央银行资产—中央银行负债环节

货币政策传导机制的第一个环节是中央银行资产。中央银行的资产变化，才会引起以后一系列的变化。

在这一环节，可能的干扰因素有：

第一，中央银行的资产发生完全被动的变化，与中央银行的货币政策方向恰好相反，从而产生严重得多的问题。例如，中央银行欲执行紧缩货币的政策，但是中央银行资产中“外汇储备”由于某种原因而增加，这样，紧缩的货币政策就会受到严重的干扰。

例如，2007 年，我国消费品价格指数是 104. 8，商品零售价格指数是 103. 8，工业生产者出厂价格指数是 103. 1。2008 年价格有继续上涨的趋势。在这种宏观经济的形势下，中央银行应该在 2008 年对货币供给进行一定程度的控制，以避免通货膨胀的形势进一步发展。但是，由于 2008 年我国国际收支顺差，中央银行反而扩张货币。

2008 年我国国际收支顺差 4451 亿美元，按 694. 51 元人民币/100 美元的汇率计算，顺差 30910 亿元人民币。这一顺差规模使中央银行资产负债表中的外国资产增加了 32881 亿元人民币。中央银行外国资产增加，就会导致其基础货币（储备货币）按相同的规模增加，通过货币乘数，接着会导致全社会货币供给增加。2008 年我国货币供给（M_2）增加 71724 亿元，货币供给（M_2）增长率甚至超过了 2007 年。

2008 年，我国消费品价格指数是 105. 9，商品零售价格指数是 105. 9，工业生产者出厂价格指数是 106. 9，均在 2007 年的基础上进一步提高。究其原因，和我国 2008 年国际收支顺差导致货币供给增加对政府采取抑制通货膨胀的政策的干扰不能不说有很大的关系。

第二，中央银行欲调节其资产的某个子项目，来调节基础货币；如果中央银行资产的这个子项目规模（数额）偏小，调节就不会起什么作用。例如中央银行资产中“对政府的债权”数量太少，公开市场业务的调节就不会取得比较明显的效果。

还是看 2008 年的情况。中央银行外国资产增加 32881 亿元人民币，就会导致其基础货币（储备货币）按相同的规模增加，以及进一步造成全社会货币供给增加。为了抵消这种影响，中央银行可以考虑对其他的资产项目进行“减”的操作，如其资产项目“对政府债权”。但在 2008 年年初，中央银行“对政府债权”总共只有 16318 亿元，使它降至零也难以抵消中央银行外国资产增加 32881 亿元人民币带来的影响。在这种情况下，把调节中央银行的资产项目——对政府债权作为货币政策工具来使用，就失去了意义。

2. 中央银行负债—货币供给环节

假设中央银行负债（基础货币）增加了。在这种情况下，货币供给是否会按照预想的程度增加？不一定，因为也会受到一些因素的干扰。其中最重要的是商业银行的经济行为。

商业银行的干扰主要表现在商业银行的实际准备率偏离法定准备率的要求。这种偏离产生了超额准备率的问题。由第六章的研究可知，超额准备率是影响货币乘数的重要因素，从而也是影响货币供给的重要因素。

假设中央银行欲采取扩张货币的政策，而这时商业银行由于利润动机的驱动对增加信贷很消极，这样造成实际准备率提高。实际准备率提高导致货币乘数变小，从而会在某种程度上抵消中央银行扩张货币政策的效果。

例如，2003 年，中央银行的基础货币为 52841. 36 亿元，年末比年初增长了

14.6%，而货币供给量却增长了19.6%，大大高于中央银行基础货币的增长。2003年货币政策的重要任务是抑制通货膨胀的“抬头”，所以具有相对的紧缩性质。但由于经济体系内部膨胀的势力仍然较强大，所以通过降低实际准备率等渠道提高货币乘数，使货币供给的增长大于基础货币的增长，在一定程度上干扰了中央银行的货币政策。

再如，2011年，中央银行的基础货币为224641.76亿元，年末比年初增长了15.7%，而货币供给量却仅仅增长了13.6%，低于中央银行基础货币的增长。2011年货币政策的重要任务是刺激总需求，因此具有扩张的性质。但由于经济体系内部需求意愿相对不足，所以通过提高实际准备率等渠道降低货币乘数，使货币供给的增长小于基础货币的增长，在一定程度上干扰了中央银行的货币政策。

第二节 货币政策对有效需求的影响

一、一般效应

货币政策是指政府（中央银行）通过改变货币供给量来影响总需求进而影响总产出水平。本节利用 $IS-LM$ 模型研究货币政策效应，采取比较静态均衡分析方法。

通过第十一章的学习可知，LM 曲线有斜率的变化，即①一般情况：LM 曲线向右上方倾斜；②凯恩斯流动陷阱区：LM 曲线呈水平状；③古典区：LM 曲线呈垂直状。LM 曲线的斜率不同，货币政策的效应就不同。所以，下面分三种情况来研究货币政策的效应。

在图15-1中，假设初始产品市场均衡曲线为 IS，初始货币市场均衡曲线为 LM_0。两曲线交点指示初始均衡利率水平为 i_0，初始均衡产出水平为 Y_0。

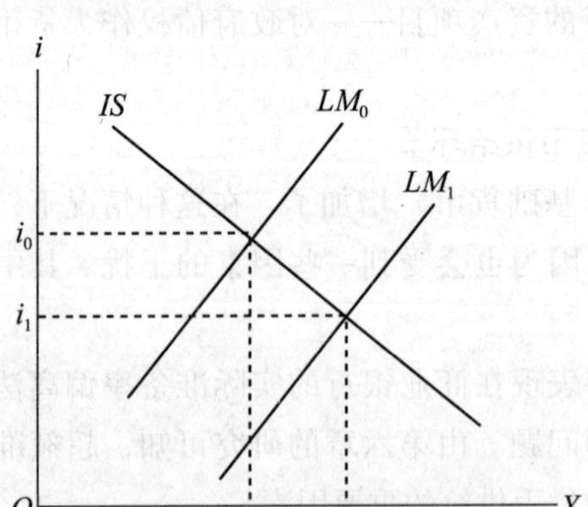

图15-1 扩张性货币政策的一般效应

假设政府执行扩张性货币政策，即增加货币供给量。货币供给量增加使 LM 曲线向右方平移。于是 LM_0 曲线向右平移至 LM_1 曲线位置。曲线 LM_1 与曲线 IS 的交点指示了货币扩张后的均衡利率为 i_1，均衡产出为 Y_1。可见，扩张性货币政策使利率下降，产出水平增加。

解释如下：政府增发货币，在尚未引起产出变化和利率变化的情况下，会造成货币供给大于货币需求的局面，从而导致利率下降。利率下降一方面刺激投资增加，以及有效需求进一步增加；另一方面促使投机货币需求量增加。

有效需求增加要求增加交易货币需求量，扩张性货币政策本身正好满足了这种要求，在这方面没有产生任何困难。利率降低造成产品市场的失衡，通过投资需求增加、有效需求增加又重新实现均衡。货币供给大于货币需求造成的失衡，由于有效需求增加引起交易货币需求量增加，以及利率降低引起投机货币需求量增加，货币市场重新又实现了均衡。

注意，在这里得出的扩张性货币政策的一般效应的比较静态均衡分析的结论，和第十章所得出的在考虑货币因素的情况下总产出决定的静态均衡分析的结论，在逻辑上是完全一致的。

二、凯恩斯陷阱区的货币政策效应

在图 15－2 中，产品市场均衡曲线为 IS，初始货币市场均衡曲线为 LM_0。曲线 IS 交于曲线 LM_0 的水平段，表示经济处于凯恩斯陷阱区，这时投机货币需求对利率变化的反应程度 h 参数为无穷大。初始均衡利率为 i_0，初始均衡产出为 Y_0。

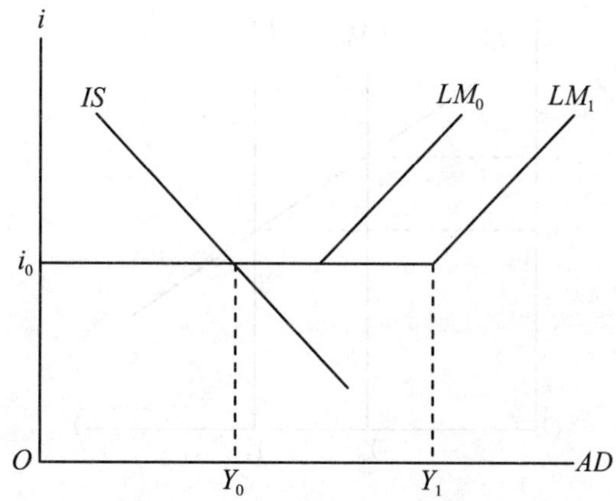

图 15－2 流动陷阱区的货币政策效应

政府执行扩张性货币政策使 LM_0 曲线向右平移至 LM_1 曲线位置上。曲线 LM_1 与曲线 IS 的交点指示了执行扩张性货币政策后的市场均衡态。由此可见，均衡利率仍为 i_0，有效需求—均衡产出仍为 Y_0。也就是说，凯恩斯陷阱区扩张性货币政策的有效需求—均衡产出效应为零。

解释如下：

扩张性货币政策促使总需求增加的主要机制是增发货币促使利率下降，投资需求增加。在凯恩斯陷阱区，货币需求无限大。在这种情况下，增发货币并未形成货币供给大于货币需求的局面，从而未能使利率下降、投资需求增加。因此，产出效应为零。

货币扩张的另一个效应是供给更多的交易货币可得性。在图 15－2 中，扩张货币提供的交易货币可得性能够满足有效需求 Y_1 所需要的交易货币需求。但是，在利率 i_0 水平上，有效需求仅为 Y_0，Y_0 所需要的交易货币需求在货币未扩张之前就已经得到满足。

尽管扩张货币提供了更多的交易货币可得性，但是，交易货币需求由于有效需求不变而不变，所以，交易货币需求小于交易货币可得性。根据短边规则，总需求决定于二者中的小者。因此，在当前的场合，不是交易货币可得性，而是交易货币需求决定总需求。

注意，这里所得出的在凯恩斯陷阱区扩张性货币政策的有效需求效应为零的比较静态均衡分析的结论，和第十章关于在凯恩斯陷阱区产品市场对有效需求—均衡产出的形成起主导作用的静态均衡分析的结论，在逻辑上是完全一致的。

三、古典区的货币政策效应

在图 15－3 中，以古典学派货币需求函数 $L = L_1 = KY$ 为基础可以得到垂直形态的 LM 曲线，即为古典区，这时，投机货币需求对利率变化的反应程度 h 参数为零。

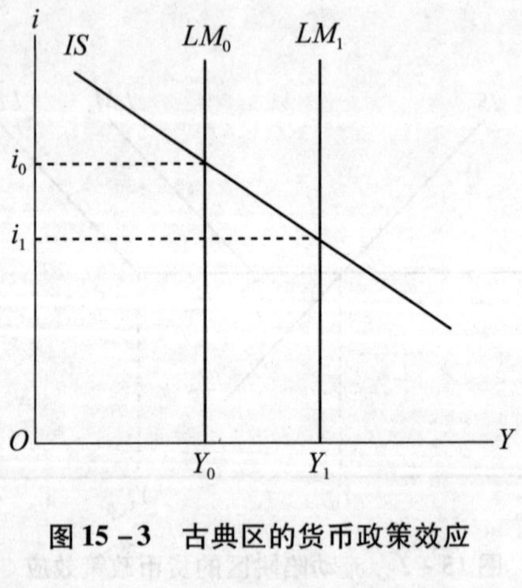

图 15－3　古典区的货币政策效应

曲线 IS 与曲线 LM_0 的交点指示了初始均衡利率为 i_0，初始有效需求—均衡产出为 Y_0。

货币扩张使 LM_0 曲线向右平移至 LM_1 曲线位置上。曲线 LM_1 与曲线 IS 的交点指示了货币扩张后的均衡利率为 i_1，有效需求为 Y_1。$Y_1 - Y_0 = Y_1Y_0$ 即为古典区扩张性货币政策的有效需求—均衡产出效应。值得注意的是，古典区扩张性货币政策的有效需求—均衡产出效应达到最大。

解释如下：

在货币需求由交易货币需求和投机货币需求组成的情况下，增发的货币总是一部分转化为交易货币量，一部分转化为投机货币量。这样，只有增发货币的一部分“服务”于有效需求增加。在货币需求仅由交易货币需求组成的情况下，增发货币的全部“服务”于有效需求的增加，从而使增发货币的有效需求效应达到最大。

对凯恩斯货币需求函数 $L = L_1 + L_2 = KY - hi$ 来说，当利率高于某一水平（i_1）时，$L = L_1 = KY$，即货币需求仅与有效需求有关。在这种情况下，扩张性货币政策的有效需求—均衡产出效应达到最大。

注意，在这里所得出的古典区扩张性货币政策的总需求效应达到最大的比较静态均衡分析的结论，和第十章所得出的在货币供给起主导作用的情况下的静态均衡分析的结论，在逻辑上是完全一致的。

四、影响货币政策效应的因素

1. 投资对利率变化的反应程度 *b*

影响货币政策效应的因素其实是很复杂的。但是，在这里，我们把这个问题局限在 $IS - LM$ 模型的框架中去理解，这样，把影响货币政策效应的因素归结为四个：投资对利率变化的反应程度、消费乘数、交易货币需求占有效需求的比例、投机货币需求对利率变化的反应程度。

扩张性货币政策导致产出增加的主要机制是通过降低市场利率促使投资需求增加。在投资需求对利率变动的反应程度 b 值变大的情况下，利率下降同样的程度，投资需求却增加得更多。在其他条件不变的情况下，自然使有效需求—均衡产出有更大的增加。

2. 乘数 α

货币扩张会使利率下降。利率下降刺激投资需求增加。投资需求增加通过乘数效应使有效需求—均衡产出进一步增加。乘数变大，使投资需求增加引致的消费需求—有效需求—均衡产出增加较前更多。

3. 交易货币需求占有效需求的比例 *K*

政府增加发行的货币，不是转化为交易货币，就是转化为投机货币。假设政府增发货币 200 元，其中 100 元转化为交易货币，100 元转化为投机货币。假设交易货币需求量占产出的比例 K 等于 1/8，则政府增发货币 200 元至多可以保证有效需求增加 800 元而不至于发生交易货币量短缺的困难。换言之，就这一方面而言，政府增发货币 200 元可以使有效需求增加的最大限度是 800 元。

假设 K 值增为 1/4，则政府增发货币 200 元使有效需求增加的最大限度下降为 400 元。这个假想的例子可以说明：交易货币需求占有效需求的比例 K 值变大使扩张性货币政策的有效需求—均衡产出效应变小。

4. 投机货币需求对利率变化的反应程度 h

仍用前例。假设货币增发 200 元，其中 100 元转化为交易货币，100 元转化为投机货币。

$K=1/8$，因此增发货币 200 元可以保证有效需求增加 800 元而不会发生交易货币量的短缺。

投机货币需求对利率变化的反应程度 h 值变大，意味着利率下降同样的程度，投机货币需求和原来相比增加得更多。假设 h 值变大使投机货币需求由 100 元增至 120 元。这样，增发货币 200 元，只有其中的 80 元可以转化为交易货币。80 元的交易货币量至多能使 640 元有效需求顺利地通过以货币为媒介的交易过程。这就是说，由于 h 值变大，货币增发 200 元现在至多只能使有效需求增加 640 元。和 h 值较小的初始情况相比，货币增发 200 元的有效需求效应减少了 160 元（800 - 640）。

这个例子清楚地说明了投机货币需求对利率变化的反应程度 h 值变大，使扩张性货币政策的有效需求—均衡产出效应变小。

以上文字说明得到的结论，也可以通过数学方法来证明。

以上给出了 $IS-LM$ 模型中均衡产出的表达式：

$$Y=\frac{1}{(1-c)+\dfrac{bk}{h}}\left(C_0+I_0+G-cT+\frac{b}{h}M\right)$$

令消费乘数 $a=\dfrac{1}{1-c}$，则

求导，可得货币政策的政策效应的表达式：

$$\frac{\Delta Y}{\Delta M}=\frac{1}{\dfrac{h}{ab}+k}$$

该式表示货币政策的有效需求—均衡产出效应主要受四个参数（因素）的影响。再一次求导，就可得到各因素对货币政策效应有怎样的影响：

$$\frac{\partial\left(\dfrac{\Delta Y}{\Delta M}\right)}{\partial a}=bh(h+abk)^{-2}>0$$

上式表明：消费乘数增加使货币政策效应增加。

$$\frac{\partial\left(\dfrac{\Delta Y}{\Delta M}\right)}{\partial b}=ah(h+abk)^{-2}>0$$

上式表明：企业投资需求对利率变化的敏感性提高增加使货币政策效应增加。

$$\frac{\partial\left(\dfrac{\Delta Y}{\Delta M}\right)}{\partial h}=-\left(\frac{h}{ab}+k\right)^{-2}(ab)^{-2}<0$$

上式表明：投机货币需求对利率变化的敏感性提高增加使货币政策效应减少。

$$\frac{\partial\left(\frac{\Delta Y}{\Delta M}\right)}{\partial\ k}=-\left(\frac{h}{ab}+k\right)^{-2}<0$$

上式表明：交易货币需求占收入的比例提高增加使货币政策效应减少。

这样，数学计算证明了上述关于影响货币政策效应的因素的文字说明。

五、小结：影响政策效应的因素

以上分别讨论了各参数对财政政策产出效应的影响和对货币政策产出效应的影响，现在把讨论的结果列在一起，以便对各参数所起的作用有一个全面的认识。

下表对各参数在扩张性财政政策和扩张性货币政策中所起的作用进行了比较。其中，$G\uparrow$表示扩张性财政政策（即政府购买增加），$M\uparrow$表示扩张性货币政策（即货币供给增加），$a\uparrow$表示乘数取值变大（$K\uparrow$、$b\uparrow$、$h\uparrow$的含义可以类推），$\Delta Y\uparrow$表示有效需求—均衡产出效应增加，$\Delta Y\downarrow$表示有效需求—均衡产出效应减少。例如第4列表示投资对利率变化的反应程度提高（$b\uparrow$）使扩张性财政政策（$G\uparrow$）的有效需求—均衡产出效应减少（$\Delta Y\downarrow$），使扩张性货币政策（$M\uparrow$）的有效需求—均衡产出效应增加（$\Delta Y\uparrow$）。

各参数在政策中的作用

	$a\uparrow$	$K\uparrow$	$b\uparrow$	$h\uparrow$
$G\uparrow$	$\Delta Y\uparrow$	$\Delta Y\downarrow$	$\Delta Y\downarrow$	$\Delta Y\uparrow$
$M\uparrow$	$\Delta Y\uparrow$	$\Delta Y\downarrow$	$\Delta Y\uparrow$	$\Delta Y\downarrow$

（1）乘数a的取值对这两种政策的有效需求—均衡产出效应的影响是一样的。无论是扩张的财政政策，还是扩张的货币政策，总是直接或间接地通过增加自发性支出，再通过乘数效应，进一步增加有效需求—均衡产出。因此，乘数较前变大，总是使政策的有效需求—均衡产出效应增加。

（2）交易货币需求量占总产出的比例K的取值对两种政策的有效需求—均衡产出效应的影响是一样的。有效需求增加总是要求交易货币需求量增加。若交易货币需求量不足，有效需求—均衡产出的增加总会受到限制。扩张性财政政策总会造成货币量短缺，K值提高则会加重货币量短缺的困难。扩张性货币政策固然可以使有效需求增加对交易货币需求量增加的要求较易得到满足，但K值提高总归会使这种满足的程度下降。可见，K值提高总是会对需求管理政策的有效需求—均衡产出效应产生负面影响。

（3）投资对利率变化的反应程度b的取值对这两种政策的产出效应的影响恰好相反。扩张性财政政策使利率提高。b值较大，则投资需求下降较多，从而挤出效应较大，有效需求—均衡产出效应较小。扩张性货币政策使利率下降，b值较大，则投资需求增加较多，从而有效需求—均衡产出效应较大。

（4）投机货币需求对利率变化的反应程度 h 的取值对这两种政策的有效需求—均衡产出效应的影响恰好相反。扩张性财政政策造成的交易货币量短缺是通过利率提高减少投机货币量的途径解决的。h 值较大，则利率提高较少程度就足以解决交易货币量短缺的问题。利率提高较少，则挤出效应较小，有效需求—均衡产出效应较大。扩张性货币政策使利率下降，从而使投机货币需求量增加。h 值较大，则投机货币需求量增加较多，从而交易货币需求量增加较少，又进一步对有效需求—均衡产出增加产生较大限制。

以上都是在价格不变情况下研究货币政策对有效需求—均衡产出的影响。至于在价格可变情况下对总产出和物价水平产生什么样的影响，那还要取决于总供给状况，也就是说，在我们利用 $IS-LM$ 模型研究货币政策效应时，其背景仍然是 $AS-AD$ 模型。

在图 15－4 中，（a）反映在 LM 曲线向右上方倾斜情况下的货币政策效应。初始利

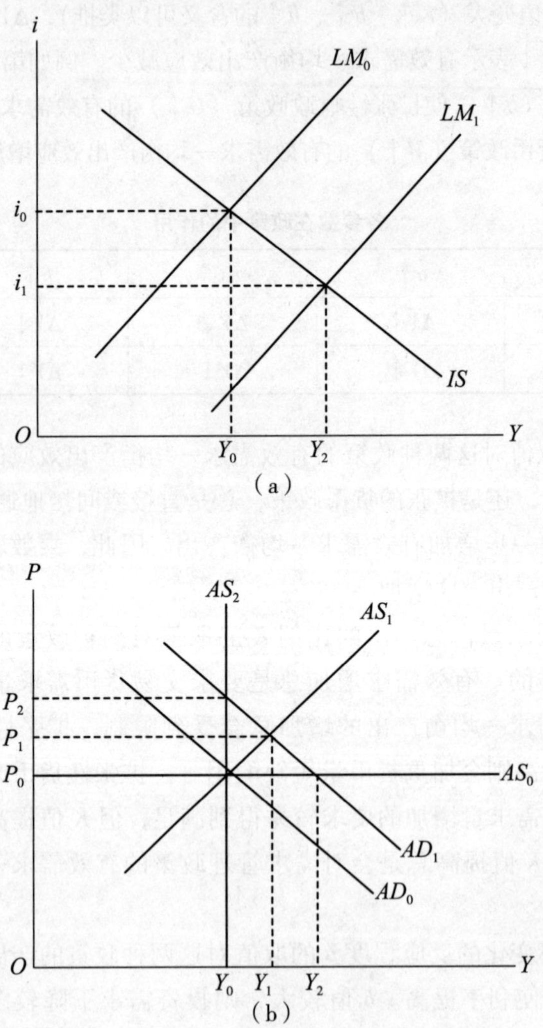

图 15－4　货币政策对产出和价格的影响

率为 i_0，初始产出为 Y_0。扩张性货币政策使 LM 曲线右移，导致利率提高至 i_1，产出增加至 Y_2。但是，货币政策的政策效应必须考虑总供给状况，所以，还必须兼顾（b）图。(a) 图，扩张性货币政策，使货币市场均衡曲线 LM_0 右移至 LM_1，和（b）图，使总需求曲线 AD_0 右移至 AD_1 是完全一致的。

总供给状况的几何表现是总供给曲线有斜率的变化：AS 曲线上倾表示一般情况，AS 曲线水平表示萧条经济，AS 曲线垂直表示膨胀经济。

当总供给曲线为 AS_0 时，经济萧条，扩张性货币政策使产出增加至 Y_2，而价格保持 P_0 不变；当总供给曲线为 AS_1 时，扩张性货币政策使产出增加至 Y_1，同时价格由 P_0 上涨至 P_1；当总供给曲线为 AS_2 时，经济已经实现充分就业，扩张性货币政策使价格上涨至 P_2，而对产出没有任何影响，均衡产出仍然为 Y_0。

第三节 政策搭配的效应

一、双松政策效应

双松政策指同时执行扩张性的财政政策和扩张性的货币政策。双松政策效应见图 15－5。

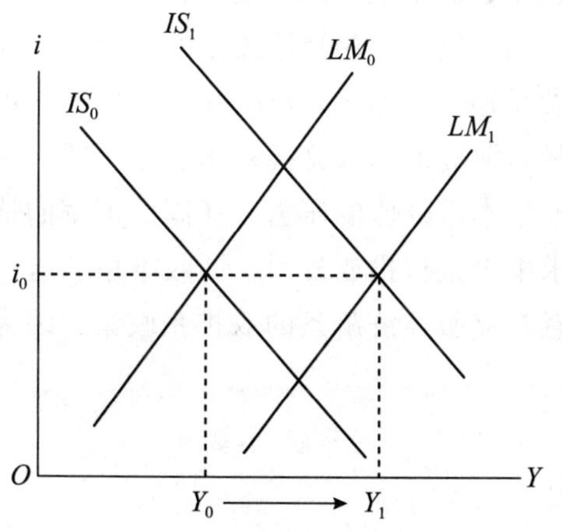

图 15－5 双松政策效应

在图 15－5 中，曲线 LM_0 与曲线 IS_0 的交点指示了初始均衡利率为 i_0，初始有效需求为 Y_0。曲线 LM_1 与曲线 IS_1 的交点指示了执行双松政策后的均衡利率为 i_0，有效需求为 Y_1。$Y_1 - Y_0 = Y_1Y_0$ 即为双松政策的有效需求效应。总之，双松政策对利率的影响较小（图中是一种极端情况：利率不变），而有效需求效应较大。

解释如下：

单独执行的扩张性财政政策一方面扩大了总需求，另一方面刺激了利率提高，从而产生了挤出效应。但是，在配合以扩张性货币政策的情况下，扩张货币会抵消利率提高的效应，使利率的提高大大受到限制，甚至可以使利率保持不变（见图 15－4）。这样，挤出效应大为削弱以至为零，而产出效应非常显著。在什么情况下政府会采取双扩张政策?

(1) 双扩张的政策会对总需求的扩张产生非常强烈的刺激。一个问题会很自然地提出来：总需求的膨胀是否会引起物价上涨或通货膨胀？这主要取决于宏观经济的状况。在经济萧条的程度很深、生产能力过剩的状况非常严重的情况下，双扩张的政策会通过对总需求的扩张及对总产量的扩张产生强有力的推动作用，而引起物价上涨即通货膨胀的可能性比较小。我国政府在 1998 年以后采取双扩张的政策（即积极的财政政策和稳健的货币政策）对经济增长产生了非常有力的推动作用，却没有引起物价上涨。可见，扩张总需求的政策和物价上涨并没有必然的联系。

(2) 扩张总需求的政策需要通过微观经济单位的响应（如乘数效应）来扩大对总产量的推动作用。如果微观经济单位对宏观经济政策信号的反应不敏感，那么，政府可以考虑采取强有力的双扩张政策刺激总需求。相反，如果对宏观经济政策信号的反应非常敏感，那么，政府在考虑采取双扩张政策的时候就必须非常谨慎。

(3) 单纯的扩张性财政政策也不是在任何情况下都可以实施的。财政扩张而税收不变，导致预算赤字，预算赤字的积累导致政府债务。政府债务过大，会给政府还债造成极大的压力，从而导致宏观经济不稳定，这叫作财政状况恶化。显然，在财政状况恶化的时候，不宜执行扩张性的财政政策，也不宜执行双扩张政策。

(4) 在开放经济情况下，固定汇率的制度安排会限制货币政策的使用，当然也会限制扩张性货币政策的使用。例如，在经济萧条的情况下，政府准备采取双扩张的政策。但是，如果在此时贸易逆差，那么，双扩张政策的实施可能就会受到干扰。为什么呢？贸易逆差导致大量本国货币要求兑换外国货币，即造成对外币需求增加而供给不变的局面，这样就会产生本币贬值的压力。在固定汇率的情况下，政府对本币贬值不会坐视不救。这就要求中央银行投放外币，回收本币。这一政策虽然能够减轻本币贬值的压力，却干扰了意在克服经济萧条的双扩张政策，因为投放外币、回收本币是一项紧缩货币的政策。

二、双紧政策效应

双紧政策是指政府同时采取紧缩财政和紧缩货币的政策，这种政策组合会使总需求显著地收缩，对利率影响较小，如图 15－6 所示。

由图 15－6 可见，采取双紧政策对利率影响不大（图中利率不变），使有效需求大幅度下降。

读者或许会问既然双紧政策使有效需求大幅度下降，执行这样的政策又有什么意义呢？

这里需要澄清一点。执行双松政策是针对总产出的，指望通过扩张总需求而推动

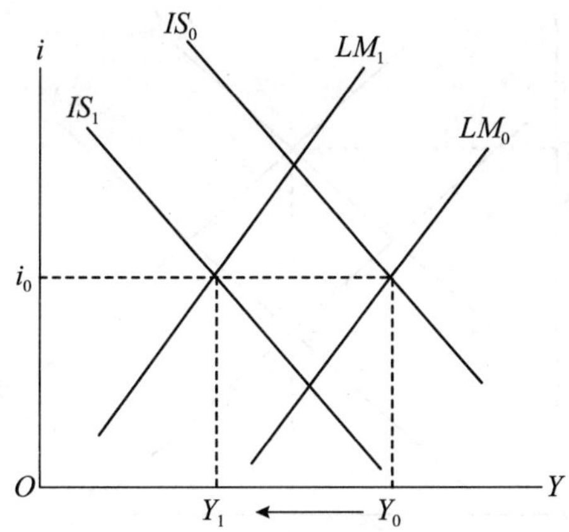

图 15-6 双紧政策效应

总产出增加。执行双紧政策不是针对总产出而是针对物价水平的，指望通过压缩总需求而降低物价水平。这就是说，在经济过热时期，在总需求过于膨胀以致物价持续上涨即通货膨胀时期，政府才会考虑采取双紧政策以降低物价。

第四节将会说明：总需求下降，在一定的情况下，将导致物价下降，而不是总产出减少。

当然，双紧政策会对总需求的收缩产生非常显著的影响。因此，如果双紧政策的政策力度过大，那么，也不能排除该项政策在降低物价水平之余对总产量也造成一定的损害（即使总产量在一定程度上减少），从而使一个过热经济（通货膨胀）转变为一个过冷经济（即萧条经济）。这种情况当然需要努力避免。

三、松财政紧货币政策的效应

松财政紧货币政策是指扩张性财政政策和紧缩性货币政策的组合。这种政策组合的效应如图 15-7 所示。

松财政政策导致有效需求增加，同时利率提高。利率提高导致挤出效应即投资需求减少。这样，有效需求的扩张在一定程度上被抑制。紧货币政策使利率进一步提高，有效需求进一步减少。因此，该政策组合的效应是使利率大幅度提高，而对有效需求影响不大。

在图 15-7 中，有效需求不变。当然，若松财政的效应大于紧货币的效应，则有效需求会有一定程度的增加；若紧货币的效应大于松财政的效应，则有效需求会有一定程度的减少。

政府在什么情况下执行松财政紧货币的政策？可以设想这样一个背景：政府出于某种目的增加政府购买，但又不愿意看到由此引发总需求膨胀。在这种情况下，政府就可以考虑同时采取紧货币的政策。松财政紧货币政策导致利率大幅度提高，从而使投资需求减少。这样，一方面政府购买需求增加，另一方面企业投资需求减少，所以

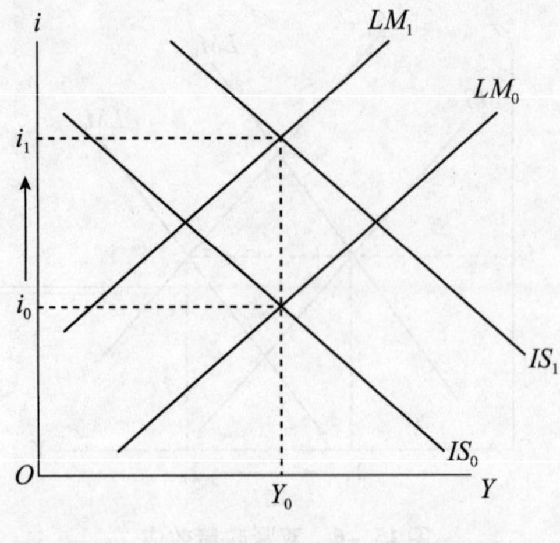

图 15－7　松财政紧货币政策的效应

总需求基本稳定，不至于有太大的波动。

由此可见，松财政紧货币政策主要不是影响总需求，而是影响需求结构。在总需求大体不变的情况下，提高公共部门需求占总需求的份额，降低私人部门需求占总需求的份额。

执行松财政紧货币政策的另一个背景是：国内储蓄不足。国内储蓄不足，会导致投资品供给不足，从而限制经济增长。解决国内储蓄不足问题的重要方法是刺激外国资本流入。外国资本的流动方向取决于相对的回报率。如果国外利率不变，本国利率提高，那么，外国资本的流入就会增加，以谋求更大的回报率。采取松财政紧货币的政策会导致利率大幅度提高，从而会刺激外国资本流入增加。因此，松财政紧货币的政策有利于解决国内储蓄不足的问题。

当然，执行松财政政策的基本前提是财政状况良好。如果财政状况恶化，政府债务过于庞大，那么，政府就基本上很难考虑继续执行松的或扩张性的财政政策。这样，松财政紧货币的政策组合自然也不能考虑。

四、紧财政松货币政策的效应

紧财政松货币政策是指紧缩性财政政策和扩张性货币政策的组合。这种政策组合的效应可以用图 15－8 表示。

紧财政导致有效需求减少，同时利率下降；松货币导致有效需求增加，同时利率下降。因此，两项政策的组合导致利率大幅度下降，而对有效需求的影响不大（图中有效需求不变）。

两项政策对总有效需求影响的方向相反。如果紧财政的效应大于松货币的效应，那么，有效需求将有一定程度的减少；否则，有效需求将有一定程度的增加。

紧财政松货币的政策组合在什么情况下使用？财政状况恶化往往使政府不得不紧

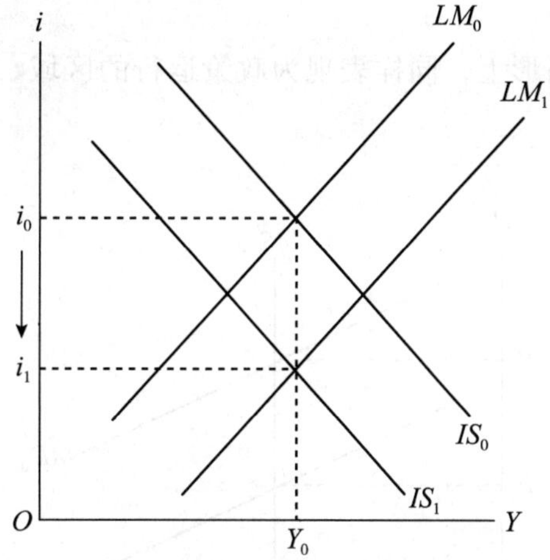

图 15－8 紧缩财政加扩张货币的政策效应

缩财政。但是，紧缩财政有可能使总需求收缩，经济趋于萧条。为了避免这种情况的出现，政府可以考虑同时扩张货币。紧财政加松货币可以促使利率大幅度下降，从而刺激企业投资需求增加。投资需求增加可以弥补由紧缩财政造成的总需求收缩的缺口，使总需求大体不变。

由此可知，紧财政松货币也是一种影响需求结构的政策，即在一定程度上用私人部门的需求去替代公共部门的需求。

当然，由于紧财政松货币的政策组合会导致利率大幅度下降，外国资本很可能会因此大量流出，这是一种不利的情况。如果本国的储蓄水平较高，那么，外国资本的流出不至于造成很大的影响。在这种情况下，政府仍然可以考虑执行紧财政松货币的政策。相反，如果本国的储蓄水平较低，考虑到低利率导致资本外流造成的对经济增长不利的影响，在决策实施紧财政松货币的政策组合的时候必须慎重。

第四节 治理通货膨胀政策的成本

一、充分就业情况下的紧缩政策效应

以上讨论了扩张总需求的政策效应。在经济萧条的情况下，政府会采取扩张总需求的政策刺激总需求，以减少失业，增加产量。相反，在经济过热的情况下，政府会采取收缩总需求的政策，降低通货膨胀率，实现物价稳定。

紧缩总需求的政策能否取得比较好的效果，主要取决于政策力度。如果紧缩总需求的政策力度是适宜的，那么，紧缩总需求的政策在导致价格水平下降的同时，不会牺牲产量（即总产出水平保持不变）。如果政策力度过大，那么，紧缩总需求的政策在导致价格下降的同时，会促使产量水平降低，失业率上升。这样，反而影响了宏观经

济的运行。

这一问题，在几何图形上，同样表现为政策运行的区域。在图 15－9 中，假设初始总需求曲线为 AD_0。

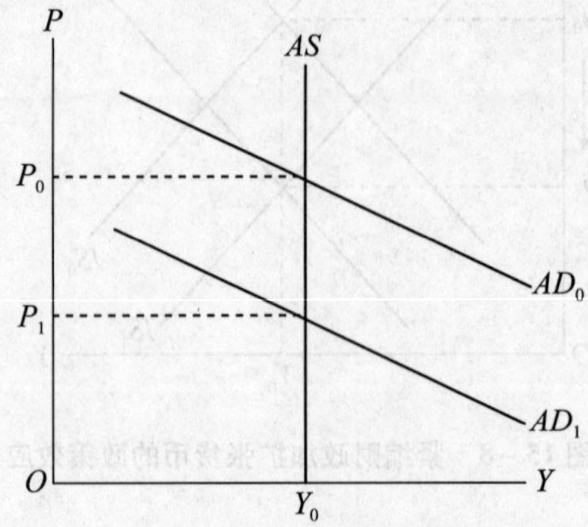

图 15－9　充分就业情况下的紧缩政策效应

总需求曲线位置很高，表明经济运行在过热区域。在这种情况下，政府准备采取紧缩总需求的政策。紧缩的效果取决于紧缩后经济运行的区域。如果紧缩政策使总需求降低至 AD_1，那么，由于经济仍然运行于充分就业区，紧缩政策使价格水平降低，而产量水平保持不变（Y_0）。因此，紧缩政策的效果很好。

二、小于充分就业情况下的紧缩政策效应

在图 15－10 中，如果紧缩政策过度，致使总需求由 AD_0降至 AD_1，那么，由于经济现在运行于小于充分就业区，紧缩政策一方面使价格水平降低，另一方面使产量水平由 Y_0降低至 Y_1，Y_1小于充分就业产量。

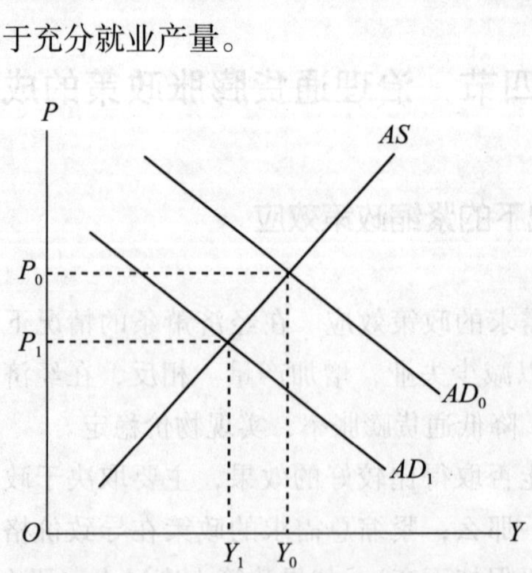

图 15－10　小于充分就业情况下的紧缩政策效应

可见，在这种情况下，紧缩政策虽然成功地降低了物价水平，却也牺牲了总产出，造成总产出水平减少，政策效果不佳。

章节习题

1. 解释货币政策。
2. 解释货币政策乘数。
3. 对有顺差的过热经济采取紧缩的货币政策是否合适？为什么？
4. 货币政策效果为什么会因 LM 斜率而异？
5. 什么是货币政策的内部时滞？
6. 下列等式描绘了一个经济体：

$C=0.8(1-t)Y$；$G=250$ 元；$t=0.25$；$re=0.1$；$I=900-50i$；$p=2$；$L=0.25Y-62.5i$；$RE=100$ 元；$cu=0.2$；$CU=150$ 元

这里，C 表示消费支出，Y 表示国民收入，t 表示税率，I 表示投资支出，G 表示政府购买，i 表示利率，L 表示真实货币需求，CU 表示通货，RE 表示准备金，cu 表示通货存款比率，re 表示准备金率，p 表示价格水平。试计算货币政策乘数。

7. 货币政策应该按规则还是相机抉择？请说明理由。
8. 说明货币政策的局限性。
9. 利用什么样的货币政策和财政政策相配合才能有效地治理经济衰退？
10. 试述货币政策主要操作工具的运用。

第十六章　总需求扩张的负供给效应

导入案例

中国人民银行：需求扩张有助于人民币汇率稳定

央行2015年7月14日发布公告，相关境外机构（主体为境外央行或货币当局、国际金融组织、主权财富基金三类）投资国内银行间市场转为备案制，同时放开相关境外机构的投资限额、扩大境外机构在银行间债券市场的交易品种。分析人士指出，中国债市本次大幅向境外机构开放，将增强人民币储备货币地位。通过与欧美发达国家债券市场对比来看，该举措在扩大银行间债券流动性、更有利于中国债市发展的同时，也意味人民币国际化再次迈出关键一步，未来人民币币值将会长时间保持稳定。

一、助力人民币国际化

对于本次央行发布的《中国人民银行关于境外央行、国际金融组织、主权财富基金运用人民币投资银行间市场有关事宜的通知》（以下简称《通知》），市场人士表示，《通知》核心内容在于三个方面：一是规定相关境外机构投资国内银行间市场为备案制，且放开投资限额；二是扩大境外机构在银行间债券市场的交易品种，由原来的现券和回购扩展至“现券、回购、借贷、远期，以及利率互换、远期利率协议等其他经中国人民银行许可的交易”；三是对境外机构投资期限提出要求：“相关境外机构投资者应作为长期投资者”，“中国人民银行将根据双方对等性原则和宏观审慎要求对相关境外机构投资者的交易行为进行管理”。

平安证券报告指出，人民币从结算货币、储蓄货币逐步转变成为国际化货币，需要成熟的境内资本市场和离岸金融市场，根本又在于境内资本市场的深度发展和开放。本次债券市场开放，是资本账户可兑换以及资本市场深化发展的重要一步。

来自中金公司的观点也认为，本次央行进一步对境外资本开放银行间市场，是实现资本账户自由可兑换这一既定目标的重要进展。放松境外央行、国际金融组织和主权财富基金的银行间市场准入也可进一步拓宽离岸人民币资金的投资渠道，增强人民币作为储备货币的便利性和可使用程度。因此管理层推动人民币加入IMF特别提款权的货币篮子、推进人民币国际化的方向，仍然在大力推进之中。

二、人民币将长期稳定

在中国债券市场进一步开放、人民币国际化有序推进的背景下，对于未来人民币汇率的表现，主流机构观点认为，随着人民币迈向国际货币、储备货币，境外机构对持有人民币及配置人民币资产的需求将会大幅增长。从国内政策层面及市场层面来看，人民币币值都会继续保持长期稳定。

来自汇丰银行的观点认为，境外央行、国际金融组织及主权财富基金从资产配置多元化的角度，对人民币产品一直都有投资需求。本次新政策进一步便利了国外投资者进入内地银行间市场，尤其是将投资范围扩大到证券类资产等衍生品交易，有助投资者对冲外汇风险，增加人民币资产投资潜力。在目前内地股市颇为动荡，尤其是民间开始出现倾向持有美元的时机推出债市的进一步放开，体现了中国坚定推进人民币国际化的决心，也增强了外国投资者对人民币的信心。

中信证券等机构也指出，尽管2017年年内美联储加息和货币政策实质性收紧仍是大概率事件，近期美元指数也出现阶段性上涨，但人民币汇率中间价、即期汇价依然表现出稳健特征，显示出央行稳定人民币汇率的决心。结合近期中国股市的剧烈波动，招商证券则进一步指出，从历史上新兴市场多次发生的金融市场危机来看，投资者对于本币汇率的信心是市场稳定的基础。一旦本币贬值开始，汇率与资产价格的负反馈会最终使金融市场下挫。若能借资本市场调整中暴露出的问题，在积极推进资本项下开放的同时，稳定各方对人民币汇率的预期、逐步完善市场机制，则有助于金融体系各个方面的稳定。

第一节　适应性预期情况

一、事实对理论的检验

短期菲利普斯曲线所揭示的失业率和通货膨胀率之间的替代关系在20世纪60年代大致得到经验的印证。但是，进入70年代以后，情况有了很大不同。经济学家发现，和50年代、60年代相比，70年代失业率对应的通货膨胀率较前提高了。这一情况在图形上表现为：菲利普斯曲线不再是显著地向右下方倾斜，而是变成近乎于垂直。甚至观察到这种情况，即在通货膨胀率提高的同时失业率增加，反映这种情况的菲利普斯曲线则向右上方倾斜了。

显然，原先向右下方倾斜的菲利普斯曲线不能解释20世纪70年代以后发生的新情况。问题出在哪儿？经研究发现，通货膨胀预期是一个必须予以考虑的重要因素。一旦引入这个因素，原先向右下方倾斜的菲利普斯曲线不必全然抛弃，相反，以它为基础，可以发展出一套新的理论，从而对经济现象有更强的解释力度。

二、预期的类型①

经济学中的预期是经济当事人对经济变量在未来的变动方向和变动幅度的一种事前估计。预期在经济学中的重要性早已得到公认。然而，直到20世纪60年代以前，西方经济学家在论及预期时，都没能以明确的形式来表示预期的形成机制。

美国经济学家约翰·穆斯把过去经济学家暗中设想的预期归纳为三种类型。

第一种，静态预期。这种预期只是简单地把上一期的实际价格看作现期的预期价格。即把价格看成是不变的。

第二种，外推型预期。这种预期表示，人们形成第 n 期的预期价格时，不仅要依据上一期的实际价格，而且要考虑上一期的实际价格与前一期的实际价格相比较的变动幅度。这种预期虽然已把价格看成变动的，但还是单纯地把过去实际价格的变动情况完全当成今后也将会出现的情况。

第三种，适应性预期。这种预期表明，人们在形成对现期的预期价格时，要考虑上一期的预期误差，当上一期预期价格高于实际价格时，对下一期的预期价格要相应减少；反之，则相应增加。显然，适应性预期已不是简单地依赖于过去的实际价格，从而比外推型预期又前进了一步。

然而，上述三种类型的预期假说都存在一个共同的缺点，即人们只能单凭过去的经验对未来作出判断，而把当前的一切可供利用的信息以及他们对政府政策效应的知识统统排除在预期形成机制之外。这些假说不合乎人的理性，因而缺乏说服力。

就预期形成的机制而言，经济当事人为避免损失和谋取最大利益，他们总是设法利用一切可获得的信息（过去的、现在的）来对所关心的经济变量在未来的变动状况作出尽可能准确的预测，这种预期才是合乎理性的。这种预期叫作理性预期。

理性预期是在有效利用一切信息的前提下，对经济变量作出的从长期来看最为准确的，而又与所使用的经济理论、模型相一致的预期。

三、长期菲利普斯曲线

把通货膨胀预期这一因素引入原先的理论，则菲利普斯曲线的函数表达式为：

$$\pi = \pi^e - \theta(u - \bar{u}) \tag{1}$$

其中 π^e 为通货膨胀预期。

下面结合图形考察引入通货膨胀预期因素之后失业率与通货膨胀率之间的关系。

假设普遍不存在通货膨胀预期，即 $\pi^e = 0$，则式（1）$\pi = -\theta(u - \bar{u})$。它在图

① 吴易风，刘凤良，吴汉洪. 西方经济学［M］. 北京：中国人民大学出版社1999年版，第688－689页。

16－1中就是菲利普斯曲线 Ph_0。

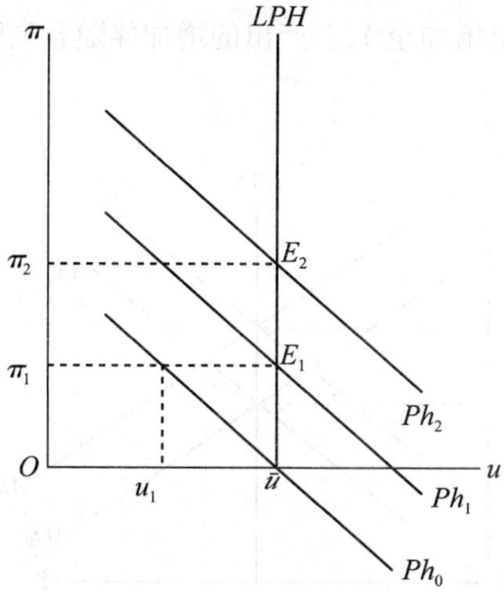

图 16－1　长期菲利普斯曲线

假设失业率为 u_1，$u_1 < \bar{u}$，与之对应的通货膨胀率为 π_1。根据前面讨论过的价格黏性理论，可知这个组合（u_1、π_1）必定会沿着曲线 Ph_0 向右下方移动，经过逐期调整，最后会均衡于自然失业率和零通货膨胀率的组合。如果失业率大于自然失业率（图中未画出），就会发生相反方向的调整，最后还是会均衡于自然失业率与零通货膨胀率的组合。

如果普遍存在通货膨胀预期，即 $\pi^e>0$，则情况就不同了。从图形上看，$\pi^e>0$ 使菲利普斯曲线的纵截距提高了，从而曲线由 Ph_0 上移至 Ph_1。这种变化表明：由于通货膨胀预期起作用，与各个失业率对应的通货膨胀率均较以前提高了。由于曲线位置上移，宏观经济不再沿着曲线 Ph_0 移动，而是沿着水平方向移动至曲线 Ph_1。这样，最后的均衡点不再是自然失业率与零通货膨胀率的组合，而是自然失业率与大于零的通货膨胀率的组合（$\bar{u}$ 与 π_1）。若通货膨胀预期保持不变，则经济始终沿着 Ph_1 曲线移动。若通货膨胀预期提高，则曲线上移至 Ph_2。于是，经济沿着 Ph_2 曲线移动，最后的均衡点是自然失业率与一个更高的通货膨胀率（π_2）的组合。

可见，在短期，经济沿着向右下方倾斜的短期菲利普斯曲线运行，通货膨胀率和失业率之间具有一种替代关系。但是，在长期，由于通货膨胀预期起作用，通货膨胀率和失业率的组合沿着 $\bar{u}$、E_1、E_2 这些点的方向移动，这一垂线就称为长期菲利普斯曲线（*LPH*）。长期菲利普斯曲线表明：在长期，通货膨胀率与失业率之间的替代关系不复存在，相反，宏观经济均衡于自然失业率与越来越高的通货膨胀率的组合。

四、与 *LPH* 曲线对应的 *AS*－*AD* 表达

菲利普斯曲线反映了通货膨胀率和失业率之间的关系。在这里，我们把这种关系

“翻译”成 *AS* - *AD* 模型的语言，以便与本章以下各节的理论进行对照。

在图 16 - 2 中，初始均衡点是 P_0、Y_0，Y_0是充分就业产出。政府采取扩张总需求的政策，在短期可以使产出增加至 Y_1。产出的增加伴随着失业率的下降。

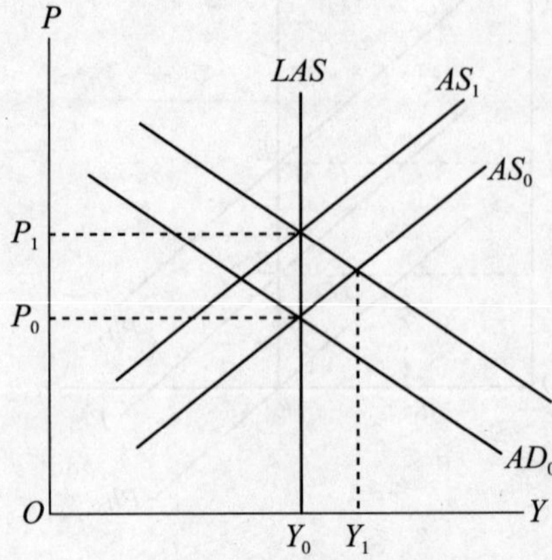

图 16 - 2　与 *LPH* 曲线对应的 *AS* - *AD* 表达

扩张总需求的政策同时造成物价上涨。工人根据适应性预期，为了补偿物价上涨的损失，要求增加工资。

工资增加造成企业成本状况恶化，企业不得不减产或停产，即 *AS* 曲线左移。这样，物价进一步上升至 P_1，同时，产出回到 Y_0水平。与 Y_0对应的失业率就是自然失业率。

第二节　理性预期情况

一、劳动市场情况

就业决定于劳动市场的供给和需求。影响劳动供给和劳动需求最重要的要素是实际工资。实际工资是货币工资与物价水平之比。劳资双方通过对价格水平的预期把握价格水平，并据此进行货币工资的谈判。

如果劳资双方对价格水平的预期等于实际价格水平，那么，劳动市场将实现充分就业，如图 16 - 3 所示。

在图 16 - 3 中，劳资双方的价格预期都是 P_0。由于信息充分，预期非常准确，实际价格就是 P_0，这时，实际工资是 W_0/P_0，就业是 L_0，L_0实现了充分就业。这当然是非常理想的情况。

假设出现了这样一种情况：劳资双方的价格预期是 P_0，而实际价格高于 P_0，达到 P_1。对于这种情况，工人不明了，因此不进行劳动供给的调整（即劳动供给曲线不

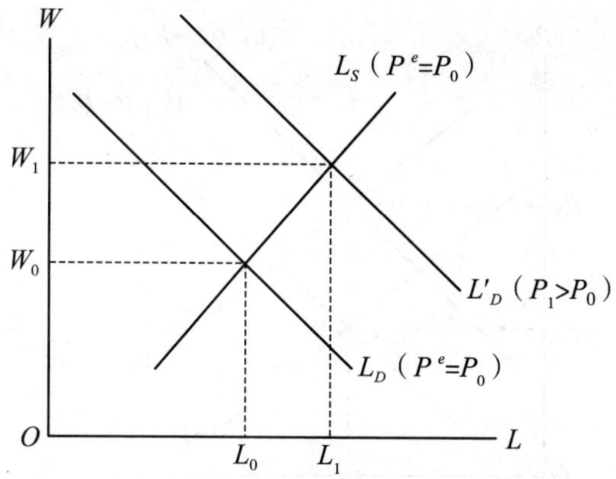

图 16－3　就业的决定

变）；而企业明了，因此进行劳动需求的调整，即劳动需求曲线右移至 L'_D。经过调整，劳动市场重新实现均衡，即货币工资为 W_1，就业为 L_1（大于充分就业）。

以上情况表明：实际就业偏离充分就业状况，是因为发生了非预期的价格变化，而且，对这种信息的掌握是非对称的。

劳动市场的这种情况自然会影响产品市场的均衡。

二、产品市场情况

把以上所说的劳动市场的情况再延伸一下，就可以得到关于产品供给的一般规律，这就是著名的卢卡斯供给曲线：

$$AS = \varphi \frac{P}{P^e}$$

卢卡斯供给曲线的含义是：如果实际价格高于预期价格，那么，就业就会增加，就业的增加会带动总供给的增加。

根据这种观点，可以考察总需求扩张的效应。

1. 预期的总需求扩张

在图 16－4 中，初始价格为 P_0，产出实现充分就业水平，为 Y_0。政府采取总需求扩张的政策。工人预期价格将上涨至 P_1，因此调整劳动供给，即劳动供给曲线左移；企业随之调整产品供给，即总供给曲线左移至 AS'。经过调整，经济重新实现均衡：价格上涨至 P_1，产出维持充分就业产出水平 Y_0不变。

2. 未预期的总需求扩张

在图 16－5 中，政府采取扩张总需求的政策，而工人对此无察觉，因此未对劳动供给进行调整；而企业对此有察觉，因此调整劳动需求，即增加对劳动的雇用，这样导致总产出增加至 Y_1。

但是，这种情况不可能长期存在。价格上涨或迟或早会被工人察觉，这样，工人

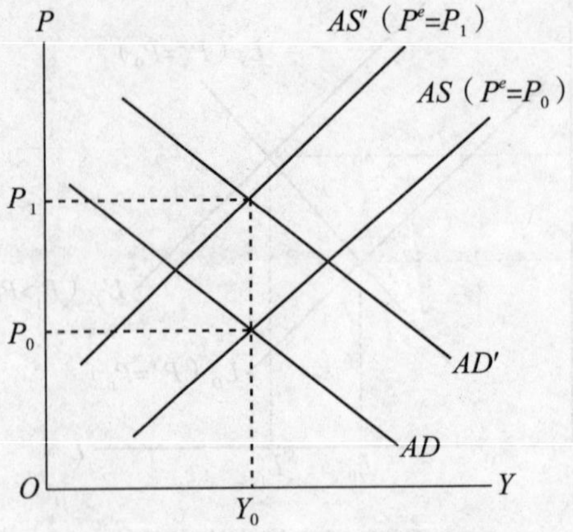

图 16－4　预期的总需求扩张效应

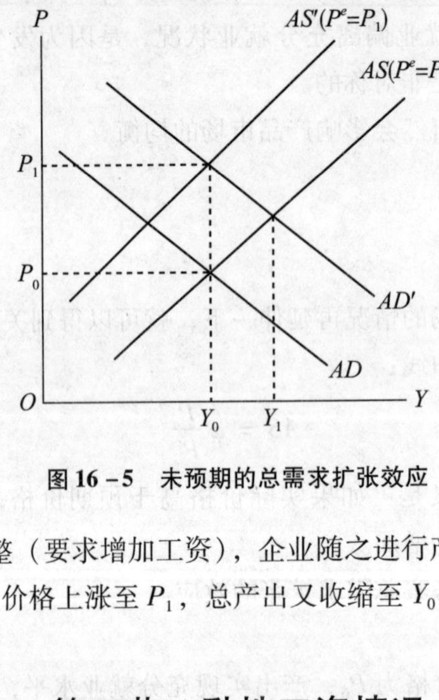

图 16－5　未预期的总需求扩张效应

就会进行劳动供给的调整（要求增加工资），企业随之进行产品供给的调整，即总供给曲线左移至 AS'。这样，价格上涨至 P_1，总产出又收缩至 Y_0。

第三节　黏性工资情况

一、工资（价格）黏性假说

古典学派认为工资（价格）自由波动，灵敏地反映供求状况并调节供求数量，从而保证资本主义市场经济经常处于充分就业状态，这就是古典学派的工资（价格）弹性假说。

凯恩斯认为存在工资波动的下限，工资波动受阻导致非自愿失业成为资本主义市场经济的“常态”，这就是凯恩斯工资刚性假说。

凯恩斯学派发展出一套介乎于二者之间的理论，即工资（价格）黏性假说：工资（价格）既不是按照工资刚性所言根本不反映供求，也不是按照工资弹性所言灵敏迅速地反映供求，而是滞后地反映供求状况及其变化。所谓“滞后”是指供求变化并不是立刻反映到工资（价格）上，而是经过一段时间再反映到工资（价格）上。

对工资黏性的解释如下：

第一，劳资之间长期契约关系的影响。经济繁荣时，对劳动的需求提高，而工资受长期契约的影响不能随之提高。只是在经济繁荣经过一段时间后，工资才提高。在这里，工资的提高在时间上落后于劳动市场的求大于供。经济衰退时，对劳动的需求减少，而工资受长期契约的影响不能随之下降，只是在经济衰退经过一段时间后，工资才下降。在这里，工资的下降在时间上落后于劳动市场的供大于求，这就是说，工资调整慢于劳动供求关系的变化，具有黏性。

第二，由于信息的不完全性，工资无法对价格变动迅速作出反应。例如，价格水平已经提高，但工人也许并未充分察觉，价格水平进一步提高才被工人察觉，工人这才要求提高工资。但是，工资的提高慢于价格水平的提高。

二、就业状况对工资的影响

1. 就业状况对本期工资的影响

就业状况对本期工资的影响可以利用式（2）概括：

$$W_g = -\theta(u - \bar{u}) \tag{2}$$

该式表示工资增长率和失业率之间的关系。其中 θ 为稳定的参数，反映了失业率对工资增长率的影响程度。该式表示的具体关系如下：

若 $u > \bar{u}$，则 $W_g < 0$（本期工资下降）

若 $u = \bar{u}$，则 $W_g = 0$（本期工资不变）

若 $u < \bar{u}$，则 $W_g > 0$（本期工资提高）

上述就业状况和工资变化的因果关系实际上反映了这样的理论观点：就业一旦偏离其正常状态（充分就业），就会产生工资变动的压力；工资的变动通过一系列机制，会把就业拉回到其正常状态即充分就业。

这种理论的基本判断是相信价格这只“看不见的手”归根结底会把宏观经济调节到充分就业的状态。这种观点，特别是失业导致工资下降，和凯恩斯关于工资刚性导致失业持续存在的理论观点截然不同，相反，与古典宏观经济模型关于健全的价格机制使经济经常处于充分就业状态的论断是非常一致的。当然，这种观点和凯恩斯经济学也有比较接近的地方，和古典宏观模型也并不完全一致，后面再说。

2. 就业状况对下期工资的影响

实际就业偏离正常状态（充分就业），不仅会对本期工资产生影响，而且会持续地影响下一期的工资。而后者正是黏性工资理论所特别强调的。根据黏性工资理论，本期就业状况对下一期工资的影响包括如下几种情况：

①若本期劳动实现充分就业，则下期工资不变（同本期）；

②若本期劳动小于充分就业，则下期工资下降（低于本期）；

③若本期劳动大于充分就业，则下期工资提高（高于本期）。

解释如下：

①本期劳动实现充分就业意味着劳动市场的供给与需求达到均衡。这样本期工资倾向于维持前期水平，而下期就业和工资的对应关系同本期。

②本期劳动小于充分就业意味着劳动市场供给大于需求。劳动供给大于劳动需求产生工资向下运动的压力，因此，本期工资低于前期工资。由于黏性的作用，工资向下运动的压力在下一期继续释放出来。这表现为下期各个可能的就业对应的工资均低于本期。

③本期劳动大于充分就业意味着劳动市场需求大于供给。劳动需求大于劳动供给产生工资向上运动的压力，因此，本期工资高于前期工资。由于黏性的作用，工资向上运动的压力在下一期继续释放出来。这表现为下期各个可能的就业对应的工资均高于本期。

以上所述就业状况对下一期工资的影响，在几何图形上表现为劳动供给曲线的移动，如图 16 -6 所示。

图 16 -6 中，L_0表示充分就业，W_0是与之对应的工资。本期的劳动供给曲线为 S_{L_0}。

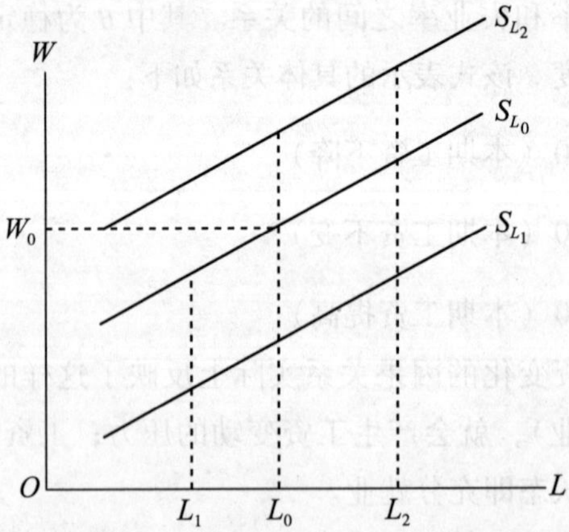

图 16 -6　就业状况对下一期劳动供给的影响

①如果本期劳动实现充分就业（L_0），那么，本期的工资维持在 W_0，而且，下一期的劳动供给曲线仍然为 S_{L_0}；

②如果本期劳动大于充分就业（L_2），那么，不仅本期的工资会提高，而且下一期

的劳动供给曲线将上移至 S_{L_2}；

③如果本期劳动小于充分就业（L_1），那么，不仅本期的工资会下降，而且下一期的劳动供给曲线将下移至 S_{L_1}。

以上通过几何方法（曲线及曲线的移动）表达理论观点。从对理论的学习来说，特别重要的是，不要被理论借以表达的数学形式（包括其中的数量关系）占据过多的注意力，而要有意识地把注意力集中在努力抓住、理解在数学形式背后的基本经济思想。

在这里，基本的经济思想是什么呢？即就业一旦偏离充分就业的正常水平，工资就会在本期和下一期变动（下面将要说明）。工资变动的经济意义在于它会反作用于就业，使就业重新回到充分就业水平。一句话，"看不见的手"（工资也是一种价格）对宏观经济起着健全的调节作用。

三、总产出对总供给的影响

总产出对总供给的动态影响可以概括如下：

①若本期产出实现充分就业水平，则本期工资不变、价格水平不变，且下期总供给曲线不变；

②若本期产出小于充分就业水平，则本期工资下降、价格水平下降，且下期总供给曲线下移；

③若本期产出大于充分就业水平，则本期工资提高、价格水平提高，且下期总供给曲线上移。

上述因果关系的几何表达如图 16 – 7 所示。

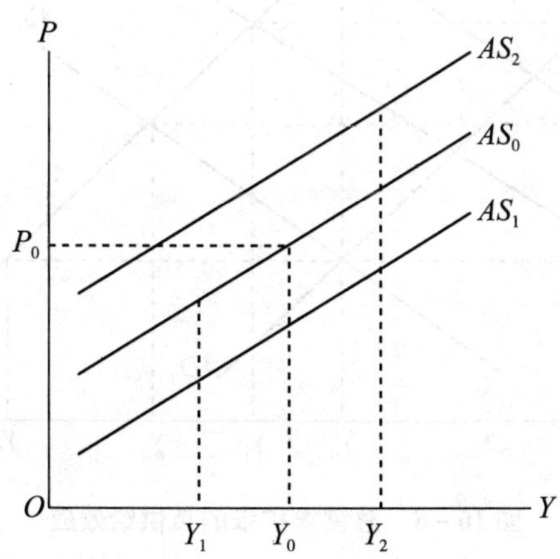

图 16 – 7 总产出对总供给的影响

在图 16 – 7 中，Y_0是充分就业产出，与之对应的物价水平是 P_0。

①如果本期产出为 Y_0，那么，下一期总供给曲线维持在 AS_0位置；

②如果本期产出为 Y_2，那么，下一期总供给曲线将上移至 AS_2位置；

③如果本期产出为 Y_1，那么，下一期总供给曲线将下移至 AS_1位置。

本节的基本思想是一旦产出偏离充分就业水平，工资、物价水平以及总供给就会对产出的这种偏离作出反应，即在本期以及下一期发生变动。

下面将说明，物价变动的经济意义在于它会反作用于供给，并进一步影响总产出，使总产出回到充分就业的正常水平。

另外，读者应该注意到，本节所讲的产出对物价的影响和上一节所讲的就业对工资的影响是完全对应的。为什么产出会对物价产生影响？答案就在于就业会对工资产生影响。因此，对这两节来说，毫无疑问重点是本节，而第一节是本节的一个铺垫。

四、总需求扩张的效应

假设初始状态为充分就业，然后发生总需求扩张，继而发生了产出和价格水平的动态变化过程。

在图 16－8 中，假设 t 期总需求曲线为 AD_0，总供给曲线为 AS_t，两曲线的交点决定了均衡价格水平为 P_0、均衡产出水平为 Y_0。假设 Y_0为充分就业产出水平，由于某种原因（例如政府的扩张政策），总需求发生扩张，即总需求曲线右移至 AD_1。下面分不同时期考察由此引起的变化。

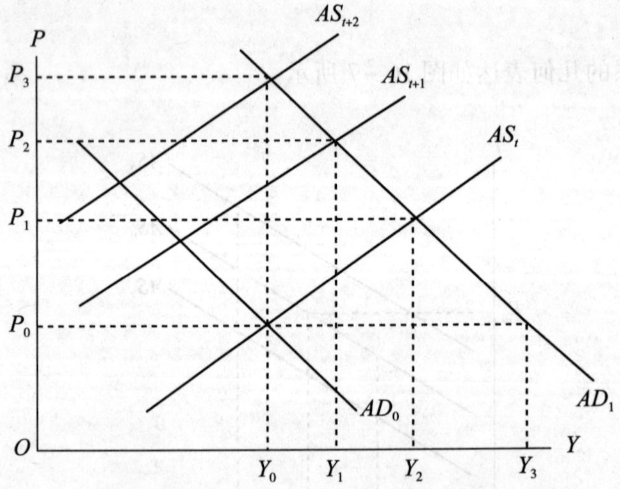

图 16－8　总需求扩张的负供给效应

1. t 期的变化

当价格水平为 P_0时，总供给为 Y_0，总需求为 Y_3，形成了总需求大于总供给的短缺缺口，短缺缺口量为 $Y_3-Y_0=Y_3Y_0$。求大于供导致价格水平上涨，使价格水平由 P_0上

升至 P_1。

究其背后的原因，总需求大于充分就业供给，导致劳动市场需求大于供给，从而促使工资提高。工资是决定价格水平的重要因素。工资提高使生产的边际成本提高，从而使总体企业愿意接受的价格水平提高。这样，总需求扩张在产出受到供给限制的情况下导致价格水平提高。

随着价格水平的提高，总需求逐渐收缩，总供给在充分就业产出的基础上进一步扩张（求其简化，未考虑总供给在达到充分就业产出水平以后供给价格弹性变小这一因素），这样，求大于供的矛盾逐渐缓解。当价格水平上升至 P_1 时，供求达到一致。于是 P_1 是 t 期的均衡价格水平，Y_2 是 t 期的均衡产出。

2. $t+1$ 期的变化

t 期的产出大于充分就业水平，根据前面的论述可知，在 $t+1$ 期总供给曲线向左上方移动，于是，在 $t+1$ 期总供给曲线为 AS_{t+1}。总供给曲线上移的原因主要是工资上涨因素。

在 t 期，劳动市场求大于供导致工资上涨。但是，由于黏性的作用（例如受到工资契约的限制），在 t 期工资的上涨受到限制，未能与劳动需求大于劳动供给的程度完全适应。尽管如此，工资上涨的压力仍然存在。这种工资上涨的压力在 $t+1$ 期释放出来。它表现为与各个就业对应的工资均高于 t 期，即工资曲线向左上方移动。

由于工资价格、就业产出之间的密切关系，工资曲线向左上方移动，导致总供给曲线也向左上方移动。

由于总供给曲线的上移，在原价格水平 P_1 上，又形成了求大于供的缺口，于是又导致价格水平上涨。当价格水平上涨至 P_2 时，实现了 $t+1$ 期的均衡。均衡价格水平为 P_2，均衡产出水平为 Y_1。

3. $t+2$ 期的情况

由于 $t+1$ 期的产出仍大于充分就业产出水平，总供给曲线继续向左上方移动，$t+2$ 期的总供给曲线为 AS_{t+2}，其原因仍然在于劳动市场求大于供所导致的工资上涨压力滞后的释放。

总供给曲线左上移又引起求大于供的缺口，又引起价格水平的上涨。当价格水平上涨至 P_3 时，供求达到均衡。均衡价格为 P_3，均衡产出为 Y_0，即充分就业产出。

产出实现充分就业水平意味着劳动市场供求均衡，所以不存在工资变化的压力，从而也不存在总供给曲线进一步变化的压力。因此，若其他条件不变，则在 $t+2$ 期形成的均衡价格水平 P_3 和均衡产出水平 Y_0 将继续维持下去。

以上论述实际上描绘了一幅市场机制在一定的时间过程中使产出自动趋于充分就业水平的图画。以总需求扩张为例，总需求大于充分就业供给意味着劳动市场需求大于供给，这种状况产生工资上涨的压力，这又导致总供给曲线向左上方移动。工资上涨使总体企业的供给条件较前变差，因此，在各个可能的价格水平上，总体企业只愿意提供较少的产出。这样，在总需求不变的情况下，均衡价格水平提高，均衡产出水平下降。只要产出仍然大于充分就业水平，就仍然存在使产出水平下降的压力。直到产出等于充分就业水平，价格上涨的压力才会消失。

概括地说，价格水平的波动调节总供给和总需求，使充分就业均衡的实现具有一种自动的机制。

另外，这种调节不是“一蹴而就”的。在图 16-8 中，这种调节是通过 t 期、$t+1$ 期、$t+2$ 期三个时期才完成的，其原因在于劳动市场供求状况对工资的影响不是仅限于本期，而是要延续到下一期；类似地，产出供求状况对价格水平的影响不是仅限于本期，而是要延续到下一期。最后，如前所述，价格机制确实有力量把过于膨胀的总需求拉回到充分就业水平，但是，这种调节的代价是价格水平的提高。

五、弹性假说、刚性假说、黏性假说的比较

古典学派的弹性假说认为自由波动的价格能够灵敏而迅速地反映供求并调节供求，从而保证资本主义市场经济经常处于充分就业状态。由这一基本的理论思想引出的政策结论是：既然市场机制是健全的，政府没有必要干预经济。

凯恩斯的刚性假说认为价格波动受阻导致资本主义市场经济经常处于小于充分就业的状态。由此引出的政策结论是：既然市场机制不健全，政府有必要积极干预经济，刺激总需求，实现充分就业。

凯恩斯学派的黏性假说认为调节供求的价格机制是存在的，但调节是需要时间的。既然如此，资本主义市场经济可能处于非充分就业状态，也可能处于充分就业状态，但是具有实现充分就业状态的一般趋势。从这点看，凯恩斯学派的黏性假说似乎更接近古典学派的弹性假说。另外，从黏性假说的理论也可以合乎逻辑地推论出需要政府干预的政策结论。因为尽管黏性假说认为存在实现充分就业的自动机制，但适当的政府干预有可能缩短实现充分就业所需要的时间。

章节习题

1. 什么是价格黏性？为什么凯恩斯主义认为在宏观经济分析中考虑价格黏性是十分重要的？

2. 在凯恩斯模型中，政府购买的增加在短期内如何影响产出和实际利率？在长期呢？政府购买的增加在长期中如何影响产出的构成？

3. 根据凯恩斯主义 $IS-LM$ 模型，以下各种情况对产出、实际利率、就业和价格水平将产生什么样的影响？请区别短期影响和长期影响。

(1) 加大税收对投资的激励。假定为了使当前税收总额保持不变，政府同时征收了定额税，且增加的定额税刚好抵消了对投资的税收减免。

(2) 加大税收对储蓄的激励。与 (1) 相同，增加的定额税抵消了对储蓄的税收减

免，从而使当前税收总额保持不变。

(3) 投资者对未来资本投资收益率表现出悲观的情绪波动。

(4) 消费者预期未来收入会提高，因此信心大增。

(5) 金融管制放松，银行可以对支票账户支付更高的利率。

(6) 信用卡的出现及其功能的完善大大降低了人们在交易中所需的货币量。

(7) 严重缺水导致农产品大幅减产，并使食品价格急剧上升。

(8) 暂时性的有利供给冲击对经济的影响面很大，但在短期中对单个厂商的影响还没有足够大，以至于使其改变价格。

4. 假设美联储认为经济正处于衰退中，并实施了扩张性的货币政策以增加货币供给。然而，假设从货币供给增加到其影响总需求，需要六个月的时间，这也正是厂商重新考虑并调整价格所需要的时间。美联储的政策对产出和价格稳定有何影响？若出现如下两种情况，那么本题的答案会有所不同吗？

(1) 美联储预测经济衰退的能力有限。

(2) 价格调整的时间超过六个月。

5. 某厂商支付的实际工资与工人付出的努力之间的关系如下：

实际工资	努力程度
8	7
10	10
12	15
14	17
16	19
18	20

该厂商的劳动边际产量为：

$$MPN = E\ (100 - N)\ /15$$

式中 E 为努力程度，N 为雇用的劳动数量。在上述六种工资水平中，厂商会选择哪一种？它会雇用多少工人？在该厂商所在的城市中有 200 名工人，他们愿意在工资为 8 的水平上工作，这会影响上述问题的答案吗？如果会，将会有怎样的影响？

6. 某经济体中所有工人都签订了合同，该合同明确了名义工资，并赋予雇主选择雇工数量的权利。生产函数为：

$$Y = 20\sqrt{N}$$

相应的劳动边际产量：

$$MPN = 10/\sqrt{N}$$

假设名义工资 $W=20$ 价格单元。

(1) 写出描绘实际工资与厂商对劳动的需求量之间的关系表达式，即劳动需求曲线的表达式。

(2) 当名义工资等于20价格单元时，价格水平和厂商对劳动的需求量之间存在着怎样的关系？

(3) 价格水平和厂商提供的产量之间存在什么关系？作图表示这种关系。

第十七章　经济增长

导入案例

现代经济增长的源泉

《经济发展理论》是当代西方著名经济学家约瑟夫·熊彼特的代表著作，最早以德文于1912年出版，1926年修订再版；1934年由哈佛大学出版社出版英译本，被列为《哈佛经济丛书》第46卷；1990年由商务印书馆出版中译本，张培刚教授撰写序言。

熊彼特在这部著作里揭示了现代经济增长的源泉，提出了其经典的创新理论（Innovation Theory）。熊彼特的创新理论具有相当完整的体系，主要阐述了创新的内涵、创新的形式、创新的发动、创新的主体和信贷要素等问题，从而为现代经济发展理论奠定了基础，也让熊彼特赢得了"创新大师"的美誉，其要点包括：

第一，现代经济增长是蕴含着创新的经济发展，它不同于一般意义上的增长。传统的经济增长是数量增长，并不能称作发展过程，"因为它没有产生在质上是新的现象"，"我们把这种增长看作是数据的变化。"

第二，创新是生产要素或生产手段的"新组合"，它包括五种情况：采用一种新产品；采用一种新的生产方法；开辟一个新的市场；控制一种新的原材料供应来源；实现一种新的工业组织。

第三，创新的需要往往从生产者方面发动，经济体系中的创新一般并非在消费者方面自发地产生。"一般是生产者发动经济的变化，而消费者只是在必要时受到生产者的启发，消费者好像是被教导去需要新的东西。"

第四，企业家是实现"新组合"的主体。他们的职能并非通常意义上的管理，其中，实现生产手段的新组合是一种特殊的职能，典型企业家的独特任务在于"打破旧传统，创造新传统"。

第五，企业家借助信贷实现新组合。为创新目的而提供的货币信贷成为经济发展的特别要素，它能够创造新需求，把信贷给予企业家将可能创造出新的"供给"。

熊彼特的创新理论在经济思想发展史上具有杰出贡献，主要是揭示了现代经济发展的新路径，实现了从斯密式增长到熊彼特式增长的转变。

现代经济学的鼻祖亚当·斯密将经济增长的主要动力归结于社会分工，认为分工可以加深生产的专业化程度，进而提高生产效率；马歇尔沿着这条路线分析劳动分工的演进，阐述了分工和专业化促进报酬递增的机制，形成了新古典经济学框架。而熊彼特另辟蹊径，提出了一套新的解释经济变迁的经济学框架，认为企业家创新是推动社会经济系统演进的直接动力，生产技术的革新和生产方法的变革在经济增长中起着决定性的作用，从而开拓了用创新因素解释经济增长的经济学范式。这种从分工到创新的转变，实现了从斯密式增长到熊彼特式增长的转变，实质上是从传统经济增长到现代经济增长的转变。

熊彼特理论的提出有着深刻的时代背景，集中地反映了工业化时代经济增长的特点。20 世纪初期，世界主要资本主义国家普遍经历了第二次工业革命，重工业逐步占据主导地位，大型企业组织迅速形成。这种经济变革的实践，为熊彼特分析现代经济增长的源泉提供了经济事实。熊彼特的《经济发展理论》首先用静态方法分析经济循环流转，即简单再生产过程；然后从动态角度提出创新理论，用以分析资本主义的经济发展。熊彼特在这部著作以及后来的《经济周期》《资本主义、社会主义和民主》等著作中，不仅提出了创新是经济增长的源泉、创新是创造性毁灭等观点，而且提出了多重经济周期和社会主义替代资本主义的观点。

熊彼特的《经济发展理论》从形式和内容上对现代经济学的发展产生了重要影响。正如他在该书英文版序言中所写：这本书已经闯出了它自身的路，不管是对还是错，它已经在它的时代和领域里赢得了它在德国文献中的地位。自英文版发行后，该书的国际影响力迅速扩张。美国经济学家保罗·斯威齐提出：现代正统经济学家在他们的系统理论分析中从不试图分析演进过程，熊彼特的《经济发展理论》是在这方面离开传统标准的突出代表。奥斯卡·摩根斯顿认为：这是一本有关经济发展理论最受鼓舞和最引人注目的著作，在某种程度上对动态经济学的研究进行了尝试，这是一场革命。新熊彼特学派的旗手理查德·纳尔逊指出：经济学家关于技术进步产业的运行的评论已经带有熊彼特主义的血统，至少在他们不去阐述“理论”的时候是这样，经济学报刊编辑们的语言也变得越来越熊彼特式的。显然，熊彼特开创的道路是分析经济演进过程的尝试，也是研究动态经济学的尝试，更是阐述现代经济增长动力的尝试。这场经济学理论的革命，不仅开辟了经济学研究的新路径，而且形成了经济学分析的新范式，构建了一种新的经济学话语体系。

20 世纪 80 年代以后，新技术革命的浪潮不断涌现，熊彼特理论迅速传播和引起重视。特别是在进入 21 世纪的中国，经济转型的实践呼唤着技术创新和产业创新，熊彼特理论愈来愈受到理论界、企业界和政府部门的青睐。熊彼特关于创新是经济增长源泉的观点契合中国创新发展理念和创新驱动战略，关于新组合的方式的观点契合鼓励技术创新、产品创新和组织创新的政策，关于由生产者发起创新的观点契合推动供给侧改革引导消费者需求的政策。中国曾经创造经济增长奇迹，现在已经开启驶向创新强国的航程。借鉴熊彼特的创新理论，制定和实施合理的宏观经济政策，激发和集聚广大人民的创新热情和智慧，进而以创新推动产业升级和经济转型，我们的国家将大步迈向创新强国和经济强国。

第一节 经济增长概述

一、经济增长问题

经济增长是指在一段较长时期内一国国民生产总值不断增加的现象。以 Y_t 表示 t 期国民生产总值，Y_{t-1} 表示前一期国民生产总值，则 t 期经济增长率

$$G=(Y_t-Y_{t-1})/Y_{t-1}$$

增长率过低，对一国的经济发展是不利的；增长率过高而不稳定，对一国的经济发展也是不利的。这就需要研究一国经济怎样才能实现稳定高速增长。对经济增长的研究有以下几种类型：①经济增长的阶段；②经济增长中的结构变化；③均衡增长的条件；④经济增长的源泉。本书主要介绍后两类研究。

均衡增长的条件的研究就是要建立经济增长模型，进行完全抽象的纯理论分析，推导出一国经济实现稳定均衡增长所必须具备的一般条件。

二、经济增长的典型事实

据研究，西方主要资本主义国家在经济增长过程中呈现出一些共性，即经济增长的典型事实：

①在相当长的时期内，人均实际产出以大致不变的比率增长，即劳动投入稳定增长，产出以更大的比例稳定增长。

②不同国家的人均产出增长率有较大的差异。

③实际资本存量以大致稳定的比率增长，且超过劳动投入的增长比率，所以人均资本占有量以大致不变的比率增长。

④实际产出增长率和资本存量增长率大体一致，所以资本产出比率相当稳定。

⑤由于资本产出比率相当稳定，而且资本收益率也较固定，总产出中资本收入与工资收入的分配比例高度稳定。

⑥资本收入占总收入的比例越高，则投资占产出的比例越高。

从一个较短时期（比如10年）看，西方主要资本主义国家的经济呈现上下起伏的波动，即从危机到繁荣，再到危机的商业循环；但从一个较长时期（比如100年）看，这些国家的经济呈现出稳态增长的趋势。

经济周期理论是对总产出周期波动现象的理论解释，经济增长模型是对总产出在较长时期内稳态增长的理论解释。这种理论解释实际上揭示了经济稳态增长必备的一般条件，从而为经济实现稳态增长提供一种基础性知识。

第二节 均衡增长的条件

一、经济增长模型的一般假定

本章主要介绍哈罗德－多马模型、新古典模型和新剑桥模型、新经济增长理论的主要观点。

这些增长模型都在各自设立的假设条件下进行逻辑推导，最后得出结论。各个增长模型的假设条件有些相同、有些不相同。其中不相同的假设条件具有决定性的重要意义。正是因为假设条件不同，才导致不同的结论，从而导致不同的增长模型。相反，那些相同的假设条件并不具有特别重要的意义，这些假设条件的建立主要是为了简化讨论。各增长模型共有的假设条件如下：

（1）存在总量生产函数

$$Y_t = F\ (K_t,\ L_t)$$

其中，Y_t为t期总产出，K_t为t期投入的总资本量，L_t为t期投入的总劳动量。这实际上是假定一国只生产一种产品。这显然不符合事实，但使用这一假定可以避开众多产品的加总问题，从而便于进行讨论。总量生产函数的基本性质是：一阶齐次、二阶可导。

（2）劳动力的增长由外部条件给定，假设劳动力增长率为n。

（3）储蓄率$s = S/Y$由外部条件给定且不变。

（4）各年意愿投资等于储蓄。换言之，各增长模型均以各年供求均衡为基础进行讨论。这一情况可以表达为：

$$I_t = St = sY_t$$

二、固定系数的生产函数

英国人哈罗德和美国人多马分别独立地建立了理论构思和基本论点几乎完全相同的经济增长模型，一般将其称为哈罗德－多马经济增长模型（以下简称哈罗德模型）。

哈罗德模型利用凯恩斯宏观经济学的研究成果，抓住少数几个重要的经济变量，高度抽象地描述了稳态均衡增长的条件，成为现代经济增长模型研究的出发点，具有十分重要的理论意义。

哈罗德模型的重要假定是固定系数的生产函数。固定系数的生产函数是指单位产出所需的资本投入量和劳动投入量是固定不变的。

如果资源的投入满足这一由生产技术特性规定的固定投入比例，那么，资源的配置效率达到最大；否则，就出现资源闲置或浪费的情况。

就行业而言，可以看到，固定系数的生产函数的假设具有一定的现实性。例如，为一个司机配备一辆汽车是合适的，配置两辆汽车未免多余。再如，用铡刀铡草需要两人配合行动（一个人喂草、一个人铡草），一副铡刀配备三个人就不合适。显然，这一假设并不完全符合事实。哈罗德模型最初使用这一假设，或许仅仅出于简化的考虑。随后就可以看到，这一假设具有非常重要的理论意义，它几乎决定了哈罗德模型的整个面貌。

三、有保证的增长率

有保证的增长率亦称合意增长率，是指使各年生产能力充分利用的增长率。换言之，总产出按怎样的比率增长才能保证各年生产能力充分利用。

在不考虑技术进步的情况下，经济增长之所以发生，必定是由于各年生产要素的投入，包括劳动的投入和资本的投入，要多于前一年。或者说，经济增长来源于劳动力增长和资本存量增长。根据假定，劳动力增长由外部条件给定。在这种情况下，经济增长取决于资本存量的增长，而资本存量的增长来源于投资。在这个意义上可以说，经济增长的源泉在于投资。没有积累，没有投资，就不会有经济增长。那么，投资是怎样影响经济增长的呢？这就需要考虑投资对经济增长的二重影响，即投资的二重效应问题。

投资是总需求的一部分。投资的增加意味着总需求的增加。不仅如此，投资的增加还会带动一系列消费的增加，从而引起总需求进一步的增加。总需求增加引起总产出增加。投资的这种通过增加需求来增加总产出的效应可以用乘数原理加以表现。以ΔY_r表示实际增加的总需求、ΔI 表示增加的投资、s 表示不变的储蓄率即 $s = \frac{S}{Y} = \frac{\Delta S}{\Delta Y}$，则：

$$\Delta Y_r = \frac{1}{s}\Delta I$$

假设 $s = 1/5$，则乘数为 5（倍）。在这种情况下，投资增加 1 个单位，其需求效应可以使总需求增加 5 个单位。

另外，投资的结果是资本存量的增加，即生产能力的增加，这就是投资的另一重效应：生产能力效应或供给效应。对此可以用加速原理加以表现。以 Y_p表示生产能力产出，并以之代替资本产出比率公式中的 Y，则：

$$a = \frac{K}{Y_P}$$

$$Y_P = \frac{1}{a}K$$

在不考虑技术进步的情况下，资本产出比率 a 是一个常数。这就是说，在资本存量增加过程中，资本产出比率 a 保持不变。这样：

$$\Delta Y_P = \frac{1}{a}\Delta K$$

就是

$$\Delta Y_P = \frac{1}{a}I$$

该式表现了投资的生产能力效应。假设资本产出比率 $a=4$，则 4 单位的投资可以使生产能力产量增加 1 单位。

投资需要经过一段时间（比如一年）才能转化为新增资本存量或新增生产能力。因此，在进行短期（比如一年之内）分析时，投资的生产能力效应可以不予考虑。

然而，在进行长期（一年之上）分析时，投资的这种生产能力效应绝对不应忽视。在进行经济增长研究时，必须同时考虑投资的这种二重效应。合意增长率必须保证各年的总需求等于总供给，也就是必须保证投资的二重效应彼此完全适应，即要求下式得到满足：

$$\Delta Y_r = \Delta Y_P$$

就是

$$\frac{1}{s}\Delta I = \frac{1}{a}I$$

整理得

$$\frac{\Delta I}{I} = \frac{s}{a}$$

上式的左边是投资增长率，右边是储蓄率除以资本产出比率。上式的经济含义是合意增长率要求每年的投资按一固定的比率增长，这一固定的比率恰等于储蓄率除以资本产出比率。假设储蓄率 $s=1/5$，资本产出比率 $a=4$，则投资增长率 $=5\%$。这表明若储蓄率 $s=1/5$，资本产出比率 $a=4$，投资每年按 5% 的比率增长，可以保证投资的二重效应完全适应，从而保证各年实现生产能力充分利用。

可以证明：合意经济增长率恰等于投资增长率。以 G_W 表示合意经济增长率，则：

$$G_W = \frac{\Delta Y}{Y} = \frac{\Delta I}{I} = \frac{s}{a}$$

就是

$$G_W = \frac{s}{a} \tag{1}$$

该式表明在储蓄率、资本产出比率等给定情况下，各年总产出按一固定的比率增长可以保证各年均实现生产能力充分利用，这一固定的增长比率恰等于储蓄率除以资本产出比率所得的商。仍按以上假设：$s=1/5$，$a=4$，则 $G_W=5\%$。则

由式（1）可见，合意经济增长率的取值与储蓄率成正比，与资本产出比率成反比。或者说，较高的储蓄率、较低的资本产出比率可以支持较高的经济增长率。若资本产出比率给定，则合意经济增长率的高低完全取决于储蓄率的高低。

如果改变对资本产出比率 a 的表达，那么，合意经济增长率可以得到另一个表达形式。令 σ 为资本产出比率 a 的倒数，即：

$$\sigma = \frac{1}{a} = \frac{Y}{K}$$

σ 被称为资本生产率或资本效率系数。在上例中，若 $K=4$，$Y=1$，则 $\sigma=0.25$。这表示在某一技术状况下，1 元资本可以生产 0.25 元产出。

利用资本生产率 σ 的概念，合意经济增长率可以表达为：

$$G_W = \frac{\Delta Y}{Y} = s\sigma \tag{2}$$

该式表明：合意经济增长率等于储蓄率与资本生产率的乘积。显然，合意经济增长率的两个表达形式并没有本质的区别。

四、自然增长率与一致性条件

前面的讨论仅涉及投资以及资本存量的增长对经济增长的影响，现在需要考虑劳动投入的增长对经济增长的影响。在这里，劳动投入的增长是指有效劳动投入的增长。有效劳动投入的增长取决于劳动人数的增长以及劳动生产率的增长这两个因素。若没有发生技术进步，则有效劳动增长率等于劳动人数的增长率；若技术进步使劳动生产率提高，则有效劳动增长率约等于劳动人数增长率与劳动生产率增长率之和。设劳动人数增长率为 1%、劳动生产率增长率为 2%，则有效劳动增长率约为 3%。根据前面的假定，有效劳动增长率由外部条件给定，设有效劳动增长率为 n。

现在定义与有效劳动增长率一致的经济增长率为自然增长率。以 G_N 表示自然增长率，则：

$$G_N = n$$

根据固定系数生产函数的假定，只有当经济增长率等于资本增长率且等于劳动增长率时，即只有当下式：

$$\frac{\Delta Y}{Y} = \frac{\Delta K}{K} = \frac{\Delta L}{L}$$

被满足时，经济增长才可能是有效率的；否则，势必造成资源的浪费。可见，劳动增长率对经济增长起着极为显著的制约作用。

哈罗德模型的基本结论是：一个经济有效率的长期稳定增长的条件是实际增长率等于合意增长率且等于自然增长率，即：

$$G = G_W = G_N = \frac{s}{a} = n$$

其中

$$\frac{s}{a} = n$$

称为有效率长期稳态增长的“一致性条件”。若用资本生产率 σ 代替资本产出比率 a，则一致性条件为：

$$s\sigma = n$$

根据前面的论述可知，长期有效率稳态增长包含三方面的内容：

（1）各年的供给等于需求（$I=S$）；

（2）各年生产能力充分利用 $\left(\frac{\Delta I}{I}=\frac{s}{a}\right)$；

（3）各年劳动充分就业 $\left(\frac{\Delta K}{K}=\frac{\Delta L}{L}=n\right)$。

哈罗德模型从投资的二重效应入手，突出了储蓄率（即积累率）和资本生产率对经济增长的重要影响，以极其简练的形式高度概括了长期有效稳定增长必备的条件。这些都具有开拓性的意义，成为以后经济增长研究的基础。由于受到固定系数的生产函数假设的束缚，模型所设想的长期有效稳态增长很难实现，这与西方主要资本主义国家增长的典型事实相悖。新古典增长模型正是从这一点出发推进了经济增长的研究。

第三节　均衡增长的机制

一、政府干预

一致性条件揭示了长期有效稳态增长必须具备的条件。显然，实际经济增长能否满足这一条件完全是另一回事。由于模型并未包含矫正机制，一致性条件很难满足，从而长期有效稳态增长很难实现。既然模型内不存在实现长期有效稳态增长的机制，就只有寻求模型以外的力量了，这就是政府的干预。哈罗德模型的重要政策结论就是：通过政府的干预，实现经济长期有效稳态的增长。

二、价格机制

索洛、斯旺等建立的新古典增长模型的基本内容是充分考虑到市场经济价格机制的调节作用，从而得到资本增长率会自动地与劳动增长率趋于一致从而使长期有效稳态增长得以实现的结论。这样，新古典模型就克服了哈罗德模型的不足，对西方国家经济增长的典型事实给出了较好的理论解释。

新古典经济增长模型对总量生产函数有以下主要假设：

（1）总量生产函数 $Y=F(K, L)$ 的规模收益不变，即若资本投入量增加 m 倍，劳动投入量也增加 m 倍，则总产出 Y 也增加 m 倍。

（2）总量生产函数满足要素边际收益递减法则。

(3) 资本和劳动的投入具有一定的替代关系。此点与哈罗德模型中固定系数的生产函数假设截然不同。

由于假设生产体系的规模收益不变，总量的投入—产出关系就可以转化为人均量的投入—产出关系进行研究。换言之，总产量的生产函数可以转化为人均产量的生产函数：人均产量是人均资本存量的函数。设人均产量 $y = \frac{Y}{L}$，人均资本存量 $k = \frac{K}{L}$，则总量生产函数 $Y=F(K, L)$ 可以转化为如下的人均产量生产函数：

$$y = f(k)$$

人均产量生产函数的主要性质是：①人均产量仍然满足要素边际收益递减法则；②人均资本存量是可变的，即资本和劳动具有一定的替代关系。

经济的均衡增长要求资本存量的增长和劳动的增长是一致的。设劳动的增长率为 n，$n = \frac{\Delta L}{L}$，则均衡增长要求：

$$\frac{\Delta K}{K} = n = \frac{\Delta L}{L}$$

劳动的增长率与资本的增长率一致，意味着人均资本存量不变，即 $\frac{\Delta k}{k} = 0$，或 $\Delta k = 0$。

接下来的问题是：人均资本存量在什么情况下才会不变呢？有两种情况会造成人均资本存量减少：①固定资本发生损耗（折旧），如果没有补偿，就会造成人均资本减少；②劳动人口增加，在资本存量不变时，会造成人均资本减少。

投资可以使资本存量增加。如果资本存量的增加恰好弥补了上述两项造成的人均资本减少，就会导致人均资本不变。

根据以上研究，就可以找到人均资本不变的条件。假设储蓄率 $s = \frac{S}{Y}$，折旧率为 δ，则人均资本不变：即经济均衡增长的条件①可以表达如下：

$$s \cdot f(k) = (n + \delta)k$$

上式左边是人均储蓄，也就是人均投资。右边是由于劳动人口增加和固定资本折旧所造成的人均资本减少。$s \cdot f(k) = (n + \delta)k$，意味着人均投资弥补了人均资本的减少，所以人均资本不变。

当上述均衡增长的条件不被满足时，生产要素的相对价格就会发生变化。由于假设人均资本是可变的，即资本和劳动具有替代关系，价格的变化会引导企业进行要素的投入替代，即调整人均资本占有。人均资本占有经过充分的调整，均衡增长的条件

① 细心的读者会发现，该条件和哈罗德–多马模型的均衡条件在形式上是完全可以转化的，都可以转化为资本的增长率等于劳动的增长率。差别在于在哈罗德–多马模型中，要素投入比例是固定的，从而资本产出比率是固定的；而在新古典模型中，要素投入比例（即人均资本）是可以调节的。正因为有这样的差异，两个模型均衡增长的实现机制是不同的，均衡增长的条件在形式上的不同表达的意义也正在于此。

就会被满足。调整的过程如下图所示。

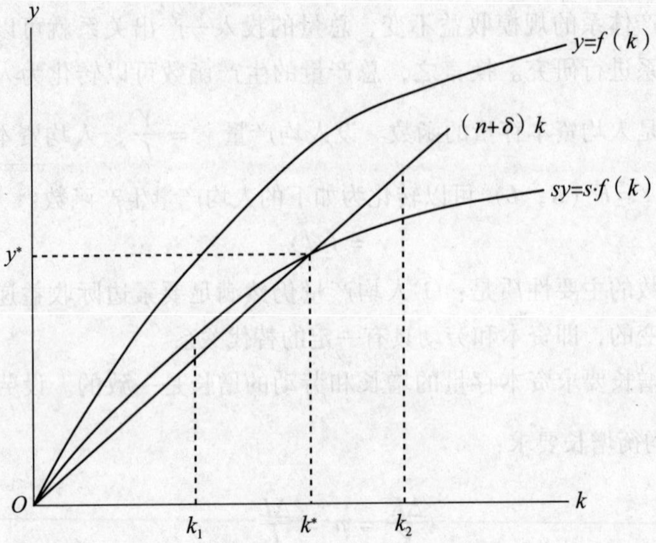

经济均衡增长的价格机制

在上图中，纵轴是人均产量，横轴是人均资本。上面一条曲线显示人均产量 y 是人均资本 k 的增函数，满足边际收益递减规律。下面一条曲线显示人均储蓄 sy 是人均资本的增函数。由于假定各年的投资等于储蓄，所以，人均储蓄曲线就是人均投资曲线。直线（$n+\delta$）k 反映劳动人口增加和固定资本折旧导致人均资本占有减少。下面通过讨论研究：人均资本占有必定收敛到人均投资曲线 $sy=s\cdot f$（k）和人均资本减少曲线（$n+\delta$）k 的交点 k^*。

（1）如果人均资本占有为 k_1，那么，由于投资大于人均资本占有的减少，所以人均资本占有将增加；

（2）如果人均资本占有为 k_2，那么，由于投资小于人均资本占有的减少，所以人均资本占有将减少；

（3）如果人均资本占有为 k^*，那么，由于投资等于人均资本占有的减少，所以人均资本占有将不变。

由此可知，通过以上机制，经济将实现均衡增长。经济均衡增长时的人均资本占有为 k^*，人均产量为 y^*。

以上论证至少可以使人获得强烈的“几何”必然性的印象。这种“几何”的必然性，是建立在更为坚实的“经济”必然性的基础之上的。讨论如下：

（1）如果人均资本占有为 k_1，那么，由于投资大于人均资本占有的减少，资本的增长率必然大于劳动的增长率。增长率的差异会导致资本的价格下降、劳动的价格上升。要素相对价格的变化将导致企业进行要素投入的替代，即增加资本的投入、减少劳动的投入。其结果是人均资本占有增加。

（2）如果人均资本占有为 k_2，那么，由于投资小于人均资本占有的减少，资本的增长率必然小于劳动的增长率。增长率的差异会导致资本的价格上升、劳动的价格下降。要素相对价格的变化将导致企业进行要素投入的替代，即减少资本的投入、增加劳动的投入。其结果是人均资本占有减少。

（3）如果人均资本占有为 k^*，那么，由于投资等于人均资本占有的减少，资本的增长率必然等于劳动的增长率。增长率的一致导致要素相对价格不变。在这种情况下，企业不会进行要素的投入替代，所以人均资本占有将不变。

通过对以上三种情况的讨论可知：无论初始人均资本占有如何，市场机制总使之趋于 k^*；换言之，无论初始资本增长率和劳动增长率如何不同，市场机制总使二者趋于一致，从而实现经济均衡增长的一致性条件。

这样，新古典模型就论证了健全的市场机制为经济实现长期有效稳态增长提供了制度保证。也就是说，新古典模型论证了经济实现长期有效稳态增长的现实性。

三、收入分配调节

英国剑桥大学的琼·罗宾逊、卡尔多等倡导的新剑桥经济增长模型，以哈罗德增长模型为基础，其鲜明特色是把国民收入的分配状况作为影响经济增长的主导因素。新剑桥模型接受了哈罗德模型所揭示的经济有效稳态增长所必须遵循的一致性条件。和新古典模型抓住其中的资本生产率 σ 因素不同，新剑桥模型抓住了其中的储蓄率 s 因素。

新剑桥模型把全体居民看成由利润收入者和工资收入者组成，而社会储蓄率是利润收入者的储蓄率与工资收入者的储蓄率的加权平均数。设社会储蓄率为 s、利润收入为 π、工资收入为 W、总储蓄为 S、总收入为 Y、利润收入者的储蓄为 S_π、工资收入者的储蓄为 S_W、利润收入者的储蓄率为 s_π、工资收入者的储蓄率为 s_W，则社会储蓄率：

$$s = \frac{S}{Y}$$

$$s = \frac{S_\pi + S_W}{Y}$$

$$s = \frac{\pi \cdot s_\pi + W \cdot s_W}{Y}$$

$$s = \left(\frac{\pi}{Y}\right)s_\pi + \left(\frac{W}{Y}\right)s_W$$

可见，社会储蓄率等于利润收入占总收入的比与利润收入者的储蓄率之积再加上工资收入占总收入的比与工资收入者的储蓄率之积的和。也就是说，社会储蓄率是各收入集团储蓄率的加权平均数，这个权数就是各收入集团的收入占总收入的比例。

新剑桥模型认为，利润收入者储蓄率和工资收入者储蓄率均相对固定，且利润收入者储蓄率大于工资收入者储蓄率。在这种情况下，社会储蓄率取决于国民收入的分配格局。若利润占总收入的比例提高，则社会储蓄率提高；若工资收入占总收入的比例提高，则社会储蓄率降低。

新剑桥模型认为，在一致性条件 $\sigma s = n$ 中，n 由外部条件给定，σ 相对固定，唯有 s 受到收入分配的影响而具有易变性。因此，当一致性条件未被满足时，可以通过改变收入分配从而改变 s，使一致性条件得以满足。下面分两种情况讨论：

(1) 合意增长率大于自然增长率（$\sigma s > n$）。在这种情况下，可以通过国民收入再分配的方法，改变收入分配格局，使利润收入占总收入的比例下降，工资收入占总收入的比例提高，从而导致社会储蓄率下降，合意增长率下降，一致性条件得到满足。

(2) 合意增长率小于自然增长率（$\sigma s < n$）。在这种情况下，可通过改变收入分配的方法，使利润收入占总收入的比例提高，工资收入占总收入的比例下降，从而导致社会储蓄率提高，合意增长率提高，一致性条件得到满足。

新剑桥模型就是这样从收入分配的角度探求经济有效稳态增长的途径。

第四节　经济增长的源泉

一、资本的作用

资本存量是经济增长的重要物质基础。通过投资，导致资本存量增加，从而生产能力扩大，才可能实现经济的增长。

很早以前，人们就已经认识到这一点。亚当·斯密认为发展生产有两个重要途径，一个是提高劳动生产率，另一个是增加劳动的雇用数量，而后者取决于资本的积累。大卫·李嘉图认为在工人、资本家和地主这三大阶级中，资本家的利益必须得到维护，因为资本家的收入不是用于消费，而是用于积累，只有实现资本积累，才能导致生产发展。

哈罗德－多马模型认为，使各年生产能力充分利用的增长率，即合意增长率等于储蓄率除以资本产出比率：

$$G_W = \frac{s}{a}$$

由该式可见，如果储蓄率不提高，那么经济增长率就不可能提高。储蓄率就是积累率或投资率。哈罗德－多马模型充分认识到投资—资本积累对经济增长的重要性。

发展经济学认为，提高储蓄率是发展中国家摆脱贫困、实现经济起飞的重要条件。

合意增长率公式确实表现了提高储蓄率对提高合意经济增长率所具有的特别重要的意义。然而对这一点不应持一种绝对的看法。在我国20世纪70年代以前的建设实践中，“积累—消费”的比例始终是一个非常重大的经济问题。积累率（I/Y）就是这里所说的储蓄率（S/Y）。在这里，结合合意经济增长率的表达式和我国经济建设的实践，对“以高积累支持高增长”的观点提出两点限制性意见。

第一，从合意经济增长率的表达式的确可以看到，高储蓄率或高积累率可以支持高经济增长率。必须注意，上述因果关系成立的前提条件是各年的供求均衡。如果高储蓄或高积累以及其他一些因素导致供求不均衡例如求大于供，那么，较高的合意经济增长率就根本谈不上了。

第二，资本产出比率的取值取决于技术状况。这是广义的技术，即包括技术和管理。储蓄率和资本产出比率之间可能存在一种连带的关系。过高的储蓄率或积累率导致消费率（C/Y）过低，从而可能抑制劳动者的生产积极性，这进而导致管理成本提高以及资本产出比率提高。从这个方面看，高储蓄率或高积累率带来的增长正效应被高资本产出比率带来的增长负效应抵消，导致并未真正实现高增长。

二、技术进步的作用

对总量生产函数进行数学推导，可以得到新古典模型经济增长率的理论表达：

$$\frac{\Delta Y}{Y} = \alpha \frac{\Delta K}{K} + \beta \frac{\Delta L}{L}$$

该式的经济含义是：经济增长率决定于生产要素投入的增长率。其中，资本投入的增长率对经济增长率的影响程度是α，α是资本的产出弹性（$\alpha = \frac{\Delta Y}{Y} / \frac{\Delta K}{K}$）；劳动投入对经济增长的影响程度是$\beta$，$\beta$是劳动的产出弹性（$\beta = \frac{\Delta Y}{Y} / \frac{\Delta L}{L}$）。

由统计数据得到美国20世纪70年代的经济增长率为3.5%，而根据经济增长率公式：

$$\frac{\Delta Y}{Y} = \alpha \frac{\Delta K}{K} + \beta \frac{\Delta L}{L}$$

的右边计算时，却得到了出乎意外的结果。

在进行计算时，要素的增长率是由统计得到的，即由统计得到资本增长率$\Delta K/K = 3.5\%$，劳动增长率$\Delta L/L = 1.5\%$。

要素的产出弹性很难直接得到。根据新古典的理论，在充分竞争的情况下，产出弹性恰好等于要素收入占总收入的比例。要素收入占总收入的比例可由统计得到。这样，可由要素收入占总收入的比例近似地表示要素的产出弹性。

根据统计，美国资本收入占总收入的比例为25%，劳动收入占总收入的比例为75%。于是可以推断资本产出弹性$\alpha = 0.25$，劳动产出弹性$\beta = 0.75$。

这样，根据公式计算增长率：

$$\frac{\Delta Y}{Y} = \alpha \frac{\Delta K}{K} + \beta \frac{\Delta L}{L}$$

$$= 0.25 \times 3.5\% + 0.75 \times 1.5\%$$
$$= 2\%$$

这真是令人吃惊的结果，理论值大大低于统计值。根据理论计算的结果，由生产要素投入的增长推动的经济增长只能使经济增长率达到2%。而经济增长率实际达到3.5%。显然，1.5%的经济增长率是由要素投入增长以外的因素推动的，这被归结为广义的技术进步。技术进步率表现为经济增长率中未被要素增长所说明的余值，即：

$$\frac{\Delta A}{A} = \frac{\Delta Y}{Y} - \alpha\frac{\Delta K}{K} - \beta\frac{\Delta L}{L}$$
$$= 3.5\% - 2\%$$
$$= 1.5\%$$

各个因素对经济增长的贡献可由各因素导致的经济增长率占经济增长率的比率清楚地显示：

资本增长对经济增长的贡献为：

(0.25×3.5%) ÷3.5% =25%

劳动增长对经济增长的贡献为：

(0.75×1.5%) ÷3.5% =2%

技术进步对经济增长的贡献为：

1.5 ÷3.5% =43%

可见，对美国20世纪70年代的经济增长而言，技术进步的贡献最大，劳动增长的贡献次之，资本增长的贡献居末。换言之，20世纪70年代的美国，技术进步表现为“第一生产力”。

广义的技术进步具体表现在以下三个方面：

①组织的改进。这包括企业制度和经济体制两个方面的改进；

②资本品技术状况的改进；

③劳动力素质的提高。

值得注意的是，广义的技术进步不仅具有工程、工艺方面的含义，而且具有广泛的经济含义。考虑到这两方面的含义，我们对技术进步就有了一个更为全面的理解。

三、知识的作用[①]

以罗默、卢卡斯等为代表的新经济增长理论特别强调知识在经济增长中的作用。

罗默认为，知识作为公共产品，具有“产权的排他性和使用的非排他性”。因此，知识不仅可以被其他研究人员用来生产另一种新知识，而且它具有正向的外部

① 方齐云，王皓，李卫兵，王滨．增长经济学［M］．武汉：湖北人民出版社2002年版，第166－177页。

效用，能提高未来所有研究人员的生产率，这就是知识的“溢出效应”。这种“溢出效应”，一方面导致新设计和新产品的生产，另一方面增加了知识存量，提高劳动者的生产效率。

知识的“溢出效应”，使产品的生产表现出收益递增。知识的增加首先是“有远见”的、最大化其收益的生产部门或企业追加投资的结果。在投资以及以后的生产中，新的知识被发现。新知识的应用降低了成本，增加了收益，使企业获得超额利润并增强了垄断能力。由于不可能完全采用专利形式和保密，知识将扩散到其他企业，于是整个行业乃至整个社会生产都表现出收益递增。

获得知识的来源主要有：第一，“边干边学”，通过经验的积累获得知识。第二，人力资本投资，即通过接受教育和培训获得知识。第三，研究与开发。研究与开发是指有意识地探索、开发和发明新产品或新工艺的创新过程，其中还包括对新产品、新工艺的改进、提高、吸收和商业化的过程。

四、经济制度的作用

马克思认为，生产力的发展总是在一定的生产关系中进行的。如果生产关系适应于生产力的发展水平，那么生产力将获得比较顺利的发展；如果生产关系不适应于生产力的发展水平，那么生产力的发展就会受到限制。在后者的情况下，变革生产关系就成为生产力发展的关键所在。完全可以把这里的生产关系理解为经济制度。

和生产力发展的活跃程度相比，生产关系总是相对稳定的。正是生产力的进一步发展才使得原来较为适应的生产关系现在变得“不那么适应”或“相对落后”。所以，在生产力和生产关系的关系上，存在两种状态：一种是生产关系适应于生产力的发展，另一种是生产关系不适应或落后于生产力的发展。由此可见，所谓“先进的生产关系和落后的生产力的矛盾”的观点是不符合实际情况的。

新制度经济学家诺斯认为制度创新对经济增长有重要的促进作用。通过制度创新可以获得“外部利润”。“外部利润”主要来自四个方面：获得规模经济、导致外部性内部化、克服对风险的厌恶、克服市场失败和对不完善市场的发展。①

第五节 促进经济增长的政策

一、经济体制改革

通过经济体制改革，我国经济取得巨大进步，这是有目共睹的。在计划经济时期，

① 方齐云，王皓，李卫兵，王滨．增长经济学［M］．武汉：湖北人民出版社2002年版，第214页。

我国克服巨大的困难，建立了独立自主的工业体系。成绩不可谓不大，但始终没有摆脱短缺的困扰。

通过市场化的改革，我国的经济面貌发生了翻天覆地的变化，在经济总量上取得的惊人成就有目共睹。我国几乎在一夜之间就脱掉了短缺的“帽子”，使产品像泉水一样喷涌出来。

地还是那个地、人还是那个人、自利行为还是那个自利行为，经济却在几乎一瞬间完成了从产品匮乏到产品极其丰富的转变，“导演”这一巨变的“魔杖”到底是什么？是非常值得总结的。

用马克思主义经济学的理论来总结，其结论就是：通过经济体制的改革，生产关系更加适应生产力发展的要求。用西方经济学的理论来总结，其结论就是：通过经济体制的改革，要素的报酬与其对生产的贡献的一致性大大提高，从而激励了要素的投入。更具体地说，就是在原有体制下，由于报酬与贡献大幅度、大规模偏离，自利行为只能普遍地表现出消极的一面——生产积极性低下；通过改革，使报酬与贡献趋于一致，自利行为的积极一面被大面积地激发出来——努力生产、增加收入，从而间接地提升了社会福利。

马克思主义政治经济学最重要的原理是关于生产力和生产关系之间相互关系的学说。其基本思想是：生产力的发展受到生产关系的制约；生产关系与生产力发展的要求相适应就会促进生产力的发展。

有些人认为，马克思主义的这些原理到了社会主义发展阶段就不再适用了，并提出了取而代之的一条新的原理：社会主义经济的基本矛盾是不断增长的社会需要和落后的生产力之间的矛盾。笔者不同意这些观点，而是认为：在社会主义发展阶段，马克思关于生产力和生产关系的理论不仅没有过时，而且继续具有像重力一般的自然力强制人们接受，并使人们无处藏身。我国经济在计划经济时期受挫，在改革开放时期获得大发展，是对该理论具有强大生命力最直接的证明。

不过，适应生产力发展要求的生产关系究竟是怎样的呢？这是可以深究的问题。笔者认为，适应生产力发展要求的生产关系是指生产要素通过生产获得与其对生产的贡献相一致的报酬。如果生产要素对生产的更多贡献会在更多的报酬中体现出来，那么，生产要素就具有了对生产更多贡献的刺激，从而促进生产力发展。就此点而论，可以说，生产关系的核心内容是评价体系，即对生产贡献的评价并体现在报酬上。如果评价准确，就会促进生产力的发展；否则就会阻止生产力的发展。我国改革开放以来经济面貌的大变化，归根结底来自评价体系的大变化及评价准确性的极大提高。①

① 参见本书作者文章：论经济人假设在经济研究中的合理性，江苏社会科学，2006年第1期，第102－108页；粗放型经济向效率型经济转化的症结，山西财经大学学报，2006年第5期，第17－22页。

二、提高储蓄率

根据上述经济增长理论可知，经济增长的重要物质基础是生产能力扩大，生产能力扩大来源于投资，投资来源于储蓄。提高储蓄率，意味着更多的资源可以用于投资。提高储蓄率对于经济增长的重要性可见一斑。

在计划经济体制下，储蓄率即积累率由政府决定。为了实现经济高速增长，政府往往倾向于尽可能提高积累率。既然积累率由政府决定，好像政府提高积累率的行为具有任意性。其实不然。在短缺经济的情况下，积累率提高，意味着消费率下降。消费率下降会导致劳动的有效投入减少，从而会“拖”经济增长的“后腿”。一旦出现这种情况，政府将不得不降低积累率。

在转轨经济中，储蓄和投资的主体一分为二，即家庭决策储蓄，企业决策投资。这样就产生了储蓄和投资的衔接问题。在封闭经济情况下，储蓄不足，会导致部分投资需求不能实现；投资不足，会导致部分储蓄成为闲置资源。在开放经济情况下，储蓄和投资的差额，有可能通过对外贸易解决。

因此，在转轨经济中，提高储蓄率的问题可解成两个问题：一是提高家庭的储蓄率，二是提高企业的投资率。在二者之间存在着复杂的关系，一方面，如前所述，储蓄不足，会导致部分投资需求不能实现；另一方面，储蓄过多，消费不足，会降低投资预期利润率，从而会减少投资需求。在需求约束的经济中，投资增长和消费增长可以并行不悖。

当然，如果投资效率提高，那么，在投资率降低的同时，仍然可以保持较高的经济增长率。

三、增加人力资本投资

增加人力资本投资包括三个问题：

第一，人力资本投资额。其中又包括两个问题，一是总额。从根本上说，人力资本投资总额的增长受制于收入的增长、经济总量的增长。二是配置。这里涉及公平问题。如在基础教育方面，应该特别强调教育费用配置的公平性。

第二，人力资本投资效率。除了必要的硬件，根本的问题在教员。而教员的工作效率本身受一系列复杂因素的影响，这里从略。

第三，人力资本的使用。在封闭经济条件下，人力资本流动机制是提高人力资本使用效率的基本保证。在开放经济条件下，对人力资本的价值评价越准确的经济体系，对人力资本的吸引力越大。

四、推动技术进步

一般用 R&D（研究与开发）费用衡量技术进步。但是否发生了技术进步，更重要的是看这笔费用的投入取得了多少效果。因此，技术进步的本质就是（在价值上）实现少投入、多产出。在这个意义上，技术进步和追逐利润是同义语。

熊彼特说："资本主义企业家精神和技术进步说的是一回事。"[①] 因此，技术进步的方法就是获取利润的方法。具体说，有三种方式：

第一，在产品是竞争性（产品的替代性很强）的场合，由于是价格的"接受者"，企业获利只能通过降低成本。降低成本的方法之一是降低要素投入的所有者权益。要使得要素所有者的利益被损害在事实上被接受，必须采用非常手段，而这就是"技术进步"的含义。

第二，仍然是在上述场合，企业采用另一种降低成本的方法，即利用产品的外部性，把成本转嫁给非生产获益人（如消费者）。为了避免因违反市场规则而受惩罚，企业必须采用非常手段，这也是"技术进步"。

第三，在产品具有一定程度垄断性（产品的替代性很弱）的场合，由于在一定程度上是价格的"制定者"，企业可以通过提高产品价格获利。使产品具有一定程度垄断性的唯一方法，是采用某种方法（即技术进步）使消费者对该产品产生在其他产品上得不到的偏好。在这一场合，技术进步、企业获利、要素的所有者权益增加，这三者可以同时实现。

企业倾向于采用哪一种技术进步方式，取决于技术进步方式的相对成本—收益比较。如果第一种、第二种技术进步的成本较低，而第三种技术进步的成本较高，企业的技术进步自然选择前者。如果由于某种原因，第一种、第二种技术进步的成本提高了，而第三种技术进步的成本相对而言降低了，那么，企业的技术进步将不得不选择后者。

五、转变政府职能

转变政府职能是指由政府直接参与生产转变为不直接参与生产，通过提供公共服务，对以分散经营为基础的（广义的）生产活动进行有效的管理。

政府对市场经济的管理，最重要的目的或许是保障"规则"的公平、"过程"的公平。只有实现这两个"公平"，市场经济的效率才能够得到真正的发挥。就对技术进步的影响来说，实现了这两个"公平"，上述第一种、第二种形式的"技术进步"的

---

① 转引自格罗斯曼，赫尔普曼．全球经济中的创新与增长［M］．北京：中国人民大学出版社 2003 年版，第 5 页。

成本就会提高、第三种形式的技术进步的成本就会降低。这样，被人们热盼的、真正意义上的技术进步的激励就会得到普遍的加强。

章节习题

1. 根据经济增长的索洛模型，如果不存在生产率增长，长期中的单位工人产出，单位工人消费和单位工人资本会有什么变化？

2. 内生增长理论所提供的关于生产率增长的两个原因是什么？内生增长模型的生产函数与索洛模型的生产函数有什么区别？

3. 政府可以用来促进经济增长的政策有哪些？简要描述这些政策是如何发挥作用的，并列举这些政策的成本与优势。关于提高储蓄率等政策的有效性，内生增长模型如何影响人们对此的看法？

4. 有两个经济体，Hare 和 Tortoise。1950 年，它们初始的人均实际 GDP 均为 5000 美元。Hare 的人均实际 GDP 以每年 3% 的速度增长，而 Tortoise 的人均实际 GDP 的年均增长率为 1%，到 2000 年，这两个经济体的人均实际 GDP 分别为多少？先进行推测，而后用计算作答。

5. 在过去的 20 年中，一个经济体的总产出从 1000 增长到 1300，资本存量从 2500 增长到 3250，劳动力从 500 增长到 575。所有数据都是实际值。在如下两种情况下，计算资本、劳动和生产率的增长对经济增长的贡献分别是多少。

（1）假设 $a_k=0.3$，$a_N=0.7$。

（2）假设 $a_k=0.5$，$a_N=0.5$。

6. 一个特殊的经济体，其四年的资本投入 K 和劳动投入 N 如下所示：

年份	K	N
第 1 年	200	1000
第 2 年	250	1000
第 3 年	250	1250
第 4 年	300	1200

该经济体的生产函数是：

$$Y=K^{0.3}N^{0.7}$$

式中 Y 代表总产出。

（1）计算每一年的总产出，资本劳动比率和单位工人的产出是多少？将第 1 年的结果同第 3 年的结果进行比较，将第 2 年的结果同第 4 年的结果进行比较。该生产函数能否写成单位工人的形式？如果能，将其写成单位工人生产函数的代数形式。

(2) 假设生产函数为 $Y=K^{0.3}N^{0.8}$，重复 (1) 的计算。

7. 根据索洛模型，下列因素是如何影响长期（稳态）单位工人消费的？

(1) 一国资本存量的一部分毁于战争。

(2) 移民率持续性的上升（引起了总人口增长率的上升）。

(3) 能源价格持续性的上升。

(4) 劳动力占总人口比重持续性的上升。

8. 在一个索洛模型的经济体中，总国民储蓄 S_t 为：

$$S_t = sY_t - hK_t$$

式中，$-hK_t$ 说明财富（以资本存量衡量）越多储蓄越少。确定单位工人的资本、产出和消费的稳态值。h 的上升对稳态水平有什么影响？

第十八章　开放条件下的宏观经济

导入案例

中国特色开放宏观经济理论模型

发展当代中国马克思主义政治经济学的宏观经济理论，增强中国在世界经济学术界的话语权，迫切需要以马克思主义政治经济学的再生产理论为指导构建中国特色开放宏观经济理论模型。现代市场经济国家学术界和政府，应用西方经济学的开放宏观经济理论，分析宏观经济总量、制定宏观经济政策，国内经济学界也将其视为分析中国宏观经济运行和制定宏观经济政策的通用理论。例如，国内众所周知的经济增长“三驾马车——投资、消费、出口”的说法，就是源于西方开放宏观经济理论。然而，照搬照抄西方开放宏观经济理论难以阐释中国经济出现的产能过剩、经济结构失衡、消费不足和投资过度等现实问题，应用西方开放宏观学分析中国宏观经济问题确有隔靴搔痒之感，因此，当前中国宏观经济学界亟须落实习近平总书记关于发展当代马克思主义政治经济学讲话的精神：“立足我国国情和我国发展实践，揭示新特点新规律，提炼和总结我国经济发展实践的规律性成果，把实践经验上升为系统化的经济学说。”将改革开放的丰富实践经验进行理论升华，在宏观经济学领域构建中国特色、系统化的开放宏观经济理论及模型。

本文以马克思主义政治经济学的再生产理论为指导，借鉴西方宏观经济学合理的成分，摒弃其错误，结合社会主义市场经济实际，构建全新的、系统化的、中国特色的开放宏观经济理论模型，分析中国宏观经济运行规律和特点并提出宏观经济政策。

一、中国特色开放宏观经济理论模型的假设

中国特色开放宏观经济模型的假设，主要吸纳了马克思再生产理论的假设，也汲取了西方开放宏观经济理论及模型中反映现代经济运行特征的假设。

1. 市场经济，产品（含劳务）在市场经济中实行等价交换。
2. 市场经济的基本规律是价值规律。
3. 社会资本有机构成不变。
4. 社会平均利润率不变。

5. 经常账户开放，资本账户部分开放，资本不完全流动。

6. 国内基本利率市场化，国内外货币、证券资产部分可代替。

7. 国内产品的供给富有弹性。

假设 1～4 主要是马克思再生产理论的假设。

假设 1 和 2 是马克思再生产理论与西方经济学开放宏观经济学理论相同的假设。

假设 3 是马克思政治经济学再生产理论与西方经济学开放宏观经济学理论有共性的假设。西方经济学开放宏观经济学理论通常假设社会资本与劳动力的构成不变，即生产的技术水平不变。资本有机构成，是以资本技术构成为基础并由技术构成决定的资本价值构成。生产的技术水平决定资本技术构成，资本有机构成不变，换言之，生产的技术水平不变。所以，资本有机构成不变的假设与西方开放宏观经济理论的不考虑资本与劳动力构成变化假设具有共性，两者内涵是相同的，仅是表达的方式不同。

假设 4 也是马克思政治经济学再生产理论与西方经济学开放宏观经济学理论有共性的假设。西方经济学开放宏观经济理论常常假设社会平均利润率不变。马克思政治经济学再生产理论假设剩余价值率不变，然而，依据马克思政治经济学的价值转型理论，利润和剩余价值都源于资本家剥削工人，两者在数量上是相同的。两者的差别是：剩余价值相对于预付可变资本而言；利润相对于全部预付资本而言。在资本有机构成不变时，社会平均利润不变等价于剩余价值率不变，两者具有共性。

假设 5～7，借鉴西方开放宏观经济学的假设，以反映社会主义市场经济开放宏观经济的特征。假设 5，经常账户开放假设与西方经济学的开放宏观经济模型假设相同。假设 6，资本项目部分开放与西方经济学中的资本项目完全开放不同。虽然中国对资本项目仍然有管制，因而，假设“资本账户部分开放，资本不完全流动”。

假设 7，与西方经济学的开放宏观经济学假设部分相同。虽然中国出口不能满足国际产业链高端的需求，然而在国际产业链低端，国内出口的产品极富弹性。

二、中国特色开放经济模型的基本原理

在中国特色开放宏观经济模型理论的假设下，以马克思政治经济学再生产理论为指导，吸纳西方开放宏观经济学的合理成分，扬弃其缺陷，根据中国特色社会主义市场经济条件下宏观经济的特点，构建中国特色开放经济理论模型的基本理论及其数理方程。

1. 中国特色开放宏观经济学的分析前提

本文以马克思再生产理论为指导，构建中国特色开放宏观经济学分析前提。

社会产品在产品形式上分为两大部类：X_i（$i=1, 2$）。第Ⅰ部类产品 X_1 是生产资料，用于生产性消费；第Ⅱ部类产品 X_2 是消费资料，用于个人消费。第Ⅰ部类和第Ⅱ部类，各自使用本部类的资本，分别生产用于市场交换的生产资料和消费资料。

2. 西方经济学开放宏观经济学模型的合理成分与缺陷

（1）西方经济学以国民收入决定论中的四部门模型分析开放宏观经济运行，此模

型分析思路具有合理的成分。

分析开放经济的四部门模型，假设经济由居民户、厂商、政府和进出口四个部门组成。在四部门经济中，社会总供给由消费（C）、储蓄（S）、税收（T）及进口（M）四部分组成，社会总供给（AS）为：$AS=C+S+T+M$。

社会总需求是指有支付能力的需求，由消费（C）、投资（I）、政府支出（G）及出口（X）构成，社会总需求（AD）为：$AD=C+I+G+X$。

当总供求相等时，即 $AS=AD$ 时，宏观经济实现均衡，国民收入流量的循环得以顺利实现。总供给大于总需求，宏观经济收缩，国民收入流量循环不能顺利实现。总供给小于总需求，宏观经济扩张，国民收入流量循环不能顺利实现。

（2）西方经济学的国民收入决定论的四部门模型有三大缺陷。

①分析西方开放宏观经济的国民收入决定论的四部门理论模型，总供求两式中的消费 C 相等，与宏观经济实际脱节。

国民收入决定论的四部门理论模型认为，从价值视角分析产品市场总供求，总供给公式 $AS=C+S+T+M$ 和总需求公式 $AD=C+I+G+X$ 两式中的消费 C 是相等的。

事实上，由于消费品过剩或者供给不足，产品总供求两式中的消费 C 经常不相等，仅在极偶然的情况下相等。

西方开放宏观经济学从价值视角，以“存货调整”的办法，解决消费品供求不相等对总供求的影响：将产品存货（库存）的增加视为正投资；将产品存货的减少视为负投资。如果消费品供大于求，消费产品市场的厂商库存增加被认为是投资增加，此时，市场消费品供求相等，总供求两式中统一用 C 表示；反之，则相反。

然而，消费品库存时，会产生磨损和无形磨损，因而，库存不能简单地被认为是正投资。所以，“存货调整”办法脱离宏观经济实际。消费品在库存期间会遇到自然力和人力等因素的损坏（即有形磨损），消费品价值降低导致价格下降，因而库存的消费品下一年出售时，厂商从销售中获得价值低于上一年销售的价值，即存货中有一部分价值损失了，没有转化为正投资，因而，库存和投资之间不存在完全的相互转换关系。消费品库存还会遇到出现了同类同质的便宜产品，即无形磨损的情况，也会导致消费品在次年出售时价格下降，厂商价值损失，存货和正投资之间的转换无法完全实现。

②分析劳动市场供求时，仅考虑社会平均实际工资。事实上，对生产资料和消费资料的部门来说，不同部门的平均名义工资是有差异的，因而，各部门的实际工资是不同的。而且生产资料产品价格或消费资料产品价格之间的相对变化会影响投资和实际工资。然而，开放经济模型对此都没有予以考虑，忽视了名义工资的差异，以及不同部类产品价格对投资和实际工资的影响。

③净资本流入函数脱离新兴市场国家，特别是中国宏观经济的实际。开放宏观经济模型认为，净资本流入 H 是国内利率 r 和外国利率 R 的函数，充分反映了发达市场经济国家宏观经济现实。对新兴市场经济国家来说，净资本的流入还取决于本国与外国平均工资的差异。

3. 对西方经济学开放宏观经济模型的修正

(1) 中国特色开放经济模型对西方经济学开放经济模型分析逻辑的修正。西方经济学的开放经济理论模型在总供求公式中都用 C 表示消费，然而，这不仅脱离市场经济国家宏观经济实际，而且与中国宏观经济的消费品的供给和需求常常是不相等且相背离的。为了使本文的理论模型更符合中国宏观经济实践，对开放宏观经济模型进行如下的修正：

$$AS = S + T + M + CS \text{ 和 } AD = I + G + X + CD$$

将此分析思路应用于中国特色开放经济模型，在不考虑政府和对外经济时：第Ⅰ部类和第Ⅱ部类的产品供给价值为 P_iX_i（I_i（r），L_i（w_i/P_2，r）（其中 r 是国内利率；$i=1, 2$）；第Ⅰ部类和第Ⅱ部类的产品需求为两大部类的投资 I_i（r）和消费 C_i（w_i，r）（$i=1, 2$）。依据马克思政治经济学再生产理论，从实物更替与价值补偿思路研究宏观经济，当投资品供给大于或小于需求时，P_1X_1 与 $\sum I_i$ 不相等，仅在投资品供给等于需求时相等；当消费品供给大于或小于需求时 P_2X_2 与 $\sum C_i$ 不相等，而在消费品供给等于需求时相等。如此修正，能够从中国实际出发阐明宏观经济运行的规律，较为清晰地分析经济结构。

(2) 中国特色开放经济模型对西方经济学开放经济模型中劳动市场分析的修正。西方经济学开放经济理论仅考虑社会平均实际工资分析劳动市场，而中国特色开放经济模型考虑不同部类的劳动市场中名义工资和实际工资的差异，分析工资差别对劳动市场供求的影响。

中国特色开放经济模型分析劳动市场供给时，考虑第Ⅰ和第Ⅱ部类劳动市场的名义工资 w_1 和 w_2 不同，相应地两大部类实际工资 w_1/P_2 和 w_2/P_2 也不同；各部类的劳动力市场的供给 LS_i 是实际工资 w_1/P_2 和 w_2/P_2 的函数。

中国特色开放经济模型分析劳动市场需求时，不仅考虑第Ⅰ和第Ⅱ部类劳动市场的名义工资不同，而且考虑各部类实际工资的差异，各部类劳动力市场需求 LD_i 是实际工资 w_i/P_2 的函数（$i=1, 2$）。

(3) 中国特色开放经济模型中净资本流入函数拓展为：国内利率和外国利率、汇率、国内外工资水平之比的函数。此函数既保留了西方开放宏观经济模型中净资本流入是国内利率和外国利率的函数定义，也考虑到中国与外国平均工资的差异对净资本流入的影响，更加符合中国社会主义市场经济实际：当国内工资水平高于外国工资水平时，国内劳动力成本高于外国，外商直接投资流出，净资本流入下降；反之，则相反。

4. 中国特色开放经济模型的原理及数理方程

(1) 中国特色开放宏观经济模型的原理。以马克思政治经济学再生产理论为指导，建立的中国特色开放宏观经济模型，阐释中国社会主义市场经济条件下，宏观经济运行中社会产品实物更替和价值补偿的周而复始的运动规律。

中国特色开放宏观经济，主要分为两大部类：一是投资品部类；二是消费品部类。宏观经济中的两大部类和每个部类内部产品价值的实现，都是以货币通过市场交换实现的。第Ⅰ部类的投资品 P_1X_1，在第Ⅰ部类内部与投资 I_1 相交换，实现实物更替与价值补偿；

第Ⅱ部类的消费品 P_2X_2，在第Ⅱ部类内部与消费 C_2 相交换，实现实物更替与价值补偿；第Ⅰ部类的投资品 P_2X_2 与第Ⅱ部类的投资 I_2 相交换，实现实物更替和价值补偿。当每个部类的产品在实物和价值上都得到更替和补偿时，宏观经济就能连续地、周而复始地运行。

每个部类产品的实物更替和价值补偿都受到政府税收和支出的影响。对外经济部门的两大部类产品与外国产品进行国际贸易，弥补国内产品供给不足和实现价值补偿，两大部类投资中既有外国资本的流入也有外国资本的流出，直接影响实物更替和价值补偿。

（2）中国特色开放经济模型的数理方程。以现代经济数学方法，构建中国特色开放经济模型基本原理的数理方程为：

总供给：$AS=\sum P_iX_i\ (I_i\ (r),\ L_i\ (w_i/P_2,\ r))\ +\sum IM_i\ (I,\ C,\ e)$

$(i=1,\ 2)$ （1）

式中 P_i 是各部类产品的价格，X_i 是各部类的产品，w_i 是每个部类的实际工资，r 是国内利率，IM_i 是各部类进口的产品。

总需求： $AD=\sum I_i\ (r)\ +\sum C_i\ (w_i,\ r)\ +\sum EX_i\ (e)\ +\sum G_i-\sum T_i$

$(i=1,\ 2)$ （2）

式中 I_i 是各部类的投资，社会总投资 $I=I_1+I_2$；C_i 是各部类的消费，社会总消费 $C=C_1+C_2$；EX_i 是各部类的出口，总出口 $EX=EX_1+EX_2$；G G_i 是各部类的政府购买，T_i 是各部类的税收。

货币需求： $MD=MD\ (I,\ C,\ G,\ EX,\ r)$ （3）

货币需求是两大部类投资、消费、政府支出、出口和利率的函数。

货币供给： $m=M/P$ （4）

m 是实际货币供给，M 是名义货币供给，P 是物价水平；$P=\alpha P_1+\ (1-\alpha)\ P_2$，$\alpha$ 是权重。

储蓄： $S=S\ (\sum P_iX_i\ (I_i\ (r),\ L_i\ (w_i/P_2,\ r)),\ r)\ (i=1,\ 2)$ （5）

储蓄 S 是两大部类生产总值 $\sum P_iX_i\ (I_i\ (r),\ L_i\ (w_i/P_2,\ r))$ 和利率 r 的函数。

劳动力供给： $LS_i=LS_i\ (w_i/P_2)\ (i=1,\ 2)$ （6）和（7）

式中 LS_i 是劳动力市场的劳动力供给数量。第Ⅰ和第Ⅱ部类劳动力供给函数是实际工资（$w_1/P_2,\ w_2/P_2$）的函数。各部类的劳动力市场的供给 LS_i 是工资的函数，工资越高，愿意就业者越多，劳动市场供给越多；反之，则相反。

劳动力需求： $LD_i=LD_i\ (w_i/P_2,\ r)\ (i=1,\ 2)$ （8）和（9）

各部门类劳动力市场的需求 LD_i 是工资和利率的函数，工资越低、利率越低，企业对劳动力的需求越多，工资越高利率越高，企业对劳动力市场的需求越少。

净出口： $NX=\sum EX_i\ (e)\ -\sum IM_i\ (I,\ C,\ e)\ (i=1,\ 2)$ （10）

$EX\ (c)$ 是出口，它是汇率 e 的函数。$IM\ (I,\ C,\ e)$ 是进口，它是国民收入（I，C）和汇率 e 的函数。出口与进口之差被称为净出口 NX。

净资本流入：$NCI=CI\ (r,\ rw,\ e,\ w/ww)\ -CO\ (r,\ rw,\ e,\ w/ww)$ （11）

$CI\ (r,\ rw,\ e)$ 是资本流入，$CO\ (r,\ rw,\ e)$ 是资本流出，资本流入、资本流出

都是国内利率 r、外国利率 rw 和汇率 e 以及国内工资 w 与世界工资 ww 比值的函数。

国际收支差额：

$$FP = NX\ (I,\ C,\ e) + NCI\ (r,\ rw,\ e,\ w/ww) \tag{12}$$

国际收支差额 FP 为净出口与净资本流入之和。

资本流入和资本流出之差，被称为资本净流入 NCI。资本净流入 NCI 与国内外利率的关系为：当国内利率高于外国利率时，$r > rw$，资本项目出现盈余，资本流入大于资本流出。当国内利率比外国利率低时，$r < rw$，资本项目出现赤字，资本流入小于资本流出。当国内利率等于外国利率时，$r = rw$，资本项目平衡，资本流入等于资本流出净资本流入。

净资本流入 NCI 与国内外平均工资水平的关系为：当国内平均工资水平 w 低于外国平均工资水平 ww 时，跨国公司来华直接投资更有利可图，资本流入大于资本流出。当国内平均工资水平 w 高于外国平均工资水平 ww 时，跨国公司直接投资转向工资水平更低的国家有利可图，资本流入小于资本流出。

三、中国特色开放宏观经济模型的均衡条件

中国特色开放宏观经济模型的宏观经济均衡条件，不同于西方经济学开放宏观经济模型，更具有社会主义市场经济条件下宏观经济运行的特点。在中国开放宏观经济总供求相等时：

$$\sum P_iX_i\ (I_i\ (r),\ L_i\ (w_i/P_2,\ r)) + \sum IM_i\ (I,\ C,\ e)$$
$$= \sum I_i\ (r) + \sum C_i\ (w_i,\ r) + \sum EX_i\ (e) + \sum G_i - \sum T_i$$

则中国开放宏观经济均衡条件为：

$$P_1X_1\ (I_1\ (r),\ L_1\ (w_1/P_2,\ r)) + IM_1\ (I,\ C,\ e) = \sum I_i\ (r) + EX_1\ (e) + G_1 - T_1$$
$$i = (1,\ 2) \tag{13}$$

（13）表明开放经济的生产资料部门总供给与总需求的价值均衡。

$$C_1\ (w_1,\ r) + C_2\ (w_2,\ r) + EX_2\ (e) + G_2 - T_2$$
$$= P_2X_2\ (I_2\ (r),\ L_2\ (w_2/P_2,\ r)) + IM_2\ (I,\ C,\ e) \tag{14}$$

（14）表示开放经济的消费资料部门总供求价值相等。

$$C_1\ (w_1,\ r) + EX_1\ (e) + G_1 - T_1 = I_2\ (r) + IM_2\ (I,\ C,\ e) \tag{15}$$

（15）表明开放经济的两大部类产品的价值得到补偿，实物得到更替。

$$S\ (\sum P_iX_i\ (I_1\ (r),\ L_1\ (w_1/P_2,\ r)),\ r) = \sum I_i\ (r) + NCI\ (r,\ rw,\ e)$$
$$i = (1,\ 2) \tag{16}$$

（16）表明开放经济的社会资金得到充分利用。

$$MD\ (I,\ C,\ r) = M/P \tag{17}$$

（17）表示开放经济的货币市场均衡。

$$Li = LS_i\ (w_i/P_2) = LD_i\ (w_i/P_2,\ r)\ (i = 1,\ 2)$$ （18）和（19）

（18）和（19）表示开放经济两大部类劳动市场都实现了均衡，不存在结构性失业。

$$FP = NX(I, C, e) + NCI(r, rw, e, w/ww) = 0 \quad (20)$$

(20) 说明开放经济国家的国际收支均衡，$FP=0$ 即为经常项目与资本项目之和为零。如果国际收支差额为正，即 $FP>0$，称国际收支出现顺差，也称国际收支盈余；如果国际收支差额为负，即 $FP<0$，则称国际收支逆差，也称国际收支赤字。

(13) ~ (20) 阐明了中国开放经济均衡条件。当此 (20) 同时成立时，总供给等于总需求，开放经济实现均衡：生产资料的实物和价值得到了更替和补偿，消费品的实物和价值也获得了更替和补偿，宏观经济能够顺利地运行；当总需求大于总供给时，经济扩张；当总需求小于总供给时，经济收缩。

四、中国特色开放宏观经济模型的应用

与西方开放宏观经济学模型相比，中国特色开放宏观经济模型（以下简称“模型”），能够更好地阐明中国宏观经济运行规律，提出符合中国经济实际的宏观经济政策建议。

1. 模型能够解释中国经济高速增长的成因

中国改革开放以来，经济持续高速增长，已成为 GDP 世界第二的经济大国。拉动中国经济增长的因素很多，从宏观视角分析，在中国经济迈入新常态之前，经济迅速增长的动力为：投资与出口。

投资是刺激经济增长的第一大动力。中国政府控制大量资源，容易形成大规模投资。在国内投资快速增长的同时，外商在华投资规模也快速递增，投资增速快于经济增长速度，因而，在促进经济增长的三驾马车——投资、出口和消费中，投资是经济增长中最重要的动力。

在中国经济进入新常态之前，出口是中国经济增长的第二大动力，出口增速高于经济增长速度。在中国投资所形成的生产能力不能为国内的消费所吸纳时，出口成为消化中国供给过剩的主要渠道，外需在消化中国过剩产品的同时，成为拉动中国经济的重要因素。

2. 应用模型分析中国经济的现实问题

第一，以模型分析中国经济的投资率偏高、消费率偏低的特点，即消费不足的问题。中国居民消费率（居民消费占 GDP 比重）由 2001 年的 45.3% 下降到 2013 年的 38%。与此同时，中国投资规模迅速扩大，而且投资中的第一部类的投资 I_1 大于第二部类的投资 I_2，就单位资本而言，第一部类投资单位资本需要的劳动力少于第二部类，因而投资就业率下降，居民的工资收入 W_i 增长速度较低，导致消费率随居民收入占 GDP 比重下降而递减；与投资过快增长相伴而生是产能过剩，产能过剩行业的产品供大于求，进而压低了就业率和居民实际收入 W_i/P_2，消费率随之递减；所以，投资率偏高，消费增加缓慢，出现消费不足。

第二，应用本模型可以分析人民币汇率与国际热钱的棘轮效应。一是人民币升值，人民币汇率 e 与外国汇率形成汇差，吸引国际热钱涌入豪赌人民币升值，从而中央银行外汇储备增加，国内货币供给由于国内外汇占款增多而被动增加，通货膨胀压力增大，人民币对外升值对内贬值。国内利率 r 高于国际利率 rw，即提高人民币利率，会强化

此棘轮效应。二是人民币持续贬值，人民币汇率 e 与外国汇率的汇差，导致国际热钱大规模流出中国，进而外汇储备迅速减少，与此同时，国际市场企业不愿意用人民币进行交易，延缓了人民币国际化进程。

第三，模型还能解释中国的来料加工业向东南亚等国的转移成因。改革开放以来，特别是20世纪90年代后，国内工资水平低于国际工资水平，来料加工业增长明显。然而，自2008年以来，出现了来料加工业，特别是纺织、制鞋等行业向东南亚转移的现象。模型分析表明：随着中国劳动力成本提高，国内工资平均水平 w 高于外国工资平均水平 ww，特别是明显地高于东南亚国家工资市场水平时，中国的来料加工企业已经失去劳动力成本低廉的优势，于是许多跨国公司纷纷将来料加工企业，尤其是制鞋、纺织企业转向东南亚国家。

第四，模型能够阐明中国人民币汇率 e 变化引起资本流动及净资本流入的变化：当本币相对于外币升值，资本项目盈余增加，经常项目顺差减少；当本币相对于外币贬值，资本项目盈余减少甚至出现赤字，经常项目顺差扩大。

3. 应用模型对中国宏观经济进行实证分析

结合大数据时代的信息技术，将中国特色开放宏观经济模型进一步细化，将两部类模型拓展为多产业模型，可以具体地分析产业结构、经济结构、劳动市场结构特点，并分析财政政策和货币政策的经济效应，进而提出优化经济结构、促进经济持续稳定增长的宏观经济政策。

4. 为提升中国在国际经济学术界的话语权提供基础理论

这个新颖的开放宏观经济学模型，立足中国特色社会主义市场经济实践，以马克思政治经济学为指导，以国际经济学界公认的、通行的经济学定量分析方法，阐述中国宏观经济运行的总量、结构变动的规律及政策影响，突破当前国内学术界流行的以西方经济学的宏观经济理论体系认识、解释、分析中国宏观经济运行的惯例，为以中国经济学的话语体系代替国内经济学界流行的西方经济学话语体系奠定了基础理论，有利于增强中国经济学在国际经济学界的话语权。

第一节　包括进出口的 *IS－LM* 模型

一、包括进出口的 *IS* 曲线的形成

本章讨论开放经济条件下的宏观经济问题，即国际收支平衡及其与国内宏观经济目标——充分就业、价格稳定——协调的机制。本章以 *IS－LM* 模型作为基本的分析工具。下面研究包括进出口因素的 *IS－LM* 模型。

我们知道，*IS* 曲线的实质是利率对有效需求的影响。有效需求形成的条件是注入等于漏出。在开放经济条件下，注入的项目和漏出的项目都扩大了。

在开放经济中，总的注入项目为投资加政府购买加出口。由于出口是自发性支出，总的支出或注入曲线 $I+G+X$ 以 $I+G$ 曲线为基础向右边平移。和曲线 $I+G$ 相比，$I+G+X$ 曲线的斜率不变，截距增加。其经济含义是：由于有了出口，在各个可能的利率上，总的注入均较前增加。

同时，在开放经济中，总的漏出项目为储蓄加税收加进口。由于进口是收入的增函数，总的漏出曲线 $S+T+M$ 以 $S+T$ 曲线为基础向左方转动。和曲线 $S+T$ 相比，曲线 $S+T+M$ 的纵截距提高、斜率增大（即曲线更为陡峭）。其经济含义是：由于有了进口（购买进口品），在各个可能的收入水平上，总的漏出均较前增加；而且，在增加的收入中，增加的漏出也较前增加。

这样，可以利用注入曲线 $I+G+X$ 和漏出曲线 $S+T+M$，得到开放经济条件下的有效需求曲线即 IS 曲线，如图 18－1 所示。

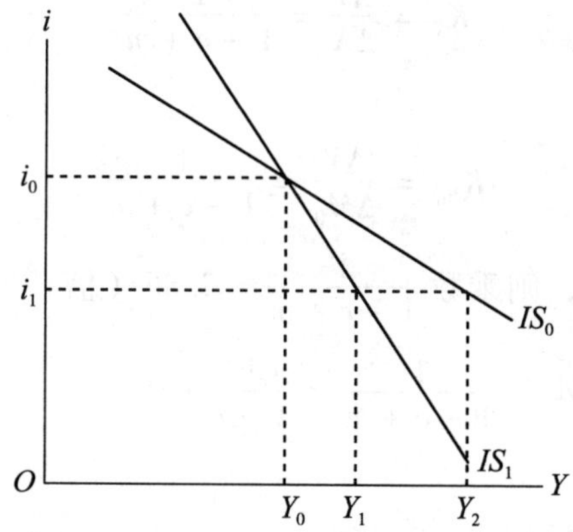

图 18－1 开放经济条件下的 IS 曲线

由图 18－1 可知，和封闭经济中的有效需求曲线 IS_0 相比，开放经济的有效需求曲线 IS_1 更为陡峭。这表明，和封闭经济相比，开放经济中利率下降导致有效需求较少地增加。解释如下：

利率下降导致有效需求增加的一般机制是：利率下降刺激投资增加；通过乘数效应，投资增加导致有效需求进一步增加。在开放经济中，总需求的扩张包含对进口品购买的增加，从而使收入的漏出因素增加。另外，作为注入因素的出口被假定不变。这样，利率下降只能导致有效需求较少地增加。

下面推导开放经济条件下 IS 曲线的函数表达式：

有效需求取决于总收入与总支出的一致：

$$C+S+T=I+G+\ (X-M)$$

$$S+M=I+G-T$$

$$S_0+s(Y-T)+(M_0+mY)=G-T+(I_0-bi)$$

$$S_0=-C_0,\ s=1-c$$

$$Y=\frac{1}{1-c+m}\left[(C_0+I_0-cT+G)+(X-M_0)-bi\right]$$

这就是开放经济条件下 *IS* 曲线的函数表达式，也就是开放经济条件下产品市场均衡从而均衡产出的表达式。令 $A\equiv(C_0+I_0-cT+G)$，A 大体上为国内总自发性支出，则上式简化为：

$$Y=\frac{1}{1-c+m}\left[A+(X-M_0)-bi\right]$$

在开放经济条件下，若其他不变，则自发性支出变化也以乘数形式影响有效需求：

①国内自发性支出乘数

$$K_A=\frac{\Delta Y}{\Delta A}=\frac{1}{1-c+m}$$

②出口乘数

$$K_X=\frac{\Delta Y}{\Delta X}=\frac{1}{1-c+m}$$

③自发性进口乘数

$$K_{M_0}=\frac{\Delta Y}{\Delta M_0}=\frac{1}{1-c+m}$$

若 $c=3/4$，$m=1/10$，则乘数 $\frac{1}{1-c+m}\approx 2.86$（倍）。可见，和封闭经济相比，开放经济条件下的乘数较小（$\frac{1}{1-c+m}<\frac{1}{1-c}$）。

二、*IS* 曲线的移动

显然，出口增加或进口减少会使 *IS* 曲线向右边移动，进口增加或出口减少会使 *IS* 曲线向左边移动。

以上假定出口是自发性变量、进口受收入水平的影响。这些假定具有一定的现实性，但显然把问题简单化了。其实，进出口状况受到许多因素的影响。但是在这里只讨论两个基本的因素，即价格水平与汇率。

在一个很一般的意义上，可以把进出口看成是国内贸易在国际范围内的重演。国内贸易的目标是利润最大化。进出口也同样如此，因此服从由微观经济学揭示的市场经济运行的一般法则。在市场经济中，资源的配置和商品的流动都服从于价格因素。只有卖价超过买价的交易才能获利，进出口的发生也是源于对卖价超过买价的追逐。而影响进出口价格的重要因素是交易各国的价格水平和交易各国货币兑换的比率（即汇率）。

假设初始某商品在中国的价格是 100 元，在美国的价格是 20 美元。下面分三种情况讨论影响进出口的因素。

（1）假设该商品在中国的价格涨至 115 元，而在美国的价格仍维持在 20 美元。在这种情况下，出口该商品至美国，则单位商品的成本提高 15 元。其结果不是造成出口商盈利下降就是亏损增加。所以，国内价格水平上涨会减少出口。相反，若进口该商品至我国，则单位进口商品的收益增加 15 元。其结果不是增加进口商的盈利就是减少其亏损。所以，国内价格水平上涨会增加进口。

可以推知：国内价格水平下降会刺激出口抑制进口。

（2）假设该商品在中国的价格仍维持 100 元，而在美国的价格下降至 18 美元。在这种情况下，出口该商品至美国，则单位出口商品的收益下降 2 美元。因此，出口商不是利润下降就是亏损增加。相反，若进口该商品至中国，则单位进口商品的成本下降 2 美元。这样，进口商不是利润增加就是亏损下降。于是可知：若中国价格水平不变，贸易国价格水平下降会减少出口，增加进口。

可以推知：若国内价格水平不变而贸易国价格水平提高，则会增加出口，减少进口。

概括地说，影响进出口的因素之一是中国对贸易国的相对价格水平。中国的相对价格水平提高会减少出口增加进口，中国的相对价格水平下降则会增加出口减少进口。这种规律性的现象与国内贸易中商品从低价区流向高价区的情况完全一致。

（3）假设商品价格维持初始情况不变（在中国为 100 元，在美国为 20 美元），而汇率改变。设初始情况下汇率为 100 元人民币兑换 10 美元，而现在汇率提高至 100 元人民币兑换 12 美元，这就是要讨论人民币升值对进出口的影响。在初始情况下，出口该商品至美国，单位出口商品按人民币计的收益为 200 元。而在人民币升值的情况下，单位出口商品按人民币计的收益约下降为 167 元。

相反，在初始情况下，进口该商品至中国，单位进口商品按美元计的收益为 10 美元。而在人民币升值情况下，进口该商品至中国，单位进口商品按美元计的收益增至 12 美元。

可见，本国货币升值会减少出口增加进口。可以推知：本国货币贬值会增加出口减少进口。读者应注意，严格地说，该结论的成立还需要一系列条件。注意，在这里，影响进出口的仍然是各国货币的相对价值（即汇率）。而文中的说法只是想明确地强调各国货币相对价值运动最后产生的实际后果。

由此可以得到在开放经济条件下关于 *IS* 曲线移动的结论：

（1）若本国相对价格水平提高，即会减少出口增加进口，从而使 *IS* 曲线向左移动；若本国相对价格水平降低，则会增加出口减少进口，从而使 *IS* 曲线向右移动。

（2）若本国币值相对提高，则会减少出口增加进口，从而使 *IS* 曲线向左移动；若本国币值相对降低，则会增加出口减少进口，从而使 *IS* 曲线向右移动。

第二节　国际收支平衡

一、国际收支

资源在国际间流动的项目繁多，不仅包括商品和劳务的流入和流出，而且包括资本的流入和流出。另外，各个项目的流动同时表现为货币的流入和流出。国际收支账户就是用来记录这种货币在国际间的流入和流出。在国际收支账户中，凡要求外国部门将货币支付给本国部门的项目为收入项目，凡要求本国部门将货币支付给外国部门的项目为支出项目。

国际收支账户细分为经常账户和资本账户。经常账户指进出口贸易和劳务输出、输入等。其中出口为收入项目，进口为支出项目。净出口为出口减进口（即为 $X-M$）。净出口大于零为贸易顺差，净出口小于零为贸易逆差。资本账户指贷款和资本在国际间的流动。资本由国外流入本国为收入，资本由国内流出至外国为支出。资本流出减资本流入为资本净流出，记为 K。

二、国际收支平衡曲线的建立

从事后看，一国的国际收支状况有几种可能的不同情况。我们可以用国际净收入概念表示国际收支的不同状况。国际净收入是指国际收入减国际支出的差，也可以表现为净出口减资本净流出之差。以 N 表示资本流入、U 表示资本流出、BP 表示国际净收入，则：

$$BP=(X+N)-(M+U)$$

$$BP=(X-M)-(U-N)$$

$$BP=(X-M)-K$$

国际收支状况可以表达如下：

①（$X-M$）$-K>0$，即 $BP>0$。这表示国际收入大于国际支出即国际收支顺差。

②（$X-M$）$-K=0$，即 $BP=0$。这表示国际收支平衡。

③（$X-M$）$-K<0$，即 $BP<0$。这表示国际收入小于国际支出即国际收支逆差。

有的时候，我们会说，国际收支平衡或不平衡；有的时候又会说，国际收支具有恒等关系。这是怎么一回事？以下表进行说明。

我国 2013 年国际收支账户 单位：万美元

项目	差额	贷方	借方
经常项目	18280719	266366130	248085411
资本和金融项目	32620319	172709962	140089643
储备资产	－43137949	132020	43269969
净误差和遗漏	－7763095		7763095

资料来源：《中国统计年鉴》。

对于经常项目、资本和金融项目来说，贷方相当于收入，借方相当于支出。差额大于零表示顺差，小于零表示逆差。在 2013 年，我国的经常项目、资本和金融项目都是顺差，所以国际收支是顺差。按照《中国统计年鉴》的解释，储备资产又叫官方储备或国际储备，它是平衡国际收支的项目。当一国国际收支的经常项目与资本项目发生顺差或逆差时，可以用这一项目来加以平衡。储备资产主要包括货币黄金、特别提款权、在基金组织的储备头寸和外汇等部分。在2013年，储备资产为负，说明储备资产增加了。再考虑净误差和遗漏这一项，四个项目的差额总数等于零，这就是国际收支所具有的恒等关系。

这样就很清楚了：经常项目、资本和金融项目的差额可能大于零，也可能小于零，从而表示顺差或逆差；但是，经常项目、资本和金融项目、储备资产、净误差和遗漏这四个项目的差额之和永远是零，由此表现国际收支的恒等关系。

一国的国际收支状况是由许多因素造成的。对此，可以进行统计分析或经验分析，探求造成这种状况的原因。另外，为了把握国际收支状况的未来走向，还需要进行经济分析，即在经验分析的基础上，借助于必要的理论工具，建立国际收支函数。鉴于国际收支平衡的极端重要性，下面就在很一般的意义上建立理论的国际收支平衡函数，即BP函数。

根据以上讨论，可知：出口是本国相对价格水平和本国货币相对价格（汇率）的减函数，进口是本国相对价格水平和本国货币相对价格（汇率）的增函数，同时也是收入（产出）的增函数。设 P 为本国相对价格水平、π 为本国货币的相对价格（汇率）、Y 为收入（产出）、符号下方的加号“+”为增函数的意思、减号“-”为减函数的意思，则可得到出口函数和进口函数：

$$X = X(\underset{-}{P}, \underset{-}{\pi})$$

$$M = M(\underset{+}{P}, \underset{+}{\pi}, \underset{+}{Y})$$

由此可知：净出口是本国相对价格水平、本国货币相对价格（汇率）及收入水平的减函数，即：

$$X - M = f(\underset{-}{P}, \underset{-}{\pi}, \underset{-}{Y})$$

资本流动主要受资本价格即利率的影响。显然，随着本国相对利率的提高，资本流入增加、资本流出减少。设 i 为本国相对利率，则可得资本净流出函数：

$$K = U(\underset{-}{i}) - N(\underset{+}{i})$$

$$K = K(\underset{-}{i})$$

可见，资本净流出是本国相对利率的减函数。由此可得国际净收入函数：

$$f(\underset{-}{P}, \underset{-}{\pi}, \underset{-}{Y}) - K(\underset{-}{i}) = 0$$

$$f(\underset{-}{P}, \underset{-}{\pi}, \underset{-}{Y}) = K(\underset{-}{i})$$

在本国相对价格水平 P、本国货币相对价格 π 给定情况下，可在 $Y-i$ 平面上得到国际净收入曲线。其函数表达式为：

$$f(\underset{-}{Y}) = K(\underset{-}{i})$$

国际收支平衡曲线 *BP* 表示在价格、汇率等因素给定情况下，在各个可能的有效需求水平上实现国际收支平衡的利率分别为多少。曲线 *BP* 向右上方倾斜表示在其他条件给定情况下，若有效需求水平较低，则能够实现国际收支平衡的利率较低；若有效需求水平较高，则能够实现国际收支平衡的利率较高。对此的解释是：当有效需求水平较低时，进口 *M* 较少，而出口为一常数，所以净出口较多即国际收入较多。在这种情况下，只有国际支出也较多才能实现国际收支平衡。资本净流出是利率的减函数。当利率较低时，资本净流出较多从而国际支出较多。所以，当有效需求水平较低时，利率较低才能实现国际收支平衡。同样可以解释：当有效需求水平较高时，利率较高才能实现国际收支平衡。

现在对图 18－2 中的国际收支非平衡的 $i-Y$ 组合点加以说明。

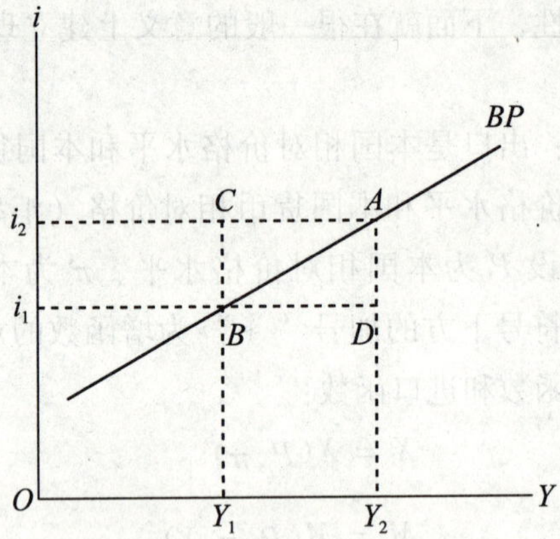

图 18－2　国际收支平衡曲线

BP 曲线左上方的 *C* 点表示有效需求为 Y_1、利率为 i_2 的组合。由于 B 组合处于 *BP* 曲线上，所以，B 组合的国际收支平衡。C 组合的利率高于 B 组合（$i_2 > i_1$），所以 C 组合的资本净流出小于 B 组合；另外，C 组合的有效需求与 B 组合相同，所以 C 组合的净出口与 B 组合相同。由此可知：C 组合点表示国际收支顺差。

另外可知：处于 *BP* 曲线右下方的 D 组合表示国际收支逆差。

推而广之，*BP* 曲线左上方的所有组合均表示国际收支顺差，*BP* 曲线右下方的所有组合均表示国际收支逆差。

三、国际收支平衡曲线 *BP* 的移动

当价格、汇率等因素给定时，可以得到实现国际收支平衡的产出、利率的各个组合即 *BP* 曲线。而当这些因素变动时，实现国际收支平衡的产出、利率的组合必然随之变动即发生国际收支平衡曲线 *BP* 的移动。

1. 价格水平变动对曲线 *BP* 的影响

价格水平变动不影响资本净流出而影响净出口，从而影响国际收支平衡曲线 *BP*，如图 18－3 所示。

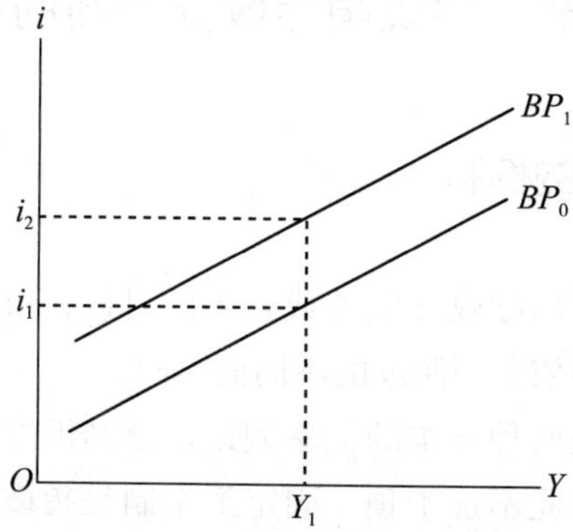

图 18－3 国际收支平衡曲线的移动

在图 18－3 中，假设国内相对价格水平 *P* 提高。这使得出口减少，自发性进口增加，从而使各个有效需求水平上的净出口减少。

净出口变动，资本净流出不变，则国际收支平衡曲线会变动。在国内相对价格水平提高从而净出口减少的情况下，国际收支平衡曲线向左边移至 BP_1。

这一变化说明：若国内相对价格水平提高，则在各个可能的有效需求水平（如 Y_1）上，实现国际收支平衡的利率均较前提高（由 i_1 提高至 i_2）。

解释如下：由于国内相对价格水平的提高，出口减少，进口增加，从而使各个产出水平上的国际收入减少。在这种情况下，只有减少国际支出，才能实现国际收支平衡。利率提高可以增加资本流入，减少资本流出，从而减少国际支出。于是在各个产出上实现国际收支平衡的利率较前提高。注意，这里不是指利率实际提高，而是指在这种情况下实现国际收支平衡对利率提高的要求。

以此类推，国内相对价格水平下降会使国际收支平衡曲线 *BP* 向右下方移动。其经济意义是：若国内相对价格水平下降，则在各个可能的有效需求水平上，实现国际收支平衡所要求的利率均较前下降。解释是：价格水平下降使出口增加进口减少，从而使各个有效需求上的国际收入增加。利率下降使资本流入减少，资本流出增加，从而使国际支出增加。可见，在价格水平下降时，各有效需求面对较前降低的利率可实现国际收支平衡。

2. 汇率变动对曲线 *BP* 的影响

本国货币的相对价格即汇率的变动对曲线 *BP* 的影响与价格水平变动对 *BP* 曲线的影响是极其类似的。其结论可以简单地表述如下：

（1）本国货币的相对价格提高会使净出口曲线 $X-M$ 向左下方移动，从而使国际收支平衡曲线亦向左方移动。

（2）本国货币的相对价格降低会使净出口曲线 $X-M$ 向右方移动，从而使国际收支平衡曲线 BP 亦向右方移动。

第三节　实现国际收支平衡的机制

一、浮动汇率制度下的机制

本节要说明的是当出现国际收支顺差或逆差的时候，市场经济存在使之恢复国际收支平衡的机制，这种机制依汇率制度的不同而不同。

浮动汇率和固定汇率是两种基本的汇率制度。浮动汇率制是指汇率完全由外汇市场的供求关系决定，政府对此不加干预。固定汇率制是指政府通过对外汇市场供求关系的干预保护某一固定的汇率。

下面先介绍浮动汇率制度下实现国际收支平衡的机制，然后再介绍固定汇率制度下实现国际收支平衡的机制。

1. 浮动汇率制度下对顺差的调节

以下利用包括进出口因素的 $IS-LM$ 模型和国际收支平衡曲线 BP 对各种情况加以说明。

在图 18－4 中，由曲线 LM 和曲线 IS_0 的交点决定了初始的有效需求为 Y_0，均衡利率为 i_0。均衡点（E_0）位于国际收支平衡曲线 BP 的左上方，说明出现国际收支顺差。

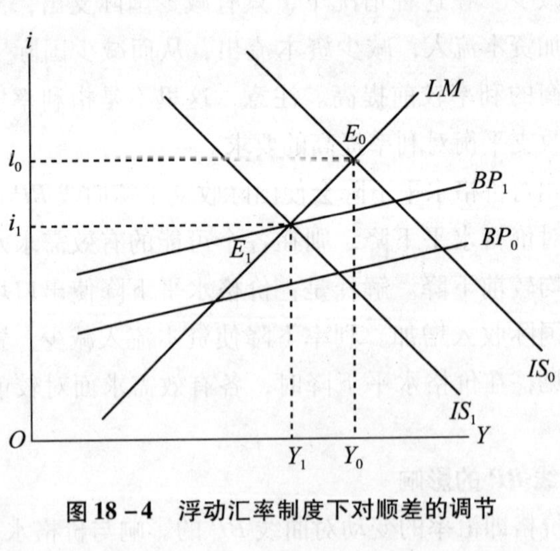

图 18－4　浮动汇率制度下对顺差的调节

在浮动汇率的情况下，国际收支顺差将导致本国货币的相对价格提高（即汇率提高）。下面通过一个简单的例子加以说明。

假设中国商品出口美国获得 10 万美元的收入，这 10 万美元的收入有两个基本的使用方向：一个方向是将其用于美元支付（或购买美国商品，或在美国投资）；另一个方向是将其兑换成人民币。假设该美元收入者将其全部用于美元支付。这种情况表明国际收支平衡。假设该美元收入者进行 8 万美元的支付，这种情况表明国际收支顺差。假设该美元收入者要进行 12 万美元的支付，这种情况表明国际收支逆差。

美元收入者进行何种选择，取决于其利益最大化的考虑。或者说，他必定要进行将这些美元收入是直接用于美元支付还是将其兑换成人民币再进行支付的利益比较。在上述例子中，国际收支平衡实际上表明：将 10 万美元的收入全部直接用于美元支付实现了美元收入者的利益最大化；国际收支顺差实际上表明：进行 8 万美元的直接支付同时将 2 万美元兑换成人民币（准备用人民币进行支付）实现了美元收入者的利益最大化；国际收支逆差实际上表明：不仅进行 10 万美元的直接支付，而且将人民币兑换美元进行 2 万美元的追加支付实现了美元收入者的利益最大化。

因此，这个例子说明了：①国际收支顺差导致外币兑换本国货币的增加；②国际收支逆差导致本国货币兑换外币的增加。

前一种情况意味着在外汇市场上对本国货币需求的增加。在本国货币供给不变的情况下，这势必导致本国货币相对价格（汇率）的提高。后一种情况意味着在外汇市场上对外币需求的增加。在外币供给不变的情况下，这势必导致外币升值即本国货币相对价格（汇率）的下降，这就说明了国际收支状况对汇率的影响。

现在回到图 18－4。在浮动汇率情况下，国际收支顺差导致本国货币相对价格提高（即汇率提高）。汇率提高导致出口减少进口增加，从而使 *IS* 曲线向左移动；另外，使实现国际收支平衡的利率较前提高，即 *BP* 曲线向上移动。随着两曲线的移动，均衡点和 *BP* 曲线之间的垂直距离在缩小，这说明随着汇率的提高，国际收支的顺差在缩小。

但是，只要仍然存在国际收支顺差，汇率就会提高，两条曲线就会继续移动。直至均衡点落在 *BP* 曲线上，即三条曲线 IS_1、LM、BP_1 交于一点（E_1）。这表明经济实现了国际收支平衡，从而汇率不再变动、各条曲线也不再变动。

2. 浮动汇率制度下对逆差的调节

在图 18－5 中，均衡点 E_0 处于国际收支平衡曲线 BP_0 的右下方，说明该经济出现了国际收支逆差。根据上述原因，国际收支逆差导致本国货币的相对价格（汇率）下降，从而增加出口、减少进口，即使 *IS* 曲线向右移动、BP_0 曲线向下移动。曲线移动使均衡点靠近国际收支均衡曲线。但是，只要均衡点仍然处于国际收支均衡曲线的右下方，曲线就会继续移动，直至均衡点落在曲线上。当 IS_0 曲线右移至 IS_1、BP_0 曲线下移至 BP_1 时，实现了国际收支平衡，重新达到均衡。

总之，在浮动汇率情况下，国际收支顺差或逆差会由于汇率的变动引起一系列变化，自动地趋于国际收支平衡。

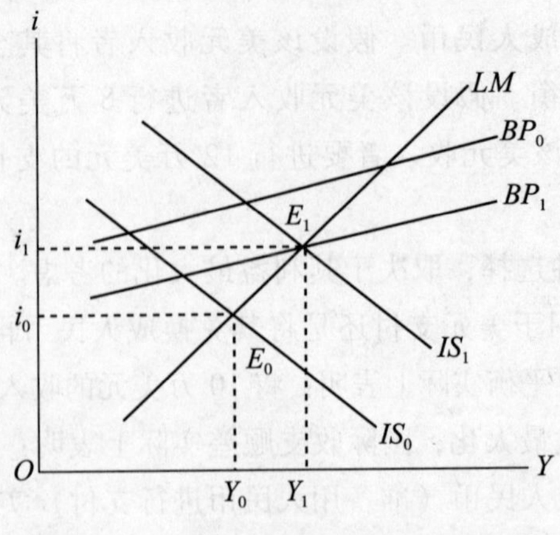

图 18－5　浮动汇率制度下对逆差的调节

二、固定汇率制度下的机制

1. 固定汇率制度下对顺差的调节

前面已经说明，国际收支顺差会导致对本国货币需求的增加。在浮动汇率情况下，本国货币供给不变，于是对本国货币需求的增加必然导致本国货币相对价格（即汇率）提高。而在固定汇率制度下，政府为了保护规定的汇率，就需要抛出本国货币以吸收外汇，这使得本国货币供给增加。本国货币供给增加会引起一系列的变化，从而使国际收支顺差趋于国际收支平衡。

在图 18－6 中，由曲线 IS_0和曲线 LM_0的交点决定的初始均衡点 E_0（i_0、Y_0）处于初始国际收支平衡曲线 BP 的左上方，说明该经济发生了国际收支顺差。

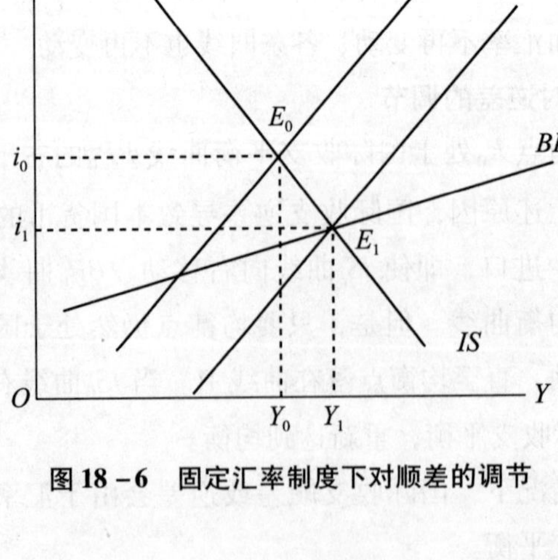

图 18－6　固定汇率制度下对顺差的调节

为了保护规定的汇率，政府增发货币，这导致名义货币供给增加。从图形上看，名义货币供给增加使曲线 LM_0 右移至 LM_1 位置。曲线 LM_1 与曲线 IS 的交点（E_1）恰落于 BP_1 曲线上，实现了国际收支平衡。于是曲线 LM_1 与曲线 IS 的交点 E_1 成为新的均衡点。

政府增发货币，如果导致价格提高，那么，实现国际收支平衡所需要的利率就会提高，即 BP 曲线会上移。如果出现了这种情况，政府增发较少货币，使 LM 曲线右移不必至 LM_1 位置就可以实现国际收支平衡。

2. 固定汇率制度下对逆差的调节

在图 18－7 中，初始均衡点 E_0 处于初始平衡曲线 BP 的右下方，说明经济发生了国际收支逆差。逆差导致对交易国货币需求的增加。为了保护规定的汇率（不使本国货币贬值），政府抛出外币，回收本国货币，从而导致本国名义货币供给量减少，这在图形上表现为 LM 曲线向左移至 LM_1。曲线 LM_1 与曲线 IS 的交点恰落在曲线 BP 之上。这说明该经济实现了国际收支平衡。

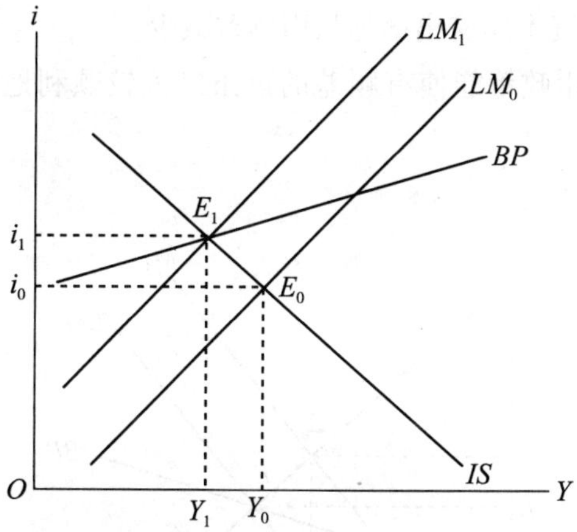

图 18－7　固定汇率制度下对逆差的调节

如果货币紧缩导致价格下跌，那么，实现国际收支平衡所需要的利率下降，即国际收支平衡曲线 BP 会下移。这样，货币供给量较小程度减少，使 LM 曲线不必左移至 LM_1 就可以实现国际收支平衡。

总之，在固定汇率情况下，虽然汇率的调节机制不存在了，但政府为了保护规定的汇率而改变货币供给量，同样也起到调节的作用。在顺差的情况下，为了不使汇率提高，政府必须增加货币供给量，这将导致利率下降，资本净流出增加。于是顺差减少，逐渐趋于国际收支平衡。在逆差的情况下，为了不使汇率下降，政府必须减少货币供给量，这将导致利率提高，资本净流出减少。于是逆差减少，逐渐趋于国际收支平衡。

第四节　内外宏观经济目标的协调

一、对有顺差的萧条经济的调节

对一个开放经济来说，充分就业和国际收支平衡这两大宏观经济目标应该兼顾。当这两大宏观经济目标未实现时，就需要采取宏观经济政策促其实现。为此，必须用宏观经济政策对这两大宏观经济目标的兼容性进行考察。以下分别考察货币政策、财政政策以及汇率政策。

1. 扩张性货币政策

扩张性货币政策能够使总需求水平提高，同时通过以下两个途径影响国际收支状况：

（1）总需求增加导致收入增加从而进口增加，这样使顺差减少；

（2）利率下降导致资本净流出增加从而顺差减少。

所以，扩张性的货币政策能使有顺差的萧条经济较顺利地同时实现内外宏观经济目标（见图 18－8）。

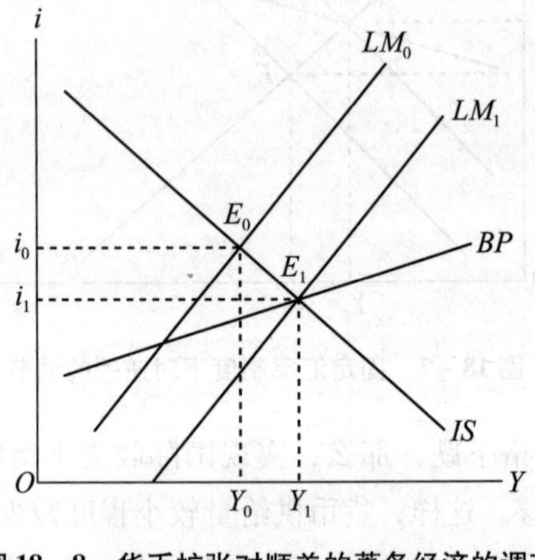

图 18－8　货币扩张对顺差的萧条经济的调节

2. 扩张性财政政策

扩张性财政政策能够增加总需求，同时对国际收支有以下影响：

（1）总需求增加、收入增加→进口增加→顺差减少；

（2）利率提高→资本净流出减少→顺差增加。

可见，扩张性的财政政策对顺差有两方面的影响，若对顺差减少的影响大于对顺差增加的影响，则具有兼容性（见图 18－9）。

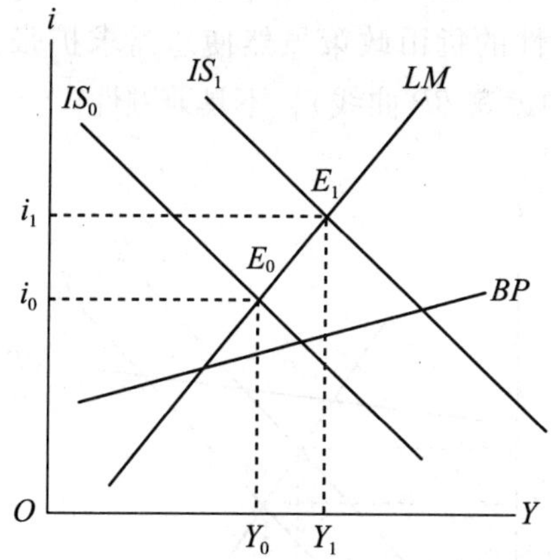

图 18－9 财政扩张对顺差的萧条经济的调节

3. 提高汇率

提高汇率使出口减少进口增加，从而一方面使顺差减少，另一方面使总需求下降，所以提高汇率不能兼顾两大经济目标。

在图 18－10 中，初始均衡点为 E_0（i_0，Y_0）。币值提高使 *IS* 曲线左移、*BP* 曲线上移，均衡至三条曲线的交点 E_1（i_1，Y_1）。可见，提高币值虽然能够使国际收支趋于平衡，却使经济萧条更为严重。

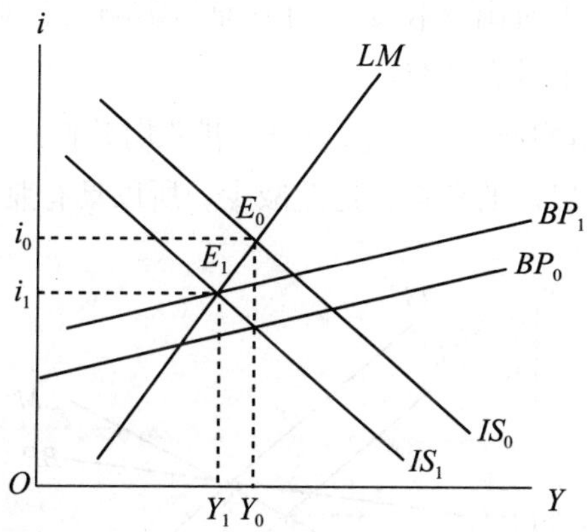

图 18－10 提高汇率对顺差的萧条经济的调节

二、对有逆差的萧条经济的调节

1. 扩张性货币政策

扩张性货币政策使总需求增加，对国际收支影响如下：

（1）总需求增加、收入增加→进口增加→逆差加剧；

（2）利率下降→资本净流出增加→逆差加剧。

所以，扩张性的货币政策使两大目标完全相悖。

在图 18－11 中，扩张性的货币政策虽然使总需求扩张，但同时使逆差更加严重（曲线 LM_1 与 IS 的交点更加远离 BP 曲线），不具兼顾性。

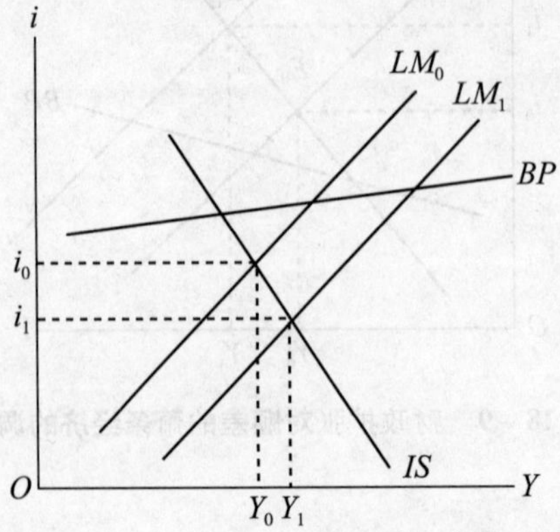

图 18－11　货币政策对逆差的萧条经济的调节

2. 扩张性财政政策

扩张性财政政策使产出、总需求增加，同时按下述方式影响国际收支：

（1）总需求增加、收入增加→进口增加→逆差加剧；

（2）利率提高→资本净流出减少→逆差减少。

所以，扩张性财政政策对国际收支有两方面的影响。若对逆差减少的影响大于对逆差增加的影响，则该政策具有兼容性。

在图 18－12 中，初始均衡点为（i_0，Y_0）。扩张财政使总需求扩张，同时，由于对资本净流出的影响大于净出口的影响，逆差减少，所以具有兼顾性。

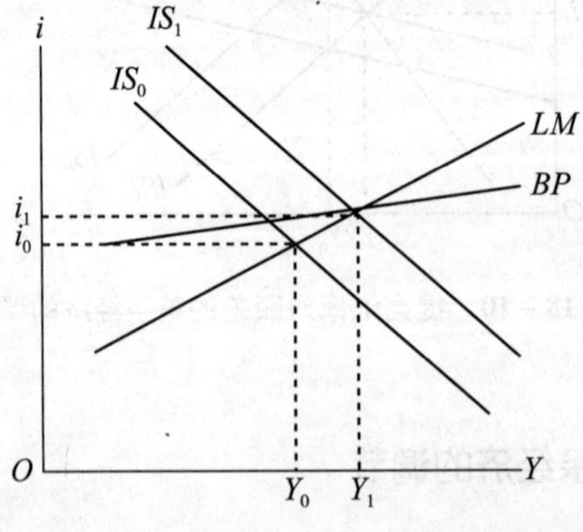

图 18－12　财政政策对逆差的萧条经济的调节

3. 降低汇率

降低汇率使出口增加进口下降，从而一方面使总需求增加，另一方面使逆差减少。所以，该政策具有兼容性。

三、对有顺差的过热经济的调节

1. 紧缩性货币政策

紧缩性货币政策对过热的经济有抑制作用，同时对国际收支有以下影响：

（1）总需求下降、收入减少→进口下降→顺差增加；

（2）利率提高→资本净流出下降→顺差增加。

所以，该政策完全不能兼顾两大经济目标。

在图 18－13 中，紧缩货币虽然使总需求减少，却使顺差更加严重（曲线 *IS* 与 LM_1 的交点更加远离 *BP* 曲线），所以不具兼顾性。

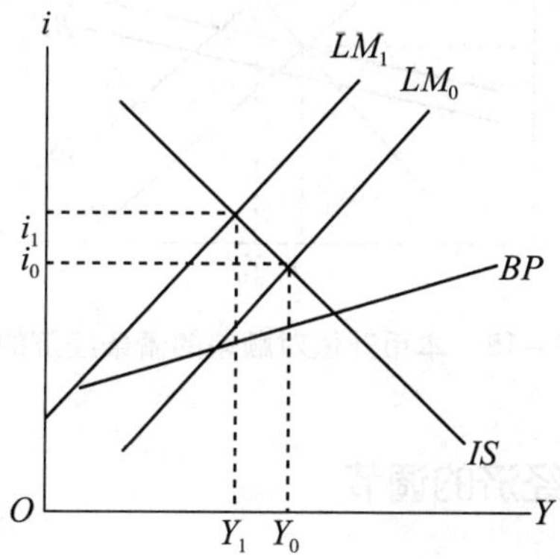

图 18－13　货币政策对顺差的萧条经济的调节

2. 紧缩性财政政策

紧缩性财政政策使总需求下降，同时影响国际收支状况：

（1）总需求减少、收入减少→进口减少→顺差增加；

（2）利率下降→资本净流出增加→顺差减少。

所以，该政策若使顺差减少的影响大于使顺差增加的影响，则具有兼容性。

在图 18－14 中，紧缩财政一方面使总需求收缩，另一方面由于对资本净流出的影响大于净出口的影响，使顺差减少，所以具有兼顾性。

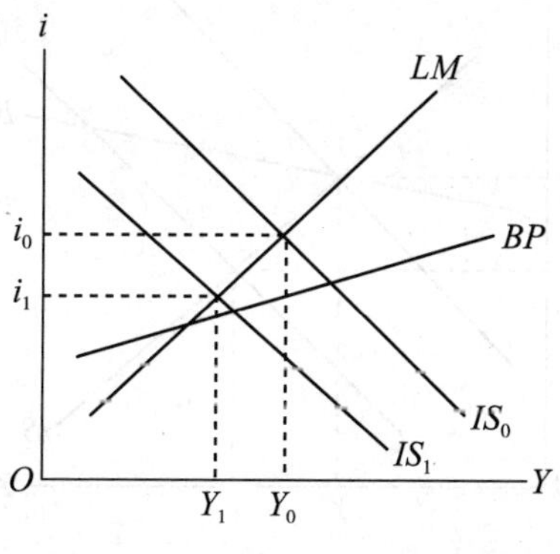

图 18－14　紧缩财政对顺差的萧条经济的调节

3. 提高汇率

提高汇率使进口增加出口减少，从而一方面使总需求减少，另一方面使顺差下降，具有较好的兼容性。

在图 18－15 中，初始均衡点是（i_0，Y_0）。本币升值一方面使净出口减少从而总需求减少（*IS* 曲线左移），另一方面使实现国际收支平衡所需要的利率提高（*BP* 曲线上移），具有兼顾性。

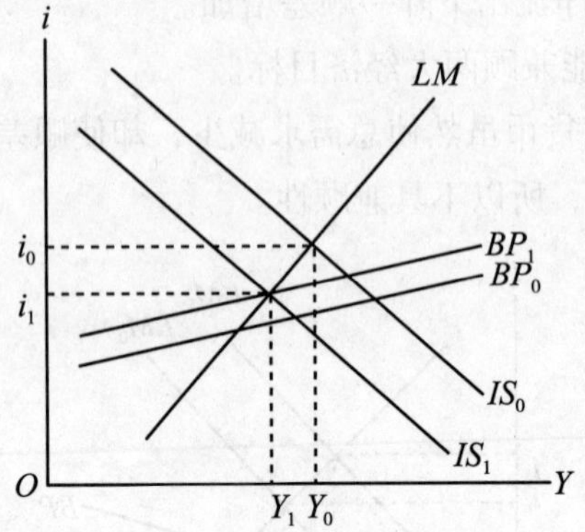

图 18－15　本币升值对顺差的萧条经济的调节

四、对有逆差的过热经济的调节

1. 紧缩性货币政策

紧缩性货币政策对过热经济有抑制作用，同时会影响国际收支状况：

①总需求下降、收入减少→进口减少→逆差下降；

②利率提高→资本净流出减少→逆差下降。

所以，在这种情况下，紧缩性货币政策有较好的兼容性。

在图 18－16 中，初始均衡点是（i_0，Y_0）。紧缩货币一方面使总需求减少，另一方面使利率提高从而资本净流出减少、逆差减少，所以具有兼顾性。

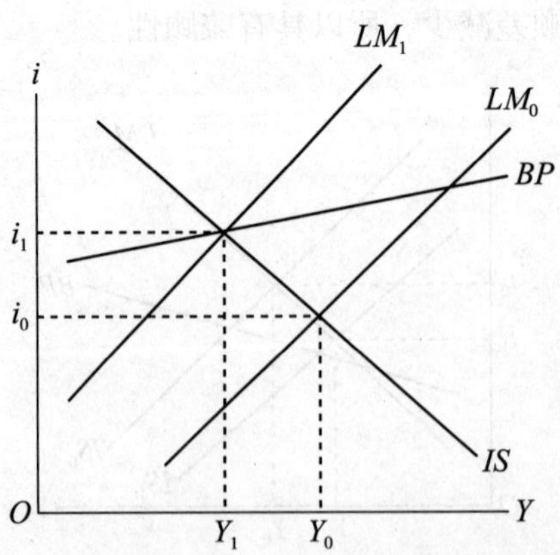

图 18－16　紧缩货币对逆差的过热经济的调节

2. 紧缩性财政政策

紧缩性财政政策会抑制过热经济，同时会影响国际收支：

①总需求下降、收入减少→进口减少→逆差下降；

②利率下降→资本净流出增加→逆差加剧。

所以，若该政策使逆差下降的影响大于使逆差加剧的影响则具有兼容性。

在图 18－17 中，初始均衡点是（i_0，Y_0）。紧缩财政虽然使总需求减少（*IS* 曲线左移），却使利率下降，资本净流出增加、逆差增加（曲线 IS_1 与 *LM* 的交点更加远离 *BP* 曲线），所以不具兼顾性。

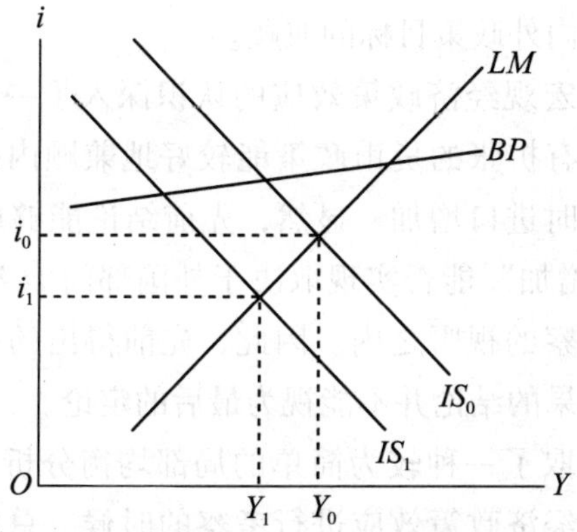

图 18－17　紧缩财政对逆差的过热经济的调节

3. 降低汇率

降低汇率使出口增加，进口减少从而一方面使逆差减少，另一方面使总需求增加。因此，该政策不具有兼容性。

在图 18－18 中，初始均衡点为（i_0，Y_0）。本币贬值使净出口增加，逆差减少，同时使总需求进一步扩张，所以不具兼顾性。

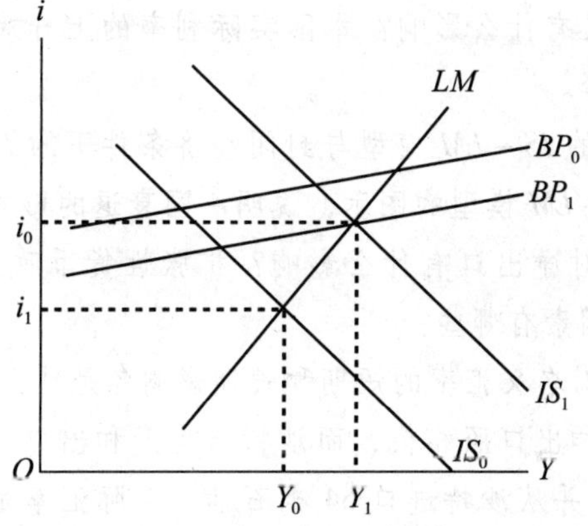

图 18－18　本币贬值对逆差的过热经济的调节

上面以一种较为简单的方式（例如考虑了货币政策、财政政策对进出口的影响，而对进出口反过来对产出的影响就未予考虑）对内外两大宏观经济目标可能存在的矛盾以及政策的相容性问题进行了讨论。即便如此，已经可以发现，在开放经济情况下，宏观经济政策要取得较好效果的难度显然增加了。

五、认识的深化与局限

在开放经济中，对封闭经济宏观经济政策效应的论述全部有效。但是，除了产出与价格，开放经济中实施宏观经济政策还必须考虑二者与国际收支平衡的兼顾问题。本章的主要任务就是考察内外政策目标的兼顾。

通过本章的考察，对宏观经济政策效应的认识深入了一步。例如，我们知道，在有顺差的萧条经济中，只有扩张的货币政策能较好地兼顾内外目标。扩张性货币政策的效应之一是产出增加同时进口增加。显然，先前结论能够成立的条件之一是“进口增加”顺利实现。“进口增加”能否实现取决于外国部门能否在这种情况下增加出口。这一问题并未进入我们考察的视野之内。因此，先前得出的在有顺差的萧条经济中扩张性货币政策具有较好效果的结论并不能视为最后的定论。

其实，本章的考察采取了一种较为简单的局部均衡分析方法。按照这种方法，当对处于开放经济中的一国经济政策效应进行考察的时候，总是假定国外部门的经济情况能够使其顺利实现。本章考察的局限正在于此。为了获得更进一步的认识，可以考虑采取一种一般均衡的方法对开放经济中的政策效应进行更为广泛的考察。本书未进行这项工作。

章节习题

1. 在实际汇率既定的情况下，本国收入的增加对一国净出口有什么影响？外国收入的增加对该国净出口又有什么影响？本国实际利率的上升对实际汇率和本国净出口有什么影响？请加以解释。

2. 开放经济条件下的 *IS－LM* 模型与封闭经济条件下的 *IS－LM* 模型有什么区别？画出开放经济条件下 *IS－LM* 模型的图示，说明一国衰退的影响如何向其他国家传递。

3. 扩张性财政政策对净出口有什么影响？扩张性货币政策对净出口有什么影响？决定这些影响的不确定因素有哪些？

4. 扩张性货币政策对名义汇率的短期和长期影响各是什么？请加以解释。

5. 假设日本只生产和出口照相机，而沙特只生产和出口桶装石油。起初，日本出口 40 台照相机到沙特，并从沙特进口 64 桶石油。实际汇率是 4 桶石油兑换 1 台照相机。这两个国家都没有贸易伙伴。

（1）最初，日本用本国产品衡量的净出口的实际价值是多少？

（2）实际汇率下降到3桶石油兑换1台照相机。虽然实际汇率的下降使得照相机衡量石油的价格变得更加昂贵，但在短期，进口和出口的数量仅有微小的变化，日本的出口上升到42台照相机，而进口下降到60桶石油。日本净出口的实际价值发生什么变化？

（3）在长期，进口和出口的数量会做出更多的调整，实际汇率下降到3桶石油兑换1台照相机，日本的出口上升到45台照相机，而进口下降到54桶石油。日本现在实际的净出口是多少？

6. 衰退常常引起一些所谓的保护主义措施的出台，其目的是为了保护本国国内的工作岗位。假设一个处于衰退的国家加强了进口限制，大大削减了该国进口产品的数量。

（1）试用凯恩斯 *IS－LM* 模型分析进口限制对本国就业、产出、实际利率和实际汇率的影响。需要强调的是，该国初始处于衰退状态。

（2）该国的这些措施对外国的就业、产出、实际利率和实际汇率的影响？如果外国采取报复性措施，即加强对该国出口产品的限制，会有什么后果？

（3）假设该国在处于充分就业时加强了进口限制，试用基本的不考虑错觉的古典模型来分析这些措施对本国就业、产出、实际利率和实际汇率的影响。

参考文献

[1] 刘厚俊．现代西方经济学原理［M］．3 版．南京：南京大学出版社，2003.

[2] 陈志标．宏观经济学［M］．上海：上海人民出版社，1989.

[3] 沈士诚，居亚东，姜玲．东西方国民经济核算体系［M］．南京：南京大学出版社，1989.

[4] 茅于轼．生活中的经济学［M］．上海：上海人民出版社，智慧出版有限公司，1993.

[5] 爱德华·夏皮罗．宏观经济分析［M］．北京：中国社会科学出版社，1985.

[6] 托马斯·F. 德尔别尔格，邓肯·M. 麦克多噶尔．宏观经济学［M］．北京：中国社会科学出版社，1982.

[7] 梁小民．高级宏观经济学教程［M］．北京：北京大学出版社，1993.

[8] 李任初，居亚东．西方经济学新发展［M］．南京：南京大学出版社，1989.

[9] 劳伦斯·哈里斯．货币理论［M］．北京：中国金融出版社，1989.

[10] 饶庆余．现代货币银行学［M］．北京：中国社会科学出版社，1983.

[11] 易纲，贝多广．货币浅说［M］．上海：上海人民出版社，智慧出版有限公司，1993.

[12] 戴维·E.W. 莱德勒．货币需求：理论、证据和问题［M］．上海：上海三联书店，1989.

[13] 宋承先．现代西方经济学（宏观部分）［M］．上海：复旦大学出版社，1994.

[14] 高鸿业，吴易风．现代西方经济学（上册）［M］．北京：经济科学出版社，1988.

[15] 哈伯勒．繁荣与萧条［M］．北京：商务印书馆，1980.

[16] 萨缪尔森，诺德豪斯．经济学［M］．北京：中国发展出版社，1992.

[17] 托马斯·梅耶，等．货币、银行与经济［M］．上海：上海三联书店，1988.

[18] 张塞．中国经济波动研究［M］．北京：中国统计出版社，1995.

[19] 樊纲．公有制宏观经济理论大纲［M］．上海：上海三联书店，1990.

[20] 周振华．挑战过剩［M］．上海：上海人民出版社，2000.

[21] 易纲．中国的货币、银行和金融市场：1984—1993［M］．上海：上海三联书店，上海人民出版社，1996.

[22] 北京天则经济研究所．中国经济学 1999［M］．上海：上海人民出版社，2000.

[23] 王小鲁，樊纲．中国经济增长的可持续性［M］．北京：经济科学出版社，2000.

[24] 樊纲．体制改革与宏观稳定［M］．杭州：浙江人民出版社，1997.

[25] 多恩布什，费希尔．宏观经济学［M］．北京：中国人民大学出版社，1997.

[26] 斯蒂格利茨．经济学［M］．北京：中国人民大学出版社，1997.

[27] 米什金．货币金融学［M］．北京：中国人民大学出版社，1998.

[28] 摩根．货币学派与凯恩斯学派［M］．北京：商务印书馆，1995.

[29] 克鲁格曼．萧条经济学的回归［M］．北京：中国人民大学出版社，1999.

[30] 夏德仁，张奇．经济为何难以启动［J］．经济研究，1999（10）.

[31] 谢平，沈炳熙．通货紧缩与货币政策［J］．经济研究，1999（8）.

[32] 陈郡，阳洁．近期中国货币政策传导机制有效性分析评价［J］．经济与管理研究，1999（2）.

[33] 骆玉鼎．货币数量调控的作用［J］．财经研究，1999（5）.

[34] 武剑，武敬．当前中国货币政策效力研究［J］．云南财贸学院学报，1999（3）.

[35] 臧健．货币政策如何影响经济：一个理论回顾［J］．城市金融论坛，1999（1）.

[36] 王元龙．我国货币市场的发展与货币政策的有效性［J］．国际金融研究，1998（12）.

[37] 何泽荣，等．中国国际收支研究［M］．成都：西南财经大学出版社，1998.

[38] 樊纲，张晓晶．面向新世纪的中国宏观经济政策［M］．北京：首都经济贸易大学出版社，2000.

[39] 王曦．转型经济中的货币需求和货币流通速度［J］．经济研究，2001（10）.

[40] 梁东黎．谜一般的总需求［J］．江苏社会科学，2000（6）.

[41] 吴易风，刘凤良，吴汉洪．西方经济学［M］．北京：中国人民大学出版社，1999.

[42] 方齐云，王皓，李卫兵，等．增长经济学［M］．武汉：湖北人民出版社，2002.

